高等职业教育食品类专业教材

食品营养与健康

主编 浮吟梅

中国轻工业出版社

图书在版编目（CIP）数据

食品营养与健康/浮吟梅主编. —北京：中国轻工业出版社，2024.2

高等职业教育"十三五"规划教材

ISBN 978-7-5184-1465-9

Ⅰ.①食… Ⅱ.①浮… Ⅲ.①食品营养—关系—健康—高等职业教育—教材 Ⅳ.①R151.4

中国版本图书馆 CIP 数据核字（2017）第 157108 号

责任编辑：张　靓　　　责任终审：张乃柬　　　整体设计：锋尚设计
责任校对：吴大朋　　　责任监印：张京华

出版发行：中国轻工业出版社（北京鲁谷东街5号，邮编：100040）
印　　刷：北京君升印刷有限公司
经　　销：各地新华书店
版　　次：2024年2月第1版第11次印刷
开　　本：720×1000　1/16　印张：23.5
字　　数：420千字
书　　号：ISBN 978-7-5184-1465-9　定价：49.00元（含任务工单）
邮购电话：010-85119873
发行电话：010-85119832　010-85119912
网　　址：http://www.chlip.com.cn
Email：club@chlip.com.cn
版权所有　侵权必究
如发现图书残缺请与我社邮购联系调换
240138J2C111ZBW

本书编写人员

主　编　浮吟梅　漯河职业技术学院

副主编　贾　娟　漯河职业技术学院
　　　　马川兰　漯河职业技术学院

参　编　张　爽　芜湖职业技术学院
　　　　胥付生　漯河市郾城区农林局
　　　　张宝勇　重庆医药高等专科学校
　　　　翟武云　漯河职业技术学院
　　　　李　磊　河南牧业经济学院
　　　　黄丽卿　漳州职业技术学院
　　　　陈海霞　商丘职业技术学院
　　　　王利民　呼和浩特职业技术学院

主　审　崔惠玲　漯河职业技术学院

前言

为了适应高职教育蓬勃发展的需要，突出高等职业教育的特色，迎合食品专业以就业为指导方针的新趋势，新编高职高专《食品营养与健康》教材尽可能满足食品、医学类各专业需要，成为实用性强的新型教材。

本教材强调理论联系实际，注重应用能力的培养，以营养师的技能标准为目标，结合最新营养教学改革成果，内容上做到全面、具体、实用，形式上便于开展理实一体化教学。为达到加强技能训练的目的，本书加入了食物和营养的评价方法、营养标签知识、人体营养状况的测定和评价、烹饪营养指导和运动指导等与健康密切相关的理论知识和实践技能。本书包含最新发布的《中国居民膳食指南（2022）》，附录提供了中国普通食物营养成分表和 2013 版《中国居民膳食营养素参考摄入量》，为学生和相关人员学习提供了最新的参考资料。

本书突破了传统的内容体系，根据营养师的能力需要将教材分成理论知识、技能训练两大部分。每个项目根据技能目标分为若干个单元，并配置相应的技能训练任务，技能训练针对性强，效果好。根据以上原则在传统教材内容的基础上，结合多年的教学和实践经验，对教材内容进行有机整合，共分五个项目，每个项目里有若干个单元，每个单元里安排有相应的能力训练和工作任务，教学时可根据需要对学生进行项目和任务的选择与安排，适应现在项目导向、任务引领的课程改革发展形势，同时配有设计好的进一步强化技能训练的工作任务书，便于教师在实践中采用理实一体化教学。

本书共分为五个项目，内容有：绪论；食品营养评价，包括蛋白质及其质量评价、血糖生成指数和血糖负荷的计算、脂肪质量评价、食物能量密度和营养素密度的计算、食品营养价值评价、营养标签的解读与制作等；人体营养状况测定和评价，包括人体体格测量、营养不良的症状与判别等；膳食调查和评价；膳食指导和食谱编制；营养咨询和教育，包括营养和食品安全知识指导、营养与健康教育等。

  本书适用于高职高专食品、生物类各专业和医学类专业，同时兼顾旅游与酒店专业，也可作为其他人员工作及生活中的参考资料。

  由于书中内容涉及面较广，作者水平有限，不妥及错误之处在所难免，敬请读者批评指正。

编 者

目　录

绪论 ··· 1
　　一、营养与营养素 ··· 1
　　二、膳食营养素参考摄入量 ·· 1
　　三、我国的营养与健康现状 ·· 4
　　四、中国国民营养计划（2017—2030 年） ······················ 5

项目一　食品中的营养素及其质量评价

任务 1　人体的能量需要 ·· 7
　　一、人体对能量的需要 ·· 7
　　二、能量膳食摄入量与食物来源 ···································· 10

任务 2　食品营养价值分析 ·· 11

学习单元 1　碳水化合物及其营养价值评价 ························· 11
　　一、碳水化合物的分类 ·· 11
　　二、碳水化合物的功能 ·· 14
　　三、血糖生成指数 ·· 16
　　四、碳水化合物的推荐摄入量与食物来源 ····················· 18
　　能力要求：混合食物血糖生成指数和血糖负荷的计算 ······ 19

学习单元 2　蛋白质及其质量评价 ····································· 20
　　一、蛋白质的生理功能 ·· 20

二、蛋白质的元素组成及氮折算成蛋白质的折算系数 …………………… 21
　　三、氨基酸 …………………………………………………………………… 21
　　四、蛋白质的分类及氮平衡 ………………………………………………… 23
　　五、食物蛋白质的营养评价 ………………………………………………… 24
　　六、蛋白质的互补作用 ……………………………………………………… 26
　　七、蛋白质的推荐摄入量及食物来源 ……………………………………… 27
　　　能力要求：不同食物蛋白质质量评价——AAS 法 ……………………… 28
学习单元 3　脂类及其营养评价 …………………………………………………… 30
　　一、脂类的组成和分类 ……………………………………………………… 30
　　二、脂类的生理功能 ………………………………………………………… 32
　　三、脂类营养价值的评价 …………………………………………………… 34
　　四、膳食脂肪的参考摄入量和脂类食物来源 ……………………………… 34
　　　能力要求：食物油脂脂肪酸比例计算和分析 …………………………… 35
学习单元 4　维生素 ………………………………………………………………… 37
　　一、脂溶性维生素 …………………………………………………………… 37
　　二、水溶性维生素 …………………………………………………………… 44
　　三、类维生素 ………………………………………………………………… 57
学习单元 5　矿物质 ………………………………………………………………… 58
　　一、矿物质的分类 …………………………………………………………… 58
　　二、矿物质的功能与性质 …………………………………………………… 59
　　三、常量元素 ………………………………………………………………… 60
　　四、微量元素 ………………………………………………………………… 63
　　五、其他矿物质 ……………………………………………………………… 66
　　六、营养素的生物利用率 …………………………………………………… 67
学习单元 6　水 ……………………………………………………………………… 67
　　一、水在体内的分布 ………………………………………………………… 67
　　二、水的生理功能 …………………………………………………………… 68
　　三、水在人体内的平衡 ……………………………………………………… 68

任务 3　食品营养价值评价 …………………………………………………… 70

学习单元 1　营养素密度和营养质量指数 ………………………………………… 70
　　一、营养素密度的计算 ……………………………………………………… 70
　　二、营养质量指数的计算 …………………………………………………… 71

能力要求：食物营养素密度和营养质量指数的计算 …………… 71
学习单元2　各类食物的营养价值评价 ……………………………………… 73
　　　一、植物性食物的营养价值 ………………………………………… 73
　　　二、动物性食物的营养价值 ………………………………………… 81
　　　三、调味品及其他食品的营养价值 ………………………………… 86
　　　四、营养强化食品和保健食品 ……………………………………… 89
　　　能力要求：食物营养价值的评价 …………………………………… 98

任务4　营养标签的解读与制作 …………………………………… 100

学习单元1　营养标签的解读 ……………………………………………… 100
　　　一、食品标签与营养标签 …………………………………………… 100
　　　二、营养标签的内容与标示 ………………………………………… 102
　　　能力要求：食品营养标签的解读 …………………………………… 103
学习单元2　营养标签的制作 ……………………………………………… 106
　　　一、营养成分的计算 ………………………………………………… 106
　　　二、营养声称的要求和条件 ………………………………………… 106
　　　三、营养标签的格式 ………………………………………………… 109
　　　能力要求：食品营养标签的制作 …………………………………… 109

项目二　人体营养状况测定和评价

任务1　人体体格测量 ……………………………………………… 113

学习单元1　成人体格测量 ………………………………………………… 113
　　　一、成人营养状况评价常用的体格测量指标和意义 ……………… 113
　　　二、体格测量的方法和工具 ………………………………………… 113
　　　能力要求：成人体格测量和体征的判别 …………………………… 120
学习单元2　儿童体格测量 ………………………………………………… 123
　　　一、儿童体格测量的指标 …………………………………………… 123

二、儿童体格发育指标的意义 …………………………………… 123
　　三、儿童营养状况的评价 ………………………………………… 125
　　能力要求： 儿童体格测量的方法 ………………………………… 125

任务2　营养不良的症状与判别 …………………………………… 129

　　一、蛋白质-能量营养不良的症状与判别 ………………………… 129
　　二、维生素缺乏的症状与判别 …………………………………… 131
　　三、矿物质缺乏的症状与判别 …………………………………… 134
　　四、营养不足或缺乏的临床检查 ………………………………… 138
　　能力要求： 营养不良的判断与评价 ……………………………… 139

项目三　膳食指导与食谱编制

任务1　不同人群营养和食物目标的设计 ………………………… 141

学习单元1　成人营养和食物目标的设计 ……………………………… 142
　　一、一般人群的膳食指南 ………………………………………… 142
　　二、中国居民平衡膳食宝塔 ……………………………………… 146
　　能力要求： 成人食物和营养目标的确定 ………………………… 147
学习单元2　特定人群营养和食物目标的设计 ………………………… 150
　　一、不同人群的生理特点和营养 ………………………………… 150
　　二、特定人群膳食指南 …………………………………………… 167
　　能力要求： 特定人群的营养和食物目标的确定 ………………… 173

任务2　营养食谱编制 ……………………………………………… 175

学习单元1　成年人一日食谱的编制 …………………………………… 175
　　一、营养膳食的调配 ……………………………………………… 175
　　二、食谱的编制原则 ……………………………………………… 177

三、营养食谱的编制方法 …………………………………………………… 177
　　能力要求：成人营养食谱的编制 ……………………………………… 178
学习单元2　特定人群食谱的编制 ……………………………………………… 182
　　一、食物交换份法 ………………………………………………………… 182
　　二、应用计算机技术进行食谱编制、评价和调整 …………………… 187
　　三、不同人群食谱的编制原则 ………………………………………… 187
　　能力要求：特定人群食谱的编制 ……………………………………… 189

项目四　膳食调查和评价

任务1　膳食调查 …………………………………………………………… 192

学习单元1　称重法膳食调查 …………………………………………………… 194
　　一、食物质量的估计 ……………………………………………………… 194
　　二、食物成分表的应用 …………………………………………………… 196
　　三、食物可食部和废弃率的计算 ……………………………………… 199
　　四、食物生熟质量比值的换算 ………………………………………… 200
　　五、称重记录表的设计 …………………………………………………… 201
　　能力要求：称重法膳食调查的方法和步骤 …………………………… 204
学习单元2　24h回顾法膳食调查 ……………………………………………… 206
　　一、24h回顾法 …………………………………………………………… 206
　　二、24h回顾法调查表的设计 …………………………………………… 207
　　三、人日数的计算 ………………………………………………………… 208
　　四、24h回顾法和膳食史法的结合应用 ……………………………… 209
　　能力要求：24h回顾法膳食调查的方法和步骤 ……………………… 210
学习单元3　记（查）账法膳食调查 …………………………………………… 212
　　一、记账法的原理和优缺点 …………………………………………… 213
　　二、记账法调查的基本方法和要点 …………………………………… 213
　　三、调查结果的处理 ……………………………………………………… 214
　　能力要求：记账法膳食调查的方法和步骤 …………………………… 215

任务2　膳食调查结果的计算与评价 218

学习单元1　膳食调查结果的计算 218
一、膳食中各类食物摄入量的计算和评价 218
二、膳食中能量和营养素摄入量的计算 222
　　能力要求：一日膳食能量和营养素的计算 223

学习单元2　膳食调查计算结果的分析与评价 226
一、评价的主要项目和指标 226
二、调查结果的分析与评价方法 227
　　能力要求：膳食调查结果的评价方法与步骤 231

项目五　营养咨询和教育

任务1　烹饪营养指导 236
一、烹调方法对营养素的影响 237
二、减少烹调中营养素损失的措施 239
　　能力要求：蔬菜的烹饪 239

任务2　健康教育 241
一、健康生活方式和行为 242
二、慢性营养性疾病及预防 244
　　能力要求：健康生活方式测定和评估 265

任务3　运动方案设计和运动消耗能量指导 269
一、运动种类及其定义 269
二、运动强度 270

三、运动的持续时间 …………………………………………… 272
四、运动处方的运动频率 ……………………………………… 273
五、体力活动水平的判断标准 ………………………………… 273
六、运动处方的制定步骤 ……………………………………… 274
能力要求：运动方案的设计和运动能量消耗指导 …………… 276

附　录 …………………………………………………………… 281
附录Ⅰ　中国居民膳食营养素参考摄入量（2013） ………… 281
附录Ⅱ　中国普通食物成分表 ………………………………… 289

参考文献 ………………………………………………………… 307

绪 论

一、营养与营养素

"营"是谋求的意思,"养"是养生或养身,两个字组合在一起就是"谋求养生",确切地说,是用食物或食物中的有益成分谋求养生。"营养"一词确切而比较完整的定义应当是:"机体通过摄取食物,经过体内消化、吸收和代谢,利用食物中对身体有益的物质作为构建机体组织器官、满足生理功能和体力活动需要的过程。"研究人体以及其他生物的营养问题的学问被称为营养学。

人类需要不断地从外界环境中摄取食物,从而获得生命活动所需的营养物质,这些营养物质在营养学上称为营养素。

人体所需的营养素有碳水化合物、脂类、蛋白质、矿物质、维生素和水,共六大类,其中某些营养素不能在体内合成,而必须从食物中获得,称为必需营养素,包括9种氨基酸:异亮氨酸、亮氨酸、赖氨酸、甲硫氨酸(蛋氨酸)、苯丙氨酸、苏氨酸、色氨酸、缬氨酸、组氨酸;2种脂肪酸:亚油酸、α-亚麻酸;碳水化合物;7种常量元素:钾、钠、钙、镁、硫、磷、氯;8种微量元素:铁、碘、锌、硒、铜、铬、钼、钴;14种维生素:维生素A、维生素D、维生素E、维生素K、维生素B_1、维生素B_2、维生素B_6、维生素C、烟酸、泛酸、叶酸、维生素B_{12}、胆碱、生物素;加上水,共计40余种。

碳水化合物、脂类和蛋白质因为需要量多,在膳食中所占的比重大,称为宏量营养素;矿物质和维生素因需要量相对较少,在膳食中所占比重也较小,称为微量营养素。

这些营养素在体内有三方面功用:一是供给生活、劳动和组织细胞功能所需的能量;二是提供人体的"建筑材料",用以构成和修补身体组织;三是提供调节物质,用以调节机体的生理功能。可见营养素是健康之本,是健康的物质基础。

二、膳食营养素参考摄入量

人体需要的各种营养素都需从饮食中获得,因此必须科学地安排每日膳食,以提供数量及质量适宜的营养素。如果某种营养素长期供给不足或供给过量，就可能产生相应的营养不足或营养过多的危害。

为了帮助个体和人群安全地摄入各种营养素，避免可能产生的营养不良或营养过多的危害，营养学家根据有关营养素需要量的知识，提出了适用于各类人群的膳食营养素参考摄入量（DRIs）。DRIs 是在每日膳食中营养素供给量（RDAs）的基础上发展起来的一组每日平均膳食营养素摄入量的参考值。2013 年中国营养学会提出的 DRIs 包括七项内容：平均需要量（EAR）、推荐摄入量（RNI）、适宜摄入量（AI）、可耐受最高摄入量（UL）、宏量营养素可接受范围（AMDR）、预防非传染性慢性病的建议摄入量（PI）和特定建议值（SPL）。

（一）平均需要量（estimated average requirement，EAR）

EAR 是指某一特定性别、年龄及生理状况群体中个体对某营养素需要量的平均值。按照 EAR 水平摄入营养素，根据某些指标判断可以满足某一特定性别、年龄及生理状况群体中 50% 个体需要量的水平。EAR 是制订 RNI 的基础，由于某些营养素的研究尚缺乏足够的人体需要量资料，因此并非所有营养素都能制订出其 EAR。

（二）推荐摄入量（recommended nutrient intake，RNI）

RNI 是指可以满足某一特定性别、年龄及生理状况群体中绝大多数个体（97%~98%）需要量的某种营养素摄入水平。长期摄入 RNI 水平可以满足机体对该营养素的需要，维持组织中有适当的储备以保障机体健康。RNI 相当于传统意义上的 RDA。RNI 的主要用途是作为个体每日摄入该营养素的目标值。

RNI 是根据某一特定人群中体重在正常范围内的个体需要量而设定的。对个别身高、体重超过此参考范围较多的个体，可能需要按每千克体重的需要量调整其 RNI。

能量需要量（estimated energy requirement，EER）是指能长期保持良好的健康状态，维持良好的体型、机体构成以及理想活动水平的个体或群体，达到能量平衡时所需要的膳食能量摄入量（WHO，1985）。群体的能量推荐摄入量直接等同于该群体的能量 EAR，而不是像蛋白质等其他营养素那样等于 EAR 加 2 倍标准差。所以能量的推荐摄入量不用 RNI 表示，而直接使用 EER 来描述。

EER 的制订须考虑性别、年龄、体重、身高和体力活动的不同。成人 EER 的定义为：一定年龄、性别、体重、身高和身体活动水平的健康群体中，维持能量平衡所需要摄入的膳食能量。儿童 EER 的定义为：一定年龄（3 岁以上儿童）、体重、身高、性别的个体，维持能量平衡和正常生长发育所需要的膳食能量摄入量。孕妇的 EER 包括胎儿组织沉积所需要的能量；对于乳母，EER 还需要加上泌乳所需的能量需要量。

提出 EAR 和 RNI 的营养素有蛋白质、总碳水化合物、维生素 A、维生素 D、

维生素 B_1、维生素 B_2、维生素 B_6、维生素 B_{12}、维生素 C、烟酸、叶酸、钙、磷、镁、铁、锌、碘、硒、铜、钼、水、膳食纤维。

（三）适宜摄入量（adequate intake，AI）

当某种营养素的个体需要量研究资料不足而不能计算出 EAR，从而无法推算 RNI 时，可通过设定 AI 来提出这种营养素的摄入量目标。AI 是通过观察或实验获得的健康群体某种营养素的摄入量。例如，纯母乳喂养的足月产健康婴儿，从出生到 4~6 月，他们的营养素全部来自母乳，故摄入母乳中的营养素数量就是婴儿所需各种营养素的 AI。提出 AI 的营养素有：亚油酸、亚麻酸、EPA + DHA、维生素 E、泛酸、生物素、钾、钠、氯、氟、锰、铬。

（四）可耐受最高摄入量（tolerable upper intake level，UL）

UL 是营养素或食物成分的每日摄入量的安全上限，是一个健康人群中几乎所有个体都不会产生毒副作用的最高摄入水平。对一般群体来说，摄入量达到 UL 水平对几乎所有个体均不致损害健康，但并不表示达到此摄入水平对健康有益。对大多数营养素而言，健康个体的摄入量超过 RNI 或 AI 水平并不会产生益处。因此，UL 并不是一个建议的摄入水平。目前有些营养素还没有足够的资料来制订 UL，所以没有提出 UL 的营养素并不意味着过多摄入此类营养素没有潜在的危险。提出 UL 的营养素及膳食成分有：维生素 A、维生素 D、维生素 E、维生素 B_6、维生素 C、叶酸、烟酸、胆碱、钙、磷、铁、锌、硒、氟、锰、钼、叶黄素、大豆异黄酮、番茄红素、原花青素、植物甾醇、L-肉碱、姜黄素。

（五）宏量营养素可接受范围（acceptable macronutrient distribution ranges，AMDR）

AMDR 指蛋白质、脂肪和碳水化合物理想的摄入量范围，该范围可以提供这些必需营养素的需要，并且有利于降低发生非传染性慢性病（NCD）的危险，常用占能量摄入量的百分比表示。

蛋白质、脂肪和碳水化合物都属于在体内代谢过程中能够产生能量的营养素，因此被称为产能营养素（energy source nutrient）。三者的摄入比例会影响微量营养素的摄入状况，当摄入过量时又可能导致机体能量储存过多，增加 NCD 发生的风险。因此有必要提出 AMDR，以预防营养素缺乏，同时减少摄入过量而导致 NCD 的风险。传统上 AMDR 常以某种营养素摄入量占摄入总能量的比例来表示，其显著的特点之一是具有上限和下限。如果个体的摄入量高于或低于推荐范围，可能引起必需营养素缺乏或罹患 NCD 的风险增加。

（六）预防非传染性慢性病的建议摄入量（proposed intakes for preventing non-communicable chronic diseases，PI-NCD，简称建议摄入量，PI）

膳食营养素摄入量过高导致的 NCD 一般涉及肥胖、高血压、血脂异常、中风、心肌梗死以及某些癌症。PI-NCD 是以 NCD 的一级预防为目标，提出的必需营养素的每日摄入量。当 NCD 易感人群某些营养素的摄入量达到 PI 时，可以降低发生 NCD 的风险。此次提出 PI 值的有维生素 C、钾、钠。

（七）特定建议值（specific proposed levels，SPL）

近几十年的研究证明传统营养素以外的某些膳食成分，具有改善人体生理功能、预防 NCD 的生物学作用，其中多数属于植物化合物。特定建议值（SPL）是指膳食中这些成分的摄入量达到这个建议水平时，有利于维护人体健康。此次提出 SPL 值的有：大豆异黄酮、叶黄素、番茄红素、植物甾醇、氨基葡萄糖、花色苷、原花青素。

三、我国的营养与健康现状

随着我国经济社会发展，居民人均预期寿命逐年增长，健康状况和营养水平不断改善。与此同时食物因素、人口老龄化、城镇化、工业化的进程加快，以及不健康的生活方式等因素也影响着人们的健康状况。《中国居民营养与慢性病状况报告（2015）》指出我国目前居民营养和健康状况主要有以下特点：

（1）膳食能量供给充足，体格发育与营养状况总体改善　十年间居民膳食营养状况总体改善，2012 年居民每人每天平均能量、蛋白质、脂肪、碳水化合物摄入量充足，能量需要得到满足。全国 18 岁及以上成年男性和女性的平均身高与体重均有所增长，尤其是 6~17 岁儿童青少年身高、体重增幅更为显著。成人营养不良率、儿童青少年生长迟缓率和消瘦率、6 岁及以上居民贫血率与 2002 年相比均有明显下降。

（2）膳食结构有所变化，超重肥胖问题凸显　过去 10 年间，我国城乡居民粮谷类食物摄入量保持稳定。总蛋白质摄入量基本持平，优质蛋白质摄入量有所增加，豆类和乳类消费量依然偏低。脂肪摄入量过多，平均膳食脂肪供能比超过 30%。蔬菜、水果摄入量略有下降，钙、铁、维生素 A、维生素 D 等部分营养素缺乏依然存在。全国 18 岁及以上成人超重率为 30.1%，肥胖率为 11.9%，6~17 岁儿童青少年超重率为 9.6%，肥胖率为 6.4%，比 2002 年均有明显上升。

（3）居民慢性病发病率与死亡率居高不下　2012 年全国 18 岁及以上成人高血压患病率为 25.2%，糖尿病患病率为 9.7%，与 2002 年相比，患病率呈上升趋势。根据 2013 年全国肿瘤登记结果分析，我国癌症发病率为 235/10 万，肺癌和乳腺癌分别位居男、女性发病首位，癌症发病率呈上升趋势。

2012 年全国居民慢性病死亡率为 533/10 万，占总死亡人数的 86.6%。心脑血管病、癌症和慢性呼吸系统疾病为主要死因，占总死亡人数的 79.4%。经过标化处理后，除冠心病、肺癌等少数疾病死亡率有所上升外，多数慢性病死亡率呈下降趋势。

吸烟、过量饮酒、身体活动不足和高盐、高脂等不健康饮食是慢性病发生、发展的主要行为危险因素。经济社会快速发展和社会转型给人们带来的工作、生活压力，对健康造成的影响也不容忽视。

四、中国国民营养计划（2017—2030年）

鉴于我国仍面临着居民营养不足与过剩并存、营养相关疾病多发、营养健康生活方式尚未普及等问题，国务院办公厅于2017年6月30日印发《国民营养计划（2017—2030年）》（以下简称《计划》）以贯彻落实《"健康中国"2030规划纲要》，提高国民营养健康水平。

1. 主要目标

到2030年，营养法规标准体系更加健全，食物营养健康产业持续健康发展，传统食养服务更加丰富，居民营养健康素养进一步提高，营养健康状况显著改善。实现以下目标：

降低重点人群贫血率，5岁以下儿童贫血率和孕妇贫血率控制在10%以下；5岁以下儿童生长迟缓率下降至5%以下；0~6个月婴儿纯母乳喂养率在2020年的基础上提高10%；缩小城乡学生身高差别，学生肥胖率上升趋势得到有效控制；提高住院病人营养筛查率和营养不良住院病人的营养治疗比例；居民营养健康知识知晓率提高20%；全国人均每日食盐摄入量降低20%，居民超重、肥胖的增长速度明显放缓。

2. 完善实施策略

（1）完善营养法规政策标准体系　研究建立各级营养健康指导委员会，加强营养健康法规、政策、标准等的技术咨询和指导。制修订中国居民膳食营养素参考摄入量、膳食调查方法、人群营养不良风险筛查、糖尿病人膳食指导、人群营养调查工作规范等行业标准。研究制定老年人群营养食品通则、餐饮食品营养标识等标准，加快修订预包装食品营养标签通则、食品营养强化剂使用标准、婴儿配方食品等重要食品安全国家标准。

（2）加强营养能力建设　加快研究制定基于我国人群资料的膳食营养素参考摄入量，改变依赖国外人群研究结果的现状，优先研究铁、碘等重要营养素需要量。强化营养人才的专业教育和高层次人才培养，推进对医院、妇幼保健机构、基层医疗卫生机构的临床医生、集中供餐单位配餐人员等的营养培训。开展营养师、营养配餐员等人才培养工作，推动有条件的学校、幼儿园、养老机构等场所配备或聘请营养师。

（3）强化营养和食品安全监测与评估　定期开展人群营养状况监测，加强食物成分监测工作，开展人群营养健康状况评价、食物营养价值评价，强化碘营养监测与碘缺乏病防治。

（4）发展食物营养健康产业　着力发展保健食品、营养强化食品、双蛋白（优质动物、植物蛋白）食物等新型营养健康食品。

（5）大力发展传统食养服务　通过多种形式促进传统食养知识传播，推动传统食养与现代营养学、体育健身等有效融合。开展针对老年人、儿童、孕产妇及慢性病人群的食养指导，提升居民食养素养。实施中医药治未病健康工程，进一步完善适合国民健康需求的食养制度体系。

另外还要加强营养健康基础数据共享利用，普及营养健康知识，推动将国民营养、食品安全知识知晓率纳入健康城市和健康村镇考核指标。

3. 开展重大行动

为配合实现以上目标和策略，《计划》中提出开展以下重大行动：

（1）生命早期1000天营养健康行动　开展孕前和孕产期营养评价与膳食指导，实施妇幼人群营养干预计划，提高母乳喂养率，培养科学喂养行为，提高婴幼儿食品质量与安全水平，推动产业健康发展。

（2）学生营养改善行动　指导学生营养就餐，开展学生超重、肥胖干预，推动中小学加强营养健康教育。结合不同年龄段学生的特点，开展形式多样的课内外营养健康教育活动。

（3）老年人群营养改善行动　开展老年人群营养状况监测和评价，建立满足不同老年人群需求的营养改善措施，促进"健康老龄化"，建立老年人群营养健康管理与照护制度，实现营养工作与医养结合服务内容的有效衔接。

（4）临床营养行动　建立、完善临床营养工作制度，开展住院患者营养筛查、评价、诊断和治疗，推动营养相关慢性病的营养防治，制定完善高血压、糖尿病、脑卒中及癌症等慢性病的临床营养干预指南，推动特殊医学用途配方食品和治疗膳食的规范化应用。

（5）贫困地区营养干预行动等　将营养干预纳入健康扶贫工作，因地制宜开展营养和膳食指导，实施贫困地区重点人群营养干预，加强贫困地区食源性疾病监测与防控，减少因食源性疾病导致的营养缺乏。

（6）吃动平衡行动　积极推进全民健康生活方式行动，广泛开展以"三减三健"（减盐、减油、减糖、健康口腔、健康体重、健康骨骼）为重点的专项行动；提高运动人群营养支持能力和效果；推进体医融合发展，调查糖尿病、肥胖、骨骼疾病等营养相关慢性病人群的营养状况和运动行为，构建以预防为主、防治结合的营养运动健康管理模式。

# 食品中的营养素及其质量评价

任务1　人体的能量需要

学习目标

知识目标
1. 熟悉人体能量消耗的构成。
2. 掌握能量的需要量和食物来源。

技能目标
1. 能进行不同能量单位间的换算。
2. 能确定成年人一日能量需要量。

人体在生命活动过程中需要能量，如物质代谢的合成和分解反应、心脏跳动、肌肉收缩、腺体分泌等，这些能量来源于食物。生物的能量来源于太阳的辐射能，其中，植物借助叶绿素的功能吸收利用太阳辐射能，通过光合作用将二氧化碳和水合成为碳水化合物；植物还可以吸收利用太阳辐射能合成脂类、蛋白质。而动物在食用植物时，实际上是从植物中间接吸收利用太阳辐射能；人类则是通过摄取动、植物性食物获得所需的能量。

一、人体对能量的需要

食物中的碳水化合物、蛋白质和脂肪等营养素在人体中经过消化转变成可吸

收的小分子营养物质,这些可吸收的小分子营养物质在细胞内经过一系列合成代谢后,会产生能量。在正常情况下,人体能量摄入与能量消耗呈动态平衡。如果摄入能量过多或过少,会引起体重过重或减轻而影响人体的健康。

(一) 能量单位

食物能量含量只能通过在特定条件下,将能量从一种形式转化成另一种形式来测定。在营养学上,食物能量基于碳水化合物、蛋白质和脂肪三大营养成分在氧化过程中释放的热量来测定,并以热量单位来表示。传统的热量单位为"卡",而国际营养科学协会及国际生理科学协会确认以焦耳作为统一使用的能量单位。卡与焦耳可以相互换算,换算关系如下:

$$1cal = 4.184J \quad 1kcal = 4.184kJ \quad 1Mcal = 4.184MJ$$
$$1J = 0.2396cal \quad 1kJ = 0.2396kcal \quad 1MJ = 0.2396Mcal$$

(二) 能量来源及比例

1. 产能营养素

人体所需要的能量来源于食物中的碳水化合物、蛋白质和脂肪,三者统称为产能营养素。一般情况下,人体所需要的能量60%以上是由食物中的碳水化合物提供;40%~50%来自于脂肪。当人体中能源物质不足,长期不能进食或能量消耗过多,体内的糖原和脂肪已经大量消耗之后,将依靠组织蛋白质供能。

2. 能量系数

能量系数是指每克产能营养素在体内氧化所产生的能量值,也称为食物能量卡价,碳水化合物、脂肪、蛋白质在体内氧化分别产能17.15kJ(4.1kcal)、39.54kJ(9.45kcal)和18.2kJ(4.0kcal)。吸收后的碳水化合物和脂肪在体内可完全氧化为H_2O和CO_2,其终产物及产热量与体外相同;但蛋白质在体内不能完全氧化,其终产物除H_2O和CO_2外,还有尿素、尿酸、肌酐等含氮物质,并通过尿液排出体外。若把1g蛋白质在体内产生的这些含氮物在体外测热器中继续氧化,还可以产生5.44kJ的热量,故蛋白质的产能系数应为23.64kJ - 5.44kJ = 18.2kJ。一般混合型膳食中碳水化合物、脂肪、蛋白质的吸收率分别为98%、95%和92%,所以三种产能营养素在体内可以氧化产生的实际能量,即生理卡价(生理有效能量值,或称能量系数)为:

1g 碳水化合物:$17.15kJ \times 98\% = 16.81kJ$(4.0kcal)

1g 脂肪:$39.54kJ \times 95\% = 37.56kJ$(9.0kcal)

1g 蛋白质:$18.2kJ \times 92\% = 16.74kJ$(4.0kcal)

除此之外,酒中的乙醇也能提供高效的热量,每克乙醇可产热量29.29kJ(7kcal)。

3. 能量来源分配

三大产能营养素在体内都有其特殊的生理功能并且彼此相互影响,如碳水化合物与脂肪的相互转化及对蛋白质有节约作用,因此,三者在总能量供给中应有一个恰当的比例。根据我国的饮食特点，成人碳水化合物供给的能量占总能量的50%~65%、脂肪占20%~30%、蛋白质占10%~15%为宜。年龄越小，蛋白质及脂肪供能占的比例越大。成人脂肪摄入量一般不宜超过总能量的30%。

（三）能量消耗构成

人体能量需要与消耗是一致的。机体的能量消耗主要由基础代谢、体力活动、食物的热效应和生长发育四方面消耗构成，其中正常人的能量消耗主要用于维持基础代谢、体力活动、食物的热效应的需要，而孕妇、乳母、婴幼儿、儿童、青少年，刚病愈的机体还包括生长发育的能量消耗。

1. 基础代谢

基础代谢（BM）是指维持人体最基本生命活动所必需的能量消耗，是指人体在清醒、空腹、安静而舒适的环境中，无任何体力活动和紧张的思维活动，全身肌肉松弛，消化系统处于静止状态下的能量消耗，即指人体用于维持体温、心跳、呼吸、各器官组织和细胞基本功能等最基本的生命活动的能量消耗。

（1）基础代谢率（BMR） 基础代谢的水平用基础代谢率表示，是指单位时间内人体基础代谢所消耗的能量，单位为$kJ/(m^2 \cdot h)$或$kJ/(kg \cdot h)$。基础代谢与人体表面积密切相关，体表面积又与身高及体质量有密切关系。

（2）影响基础代谢率的因素

①体表面积：相同体质者，瘦高体形的人体表面积大，基础代谢率高于矮胖者，人体瘦体组织消耗的热能占基础代谢的70%~80%，这些组织包括肌肉、心、脑、肝、肾等，所以，瘦体质量大，肌肉发达者，基础代谢水平高。

②年龄及生理状态：生长期的婴儿基础代谢率高，随年龄增长BMR下降，一般成年人低于儿童，老年人低于成年人。孕妇因合成新组织，基础代谢率增高。

③性别：女性瘦体质所占比例低于男性，脂肪的比例高于男性，因而同龄女性基础代谢率高于男性的5%~10%。

④环境温度：寒冷和高温气候下的人群基础代谢率低于温带气候下的人群。

⑤应急状态：一切应急状态，如发热、创伤、心理应激等均可使基础代谢率升高。

此外，种族、内分泌、情绪以及过多摄食等都可能影响基础代谢率。

2. 体力活动

体力活动（TEE）的能量消耗也称运动的生热效应，是构成人体能量消耗的重要部分。人体能量需要量的不同主要体现在体力活动的差别上。人体从事各种活动消耗的能量，主要取决于体力活动的强度和持续时间。体力活动一般包括职业活动、社会活动、家务活动和休闲活动等，因职业不同造成的能量消耗差别最大。伴随我国经济的发展，职业活动（劳动）强度及条件的改善，已建议将我国人群的劳动强度由5级调整为3级，即轻、中、重，根据不同级的体力活动水平值可推算出其能量消耗。

3. 食物的热效应

食物的热效应（TEF）也称食物的特殊动力作用，指人体的摄食过程中引起的能量消耗额外增加现象，即摄食后一系列消耗、吸收、合成活动及营养素和营养素代谢产物之间相互转化过程中的能量消耗。不同食物或营养素的热效应不同，蛋白质的食物热效应最大，约相当于本身产热能量的30%，碳水化合物为5%~6%，脂肪为4%~5%。成人食用普通混合膳食，每日TEF约627.6kJ（150kcal），相当于基础代谢的10%。

4. 生长发育

正在生长发育的机体还要额外消耗能量维持机体的生长发育。婴幼儿、儿童、青少年生长发育所需的能量主要用于形成新的组织的新陈代谢，3~6个月的婴儿每天有15%~23%的能量储存于机体建立的新组织。婴儿每天增加1g体重约需要20.9kJ（5kcal）能量。孕妇的生长发育能量消耗主要用于子宫、乳房，即胎盘、胎儿的生长发育及体脂储备，乳母的能量消耗除自身的需求以外，也用于乳汁的合成分泌。

二、能量膳食摄入量与食物来源

能量需要量是指维持机体正常生理功能所需要的能量，即能长时间保持良好的健康状况，具有良好的体型、机体构成和活动水平的个体达到能量平衡，并能胜任必要的经济活动所必需的能量摄入。对于孕妇、乳母、儿童等存在生长的人群，还包括满足组织生长和分泌乳汁的能量储备需要。对于体质稳定的成人个体，能有效自我调节食量摄入到自身需要量，其能量需要量应等于消耗量。能量的推荐摄入量与各类营养素的推荐摄入量（RNI）不同，它是以平均需要量（EAR）为基础，不增加安全量。

我国居民传统的膳食结构以植物性食物为主食，碳水化合物供给的能量占总能量需要量的55%~65%，脂肪可占总能量需要量的20%~30%，蛋白质占总能量需要量的10%~15%。随着经济的发展，农业生产结构的改变，人民生活水平的提高，我国人民的膳食结构正在发生着明显的变化，特别是发达地区和大城市，动物性食物的消费量大幅增加，而粮食的消费量明显下降。这种膳食结构的变化减少了一些营养缺乏病的发生，如脂溶性维生素缺乏病，铁、钙等无机盐的缺乏病，但同时也增加了一些慢性疾病的发生，特别是脂肪摄入超过人体能量总需要的30%时，心血管系统疾病和糖尿病等发病率也明显增加。因此，要加强宣传教育，在保持我国传统的膳食结构的基础上适当调整，使之更为合理。

任务2　食品营养价值分析

学习目标

知识目标
1. 掌握碳水化合物、膳食纤维、蛋白质、脂类、维生素、矿物质的种类和生理功能。
2. 熟悉碳水化合物、蛋白质和脂类的参考摄入量（DRIs）和食物来源。
3. 熟悉碳水化合物、蛋白质、脂质的营养价值评价。

技能目标
1. 会计算混合食物的血糖生成指数和血糖负荷并进行评价。
2. 能用 AAS 法对食物蛋白质进行营养评价。
3. 会对食物油脂中的脂肪酸进行分析和计算。

学习单元1　碳水化合物及其营养价值评价

碳水化合物（carbohydrate）亦称糖类化合物，是多羟基醛基或多羟基酮及其缩聚产物和某些衍生物的总称，是人类能量的最主要来源，是自然界存在最多、分布最广的一类重要的有机化合物。主要由碳、氢、氧所组成。葡萄糖、蔗糖、淀粉和纤维素等都属于碳水化合物。

一、碳水化合物的分类

按聚合度（DP）划分，通常将其分为单糖、双糖、寡糖和多糖，此外也包括其衍生物——糖醇类物质（见表1-1）。

按生理学或营养学划分可分为：①可利用碳水化合物（可溶性碳水化合物）：指能被机体分解吸收、提供能量的糖类物质，包括单糖、双糖，多糖中的淀粉、糖原、糊精等；②不可利用碳水化合物（结构性碳水化合物）：指不能被机体吸收利用供给能量的物质，包括有特殊功能的膳食纤维和一般性的粗纤维以及低聚糖。

表1-1　　　　　　　　　　　碳水化合物的分类

分类（糖分子DP）	亚组	组成
糖（1~2）	单糖	葡萄糖、半乳糖、果糖
	双糖	蔗糖、乳糖、麦芽糖、海藻糖
	糖醇	山梨醇、甘露糖醇
寡糖（3~9）	异麦芽糖低聚寡糖	麦芽糊精
	其他寡糖	棉子糖、水苏糖、低聚果糖
多糖（≥10）	淀粉	直链淀粉、支链淀粉、变性淀粉
	非淀粉多糖	纤维素、半纤维素、果胶、亲水胶质物

构成糖类的基本单位，一般是含有3~6个碳原子的多羟基醛或多羟基酮。单糖就是不能再水解的糖类，是构成各种双糖和多糖分子的基本单位，如葡萄糖、半乳糖、果糖；双糖就是由两个单糖组成的，如蔗糖、乳糖、麦芽糖；糖醇如山梨醇、甘露糖醇等。

（一）单糖（sugar）

单糖是糖类的基本构成单位，易溶于水，可直接被人体吸收利用。

1. 葡萄糖

葡萄糖是在人类空腹时唯一存在的单糖。人体的血糖就是指血液中葡萄糖的含量。葡萄糖主要由淀粉水解而来。此外，还可来自蔗糖、乳糖等的水解。它是机体最方便吸收、利用的单糖。有些器官实际上完全依靠葡萄糖供给所需的能量。例如，大脑中无能量储备，每日约需100~120g葡萄糖。要维持正常工作，必须保持一定的血糖水平，因此在早餐仅提供牛奶加鸡蛋这样的高蛋白质食物是不符合营养学要求的。

2. 果糖

果糖存在于蜂蜜和许多水果中，为白色晶体，人工制作的玉米糖浆中含果糖可达到40%~90%，是饮料、冷冻食品、糖果蜜饯生产的重要原料。

机体内的果糖是由蔗糖分解而得，吸收时部分果糖进一步被肠黏膜细胞转变成葡萄糖和乳酸。人体的肝脏是实际利用果糖的唯一器官，它可以将果糖迅速转化。其他部位的果糖含量极低。因此，果糖作为肌肉运动的能源不如葡萄糖及时，但作为运动后的恢复糖原储备较为有利。另一方面，果糖的代谢可以不受胰岛素制约，故糖尿病人可适当食用果糖；但大量摄入果糖，容易出现恶心、呕吐、上腹部疼痛以及不同血管区的血管扩张现象。

3. 半乳糖

半乳糖是乳糖的重要组成成分，很少以单糖的形式存在于食品中。半乳糖吸收后在肝脏内转变成肝糖，然后分解为葡萄糖被机体利用。此外，半乳糖的吸收速度较快,以葡萄糖的吸收速度为100,则果糖为43,半乳糖为130。

(二) 双糖

1. 蔗糖

蔗糖是从甜菜或甘蔗中提取出来的。因此,蔗糖是天然食品,是安全的营养型甜味剂。蔗糖可分解为一分子果糖和一分子葡萄糖。

目前已知一些蔗糖的功能,比如蔗糖可以增加机体ATP的合成,有利于氨基酸的活力与蛋白质的合成;蔗糖具有一定的解毒功能,食物中毒者,在没有得到医生救治时,可立即服用大量的白糖水,起到解毒保肝的作用;蔗糖对肝病患者有提高肝的解毒能力、促进肝细胞恢复、保护肝脏的作用;人们若不慎轻度烫伤、擦伤、创口出血,在没有医疗的条件下,可将伤口清洗后,将蔗糖敷在伤口上,能抑制细菌的繁殖、止血消炎,有助于伤口愈合。

当然,过度摄入蔗糖会引起健康问题,比如龋齿的发生,对于肥胖症、糖尿病人要严格限制蔗糖的摄入等。生产中蔗糖的理想替代物有异麦芽酮糖、异麦芽酮糖醇和异麦芽酮糖浆等。

2. 麦芽糖

麦芽糖又称饴糖,为蔗糖的同分异构体。一般植物含量很少,但种子发芽时可因酶的作用分解淀粉生成,尤其在麦芽中含量较多。动物体内除淀粉水解外不含麦芽糖。食品工业中所用麦芽糖主要由淀粉经酶水解而来,是食品工业中重要的糖质原料。其甜度约为蔗糖的1/2。它除了是一种高能物质外,在少量促进双歧杆菌生长的同时,也能被腐败菌所利用,产生气体,会引起消化道不适,儿童多食对牙齿不利。

3. 乳糖

乳糖由是由葡萄糖、半乳糖组成的双糖,甜度较低,是哺乳动物乳汁的主要成分。其含量依动物不同而异,通常人乳含约7%,牛乳含约5%。乳糖是婴儿主要食用的糖类物质。随着年龄的增长,肠道中的乳糖酶活力下降,因而很多成年人食用大量的乳糖后不易消化,即乳糖不耐症。食物中乳糖含量高于15%时可导致渗透性腹泻。

乳糖的功能除供热外,还可促进钙、磷、镁、锌和其他微量元素的吸收。对婴儿生长发育十分重要,一周岁以内的小儿每千克体重每天约需要糖13g,主要摄入的就是乳糖。乳糖在通过小肠中段后,被黏膜上皮细胞的乳糖酶分解成葡萄糖和半乳糖,最终产物乳酸可造成肠道酸性环境,增加了钙盐的溶解性,使更多的钙被吸收。乳糖代谢产生的酸性环境可促进双歧杆菌的生长,双歧杆菌代谢产生乳酸和醋酸,抑制了致病菌的生长,可使婴儿减少肠道感染。乳糖很少致龋齿,对婴儿有利。

(三) 寡糖(oligosaccharide)

寡糖也称低聚糖,指聚合度为3~9的碳水化合物。它是替代蔗糖的新型功能性糖源。低聚糖主要有两类，主要是低聚麦芽糖和异麦芽低聚糖，其他糖如棉子糖、水苏糖、低聚果糖等。低聚糖可以从天然食物萃取出来，也可以利用生化科技及酶促反应，利用淀粉及双糖（如蔗糖等）合成。

低聚糖并不能被人体的胃酸破坏，也无法被消化酶分解。但它可以被肠中的细菌发酵利用，转换成短链脂肪酸以及乳酸。随着结肠内发酵方式与吸收状态的不同，这些无法直接吸收，却能发酵的碳水化合物，每克可产生 0~2.5cal 的热量。但是寡糖的生理活性更受到重视。

低聚糖具有重要的生理功能，主要表现在下述几方面。

（1）低聚糖是体内有益肠道细菌——双歧杆菌的增殖因子，可改善肠道微生态环境，加强胃肠道消化吸收功能，有效排除体内毒素，增强机体的抗病能力。

（2）低聚糖甜度比蔗糖低，口感柔和，不能被口腔病原菌分解而生成导致龋齿的酸性物质，因此对预防龋齿具有积极作用。

（3）低聚糖可通过增加免疫作用而抑制肿瘤的生长，此外某些低聚糖对大肠杆菌有较强的抑菌作用，可阻碍病原菌的生长繁殖。

（4）作为一种新型的甜味剂，低聚糖也是一种低能量糖，大豆低聚糖的热值仅为蔗糖的 50%，可添加在糖尿病人的专用食品中。

（四）多糖（polysaccharide）

多糖指聚合度大于等于 10 的碳水化合物，包括淀粉和非淀粉多糖。可用通式 $(C_6H_{10}O_5)_n$ 表示。由相同的单糖组成的多糖称为多糖，如淀粉、纤维素和糖原；以不同的单糖组成的多糖称为杂多糖，如阿拉伯胶是由戊糖和半乳糖等组成。

二、碳水化合物的功能

1. 储存与供给能量

碳水化合物是人类获取能量的最经济、最主要、最安全的来源。每克葡萄糖在体内氧化可以产生 16.81kJ（4kcal）的能量。维持人体健康所需要的能量 55%~65% 由碳水化合物提供。同时，碳水化合物可转化成糖原储存于肝脏、肌肉等组织中，一旦机体需要，肝脏中的糖原即分解为葡萄糖以提供能量。所有的碳水化合物在体内消化后，主要以葡萄糖的形式被吸收，并迅速氧化给机体提供能量，氧化的最终产物为 CO_2 和 H_2O。

2. 参与其他营养素的代谢

（1）参与蛋白质的代谢　当膳食中碳水化合物供应不足时，机体为了满足自身能量的需要，则通过糖原异生作用将蛋白质转化为葡萄糖供给能量而影响机体健康；相反，当机体碳水化合物充足时则能预防体内或膳食蛋白质作为能量的消耗，不会造成蛋白质的浪费，这种作用称为碳水化合物对蛋白质的节约作用。

(2) 参与脂肪的代谢 脂肪在体内的代谢，需要葡萄糖的参与。当膳食中碳水化合物供应不足时，体内脂肪或食物脂肪便会不完全氧化而产生过量酮体。酮体是酸性物质，以致产生酮血症和酮尿症，引起酸中毒。膳食中充足的碳水化合物可以防止上述现象的发生，因此称为碳水化合物的抗生酮作用。

3. 构成机体和解毒

碳水化合物是构成机体的重要组成物质，并参与细胞和多种生命活动。糖蛋白是一些具有重要生理功能的物质如转铁蛋白、黏蛋白、免疫球蛋白、酶和激素的组分。糖脂是细胞膜与神经组织的重要组成成分，对维持神经组织系统的机能活动有特别作用。

碳水化合物经糖醛酸途径代谢生成的葡萄糖醛酸是人体内一种重要的结合性解毒物质，在肝脏中能与许多有害化学毒物（如四氯化碳、酒精、砷等）和各种致病微生物产生的毒素（如细菌毒素等）结合，以消除或减轻这些物质的毒性或生物活性，从而起到解毒功能。

4. 提供膳食纤维

(1) 膳食纤维的概念 膳食纤维（dietary fibre，DF）是指木质素和一般不易被消化的多糖总称。主要来自于植物的细胞壁，包含纤维素、半纤维素、树脂、果胶等。食物纤维没有营养功能，但却是人体健康所必需的，是平衡膳食结构的一种特殊的营养素。

(2) 膳食纤维的分类 按照营养成分的不同，中国营养学会将膳食纤维划分为四类。总膳食纤维（TDF）包括所有的组分：可溶性膳食纤维（SDF），是指不被人体消化酶消化，但溶于温水或热水且其水溶液又能被乙醇沉淀的那部分膳食纤维，如果胶、卡拉胶、琼脂、黄原胶和 CMC – Na 等；不可溶膳食纤维（IDF），是指不被人体消化酶消化，且不溶于热水的膳食纤维，是构成细胞壁的主要成分，包括纤维素、半纤维素、木质素、甲壳素和壳聚糖等；非淀粉多糖，食物样品中除去淀粉后，残渣用酸水解成中性糖，然后用气相色谱（GLC）或高效液相色谱（HPLC）定量检测其总和，即为非淀粉多糖，包括纤维素、半纤维素、果胶及可溶性非纤维素等。

(3) 膳食纤维的性质 膳食纤维的多种理化性质与其生理活性有关，主要有以下几点。

①化学结构中含有很多亲水基团，因此具有很强的亲水性。

②分子结构中含有很多活性基团，可以螯合吸附胆酸、胆固醇、化学药物及有毒物质等有机分子，从而抑制人体对它们的吸收，促进其排出体外。

③改变肠道菌群。膳食纤维在动物小肠中不能被内源酶分解，但在大肠中可被多种微生物分解发酵，从而诱导大量的产气菌群的生长，这些产气菌比厌气菌对人体有利。

(4) 膳食纤维的生理功能 以前普遍认为膳食纤维不能被人体消化吸收，

因此属于食物中的废物。近年研究却发现了这种食物成分具有多种重要的生理功能。

①预防便秘：膳食纤维可促进肠道蠕动，减少有害物质与肠壁的接触时间，尤其是果胶类吸水浸胀后，使大肠内容物的体积相对增加，有利于粪便排出。此外，膳食纤维在肠腔中被细菌产生的酶所降解，产生二氧化碳并使酸度增加、粪便量增加以及加速肠内容物在结肠内的转移而使粪便易于排出，从而达到预防便秘的作用。

②调节肠内菌群和辅助抑制肿瘤作用：膳食纤维可改善肠内菌群，使双歧杆菌等有益菌活化、繁殖，从而抑制肠内有害菌的繁殖，并吸收有害菌所产生的二甲基联氨等致癌物质。膳食纤维还能促使多种致癌物随粪便一起排出，降低致癌物的浓度。资料表明，膳食纤维可降低大肠癌、结肠癌、乳腺癌、胃癌、食管癌等癌症的发生。

③减轻有害物质所导致的中毒和腹泻：膳食纤维可减缓许多有害物质对肠道的损害作用，从而减轻中毒程度。

④调节血脂：膳食纤维能结合胆固醇的代谢分解产物胆酸，会使胆固醇向胆酸转化，促进胆酸的排泄，降低血浆胆固醇及甘油三酯的水平，从而预防动脉粥样硬化和冠心病等心血管疾病的发生。

⑤调节血糖：膳食纤维中的可溶性纤维可延缓消化道对糖类的消化吸收，抑制餐后血糖值的上升，改善组织对胰岛素的敏感性。不溶性食物纤维能促进人体胃肠吸收水分，使人产生饱腹感，改善糖耐量。

⑥控制肥胖：大多数富含膳食纤维的食物，仅含有少量的脂肪；而且膳食纤维能与部分脂肪酸结合，使脂肪酸的吸收减少。因此，在控制能量摄入的同时，摄入富含膳食纤维的膳食对控制超重和肥胖有一定的作用。

然而，必须注意膳食纤维与金属阳离子的结合引起的问题。由于构成膳食纤维的一部分糖单位具有糖醛酸残基，其结构上的羧基能与钙、铁、锌等阳离子结合，也可和膳食纤维分子中原来含有的阳离子如钠、钾离子进行可逆性变换，因此可能影响人体内某些矿物质元素的吸收。

三、血糖生成指数

1. 概念

简称血糖指数（glycemic index，GI），被用来衡量食物中碳水化合物能够引起人体血糖升高多少的能力。此概念由 Dr. David J. Jenkins 和他的同事在多伦多大学研究何种食物最适合糖尿病人时提出。是指人体进食含 50g 碳水化合物的待测食物后血糖应答曲线下的面积（AUC）与食用含等量碳水化合物标准参考物后血糖 AUC 之比，以百分比表示。通常将标准参考物选择葡萄糖或白面包。因为血糖生成指数是由人体试验而来的，而多数评价食物的方法是化学方法，所以也常说食物血糖生成指数是一种生理学参数。

$$GI = \frac{含50g碳水化合物试验食物餐后2h血糖应答曲线面积}{含50g碳水化合物标准参考物后2h血糖应答曲线面积} \times 100$$

2. 食物 GI 的评价及意义

GI 是用以衡量某种食物或某种膳食组成对血糖浓度影响的一个指标。GI 高的食物或膳食，表示进入胃肠后消化快，吸收完全，葡萄糖迅速进入血液，血糖浓度波动大；反之则表示在胃肠内停留时间长，释放缓慢，葡萄糖进入血液后峰值低，下降速度慢，血糖浓度波动小。因此，用食物血糖生成指数合理安排膳食，对于调节和控制人体血糖大有好处。

当血糖生成指数在 55 以下时，可认为该食物为低 GI 食物；当血糖生成指数在 55~75 时，该食物为中等 GI 食物；当血糖生成指数在 75 以上时，该食物为高 GI 食物。一般来说，只要一半的食物从高血糖生成指数替换成低血糖生成指数，就能获得显著改善血糖的效果。常见食物的血糖生成指数见表 1-2。

表 1-2 常见食物的血糖生成指数

食品种类	食物及其 GI
糖类	葡萄糖 100.0，绵白糖 83.8，蔗糖、方糖 65.0，麦芽糖 105.0，蜂蜜 73.0，胶质软糖 80.0，巧克力 49.0
谷类及制品	面条（小麦粉，湿）81.6、面条（全麦粉，细）37.0、面条（小麦粉，干，扁粗）46.0、面条（强化蛋白质，细，煮）27.0、馒头（富强粉）88.1、烙饼 79.6、油条 74.9、大米粥（普通）69.4、大米饭 83.2、糙米饭 70.0、黑米饭 55.0、糯米饭 87.0、大米糯米粥 65.3、黑米粥 42.3、玉米（甜，煮）55.0、玉米面粥（粗粉）50.9、玉米片（市售）78.5、小米（煮饭）71.0、小米粥 61.5、荞麦面条 59.3、荞麦面馒头 66.7
薯类、淀粉及制品	马铃薯 62.0、马铃薯（煮）66.4、马铃薯（烤）60.0、马铃薯（蒸）65.0、马铃薯泥 73.0、马铃薯片（油炸）60.3、马铃薯粉条 13.6、甘薯（红，煮）76.7、炸薯条 60.0、藕粉 32.6
豆类及制品	黄豆（浸泡，煮）18.0、豆腐（炖）31.9、豆腐（冻）22.3、豆腐干 23.7、绿豆 27.2、蚕豆（五香）16.9、扁豆 38.0、青刀豆 39.0、黑豆 42.0、四季豆 27.0、利马豆（棉豆）31.0、鹰嘴豆 33.0
蔬菜类	甜菜 64.0、胡萝卜 71.0、南瓜 75.0、山药 51.0、雪魔芋 17.0、芋头（蒸）47.7、芦笋、绿菜花、菜花、芹菜、黄瓜、茄子、鲜青豆、莴笋、生菜、青椒、西红柿、菠菜均低于 15.0
水果类及制品	苹果、梨 36.0、桃 28.0、杏干 31.0、李子 24.0、樱桃 22.0、葡萄 43.0、葡萄（淡黄色，小，无核）56.0、葡萄干 64.0、猕猴桃 52.0、柑 43.0、柚 25.0、菠萝 66.0、芒果 55.0、香蕉 52.0、香蕉（生）30.0、芭蕉 53.0、西瓜 72.0、巴婆果 58.0

续表

食品种类	食物及其 GI
乳及乳制品	牛乳 27.6、牛乳（加糖和巧克力）34.0、全脂牛乳 27.0、脱脂牛乳 32.0、低脂乳粉 11.9、降糖乳粉 26.0、老年乳粉 40.8、酸奶（加糖）48.0、豆奶 19.0、酸乳酪（普通）36.0
方便食品	白面包 87.9、面包（全麦粉）69.0、面包（70%~80%大麦粒）34.0、面包（45%~50%燕麦麸）47.0、面包（混合谷物）45.0、棍子面包 90.0、苏打饼干 72.0、酥皮糕点 59.0、爆玉米花 55.0
混合膳食	馒头+芹菜炒鸡蛋 48.6、饼+鸡蛋炒木耳 48.4、饺子（三鲜）28.0、包子（芹菜猪肉）39.1、牛肉面 88.6、米饭+鱼 37.0、米饭+红烧猪肉 73.3、猪肉炖粉条 16.7、西红柿汤 38.0、二合面窝头 64.9

3. 食物血糖负荷（GL）

食物 GI 是以受试者食用等量（一般为 50g）碳水化合物条件下测定的，而碳水化合物的受试量也同样可影响血糖应答。有些食物 GI 较低，但消费量较高，有些反之。GL 的提出正体现了碳水化合物数量对血糖的影响。其计算公式如下：

$$GL = GI \times 该摄入食物的实际可利用碳水化合物的量(g)$$

GL>20 的食物为高 GL 食物；GL 在 10~20 的食物为中 GL 食物；GL<10 的食物为低 GL 食物。

四、碳水化合物的推荐摄入量与食物来源

1. 碳水化合物的推荐摄入量

碳水化合物是膳食中主要的供能物质，一般供能约占全日总能的 50%~65%。

2. 碳水化合物的食物来源

碳水化合物的食物来源主要是植物性食物，如谷类（如大米、小米、面粉、玉米等）、薯类、根茎类等食物；动物性食物中只有肝脏含有糖原，乳中含有乳糖。

3. 碳水化合物与人类健康

（1）缺乏与过量 碳水化合物摄入不足会影响蛋白质和脂肪代谢，会造成生长发育迟缓，体重轻，容易疲劳、头晕等。如果谷类食物摄入不足还会造成 B 族维生素的缺乏；如果膳食纤维缺乏会引起胃肠道构造的损害和功能障碍，增加肥胖、糖尿病、高脂血症、动脉硬化及癌症等疾病的发病率。

（2）乳糖不耐症（lactose intolerance） 是指人体不能分解并代谢乳糖（一种糖类，常见于牛乳及其他乳制品中），这是由于肠道内缺乏所需的乳糖酶，或

者是由于乳糖酶的活性已减弱而造成的。主要症状为摄入乳糖（牛乳）后产生腹泻、腹胀和腹痛等症状。

能力要求： 混合食物血糖生成指数和血糖负荷的计算

一、工作准备

（1）膳食准备　准备一份混合食物或膳食，可包括 3~5 种原料或食物，记录每种原料或食物的来源、质量、比例。以一餐膳食为例，包括一杯牛乳（200mL）、半个馒头（50g）、一碗面条（150g）。

（2）必要资料的准备　食物成分表的准备。准备相关的资料如血糖生成指数表。

（3）工具准备　如计算器、任务工单等。

二、工作程序

1. 比较食物中蛋白质的含量

查阅食物碳水化合物含量和质量比，以一餐饮食为例加以说明。

（1）查阅食物成分表，查出膳食中每种食物的碳水化合物含量和膳食纤维含量，将碳水化合物减去膳食纤维量，获得可利用碳水化合物含量（A）。

（2）根据混合膳食中每种配料求食物的质量（B），计算每种配料食物提供的碳水化合物量（$C = A \times B/100$），以及混合膳食中的碳水化合物总量（$\sum C$）。

（3）计算各配料提供的碳水化合物质量百分比 $D = C/\sum C \times 100\%$

混合食物碳水化合物含量及质量见表 1-3。

表 1-3　　　　　　　　混合食物碳水化合物含量及质量

食物/配料	可利用碳水化合物含量 A/（g/100g）	质量 B	$C = A \times B/100$	占一餐中碳水化合物质量比（D）
一杯牛乳	3.4	200mL	6.8	10.2
半个馒头	47.0	50g	23.5	35.2
一碗面条	24.3	150g	36.5	54.6
总计			$\sum C = 66.8$	

2. 混合膳食 GI 的计算

（1）查阅资料，按照食物分类、名称、加工方法、来源尽可能匹配的原则查找并记录每种食物的 GI 值列于表 1-4 中。

（2）将每种食物的 GI 乘以占一餐中碳水化合物的比例，计算该食物对一餐总 GI 的贡献。

（3）将每种食物对 GI 的贡献相加得出一餐食物的总 GI。

表1-4　　　　　　　混合膳食血糖生成指数的计算

食物	食物 GI	占一餐中碳水化合物质量比（D）	对一餐 GI 的贡献
一杯牛乳	27.6	10.2	$27.6 \times 10.2\% = 2.8$
半个馒头	88	35.2	31.0
一碗面条	37	54.6	20.2
总计			54.0

3. 食物 GL 计算

根据公式计算 GL：

$$GL = 食物\ GI \times 摄入该食物的实际可利用碳水化合物的量(g)$$

上例中，$\sum C = 66.8$，所以，$GL = 54.0\% \times 66.8 = 36.1$。

4. 提出建议

综合 GI 与 GL 对混合膳食总 GI 进行评价，并结合它们的应用及意义，提出不同人群及不同情况下选择食物时的建议。

根据 GI、GL 分级和评价标准，本例中一餐 GI 为 54，属低 GI 膳食，GL 为 36.1，大于 20，属高 GL 食物，说明此餐为低 GI 膳食，但也不能食用过量。

三、注意事项

（1）食物中可利用碳水化合物量（A）= 碳水化合物量 - 膳食纤维量。
（2）食物质量（B）的单位液体为"mL"，固体为"g"。

学习单元 2　蛋白质及其质量评价

蛋白质（protein）是以氨基酸为基本单位按不同比例、不同顺序，互相之间以酰胺键（肽键）相连并具有一定空间结构的一类高分子化合物，人体必需的营养素之一。

一、蛋白质的生理功能

（一）构成机体的重要成分

蛋白质是构成机体组织、人体器官和细胞的重要成分，是生命的存在形式。蛋白质约占人体体重的 16%~19%，人体的肌肉组织和心、肝、肾等器官均含有大量蛋白质；骨骼、牙齿中含有大量的胶原蛋白；指甲、趾甲中含有角蛋白等。如果缺乏蛋白质就会影响细胞的正常新陈代谢。

（二） 构成体内重要的生命调节物质

蛋白质在人体内构成许多生理活性物质，参与生理功能的调节。

（1）蛋白质构成人体必需的催化和调节功能的各种酶。

（2）激素具有调节体内各器官生理活性的作用，如胰岛素是由51个氨基酸分子合成，生长素是由191个氨基酸分子合成。

（3）蛋白质协助各类物质在体内输送。载体蛋白对维持人体的正常生命活动是至关重要的，可以在体内运载各种物质，比如血红蛋白输送氧、脂蛋白输送脂肪、细胞膜上的受体还有转运蛋白等。

（4）免疫蛋白对外界有害因素有一定的抵抗力。如白细胞、淋巴细胞、巨噬细胞、抗体（免疫球蛋白）、补体、干扰素等。

（5）此外核蛋白构成细胞核与遗传信息的传递有关；收缩蛋白完成肌肉收缩；白蛋白维持机体酸碱平衡、维持水分的正常分布等。

（三） 供给能量

碳水化合物、脂肪和蛋白质是供给人体的三大供能营养素。供给热能不是蛋白质的主要功能，只有当机体需要时，蛋白质可代谢分解为氨基酸，经脱氨基作用后同时释放能量。每克蛋白质产热16.74kJ（4kcal）。人体每日所需热能大约有10%~15%来自蛋白质。

二、蛋白质的元素组成及氮折算成蛋白质的折算系数

（一） 蛋白质的元素组成

蛋白质主要由碳、氢、氧、氮四种元素组成，此外还含有硫、磷、铁、锰、锌和铜等元素。如表1-5所示。

表1-5　　　　　　　　　蛋白质的主要元素组成

元素	碳	氢	氧	氮	硫
含量/%	50.0~55.0	6.7~7.3	21.5.0~23.5	13.0~19.0	0~4.0

（二） 氮折算成蛋白质的折算系数

大部分蛋白质的含氮量基本相同，平均含氮量为16%，折算系数为6.25（即每克氮相当于6.25g的蛋白质）。一般通过凯氏定氮法测定样品中蛋白质的含量，就可得到蛋白质大致的含量。

三、氨基酸

氨基酸是含有氨基和羧基的一类有机化合物的通称，是蛋白质的基本组成单位。氨基连在α-碳上的为α-氨基酸，组成蛋白质的氨基酸均为α-氨基酸。

（一）分类

蛋白质可被酸、碱和蛋白酶催化水解成相对分子质量大小不等的肽段和氨基酸。从蛋白质水解产物中分离出来的氨基酸主要有 20 余种。根据氨基酸的必需性可将其分为以下 3 类。

1. 必需氨基酸（essential amino acid，EAA）

必需氨基酸指人体需要，但自身不能合成或合成速度不能满足机体的需要，必须由食物供给的蛋白供给氨基酸。对成人来说必需氨基酸有 8 种：赖氨酸（Lys）、苏氨酸（Thr）、甲硫氨酸（蛋氨酸，Met）、亮氨酸（Leu）、异亮氨酸（Iso）、苯丙氨酸（Phe）、色氨酸（Try）、缬氨酸（Val）。组氨酸（His）对婴儿的成长起着重要的作用，对婴儿来说，组氨酸也是必需氨基酸，共 9 种。

2. 非必需氨基酸（nonessential amino acid）

非必需氨基酸指人体需要，但人体可以自身合成或由其他的氨基酸转化得到的，不一定要由食物供给的氨基酸。通常有谷氨酸、甘氨酸、丙氨酸、天冬氨酸、天冬酰胺、丝氨酸、胱氨酸、精氨酸、脯氨酸和羟脯氨酸。有些非必需氨基酸充足可减少必需氨基酸的需要量。

3. 半必需氨基酸

半必需氨基酸指在一定条件下能代替或节省部分必需氨基酸的氨基酸。半胱氨酸和酪氨酸，这两种氨基酸可以分别由甲硫氨酸和苯丙氨酸转化而成，当膳食中半胱氨酸和酪氨酸充足时，人体对甲硫氨酸和苯丙氨酸的需要量分别减少为 30% 和 50%。

（二）氨基酸模式与限制性氨基酸

1. 氨基酸模式

某种蛋白质中各种必需氨基酸的构成比例就是氨基酸模式。即根据蛋白质中必需氨基酸含量，以含量最少的氨基酸为 1 计算出的其他氨基酸的相应比值。婴儿和儿童对氨基酸模式的需求都比成年人高。人体要摄入优质蛋白质必须满足两方面条件，其一是满足人体对必需氨基酸所需的种类和数量；其二是各种氨基酸之间的比例适合。几种常见的食物氨基酸含量及人体氨基酸模式见表 1-6。

表 1-6　　　　　常见的食物氨基酸含量及人体氨基酸模式

必需氨基酸	成人	全鸡蛋	牛乳	牛肉	黄豆	面粉	大米	花生
色氨酸（Trp）	1.0	1.0	1.0	1.0	1.0	1.0	1.0	1.0
异亮氨酸（Ile）	4.0	3.2	3.4	4.4	4.3	3.8	4.0	4.6
亮氨酸（Leu）	7.0	5.1	6.8	6.8	5.7	6.4	6.3	6.7
赖氨酸（Lys）	5.5	4.1	5.6	7.2	4.9	1.8	2.3	3.0
甲硫氨酸（Met）半胱氨酸（Cys）	2.3	3.4	2.4	3.2	1.2	2.8	2.8	1.0

续表

必需氨基酸	成人	全鸡蛋	牛乳	牛肉	黄豆	面粉	大米	花生
苯丙氨酸（Phe）酪氨酸（Tyr）	3.8	5.5	7.3	6.2	3.2	7.2	7.2	5.1
苏氨酸（Thr）	2.9	2.8	3.1	3.6	2.8	2.5	2.5	1.6
缬氨酸（Val）	4.8	3.9	4.6	4.6	3.2	3.8	3.8	4.4

食物蛋白质的氨基酸模式与人体蛋白中的氨基酸模式越接近，其体内的利用率就越高，营养价值也越高。一般动物蛋白质（蛋、乳、肉、鱼等）和大豆蛋白质的氨基酸组成与人体必需氨基酸需要量模式较接近，故称为优质蛋白质。当膳食中任何一种必需氨基酸缺乏或过量，可造成体内氨基酸的不平衡，使其他氨基酸不能被利用，蛋白质的合成就会受阻碍。

2. **限制性氨基酸**（limiting amino acid，LAA）

食物蛋白质中的必需氨基酸与参考蛋白相比时，含量较低的氨基酸称为限制性氨基酸。由于该种必需氨基酸含量不足或缺乏，导致其他氨基酸在体内不能被充分利用，限制蛋白质在人体的利用。按其缺乏程度可称为第一、第二、第三限制性氨基酸。食品的限制性氨基酸不同，谷类蛋白质的第一限制性氨基酸是赖氨酸；大豆、花生是甲硫氨酸。

四、蛋白质的分类及氮平衡

（一）蛋白质的分类

根据食物蛋白质所含氨基酸的种类和数量将食物蛋白质分为三类。

1. **完全蛋白质**

这是一类优质蛋白质。它们所含的必需氨基酸种类齐全，数量充足，比例适当。这类蛋白质不但可以维持人体健康，还可以促进小动物生长发育。乳、蛋、鱼、肉中的蛋白质都属于完全蛋白质。

2. **半完全蛋白质**

这类蛋白质所含氨基酸虽然种类齐全，但其中某些氨基酸的数量不能满足人体的需要。它们虽然可以维持生命，但不能促进生长发育。例如，谷类蛋白质就属于半完全蛋白质，其中赖氨酸含量大多较少，所以，它们的限制性氨基酸是赖氨酸。

3. **不完全蛋白质**

这类蛋白质不能提供人体所需的全部必需氨基酸，单纯靠它们既不能促进生长发育，也不能维持生命活动。例如，肉皮中的胶原蛋白便是不完全蛋白质。

（二）氮平衡

1. 概念

氮平衡指氮的摄入量与排出量之间的平衡状态，即蛋白质在体内处于不断的合成和分解的动态平衡状态。测定每时摄入氮的量和排出氮的量，并比较两者的比例关系，以及体内组织蛋白代谢状况的实验称为氮平衡。通常用下式表示：

$$B = I - (U + F + S)$$

式中　B——氮平衡；
　　　I——摄入氮；
　　　U——尿氮；
　　　F——粪氮；
　　　S——皮肤氮。

2. 分类

分为氮的总平衡（零平衡）、氮的正平衡和氮的负平衡三种情况。

（1）氮的零平衡　摄入的氮等于排出的氮（$B=0$），称为氮的平衡或氮的零平衡。正常的成年人多是此状况。

（2）氮的正平衡　摄入的氮大于排出的氮称为正氮平衡（$B>0$），多指生长发育期的儿童、孕妇及疾病恢复期病人。

（3）氮的负平衡　摄入的氮小于排出的氮称为负氮平衡（$B<0$），多指饥饿或消耗性疾病患者。

五、食物蛋白质的营养评价

食物中蛋白质的营养评价主要取决于所含必需氨基酸种类、含量及模式是否与人体相似。

（一）食物中蛋白质的含量

食物中蛋白质的含量是评价蛋白质的一个重要指标。一般食物中含蛋白质越多，相对地其营养价值也就越高。食物蛋白质的平均含氮量为16%。一般采用凯氏定氮的方法测定食物蛋白质的含量，根据测出的食物中蛋白质的含氮量，再乘以折算系数6.25即可得出蛋白质含量。

$$食物中蛋白质(g/100g) = 总氮量(g/100g) \times 折算系数6.25$$

（二）蛋白质的消化率

食物蛋白质消化率的高低是评价食物营养价值的重要因素之一。指蛋白质在消化道内分解、吸收的程度，通常以蛋白质中被消化、吸收的氮与该食物蛋白质的含氮量比值的百分数表示。蛋白质消化率越高，其营养价值越高。一般可分为表观消化率和真消化率。

1. 表观消化率

测定试验对象摄入氮和从粪便中排出的氮，按下式计算：

$$蛋白质表观消化率(\%) = \frac{摄入氮 - 粪氮}{摄入氮} \times 100\%$$

2. 真消化率

考虑内源粪代谢氮时的消化率按下式计算：

$$真蛋白质消化率(\%) = \frac{摄入氮 - (粪氮 - 粪代谢氮)}{摄入氮} \times 100\%$$

食物蛋白质的消化率除受人体因素影响之外，还受食物因素的影响，如食物的属性、酶反应、抗营养因子和加工的条件。一般动物性食物的消化率大于植物性食物。

（三）蛋白质的利用率

蛋白质的利用率指食物蛋白质在体内被消化吸收后被利用的程度。反映食物蛋白质利用率的指标很多，下面主要介绍几种常用的指标。

1. 生物价 (biological value，BV)

指食物蛋白质被吸收后在体内储留氮与氮吸收量的百分比值。通常用下式表示：

$$BV = \frac{储留氮}{吸收氮} = \frac{I - (F - Fk) - (U - Uk) - (S - Sk)}{I - (F - Fk)}$$

式中 I——摄入氮；

U——尿氮；

Uk——尿内源氮；

F——粪氮；

Fk——粪内源性氮（即无蛋白摄入时尿中排出的氮）；

S——皮肤等通道损失的氮；

Sk——（无蛋白膳食）对照状态下从皮肤等途径损失的氮。

生物价越高，蛋白质被机体利用率越高，营养价值也越高。最高值为100。常见食物蛋白质的生物价见表1-7。

表1-7 常见食物蛋白质的生物价

食物	生物价	食物	生物价
鸡蛋	94	小米	57
牛乳	85	蚕豆	58
猪肉	74	大豆	57
牛肉	76	马铃薯	67
牛肝	77	白薯	72
鱼	76	高粱	56
虾	77	绿豆	58
大米	77	花生	59
面粉	67	白菜	76

2. 蛋白质的净利用率（NPU）

蛋白质的净利用率是食物蛋白质摄入后实际被机体利用的程度，是机体氮的储留量与氮的摄入量之比。蛋白质的净利用率与生物价的区别是后者没有考虑在消化过程中未吸收而丢失的氮，前者更加全面，包括食物的消化和吸收。通常用下式表示：

$$蛋白质的净利用率(\%) = 生物价 \times 消化率 = \frac{储留氮}{摄入氮}$$

3. 蛋白质的功效比（PER）

蛋白质的功效比是指实验动物在规定的实验条件下平均每摄取 1g 蛋白质所增加的体重（g）。可用下式表示：

$$蛋白质的功效比值 = \frac{动物体重增加量(g)}{蛋白质的摄入量(g)}$$

4. 氨基酸评分（amino acid score，AAS）

氨基酸评分亦称蛋白质化学分（chemical score，CS），是评定单一或混合食物蛋白质营养价值的评价方法。该法的依据是将食物蛋白质中的各种必需氨基酸的含量与理想或参考蛋白质的氨基酸模式比较，计算公式如下：

$$氨基酸评分(AAS) = \frac{被测食物蛋白质每克氮或蛋白质氨基酸含量(mg)}{理想模式或参考蛋白质的每克氮或蛋白质氨基酸含量(mg)} \times 100$$

参考蛋白质可采用 WHO 人体必需氨基酸模式，也可是鸡蛋或人乳。首先计算被测蛋白质每种必需氨基酸的评分值，比值最低的氨基酸即为限制性氨基酸。被测食物蛋白质第一限制性氨基酸与参考蛋白质中同种必需氨基酸的比值即为该蛋白质的氨基酸评分。食物蛋白质的氨基酸评分越接近 100，其氨基酸组成就越接近人体需要，其利用率就越高。

例如，1g 某豆类蛋白质中的甲硫氨酸、苏氨酸和色氨酸含量分别为 17mg、39mg 和 14mg，而 1g 参考蛋白质的这三种氨基酸分别为 58mg、47mg 和 17mg，按上式则可计算出甲硫氨酸的比值最低（0.3），故甲硫氨酸为这种食物的第一限制性氨基酸，该豆类的氨基酸评分为 30。氨基酸评分的方法虽然简便易行，但是没有考虑食物蛋白质的消化率。经消化率修正后的氨基酸评分将食物蛋白质消化率纳入到评分，更真实地反映了食物蛋白质的营养价值。其计算公式为：

$$经消化率修正的氨基酸评分(PDCAAS) = 氨基酸评分 \times 真消化率$$

六、蛋白质的互补作用

蛋白质的互补作用是不同种食物混合食用，使必需氨基酸互相补充，其模式更接近人体的需要，以提高蛋白质的利用率。因此，在饮食中提倡食物多样化，将多种食物混合食用，可以提高食物的利用率。例如，谷类食物中赖氨酸含量不足，豆类食物的甲硫氨酸含量不足，将这两种食物混合食用可以提高蛋白质的利用率。

七、蛋白质的推荐摄入量及食物来源

（一）蛋白质的推荐摄入量

理论上讲，成人每天摄入 30g 蛋白质即可满足氮平衡，但从安全性和消化吸收等因素考虑，成人按 0.8g/（kg·d）摄入蛋白质为宜。我国居民膳食中多以植物性食物为主，故成人每日膳食蛋白质推荐摄入量按 1.16g/（kg·d）计。中国营养学会提出成年男子蛋白质推荐量为 65g/d；成年女子蛋白质推荐量为 55g/d。按能量计算，蛋白质摄入占总能量的 10%~12%，儿童为 12%~14%。

（二）蛋白质的食物来源

蛋白质的来源主要有动物性食物和植物性食物。动物性食物蛋白质含量高、质量好，是优质蛋白质的重要来源，如各种肉类、乳、鱼和蛋类等，其蛋白质含量分别为 15%~22%、3.0%~3.5%、1%~18% 和 11%~14%。植物蛋白质的含量一般比动物蛋白质低，质量也不如动物蛋白质好。我们国家主要以粮谷类食物为主，虽谷类食物的蛋白质含量约 10%，但其仍然是膳食中蛋白质的主要来源。豆类含有丰富的蛋白质，不但含量高达为 36%~40%，而且氨基酸组成也比较合理，是植物中的优质蛋白质。

（三）蛋白质的缺乏与过量

1. 蛋白质过量表现

蛋白质，尤其是动物性蛋白摄入过多，对人体同样有害。首先过多地摄入动物蛋白质，就必然摄入较多的动物脂肪和胆固醇。其次蛋白质过多本身也会产生有害影响。正常情况下，人体不储存蛋白质，所以必须将过多的蛋白质脱氨分解，氮则由尿排出体外，这加重了代谢负担，而且，这一过程需要大量水分，从而加重了肾脏的负荷，若肾功能本来不好，则危害就更大。过多的动物蛋白摄入，也造成含硫氨基酸摄入过多，这样可加速骨骼中钙质的丢失，易产生骨质疏松。

2. 蛋白质缺乏症

蛋白质缺乏在成人和儿童中都有发生，但处于生长阶段的儿童更为敏感。蛋白质的缺乏常见症状是代谢率下降，对疾病的抵抗力减退，易患病；远期效果是器官的损害，常见的是儿童生长发育迟缓、体质量下降、淡漠、易激怒、贫血以及干瘦病或水肿，并因为易感染而继发疾病。蛋白质的缺乏，分为两种，一种是以"消瘦"为特征的，指蛋白质和热能摄入均严重不足的营养性疾病；另一种是以"浮肿"为特征的，具体指热能摄入基本满足，而蛋白质严重不足的营养性疾病，称加西卡病。

能力要求: 不同食物蛋白质质量评价——AAS法

一、工作准备

(1) 食物的准备　选择2~3种食物,如鸡蛋、大豆、粳米、绿豆、牛乳等,登记食物的种类、来源、产地、是否有营养成分(蛋白质、氨基酸)的记录或营养标签标示。

(2) 必要评价资料的准备　食物成分表的准备;准备相关的资料,如参考蛋白质(理想蛋白质)的氨基酸模式。

(3) 工具准备　如计算器、任务工单等。

二、工作程序

1. 比较食物中蛋白质的含量

通过食物营养成分检测或查询食物成分表,确定被评价食物蛋白质含量,并和参考食物蛋白质含量进行初步比较。以鸡蛋、大豆为例,其蛋白质含量分别为12.7g/100g、35.0g/100g,大豆蛋白质含量高于鸡蛋。

2. 确定必需氨基酸的含量

通过查阅食物成分表"食物氨基酸的含量",查出被评价食物相对应必需氨基酸的含量(mg/g蛋白质)。

根据1得知:鸡蛋、大豆蛋白质含量分别为12.7g/100g、35.0g/100g,通过查找氨基酸含量表,由于食物成分表中所列的氨基酸含量以mg/100g表示,计算出必需氨基酸总量,结果发现鸡蛋和大豆的必需氨基酸接近,将结果记录于表1-8。

表1-8　　　　　　　　鸡蛋、大豆必需氨基酸的含量

必需氨基酸	鸡蛋氨基酸含量		大豆氨基酸含量	
	mg/100g	mg/g 蛋白质	mg/100g	mg/g 蛋白质
异亮氨酸	619	49	1853	53
亮氨酸	1030	81	2819	81
赖氨酸	837	66	2237	64
甲硫氨酸 + 胱氨酸	598	47	902	26
苯丙氨酸 + 酪氨酸	1096	86	3013	86
苏氨酸	569	45	1435	41
色氨酸	219	17	455	13
缬氨酸	688	54	1726	49
总计		445		413

3. 食物氨基酸评分计算

（1）计算　按照公式计算氨基酸评分。

（2）得出限制氨基酸　被测食物蛋白质每种必需氨基酸的评分值，比值最低的氨基酸即为第一限制氨基酸。第一限制氨基酸的氨基酸评分即为该种食物的氨基酸评分。以鸡蛋、大豆蛋白质的氨基酸为例，鸡蛋中异亮氨酸的 AAS 等于 $49/40 \times 100$，结果为 122。依次类推，计算出每种必需氨基酸评分，分别将计算结果记录于表 1-9。

表 1-9　　　　　　　　　鸡蛋和大豆的氨基酸评分

必需氨基酸	人体氨基酸模式/（mg/g）	鸡蛋		大豆	
		氨基酸含量/（mg/g）	AAS	氨基酸含量/（mg/g）	AAS
异亮氨酸	40	49	122	53	132
亮氨酸	70	81	116	81	115
赖氨酸	55	66	120	64	116
甲硫氨酸+胱氨酸	35	47	135	26	74
苯丙氨酸+酪氨酸	60	86	144	86	143
苏氨酸	40	45	112	41	103
色氨酸	10	17	172	13	130
缬氨酸	50	54	108	49	99
总计	360	445		413	

从表 1-9 可以看出，鸡蛋的必需氨基酸评分都高于人体氨基酸模式，鸡蛋和大豆的 AAS 最低的分别为缬氨酸（108）和甲硫氨酸（74），所以鸡蛋和大豆的第一限制氨基酸分别是缬氨酸和甲硫氨酸。

4. 评价

从上面的计算结果，可以评价食物蛋白质的营养价值，并提出可能的建议。

鸡蛋的氨基酸模式与人体的氨基酸模式接近，且 AAS 接近于 100，所以鸡蛋是质量高的蛋白质来源，也是参考蛋白；而大豆的氨基酸含量也丰富，但是甲硫氨酸的含量低于鸡蛋，建议豆类食物应与甲硫氨酸含量丰富的食物混合食用，以提高大豆的营养价值。

三、注意事项

确定必需氨基酸的含量，通过查表"食物氨基酸的含量"查出被评价食物相对应必需氨基酸的含量，其单位若是 mg/100g，需要通过下式换算成 mg/g 蛋白质。

$$氨基酸含量(mg/g 蛋白) = \frac{氨基酸含量(mg/100g)}{蛋白质含量(g/100g)}$$

学习单元3 脂类及其营养评价

一、脂类的组成和分类

脂类（lipids）是人体供能营养素之一，是油（oil）、脂肪（fat）和类脂（lipoid）的总称。食物中的油脂主要是油和脂肪，一般把常温下是液体的称作油，而把常温下是固体的称作脂肪。脂类的特点为不溶于水而在多数有机溶剂中溶解。脂肪所含的化学元素主要是C、H、O，部分还含有N、P等元素。

（一）脂肪

人体的重要组成成分之一是脂肪，成人体重约14%~19%是脂肪组织，肥胖者可高达30%。脂肪是指中性脂肪，是由一分子甘油和三分子脂肪酸组成的甘油三酯，约占食物中脂类的95%，其含量可因体力活动、身体状况和营养状况而变化，所以也称可变脂或动脂。

（二）脂肪酸

脂肪酸的种类和长短不同，常见的脂肪酸见表1-10。一般脂肪酸的分类如下。

表1-10　　　　　　　　常见的脂肪酸

名　称	代　号
丁酸（butyric acid）	$C_{4:0}$
己酸（caproic acid）	$C_{6:0}$
辛酸（caprylic acid）	$C_{8:0}$
癸酸（capric acid）	$C_{10:0}$
月桂酸（lauric acid）	$C_{12:0}$
肉豆蔻酸（myristic acid）	$C_{14:0}$
棕榈酸（palmitic acid）	$C_{16:0}$
棕榈油酸（palmitoleic acid）	$C_{16:1}$，$n-7$ 顺
硬脂酸（stearic acid）	$C_{18:0}$
油酸（oleic acid）	$C_{18:1}$，$n-9$ 顺
反油酸（elaidic acid）	$C_{18:1}$，$n-9$ 反
亚油酸（linoleic acid）	$C_{18:2}$，$n-6$，9 顺
α-亚麻酸（α-linolenic acid）	$C_{18:3}$，$n-3$，6，9 顺
γ-亚麻酸（γ-linolenic acid）	$C_{18:3}$，$n-6$，9，12 顺

续表

名　称	代　号
花生酸（arachidic acid）	$C_{20:0}$
花生四烯酸（arachidonic acid）	$C_{20:4}$，$n-6$，9，12，15 顺
二十碳五烯酸（timnodonic acid，EPA）	$C_{20:5}$，$n-3$，6，9，12，15 顺
芥子酸（erucic acid）	$C_{22:1}$，$n-9$ 顺
二十二碳五烯酸（鳕鱼酸）（clupanodonic acid）	$C_{22:5}$，$n-3$，6，9，12，15 顺
二十二碳六烯酸（docosahexaenoic acid，DHA）	$C_{22:6}$，$n-3$，6，9，12，15，18 顺
二十四碳单烯酸（神经酸）（nervonic acid）	$C_{24:1}$，$n-9$ 顺

（1）按照膳食脂肪中脂肪酸的饱和程度分（碳链上相邻两个碳原子间无双键）　可分为饱和脂肪酸（SFA）、不饱和脂肪酸（USFA），不饱和脂肪酸又分为单不饱和脂肪酸（MUFA）和多不饱和脂肪酸（PUFA）。

（2）按照膳食脂肪中脂肪酸碳链的长度分　可分为短链脂肪酸（碳原子数2~6）；中链脂肪酸（碳原子数8~12）；长链脂肪酸（碳原子数大于14）。

（3）按照不饱和脂肪酸第一双键的位置分　可分为$n(\omega)-3$、$n(\omega)-6$和$n(\omega)-9$。一般指从离羧基最远的甲基碳原子开始，第一个不饱和键所在n碳原子的序号是3、6和9。

$n(\omega)-3$系脂肪酸包括α-亚麻酸（ALA）、二十碳五烯酸（EPA）、二十二碳六烯酸（DHA），通常将EPA和DHA称为"脑黄金"；$n(\omega)-6$系脂肪酸是由亚油酸衍生而来，包括γ-亚麻酸（GIA）、花生四烯酸（AA）等；$n(\omega)-9$系脂肪酸以油酸为代表，有降低血胆固醇、甘油三酯和低密度脂蛋白，升高高密度脂蛋白的作用，另外还具有促进神经系统发育的功能。

（4）按结构分　可分为顺式脂肪酸和反式脂肪酸。自然界存在的脂肪酸一般为顺式脂肪酸，但是在食品工业中，植物油经过氢化处理或高温反复加热会产生反式脂肪酸。氢化油具有耐高温、不易变质、存放久等优点，在蛋糕、饼干、速冻比萨饼、薯条、爆米花等食品中使用比较普遍。过多摄入反式脂肪酸可使血液胆固醇增高，从而增加心血管疾病发生的风险。另外，反式脂肪酸还能影响发育、降低记忆力、容易导致发胖和影响生育。

（三）类脂

类脂是一类在结构或性质上与脂肪相似的天然化合物，它们在动植物界中分布较广，种类也较多，主要包括磷脂、糖脂和固醇等。类脂在体内含量相对稳定，一般不随着外界环境的变化而变化，所以也称固定脂或定脂。

1. 磷脂

磷脂主要有卵磷脂、脑磷脂、肌醇磷脂。磷脂天然存在于人体所有细胞和组织中，也存在于植物蛋白、种子和根茎中。它是由两分子脂肪酸和一分子磷酸或取代磷酸与甘油缩合成的复合类脂。按其化学结构，可将磷脂分成甘油磷脂和神经鞘磷脂两类。磷脂是构成生物膜的重要组分，对脂肪的吸收和运转以及储存脂肪酸起着重要作用；卵磷脂存在于蛋黄和血浆中；神经鞘磷脂存在于神经鞘。

2. 糖脂

糖脂含有碳水化合物、脂肪酸和氨基醇的化合物；是构成细胞膜的重要成分。

3. 固醇等

类固醇及固醇都是相对分子质量很大的化合物。可依其来源把固醇分为动物固醇和植物固醇。动物固醇主要是胆固醇，植物固醇主要是谷甾醇、豆甾醇等。

胆固醇是细胞膜的重要组成成分，对维持生物膜的正常结构和功能有重要作用。它大量存在于神经组织尤其是脑中，并且还可转化为胆汁酸盐、肾上腺皮质激素、性激素和维生素 D_3 等许多具有重要生理功能的类固醇化合物。由于人体自身能够合成胆固醇，且其每天合成的总量远比食物中所提供的胆固醇要多，因此，一般不需要从食物中摄取胆固醇。

植物固醇能够干扰食物中胆固醇被肠道吸收（外源性）和干扰胆汁所分泌的胆固醇的重吸收（内源性），促进胆固醇排泄，具有降低人体血清胆固醇，预防心、脑血管疾病的功能。

二、脂类的生理功能

（一）储存与供给能量

脂肪最主要的功能就是供给高能量，1g 脂肪在体内可产生 37.7kJ（9kcal）的能量。当人体摄入的能量不能及时被利用或过多时，就转变为脂肪而储存起来。

体内脂肪细胞的储存和供能有两个特点：一是脂肪细胞可以不断地储存脂肪，至今还未发现其吸收脂肪的上限，所以人体可因不断地摄入过多的能量而不断地积累脂肪，导致越来越胖；二是机体不能利用脂肪酸分解的含二碳的化合物合成葡萄糖，所以脂肪不能给脑和神经细胞以及血细胞提供能量。人在饥饿时必须消耗肌肉组织中的蛋白质和糖原来满足机体的能量需要。节食减肥的危害性之一也在于此。

（二）构成人体组织及某些生理活性物质

大量的脂肪酸存在于细胞膜中，是细胞维持正常的结构和功能必不可少的重要成分；磷脂是细胞膜的构成成分，因其具有极性和非极性双重特性，所以可帮助脂类或脂溶性物质（如脂溶性维生素、激素等），顺利通过细胞膜，促进细胞内外的物质交流；磷脂作为乳化剂可使体液中的脂肪悬浮在体液中，有利于其吸收、转运和代谢；神经鞘酯存在于神经鞘，可以保持神经的绝缘性；胆固醇是细胞膜和人体内许多重要活性物质的合成材料（如胆汁、性激素、肾上腺素和维生素 D 等）的重要成分。

（三）供给必需脂肪酸

1. 必需脂肪酸的定义

必需脂肪酸（essential fatty acid，EFA）是指人体不可缺少而自身又不能合成或合成数量不能满足机体需要的，必须通过食物供给的脂肪酸。包括 $n-6$ 系亚油酸，$n-3$ 系亚麻酸。

2. 必需脂肪酸的功能

（1）磷脂的重要组成成分　磷脂是细胞膜的主要结构成分，所以必需脂肪酸与细胞膜的结构和功能直接相关。

（2）合成前列腺素、血栓素及白三烯的前体　$n-3$ 系脂肪酸和脂肪酸在人和哺乳动物组织细胞中一系列酶的催化下，可转变为前列腺素、血栓素及白三烯等重要衍生物。前列腺素等存在于许多器官中，有着多种多样的生理功能，如使血管扩张和收缩、神经刺激的传导等。

（3）参与脂肪、胆固醇的代谢和运转　脂肪、胆固醇的代谢和运转也必须有必需脂肪酸的参与。

（4）提供具有特殊营养功能的 EPA 和 DHA　具有特殊营养功能的 EPA 和 DHA 功能有：与儿童神经系统发育有关，尤其是胎儿生长期和胎儿出生后大脑、视网膜发育不可缺少；预防心血管疾病；抗肿瘤生长；抗炎症作用和免疫调节作用。

（四）促进脂溶性维生素的吸收

食物脂肪不仅含有各类脂溶性维生素（维生素 A、维生素 D、维生素 E、维生素 K 等），还促进这些维生素在肠道的吸收。

（五）其他

1. 维持体温正常

脂肪导热性低，储存在皮下的脂肪，可以起到隔热作用，使体温达到正常和恒定。

2. 保护作用

脂肪对体内的脏器具有支撑和衬垫作用，可保护内部器官免受外力伤害。

3. 增加饱腹感

食物脂肪由胃进入十二指肠时，可刺激产生肠抑胃素，使肠蠕动受到抑制，造成食物由胃进入十二指肠的速度相对缓慢。因此食物中脂肪含量越多，胃排空的时间就越长，使人不易感到饥饿。

4. 改善食物的感官性状

脂肪作为食品烹调加工的重要原料，可以改善食物的色、香、味、形，促进食欲。

三、脂类营养价值的评价

主要从脂类的消化率、必需脂肪酸及胆固醇的含量、脂溶性维生素含量和脂类稳定性四个方面进行评价。

（一）消化率

在正常情况下，一般脂类都是容易消化和吸收的。营养价值与消化率成正相关，消化率越高，其营养价值也越高。食物油脂的消化率与其熔点有密切关系，动物脂肪以饱和脂肪酸为多，熔点较高，不易被人体消化吸收；而油脂中含不饱和脂肪酸多，熔点相对较低，消化吸收率高。

（二）必需脂肪酸和胆固醇的含量

脂类的营养价值与必需脂肪酸的含量有密切的关系。必需脂肪酸含量越高，营养价值越高；反之，营养价值越低。豆油、花生油、米糠油及玉米油等含亚油酸、亚麻酸量高，因此认为植物油的营养价值较高。一般认为，含胆固醇低的脂肪营养价值较高。

（三）脂溶性维生素的含量

脂类的营养价值与脂溶性维生素的含量有密切的关系。脂溶性维生素含量越高，其营养价值也越高。脂溶性维生素包括维生素 A、维生素 D、维生素 E、维生素 K。维生素 A 和维生素 D 存在于多数食物的脂肪中，以鲨鱼肝油的含量为最多，奶油次之，猪油内不含维生素 A 和维生素 D。维生素 E 广泛分布于动植物组织内，其中以植物油类含量最高。

（四）脂类的稳定性

稳定性的大小与不饱和脂肪酸的多少和维生素 E 含量有关。不饱和脂肪酸是不稳定的，容易氧化酸败。维生素 E 有抗氧化作用，可防止脂类酸败。

四、膳食脂肪的参考摄入量和脂类食物来源

（一）膳食脂肪的参考摄入量

各国对脂肪的参考摄入量有很大的差异。我国营养学会建议每日膳食中脂肪提供的能量占总能量的比例不宜超过 30%。必需脂肪酸应占有一定比例，包括饱和脂肪酸（S）、单不饱和脂肪酸（M）和多不饱和脂肪酸（P）之间的比例，以及 $n-6$ 和 $n-3$ 多不饱和脂肪酸之间的比例。其中大多数国家提出 S∶M∶P 为 1∶1∶1。我国 2013 年提出的居民膳食脂肪摄入量为 4 岁以上人群脂肪提供能量占 20%~30%，其中饱和脂肪酸（S）不超过 10%，M、P 分别占总能量都不得低于 10%；60 岁以上老年人则分别为 6%~8%、10% 和 8%~10%；18 岁以上

$n-6:n-3$ 大约为 $5:1$。

（二） 脂类食物来源

食物脂肪的来源是植物油、油料种子和动物性脂肪。一般认为，植物油含不饱和脂肪酸多，如大豆油、花生油、芝麻油、玉米油、米糠油等营养价值高。通常动物脂肪含饱和脂肪酸较多，含脂肪最多的是肥肉，高达90%，其次是肠系膜、内脏及其周围脂肪组织和骨髓。其中动物脂肪如奶油、蛋黄油、鱼脂、鱼肝油的营养价值较高。

某些海产鱼油中 EPA 和 DHA 含量相对较多。卵磷脂的主要食物来源是大豆磷脂和蛋黄磷脂，除此之外，牛乳和动物的脑、骨髓、心脏、肺脏、肝脏、肾脏以及酵母中都含有卵磷脂。胆固醇只存在于动物性食物中。植物性食物不含胆固醇，而含植物固醇。

一般讲瘦肉、鱼、禽类食物胆固醇的含量相似，而且较低，每50g中胆固醇不超过44mg。至于动物器官食品如肝、肾、心脏、脑、蛋黄等均有极丰富的胆固醇。

能力要求： 食物油脂脂肪酸比例计算和分析

一、 工作准备

（1）油脂样品准备　准备几种动植物油脂样品，记录每种样品的来源、配料、质量，如果有营养标签或营养成分检验报告等需详细记录相关信息。

样品举例：大豆油、猪油、混合油（菜籽油+棕榈油）。

（2）必要资料的准备　食物成分表的准备。

（3）工具准备　如计算器、任务工单等。

二、 工作程序

1. 仔细阅读样品相关信息

仔细阅读样品的相关信息，包括名称、来源、配料、相关食物成分数据，判断是动物性油脂还是植物性油脂，有没有反式脂肪酸的可能来源（如起酥油、人造黄油）等。

2. 分析和比较食物总脂肪含量

根据食物样品的营养标签、脂肪检验报告或食物成分表，分析和比较各种食品的总脂肪含量。

这里以植物性大豆油、调和油，动物性的猪油，以及动植物混合的食物为例，根据食物成分表，查得大豆油、混合油、猪油的总脂肪含量（g/100g）分别为99.8、99.9、99.6，将结果列于表1-11总脂肪列。如果样品是按一定比例混合的油脂或混合食物，需采用权重法计算，即按照各配料脂肪含量及各配料占混合油脂（食物）的质量比加权相和后计算总脂肪含量。以混合食物（里脊肉100g＋菜籽油20g）为例计算：先查出里脊肉的脂肪含量为7.9g/100g，菜籽油脂肪含量为99.9g/100g，根据里脊肉和菜籽油占混合食物的比例计算，则总脂肪含量（g/100g）＝7.9×100/120＋99.9×20/120＝23.2。同理进行后续的计算。

表1-11　　食物中脂肪酸的含量（占总脂肪量的百分数）

样品名称	总脂肪/（g/100g）	含量较高的脂肪酸	必需脂肪酸	
			亚油酸（$C_{18:2}$）	亚麻酸（$C_{18:3}$）
大豆油	99.8	（$C_{18:1}$）39.2 （$C_{18:2}$）34.3	34.3	6.9
混合油	99.9	（$C_{18:1}$）54.0 （$C_{18:2}$）18.0	18.0	6.4
猪油	99.6	（$C_{18:1}$）44.2 （$C_{18:2}$）26.0	8.9	—

3. 分析必需脂肪酸含量

继续查找食物脂肪酸含量表，查出食品中含量较高或较低的脂肪酸，目的是观察脂肪的脂肪酸组成特征；分析和计算必需脂肪酸含量（亚油酸 $C_{18:2}$、亚麻酸 $C_{18:3}$）。一般来讲，脂肪酸大多以占总脂肪的百分比（%）表示，但随着检测技术的提高，目前有些国家或实验室的食物脂肪酸数据表示为绝对含量，即每百克食物中脂肪酸的克数（g/100g食物），为方便比较，需将数据进行一定转换，即：

$$\text{脂肪酸占脂肪百分比}(\%) = \frac{\text{食物脂肪酸含量}(g/100g)}{\text{食物总脂肪含量}(g/100g)} \times 100\%$$

本例通过查阅食物脂肪酸含量表，将大豆油等样品中含量较高的脂肪酸含量和必需脂肪酸含量列于表1-11，可以看出大豆油中油酸（$C_{18:1}$）和亚油酸（$C_{18:2}$）含量较高且基本相当，混合油以油酸含量见长，猪油则含有较高的油酸和棕榈酸（$C_{16:0}$）；相比之下，植物性油脂必需脂肪酸含量高于动物性油脂，特别是亚麻酸在动物性油脂中含量几乎为0。

4. 计算脂肪酸比例

分别查找或计算食物中饱和脂肪酸（S）、单不饱和脂肪酸（M）、多不饱和脂肪酸（P）占总脂肪的比例，以饱和脂肪酸为1.0计算S∶M∶P比值。混合食物各类脂肪酸的计算方法同总脂肪，采用权重法。

本例通过计算得知，大豆油以单不饱和脂肪酸、多不饱和脂肪酸为主，混合油以单不饱和脂肪酸为主，猪油则以饱和脂肪酸和单不饱和脂肪酸为主，见表1-12。

表1-12　　　　　　　各类脂肪酸在总脂肪中的含量

食物	S/%	M/%	P/%
大豆油	14.4 (1.0)	45.1 (3.1)	41.2 (2.9)
混合油	20.2 (1.0)	55.2 (2.7)	24.4 (1.2)
猪油	43.2 (1.0)	47.9 (1.1)	8.9 (0.2)

5. 通过以上分析对油脂进行评价，提出合理的饮食建议

根据以上对油脂脂肪酸的分析，可以从脂肪酸构成、必需脂肪酸含量、脂肪酸比例的角度对脂肪进行评价。本例中大豆富含亚油酸，M、P含量丰富，是非常好的多不饱和脂肪酸的来源；混合油中以 M 为主，是油酸的重要来源；猪油中 S 含量比例较高，P 和 EFA 较低。建议选择油脂时搭配使用，以相互弥补脂肪酸组成，提高其营养价值。

学习单元4　维生素

维生素是维持人体正常生命活动所必需的一类有机化合物。在体内其含量极微，但在机体的代谢、生长发育等过程中起重要作用。它们的化学结构与性质虽然各异，但有共同特点。

（1）均以维生素本身，或可被机体利用的前体化合物（维生素原）的形式存在于天然食物中；

（2）非机体结构成分，不提供能量，但担负着特殊的代谢功能；

（3）一般不能在体内合成（维生素 D 例外）或合成量太少，必须由食物提供；

（4）人体只需少量即可满足，但绝不能缺少，否则缺乏至一定程度，可引起维生素缺乏病。

维生素摄入过多时，水溶性维生素常以原形从尿中排出体外，几乎无毒性，但摄入过大（非生理）剂量时，常干扰其他营养素的代谢；脂溶性维生素大量摄入时，由于排出较少，可致体内积存超负荷而造成中毒。为此，必须遵循合理的原则，不宜盲目加大其剂量。

随着广泛、深入的研究，已发现维生素还有许多新的功能作用，特别是对某些慢性非传染性疾病的防治方面，有很多实验研究与人群流行病学调查研究的明确结果。维生素的这些作用揭示，适宜的维生素摄入对人类维护健康、远离慢性疾病的困扰无疑是有利的。

一、脂溶性维生素

1. 维生素 A

维生素 A 的化学名为视黄醇。维生素 A 末端的—CH_2OH 在体内氧化后成为

—CHO，称为视黄醛，或进一步氧化成—COOH，即视黄酸。视黄酸是维生素 A 在体内吸收代谢后最具有生物活性的产物，维生素 A 的许多生理功能实际上是通过视黄酸的形式发生作用的。植物来源的胡萝卜素是人类维生素 A 的重要来源。

胡萝卜素中最具有维生素 A 生物活性的是 β - 胡萝卜素，在人类肠道中的吸收利用率，大约为维生素 A 的 1/6，其他胡萝卜素的吸收率更低。

(1) 理化性质与体内分布　维生素 A 属脂溶性维生素，在高温和碱性的环境中比较稳定，一般烹调和加工过程中不致被破坏。但是维生素 A 极易氧化，特别在高温条件下，紫外线照射可以加快这种氧化破坏。因此，维生素 A 或含有维生素 A 的食物应避光在低温下保存，如能在保存的容器中充氮以隔绝氧气，则保存效果更好。食物中如含有磷脂、维生素 E、维生素 C 和其他抗氧化剂时，其中的视黄醇和胡萝卜素较为稳定。食物中共存的脂肪酸败时可致其严重破坏。维生素 A 在体内主要储存于肝脏中，约占总量的 90%～95%，少量储存于脂肪组织。

(2) 生理功能与缺乏　维生素 A 在人体的代谢功能中有非常重要的作用，因此，当膳食中维生素 A 摄入不足、膳食脂肪含量不足，或患有慢性消化道疾病等，可致维生素 A 不足或缺乏，而影响很多生理功能甚至引起病理变化。

①维持皮肤黏膜层的完整性：维生素 A 对上皮细胞的细胞膜起稳定作用，维持上皮细胞的形态完整和功能健全。因此，维生素 A 缺乏的初期有上皮组织的干燥，继而使正常的柱状上皮细胞转变为角状的复层鳞状上皮，形成过度角化变性和腺体分泌减少，累及全身上皮组织。

②构成视觉细胞内的感光物质：视网膜上对暗光敏感的杆状细胞含有感光物质视紫红质，由 11 - 顺式视黄醛与视蛋白结合而成，为暗视觉的必需物质。缺乏维生素 A 时可降低眼的暗适应能力，严重时可致夜盲。

③促进生长发育和维护生殖功能：维生素 A 参与细胞中 RNA、DNA 的合成，对细胞的分化、组织更新有一定影响。参与软骨内成骨，缺乏时长骨形成和牙齿发育均受影响。维生素 A 缺乏时还会导致男性睾丸萎缩，精子数量减少、活力下降，也可影响胎盘发育。

④维持和促进免疫功能：维生素 A 对许多细胞功能活动的维持和促进作用，是通过其在细胞核内的特异性受体——视黄酸受体实现的。对基因的调控结果可以提高免疫细胞产生抗体的能力，也可以促进细胞免疫的功能，以及促进 T 淋巴细胞产生某些淋巴因子。维生素 A 缺乏时，免疫细胞内视黄酸受体的表达相应下降，因此影响机体的免疫功能。

(3) 吸收与代谢　维生素 A 与胡萝卜素的吸收过程是不同的。胡萝卜素的吸收为物理扩散性，吸收量与摄入多少相关。胡萝卜素的吸收部位在小肠，小肠细胞内含有胡萝卜素双氧化酶，进入小肠细胞的胡萝卜素在其作用下被分解为视黄醛或视黄醇。维生素 A 则为主动吸收，需要能量，吸收速率比胡萝卜素快 7～30 倍。

食物中的维生素 A 或胡萝卜素在小肠经胰液或小肠细胞刷状缘中的视黄酯水解酶、分解为游离状后进入小肠细胞，再在微粒体中合成维生素 A 棕榈酸酯，与乳糜微粒结合通过淋巴系统进入血液循环，然后转运到肝脏储存。维生素 A 在体内氧化后转变为视黄酸，视黄酸是维生素 A 在体内发生多种生物作用的重要活性形式。

（4）过量危害与毒性

①维生素 A 过多症：维生素 A 过量会降低细胞膜和溶酶体膜的稳定性，导致细胞膜受损，组织酶释放，引起皮肤、骨骼、脑、肝等多种脏器组织病变；脑受损可使颅压增高；骨组织变性引起骨质吸收、变形；骨膜下新骨形成，血钙和尿钙都上升；肝组织受损则引起肝脏肿大，肝功能改变。

②胡萝卜素血症：因摄入富含胡萝卜素的食物（如胡萝卜、南瓜、橘子等）过多，以致大量胡萝卜素充分迅速在小肠黏膜细胞中转化为维生素 A 而引起。因摄入的 β - 胡萝卜素在体内仅有 1/6 发挥维生素 A 的作用，故大量摄入胡萝卜素一般不会引起维生素 A 过多症，但可使血中胡萝卜素水平增高，致使黄色素沉着在皮肤和皮下组织内。停止大量摄入富含胡萝卜素的食物后，胡萝卜血症可在 2~6 周内逐渐消退，一般没有生命危险，不需特殊治疗。

（5）需要量与膳食参考摄入量　中国营养学会 2013 年提出的中国居民膳食维生素 A 参考摄入量成人 RNI 男性为 800μg RE；女性为 700μg RE，UL 为 3000μg RE。视黄醇当量（retinol equivalet，RE）换算：

$$1\mu g\ RE = 1\mu g\ 视黄醇 = 6\mu g\ \beta - 胡萝卜素 = 12\mu g\ 其他类胡萝卜素$$

（6）食物来源　维生素 A 在动物性食物（按每 100g 计算），如动物内脏（猪肝 4972μg、鸡肝 10414μg）、蛋类（鸡蛋 310μg）、乳类（牛乳 24μg）中含量丰富，但在不发达地区人群往往主要依靠植物来源的胡萝卜素。胡萝卜素在深色蔬菜中含量（按每 100g 计算）较高，如西蓝花（7210μg）、胡萝卜（4010μg）、菠菜（2920μg）、苋菜（2110μg）、生菜（1790μg）、油菜（620μg）、荷兰豆（480μg）等；水果中以芒果（8050μg）、橘子（1660μg）、枇杷（700μg）等含量比较丰富。

2. 维生素 D

维生素 D 是一族来源于类固醇的环戊氢烯菲环结构相同，但侧链不同的复合物的总称，目前已知的维生素 D 至少有 10 种，但最重要的是维生素 D_2（麦角骨化醇）和维生素 D_3（胆钙化醇）。25 - (OH)D_3 和 1,25 - (OH)$_2D_3$ 是其在体内的代谢物，其中 1,25 - (OH)$_2D_3$ 被认为具有类固醇激素的作用。

（1）理化性质与体内分布　维生素 D_2 是由紫外线照射植物中的麦角固醇产生，但在自然界的存量很少。维生素 D_3 则由人体表皮和真皮内含有的 7 - 脱氢胆固醇经日光中紫外线照射转变而成。维生素 D_2 和维生素 D_3 对人体的作用和作用机制完全相同，哺乳动物和人类对两者的利用亦无区别，本文中统称为维生素 D。

维生素 D 溶于脂肪溶剂，对热、碱较稳定，对光及酸不稳定。维生素 D 在肝和各种组织中都有分布，特别在脂肪组织中有较高的浓度，但代谢较慢。在组织中大约一半是以维生素 D 的形式存在，其余一半中 $25-(OH)D_3$ 所占比例较大，约为总量的 20%。在血浆中 $25-(OH)D_3$ 占绝对优势，也存在于其他组织如肾、肝、肺、主动脉和心脏中。

（2）生理功能与缺乏　维生素 D 的最主要功能是提高血浆钙和磷的水平到超饱和的程度，以适应骨骼矿物化的需要，主要通过以下的机制。

①促进肠道对钙、磷的吸收：维生素 D 作用的最原始点是在肠细胞的刷状缘表面，能使钙在肠腔中进入细胞内。此外 $1,25-(OH)_2D_3$ 可与肠黏膜细胞中的特异受体结合，促进肠黏膜上皮细胞合成钙结合蛋白，对肠腔中的钙离子有较强的亲和力，对钙通过肠黏膜的运转有利。维生素 D 也能激发肠道对磷的转运过程，这种运转是独立的，与钙的转运不相互影响。

②对骨骼钙的动员：与甲状旁腺协同，维生素 D 使未成熟的破骨细胞前体，转变为成熟的破骨细胞，促进骨质吸收；使旧骨中的骨盐溶解，钙、磷转运到血内，以提高血钙和血磷的浓度；另一方面刺激成骨细胞促进骨样组织成熟和骨盐沉着。

③促进肾脏重吸收钙、磷：促进肾近曲小管对钙、磷的重吸收以提高血钙、血磷的浓度。维生素 D 缺乏在婴幼儿可引起维生素 D 缺乏病，以钙、磷代谢障碍和骨样组织钙化障碍为特征，在成人维生素 D 缺乏使成熟骨矿化不全，表现为骨质软化症，严重时骨骼脱钙引起骨质疏松。

（3）吸收与代谢　维生素 D 吸收最快的部位在小肠的近端，也就是在十二指肠和空肠，但由于食物通过小肠远端的时间较长，维生素 D 最大的吸收量可能在回肠。维生素 D 像其他的疏水物质一样，通过胶体依赖被动吸收。

大部分的维生素 D（约 90% 的吸收总量）与乳糜微粒结合进入淋巴系统，其余与肌球蛋白结合，皮肤中的维生素 D_3 可与维生素 D 结合蛋白（DBP）结合直接进入循环。

（4）过量危害与毒性　通过膳食来源的维生素 D 一般认为不会引起中毒，但摄入过量维生素 D 补充剂或强化维生素 D 的乳制品，有发生维生素 D 过量和中毒的可能。目前普遍接受维生素 D 的每日摄入量不宜超过 $25\mu g$。维生素 D 中毒时可出现厌食、呕吐、头痛、嗜睡、腹泻、多尿、关节疼痛和弥漫性骨质脱矿化等症状。

（5）需要量与膳食参考摄入量　由于维生素 D 既可由膳食提供，又可经暴露在日光之下的皮肤合成，而皮肤合成量的多少又受到纬度、暴露面积、阳光照射时间、紫外线强度、皮肤颜色等影响，因此维生素 D 的需要量很难确切估计。2013 年中国营养学会制订的中国居民膳食维生素 D 参考摄入量成人（18 岁~）

RNI 为 10μg/d，65 岁以上为 15μg/d，UL 为 50μg/d。

（6）维生素 D 的来源　维生素 D 有两个来源，一个为外源性，依靠食物来源；另一个为内源性，通过阳光（紫外线）照射由人体皮肤产生。

①食物来源：维生素 D 无论是维生素 D_2 或维生素 D_3，在天然食物中存在并不广泛。植物性食物如蘑菇、蕈类含有维生素 D_2；动物性食物中则含有维生素 D_3，以鱼肝和鱼油含量最丰富；其次在鸡蛋、乳牛肉、黄油和咸水鱼如鲱鱼、鲑鱼和沙丁鱼中含量相对较高；牛乳和人乳的维生素 D 含量较低（牛乳为 41IU/100g）；蔬菜、谷物和水果中几乎不含维生素 D。由于食物中的维生素 D 来源不足，许多国家均在常用的食物中进行维生素 D 的强化，如焙烤食品、乳与乳制品和婴儿食品等，以预防维生素 D 缺乏病和骨软化症。

②内源性来源：人体的表皮和真皮内含有 7 - 脱氢胆固醇，经阳光或紫外线照射后形成前维生素 D_3，然后再转变为维生素 D_3，产生量的多少与季节、纬度、紫外线强度、年龄、暴露皮肤的面积和时间长短有关。有报道健康个体全身在阳光中晒到最轻的皮肤发红时，维生素 D 在血液循环中的浓度可以和摄入 250～625μg 的维生素 D 相等。

按照我国婴儿衣着习惯，仅暴露面部和前手臂，每天户外活动 2h 即可维持血中 25 - (OH)D_3 在正常范围内。儿童和年轻人每周 2～3 次的短时户外活动就能满足维生素 D 的需要。老年人皮肤产生维生素 D 的能力较低，衣服又常常穿得较多，接触阳光照射较少，使维生素 D_3 的产生减少，加上老年人易有乳糖不耐受，乳制品摄入少，维生素 D 的来源往往较少。因此，对老年人应鼓励在春、夏、秋季的早晨或下午多接触阳光，使维生素 D 满足身体需要。

3. 维生素 E

维生素 E（vitamin E）又名生育酚，是 6 - 羟基苯并二氢吡喃环的异戊二烯衍生物，包括生育酚和生育三烯酚两类共 8 种化合物，即 α - 生育酚、β - 生育酚、γ - 生育酚、δ - 生育酚和 α - 生育三烯酚、β - 生育三烯酚、γ - 生育三烯酚、δ - 生育三烯酚。α - 生育酚是自然界中分布最广泛、含量最丰富、活性最高的维生素 E 的形式，β - 生育酚、γ - 生育酚和 δ - 生育酚的活性分别为 α - 生育酚的 50%、10% 和 2%。α - 生育三烯酚的活性大约为 α - 生育酚的 30%。

（1）理化性质与体内分布　维生素 E 为油状液体，橙黄色或淡黄色，溶于脂肪及脂溶剂。各种生育酚都可被氧化成生育酚自由基、生育醌及生育氢醌。这种氧化可因光照射、热、碱，以及一些微量元素如铁和铜的存在而加速。各种生育酚在酸性环境下比碱性环境下稳定。在无氧的条件下，它们对热与光以及碱性环境相对较稳定。有氧条件下，游离酚羟基的酯是稳定的。机体组织和食物中维生素 E 的含量以 RRR - α - 生育酚当量（α - tocopherol equivalents，α - TE）表示。估计混合膳食中维生素 E 的总 α - TE，应按下列公式折算：

膳食中总α-TE当量(mg) = [1×α-生育酚含量(mg)] + [0.5×β-生育酚含量(mg)]
　　　　　　　　　　　　+ [0.1×γ-生育酚含量(mg)] + [0.02×δ-生育酚含量(mg)]
　　　　　　　　　　　　+ [0.3×α-生育三烯酚(mg)]

维生素 E 在血液中分布于各种脂蛋白中，健康成人血浆维生素 E 平均浓度为 10mg/L 左右；儿童血浆浓度稍低，平均水平在 7mg/L。红细胞膜中 α-生育酚含量较高，其浓度与血浆水平处于平衡状态，当血浆维生素 E 低于正常水平时，易发生红细胞膜的破裂而导致溶血。

（2）生理功能与缺乏　大多数维生素的功能通常是从缺乏产生的后果体现出来的。人体维生素 E 缺乏仅发生在早产儿身上，或者幼儿和成人在脂肪吸收不良时，以及囊状纤维症等病人。对维生素 E 作用的认识大部分都是从动物实验中间接获得的。

①抗氧化：维生素 E 是非酶抗氧化系统中重要的抗氧化剂，能清除体内的自由基并阻断其引发的链反应，防止生物膜（包括细胞膜、细胞器膜）和脂蛋白中多不饱和脂肪酸、细胞骨架及其他蛋白质的巯基受自由基和氧化剂的攻击。维生素 E 与维生素 C、β-胡萝卜素有抗氧化的协同互补作用。在氧分压较低时，β-胡萝卜素可以使与自由基结合的维生素 E 得到恢复；在氧分压较高时，生育酚自由基在生物膜表面与维生素 C 接触进行反应，使生育酚自由基还原为生育酚。维生素 E 主要定位在细胞膜。硒与维生素 E 也有相互配合进行协同的抗氧化作用。

②抗动脉粥样硬化：充足的维生素 E 可抑制细胞膜脂质的过氧化反应，增加 LDL-C 的抗氧化能力，减少 Ox-LDL 的产生，保护 LDL-C 免受氧化。维生素 E 还有抑制血小板在血管表面凝集和保护血管内皮的作用，因而被认为有预防动脉粥样硬化和心血管疾病的作用。

③对免疫功能的作用：维生素 E 对维持正常的免疫功能，特别是对 T 淋巴细胞的功能有很重要的作用。老年人群补充维生素 E，可以使迟发型变态反应皮肤试验阳性率提高，淋巴细胞转化试验活性增强。

④对胚胎发育和生殖的作用：目前尚未找到维生素 E 对人类生殖作用的证据。但妇女妊娠期间，维生素 E 的需要量随妊娠月份增加而增加；也发现妊娠异常时，其相应妊娠月份时的血浆 α-生育酚浓度比正常孕妇低。因此孕妇可以补充小剂量（50mg/d）维生素 E。

⑤对神经系统和骨骼肌的保护作用：维生素 E 有保护神经系统、骨骼肌、视网膜免受氧化损伤的作用。人体神经肌肉系统的正常发育和视网膜的功能维持需要充足的维生素 E。维生素 E 在防止线粒体和神经系统的轴突膜受自由基损伤方面是必需的。

维生素 E 缺乏时，常伴随细胞膜脂质过氧化作用增强，这将导致线粒体的能量产生下降、DNA 氧化与突变，以及质膜正常运转功能的改变。尤其是当细胞膜暴露在氧化剂的应激状态下，细胞会很快发生损伤和坏死，并释放脂质过氧化的副产物，吸引炎性细胞和吞噬细胞的聚集和细胞胶原蛋白的合成。

早产儿出生时血浆和组织中维生素 E 水平很低，而且消化器官不成熟，多有维生素 E 的吸收障碍，往往容易出现溶血性贫血，肌内注射维生素 E 可以改善症状。流行病学调查显示，维生素 E 和其他抗氧化剂摄入量低以及血浆 α - TE 水平低下，患肿瘤、动脉粥样硬化、白内障等疾病的危险性增加。

（3）吸收与代谢　维生素 E 在有胆酸、胰液和脂肪存在时，在脂酶的作用下，以混合微粒在小肠上部经非饱和的被动弥散方式被肠上皮细胞吸收。不同形式的维生素 E 表观吸收率均在 40% 左右。维生素 E 补充剂在餐后服用，有助于吸收。各种形式的维生素 E 被吸收后大多由乳糜微粒携带经淋巴系统到达肝脏。

（4）过量危害与毒性　维生素 E 的毒性相对较小，大多数成人都可以耐受每日口服 100~800mg 的维生素 E，而没有明显的毒性症状和生化指标改变。有证据表明人体长期摄入 1000mg/d 以上的维生素 E 有可能出现中毒症状，如视觉模糊、头痛和极度疲乏等。

维生素 E 过量最令人担忧的是凝血机制损害导致某些个体的出血倾向。有学者建议成人维生素 E 摄入量不应超过 1000mg/d。使用抗凝药物或有维生素 K 缺乏的人，在没有密切医疗监控的情况下不宜使用维生素 E 补充剂，因为有增加出血致命的危险。早产儿对补充维生素 E 的不良反应敏感，因此必须在儿科医生的监控下使用。

（5）需要量与膳食参考摄入量　中国营养学会在《中国居民膳食营养素参考摄入量（2013 版）》中制订了各年龄组维生素 E 的适宜摄入量（AI），成年男女为 14mg α - TE/d，可耐受最高摄入量（UL）为 700mg α - TE/d。从人体衰老与氢自由基损伤的角度考虑，老年人增加维生素 E 的摄入量是有必要的。乳母应该增加摄入量，以弥补乳汁中的丢失。

（6）食物来源　维生素 E 主要存在于植物性食物中，植物的叶子和其他绿色部分均含有维生素 E，绿色植物中的维生素 E 含量高于黄色植物。麦胚、向日葵及其油富含 RRR - α - 生育酚，而玉米和大豆中主要含 γ - 生育酚。各种植物油、坚果、豆类及海产品是维生素 E 的良好食物来源。

4. 维生素 K

（1）理化性质与体内分布　天然存在的维生素 K 是黄色油状物，人工合成的则是黄色结晶粉末。所有的 K 类维生素都抗热和水，但易遭酸、碱、氧化剂和光（特别是紫外线）的破坏。由于天然食物中维生素 K 对热稳定，并且不是水溶性的，在正常的烹调过程中只损失很少部分。

人体内维生素 K 的储存很少，更新很快，肝脏储存一部分维生素 K。在细胞内，维生素 K 主要存在于膜上，尤其是内质网和线粒体膜上。

（2）生理功能与缺乏　维生素 K 的生理作用是促进肝脏生成凝血酶原，从而具有促进凝血的作用。肝脏中存在凝血酶原前体，它并无凝血作用，维生素 K 的作用在于将此凝血酶原前体转变成凝血酶原。当人体缺乏维生素 K 时，可出现紫癜，一旦出血，凝固时间就会延长，造成止血困难。因此医学常用它作止血剂。

维生素 K 的每日需要量约为 1μg/kg 体重。维生素 K 缺乏可引起低凝血酶原血症，且其他维生素 K 依赖凝血因子浓度下降，表现为凝血缺陷和出血。

（3）吸收与代谢　维生素 K 从小肠吸收进入淋巴系统及肝门循环，这一过程首先需要形成混合微团以溶解这些物质。维生素 K 吸收后与乳糜微粒结合，使之转运到肝脏进入低密度脂蛋白（LDL）和高密度脂蛋白（HDL）中，再被带至血浆中。其代谢产物主要经粪便排出。

（4）过量危害与毒性　天然形式的维生素 K_1 和维生素 K_2 不产生毒性，甚至大量服用也无毒。食物来源的甲萘醌毒性很低，维生素 K 的前体 2 - 甲基萘醌（K_3）由于与巯基反应而有毒性，它能引起婴儿溶血性贫血、高胆红素血症和核黄疸症，2 - 甲基萘醌不应用于治疗维生素 K 缺乏。

（5）需要量与膳食参考摄入量　哺乳动物的维生素 K 需要量可以通过膳食摄入和肠道微生物合成这两者结合而得到满足。遗传因素影响人对维生素 K 的需求。按每千克体重计，男性比女性需要更多的维生素 K。以凝血功能确定的每日维生素 K 的需要量约为 1μg/kg 体重。

从一项大规模分析维生素 K 不同摄入水平与发生骨折的关系的中老年妇女调查中推测，为保证骨骼系统的健康，维生素 K 的每日适宜摄入量应在 2μg/kg 左右。考虑到维生素 K 的安全摄入范围较宽，这一数值可以作为计算维生素 K 摄入量的依据。

《中国居民膳食营养素参考摄入量（2013 版）》中成人维生素 K 的膳食适宜摄入量（AI）为 80μg/d，UL 未定。

（6）食物来源　叶绿醌广泛分布于动物性和植物性食物中，柑橘类水果含量少于 0.1μg/100g，牛乳含量为 1μg/100g，菠菜、甘蓝菜、芜菁绿叶菜含量为 400μg/100g。在肝中含量为 131μg/100g，某些干酪含 2.8μg/100g。因为对维生素 K 的膳食需要量低，大多数食物基本可以满足需要。但母乳是个例外，其中维生素 K 含量低，甚至不能满足 6 个月以内的婴儿的需要。

二、水溶性维生素

1. 维生素 B_1

维生素 B_1 是由一个含氨基的嘧啶环和一个含硫的噻唑环组成的化合物。维生素 B_1 因其分子中含有硫和胺，又称硫胺素，也称抗脚气病因子、抗神经炎因子等，是维生素中最早发现的一种。

（1）理化性质与体内分布　维生素 B_1 常以其盐酸盐的形式出现，为白色结晶，极易溶于水，不溶于其他有机溶剂。维生素 B_1 的固态形式比较稳定，在100℃时也很少破坏。水溶液呈酸性时稳定，在 pH<5 时，加热至120℃仍可保持其生理活性，在 pH3 时，即使高压蒸煮至140℃，1h 破坏也很少。在碱性环境中易被氧化而失活，且不耐热，在 pH>7 的情况下煮沸，可使其大部分或全部破坏，甚至在室温下储存，亦可逐渐破坏。亚硫酸盐在中性及碱性介质中能加速硫胺素的破坏。因此在储存谷物、豆类时，不宜用亚硫酸盐作为防腐剂，或以二氧化硫熏蒸谷仓。

正常成年人体内维生素 B_1 的含量约 25~30mg，其中约50%在肌肉中。心脏、肝脏、肾脏和脑组织中含量亦较高。体内的维生素 B_1 中80%以焦磷酸硫胺素（TPP）形式储存，10%为三磷酸盐硫胺素（TTP），其他为单磷酸硫胺素（TMP）。如果膳食中缺乏维生素 B_1，在 1~2 周后人体组织中的维生素 B_1 含量就会降低，因此，为保证维持组织中的正常含量，需要定期供给。

（2）生理功能与缺乏

①构成辅酶，维持体内正常代谢：维生素 B_1 在硫胺素焦磷酸激酶的作用下，与三磷酸腺苷（ATP）结合形成 TPP。TPP 是维生素 B_1 的活性形式，在体内构成 α-酮酸脱氢酶体系和转酮醇酶的辅酶。

②抑制胆碱酯酶的活性，促进胃肠蠕动：维生素 B_1 可抑制胆碱酯酶对乙酰胆碱的水解。乙酰胆碱（副交感神经化学递质）有促进胃肠蠕动的作用。维生素 B_1 缺乏时胆碱酯酶活性增强，乙酰胆碱水解加速，因而胃肠蠕动缓慢，腺体分泌减少，食欲减退。

③对神经组织的作用：维生素 B_1 对神经组织的确切作用还不清楚。只是发现在神经组织中以 TPP 含量最多，大部分位于线粒体，10%在细胞膜。目前认为硫胺素三磷酸酯（TrP）可能与膜钠离子通道有关，当 TTP 缺乏时渗透梯度无法维持，引起电解质与水转移。

如果维生素 B_1 摄入不足或机体吸收利用障碍，以及其他各种原因引起需要量增加等因素，能引起机体维生素 B_1 缺乏。维生素 B_1 缺乏引起的疾病称脚气病，临床上根据年龄差异分为成人脚气病和婴儿脚气病。

（3）吸收与代谢　食物中的维生素 B_1 有3种形式：游离形式、硫胺素焦磷酸酯和蛋白磷酸复合物。结合形式的维生素 B_1 在消化道裂解后被吸收。吸收的主要部位是空肠和回肠。浓度高时为被动扩散，浓度低时为主动吸收。主动吸收时需要钠离子及 ATP，缺乏钠离子及 ATP 酶可抑制其吸收。大量饮茶会降低肠道对维生素 B_1 的吸收。酒中含有抗硫胺素物质，摄入过量，也会降低维生素 B_1 的吸收和利用。此外叶酸缺乏可导致其吸收障碍。

维生素 B_1 进入小肠细胞后，在三磷酸腺苷作用下磷酸化成酯，其中约有80%磷酸化为 TPP，10%磷酸化为 TTP，其余为 TMP。在小肠的维生素 B_1 被磷酸化后，经门静脉被运送到肝脏，然后经血转运到各组织。

血液中的硫胺素约 90% 存在于细胞中，其中 90% 在红细胞内。血清中的硫胺素有 20%～30% 与清蛋白结合在一起。

（4）过量危害与毒性　由于摄入过量的维生素 B_1 很容易从肾脏排出，因此罕见人体维生素 B_1 的中毒报告。有研究表明，每日口服 500mg，持续 1 个月，未见毒性反应。但也有资料显示如摄入量超过推荐量的 100 倍，发现有头痛、抽搐、衰弱、麻痹、心律失常和过敏反应等症状。

（5）需要量与膳食参考摄入量　由于硫胺素在能量代谢，尤其是碳水化合物代谢中的重要作用，其需要量常取决于能量的摄入。

《中国居民膳食营养素参考摄入量（2013 版）》提出，成年男女维生素 B_1 的 RNI 分别为 1.4mg/d 和 1.2mg/d。

（6）食物来源　维生素 B_1 广泛存在于天然食物中，但含量随食物种类而异，且受收获、储存、烹调、加工等条件影响。最为丰富的来源是葵花子仁、花生、大豆粉、瘦猪肉；其次为粗粮、小麦粉、小米、玉米、大米等谷类食物；鱼类、蔬菜和水果中含量较少。

2. 维生素 B_2

维生素 B_2 又称核黄素，由异咯嗪加核糖醇侧链组成，并有许多同系物。

（1）理化性质与体内分布　维生素 B_2 因色黄、含核糖，故又名核黄素。纯粹的核黄素是黄橙色结晶，不溶于脂肪，能溶于水。核黄素对热稳定，在酸性溶液中加热到 100℃ 时仍能保存，在碱性溶液中很快被破坏。游离核黄素对光很不稳定，受光作用时，容易失去生理效能。食品中还含有一部分非游离状态的核黄素，主要与磷酸和蛋白质结合在一起，这种结合型的核黄素对光较稳定。为了避免食品中核黄素的损失，应尽量避免将食品在阳光下暴露。

膳食中大部分维生素 B_2 是以黄素单核苷酸和黄素腺嘌呤二核苷酸辅酶的形式与蛋白质结合。在体内大多数组织器官细胞内，一部分转化为黄素单核苷酸（FMN），大部分转化为黄素腺嘌呤二核苷酸（FAD），然后与黄素蛋白结合。前者占维生素 B_2 量的 60%～95%，后者占维生素 B_2 量的 5%～22%，游离维生素 B_2 仅占 2% 以下。肝、肾和心脏中结合型维生素 B_2 浓度最高，在视网膜、尿和乳中有较多游离的维生素 B_2，脑组织中维生素 B_2 的含量不高，其浓度相当稳定。据估计，成年人体内存在的维生素 B_2 可维持机体 2～6 周的代谢需要。

（2）生理功能与缺乏　维生素 B_2 以辅酶形式参与许多代谢中的氧化还原反应，在细胞呼吸链中的能量产生中发挥作用，或直接参与氧化反应，或参与复杂的电子传递系统。

黄素蛋白催化不同的化学反应，有依赖于嘧啶核苷酸和不依赖于嘧啶核苷酸的脱氢反应、含硫化合物的反应、羟化反应、氧化脱羧反应、氧气还原为过氧化氢等。很多黄素蛋白化合物含有金属，如铁、钼及锌，黄素通过与金属的结合调节单电子与双电子供体之间的传递。

维生素 B_2 在氨基酸、脂肪酸和碳水化合物的代谢中均起重要作用，可归纳如下几方面。

①参与体内生物氧化与能量生成。维生素 B_2 在体内以 FAD、FMN 与特定蛋白质结合，形成黄素蛋白，通过三羧酸循环中的一些酶及呼吸链等参与体内氧化还原反应与能量生成。

②FAD 和 FMN 分别作为辅酶参与色氨酸转变为烟酸和维生素 B_2 转变为磷酸吡哆醛的过程。

③FAD 作为谷胱甘肽还原酶的辅酶，参与体内抗氧化防御系统，维持还原型谷胱甘肽的浓度。由维生素 B_2 形成的 FAD 被谷胱甘肽还原酶及其辅酶利用，并有利于稳定其结构，NADP 在一磷酸己糖旁路中由葡萄糖-6-磷酸脱氢酶产生，谷胱甘肽还原酶在 NADPH 消耗时，将氧化型谷胱甘肽（GSSG）转化为还原型谷胱甘肽（GSH），恢复其还原作用，如将过氧化氢转化为水等。

④与细胞色素 P450 结合，参与药物代谢，提高机体对环境应激的适应能力。

维生素 B_2 缺乏最常见的原因为膳食供应不足、食物的供应限制、储存和加工不当导致维生素 B_2 的破坏和丢失；或胃肠道功能紊乱，如腹泻、感染性肠炎、过敏性肠综合征；有些病人有先天遗传缺陷，影响正常黄素蛋白结构。

处于氮丢失的代谢异常病人维生素 B_2 排泄增加。如蛋白质-能量营养不良时伴有维生素 B_2 吸收利用减少；机体感染时，即使胃肠功能正常，有时也会吸收不良、利用不良或排泄增加。

人体如果 3~4 个月不供应维生素 B_2，就可观察到单纯维生素 B_2 缺乏，呈现特殊的上皮损害、脂溢性皮炎、轻度的弥漫性上皮角化并伴有脂溢性脱发和神经紊乱，同时机体中有些黄素酶的活性异常降低，其中最明显的是红细胞内谷胱甘肽还原酶，此酶为体内维生素 B_2 营养状况的标志，在维生素 B_2 缺乏时，黄素蛋白的生物合成将丧失；维生素 B_2 缺乏还可导致能量、氨基酸和脂类代谢受损。

维生素 B_2 缺乏常伴有其他营养素缺乏，上述维生素 B_2 缺乏会影响维生素 B_2 和烟酸的代谢。维生素 B_2 缺乏在小肠产生黏膜过激反应，小肠绒毛数量减少而长度增加，小肠绒毛上皮细胞的转运速度增加，这些形态学上的变化与肠道内膳食铁的吸收降低有关，可引起继发性铁营养不良、引起继发性贫血。

此外，严重维生素 B_2 缺乏可引起免疫功能低下和胎儿畸形。

（3）吸收与代谢　食物中维生素 B_2 与蛋白质形成的结合物，进入消化道后，先在胃酸、蛋白酶的作用下，水解释放出黄素蛋白，然后在小肠上端磷酸酶和焦磷酸化酶的作用下，水解为游离维生素 B_2。维生素 B_2 在小肠上端以依赖 Na^+ 的主动转运方式吸收。大肠也吸收一小部分维生素 B_2。

正常成年人从膳食中摄入的维生素 B_2 60%~70% 从尿液中排出。维生素 B_2 摄入过量后，也很少在体内储存，主要随尿液排出。另外，还可以从其他分泌物如汗液中排出，汗中维生素 B_2 的排出量约为摄食量的 3%。

一些因素可以影响维生素 B_2 的排出。例如，人体长期服用 1~10mg 的硫胺素可增加维生素 B_2 在尿中的排出，增加蛋白质的摄入量可减少汗液中维生素 B_2 的排出。黄素可从乳腺排泄，并称之为乳黄素。

（4）过量危害与毒性　从膳食中摄取高量维生素 B_2 的情况未见报道。有人一次性服用 60mg 并同时静脉注射 11.6mg 的维生素 B_2 未出现不良反应。可能与人体对维生素 B_2 的吸收率低有关，机体对维生素 B_2 的吸收有上限，大剂量摄入并不能无限增加机体对维生素 B_2 的吸收。此外，过量吸收的维生素 B_2 也很快从尿中排出体外。

（5）需要量与膳食参考摄入量　维生素 B_2 与体内能量代谢密切相关。有研究结果表明体力活动增加，尿维生素 B_2 排出减少，同时，血中红细胞谷胱甘肽还原酶活性系数下降，间接说明能量代谢可能与维生素 B_2 需要量有关。

膳食模式对维生素 B_2 的需要量有一定影响，低脂肪、高碳水化合物膳食使机体对维生素 B_2 的需要量减少，高蛋白、低碳水化合物膳食或高蛋白、高脂肪、低碳水化合物膳食可使机体对维生素 B_2 的需要增加。

机体维生素 B_2 的需要量应从蛋白质和能量摄入量及机体代谢状况三方面来考虑。成人每天摄入 0.4mg/4184kJ 维生素 B_2 可预防临床缺乏症出现。从尿中排出量、红细胞中维生素 B_2 和红细胞谷胱甘肽还原酶活性等指标估计，成人和儿童每天摄入 0.5m/4184kJ 时可维持体内需要。

目前对所有年龄段的人维生素 B_2 推荐量为 0.6mg/4184kJ。中国营养学会 2013 年制订的居民膳食维生素 B_2 推荐摄入量（RNI），成人（18 岁~）男性为 1.4mg/d，女性为 1.2mg/d。

（6）食物来源　维生素 B_2 广泛存在于乳类、蛋类、各种肉类、动物内脏、谷类、蔬菜和水果等动物性和植物性食物中。主要以 FMN、FAD 的形式与食物中的蛋白质结合。粮谷类的维生素 B_2 主要分布在谷皮和胚芽中，碾磨加工可丢失一部分维生素 B_2。如精白米维生素 B_2 的存留率只有 11%；小麦标准粉维生素 B_2 的存留率只有 35%。因此，谷类加工不宜过于精细。绿叶蔬菜中维生素 B_2 含量较其他蔬菜高。

3. 维生素 B_6

维生素 B_6 是一组含氮化合物，都是 2-甲基-3-羟基-5-羟甲基吡啶的衍生物，主要以天然形式存在，包括吡哆醛（PL）、吡哆醇（PN）和吡哆胺（PM）。这 3 种形式性质相似，均具有维生素 B_6 的活性，每种成分的生物学活性取决于其代谢成辅酶形式磷酸吡哆醛的程度。

（1）理化性质与体内分布　维生素 B_6 的各种磷酸盐和碱的形式均易溶于水，在空气中稳定，在酸性介质中 PL、PN、PM 对热都比较稳定，但在碱性介质中对热不稳定，易被碱破坏。在溶液中，各种形式的维生素 B_6 对光均较敏感，但是降解程度不同，主要与 pH 有关，中性环境中易被光破坏。维生素 B_6 的代谢最终产物 4-吡哆酸主要以一种内酯形式存在。

在肝脏、红细胞及其他组织中，PL、PN、PM 3 种同效维生素的第 5 位都能被磷酸化，其活性的辅基形式是磷酸吡哆醛（PLP）、磷酸吡哆醇（PNP）和磷酸吡哆胺（PMP）。PMP 也可经转氨基反应由 PLP 生成。动物组织中维生素 B_6 的主要存在形式是 PL、PM 及其磷酸化形式的 PLP 和 PMP。体内维生素 B_6 的 80%～90% 以 PLP 形式与糖原磷酸化酶结合储存在肝脏。

（2）生理功能与缺乏

①维生素 B_6 以其活性形式 PLP 作为许多酶的辅酶：维生素 B_6 除参与神经递质、糖原、神经鞘磷脂、血红素、类固醇和核酸的代谢外，还参与所有氨基酸代谢。PLP 为氨基酸代谢中需要的 100 多种酶的辅酶。维生素 B_6 对许多种氨基酸的转氨酶、脱羧酶、脱水酶、消旋酶和异构酶是必需的。

神经递质 5-羟色胺、肾上腺素、去甲肾上腺素以及 γ-氨基丁酸的合成，血管扩张剂和胃促分泌素以及血红素卟啉前体的合成，都需要维生素 B_6 参与。

PLP 也是糖原磷酸化的辅助因子，神经鞘磷脂的合成以及类固醇激素受体的调控方面也需要该种维生素参与。

在色氨酸转化成烟酸的过程中，其中有一步需要 PLP 的酶促反应，当肝脏中 PLP 水平降低时会影响烟酸的合成。

维生素 B_6 参与一碳单位代谢，PLP 为丝氨酸羟甲基转氨酶的辅酶，该酶通过转移丝氨酸侧链到受体叶酸盐分子参与一碳单位代谢，一碳单位代谢障碍可造成巨幼红细胞贫血。

维生素 B_6 是 δ-氨基-酮戊酸合成酶的辅因子，该酶催化血红素生物合成的第一步；维生素 B_6 是半胱氨酸脱羧酶、胱硫醚酶 β-合成酶的辅因子，这些酶参与同型半胱氨酸到半胱氨酸的转硫化途径。

②免疫功能：通过对年轻人和老年人的研究，维生素 B_6 的营养状况对免疫反应有不同的影响。给老年人补充足够的维生素 B_6，有利于淋巴细胞的增殖。近来研究提示，PLP 可能通过参与一碳单位代谢而影响到免疫功能，维生素 B_6 缺乏将会损害 DNA 的合成，这个过程对维持适宜的免疫功能也是非常重要的。

③维持神经系统功能：许多需要 PLP 参与的酶促反应均使神经递质水平升高。

④维生素 B_6 降低同型半胱氨酸的作用：轻度高同型半胱氨酸血症，近年来已被认为是血管疾病的一种可能危险因素，有关 B 族维生素的干预可降低血浆同型半胱氨酸含量。

维生素 B_6 在动植物性食物中分布相当广泛，原发性缺乏并不常见。人类维生素 B_6 缺乏的临床症状通过给予该种维生素 B_6 能迅速纠正，这些症状包括虚弱、失眠、周围神经病、唇干裂、口炎等。早期维生素 B_6 缺乏的生化改变有血浆 PLP 和尿 4-吡哆酸（4-PA）含量降低，随后与转氨基和其他与氨基酸代谢有关的酶活性降低，尿中黄尿酸盐含量增加，谷氨酸盐转变成的抗神经介质——7-氨基丁酸盐降低。

维生素 B_6 缺乏的典型临床症状是一种脂溢性皮炎、小细胞性贫血、癫痫样惊厥，以及忧郁和精神错乱。小细胞性贫血反映了血红蛋白的合成能力降低。维生素 B_6 摄入不足还会损害血小板功能和凝血机制。

（3）吸收与代谢　不同形式的维生素 B_6 大部分都能通过被动扩散形式在空肠和回肠被吸收，经磷酸化形成 PLP 和 PMP，被吸收的维生素 B_6 代谢物在肠黏膜和血中与蛋白质结合。转运是通过非饱和被动扩散机制。

大部分吸收的非磷酸化维生素 B_6 被运送到肝脏。维生素 B_6 以 PLP 的形式与多种蛋白结合，蓄积和潴留在组织中，这将有助于保护其免受磷酸酶的作用。组织中维生素 B_6 存在于线粒体和细胞浆中。维生素 B_6 的代谢产物经尿中排出。

（4）过量危害与毒性　维生素 B_6 的毒性相对较低，经食物来源摄入大量维生素 B_6 没有不良反应。补充剂中的高剂量维生素 B_6 可引起严重不良反应，主要表现为感觉神经异常。已有报告，每天给予 2~4g PN 持续 1 年以上，出现疼痛和变形性皮肤损伤。

（5）需要量与膳食参考摄入量　一般说来，维生素 B_6 的需要量随蛋白质摄入量的增加而增加，当维生素 B_6 与蛋白质摄入量保持适宜的比值（0.016mg 维生素 B_6/g 蛋白质），就能够维持维生素 B_6 适宜的营养状态。

混合膳食中维生素 B_6 的生物利用率约 75%。典型混合膳食中约含 15% 的葡萄糖苷（PN-G），其生物利用率约为 50%。维生素 B_6 的非葡萄糖苷形式的生物利用率大于 50%。

PLP 作为氨基酸代谢中许多种酶的辅酶，其需要量受蛋白质摄入量的影响。增加蛋白质摄入量引起维生素 B_6 营养状态的相应降低，这导致人们常以蛋白质摄入量确定维生素 B_6 需要量。口服避孕药物可降低妇女的维生素 B_6 营养状态，如血浆 PLP 浓度的轻度降低。

《中国居民膳食营养素参考摄入量（2013 版）》中维生素 B_6 的 AI 值，18 岁及以上、50 岁及以上分别为 1.4mg/d 与 1.6mg/d，UL 为成人 60mg/d。

（6）食物来源　维生素 B_6 的食物来源很广泛，动植物性食物中均含有，通常肉类、全谷类产品（特别是小麦）、蔬菜和坚果类中最高。大多数维生素 B_6 的生物利用率相对较低。因为植物性食物中，如马铃薯、菠菜、蚕豆以及其他豆类，这种维生素的形式通常比动物组织中更复杂，所以动物性来源的食物中维生素 B_6 的生物利用率优于植物性来源的食物。且动物组织中维生素 B_6 的主要存在形式是 PLP 和 PMP，较易吸收。植物来源的食物主要是 PN 形式，有时以葡萄糖苷（PN-G）的形式存在。

4. 烟酸

烟酸又名维生素 PP、尼克酸、抗癞皮病因子，烟酸和烟酰胺都是吡啶的衍生物。

(1) 理化性质与体内分布　烟酸为无色针状晶体，味苦；烟酰胺晶体呈白色粉状。两者均溶于水及酒精，不溶于乙醚。烟酰胺的溶解度大于烟酸，烟酸和烟酰胺性质比较稳定，酸、碱、氧、光或加热条件下不易破坏；在高压下，120℃ 20min 也不被破坏。一般加工烹调损失很小，但会随水流失。

烟酸主要以辅酶形式广泛存在于体内各组织中，以肝内浓度最高，其次是心脏和肾脏，血中相对较少。血中的烟酸约 90% 以辅酶的形式存在于红细胞，血浆中浓度约为 2600~8300μg/L，平均 4380μg/L。

(2) 生理功能与缺乏

①构成烟酰胺腺嘌呤二核苷酸（辅酶Ⅰ，NAD^+ 或 Co Ⅰ）及烟酰胺腺嘌呤二核苷酸磷酸（辅酶Ⅱ，$NADP^+$ 或 Co Ⅱ）：烟酰胺在体内与腺嘌呤、核糖和磷酸结合构成烟酰胺腺嘌呤二核苷酸和烟酰胺腺嘌呤二核苷酸磷酸，在生物氧化还原反应中起电子载体或递氢体作用。NAD^+ 和 $NADP^+$ 的这种作用，主要依赖于其分子结构中的烟酰胺部分。烟酰胺的吡啶环具有可逆地加氢加电子和脱氢脱电子的特性，因此在酶促反应过程中能够传递氢和传递电子。

②葡萄糖耐量因子的组成成分：葡萄糖耐量因子（glucose tolerance factor，GTF）是由三价铬、烟酸、谷胱甘肽组成的一种复合体，可能是胰岛素的辅助因子，有增加葡萄糖的利用及促使葡萄糖转化为脂肪的作用。

③保护心血管：有报告，服用烟酸能降低血胆固醇、甘油三酯及 β-脂蛋白浓度及扩张血管。大剂量烟酸对复发性非致命的心肌梗死有一定程度的保护作用，但是烟酰胺无此作用，其原因不清。

烟酸缺乏可引起癞皮病。此病起病缓慢，常有前驱症状，如体重减轻、疲劳乏力、记忆力差、失眠等。如不及时治疗，则可出现皮炎、腹泻和痴呆。由于此三系统症状英文名词的开头字母均为"D"，故又称为癞皮病"3D"症状。

(3) 吸收与代谢　烟酸主要以辅酶的形式存在于食物中，经消化后于胃及小肠吸收。吸收后以烟酸的形式经门静脉进入肝脏，在肝内转化为 NAD^+ 和 $NADP^+$。在肝内未经代谢的烟酸和烟酰胺随血液流入其他组织，再形成含有烟酸的辅酶。肾脏也可直接将烟酰胺转变为 $NADP^+$。

过量的烟酸大部分经甲基化从尿中排出，正常人尿中的 N_1-甲基烟酰胺排出量为 7.5mg/d，相当于摄入量的 15%。也有少量烟酸和烟酰胺直接由尿中排出。此外，烟酸还随乳汁分泌，每 100mL 中含烟酸 128~338μg；也从汗中排出，估计每 100mL 汗中含烟酸 20~100μg。

(4) 过量危害与毒性　目前尚未见到因食源性烟酸摄入过多而引起中毒的报告。所见烟酸的毒副作用多系临床大剂量使用烟酸治疗高脂血症病人所致。当口服剂量为 30~1000mg/d，有些人出现血管扩张的症状，如头晕眼花、颜面潮红、皮肤红肿、皮肤瘙痒等。除血管扩张外，还可伴随胃肠道反应，如恶心、呕吐、腹泻等。当口服剂量为 3~9g/d 时，可引起黄和血清转氨酶升高。严重者可出现肝炎、肝性昏迷、脂肪肝等。也有报告指出，大剂量服用烟酸能引起葡萄糖耐量变化、视觉模糊、血清尿酸浓度升高、诱发痛风发作等。烟酸毒副作用的机制尚不十分清楚。

（5）需要量与膳食参考摄入量　人体烟酸的需要量与能量的消耗量有密切关系。能量消耗增加时，烟酸需要量也增多，因此烟酸的需要量常以每消耗 4184kJ（1000kcal）能量需要烟酸的毫克数表示。由于色氨酸在体内可转化为烟酸，蛋白质摄入增加时，烟酸摄入可相应减少。故烟酸的需要量或推荐摄入量用烟酸当量（niacin equivalence，NE）表示。据测定，平均 60mg 色氨酸可转变为 1mg 烟酸，因此烟酸当量为：

$$烟酸当量(mgNE) = 烟酸(mg) + 1/60 色氨酸(mg)$$

2013 年中国营养学会制订的 RDIs 中烟酸的推荐量 RNI，18 岁及以上男女性分别为 15mgNE 与 12mgNE，UL 为 35mgNE。

（6）食物来源　烟酸及烟酰胺广泛存在于食物中。植物性食物中存在的主要是烟酸；动物性食物中以烟酰胺为主。烟酸和烟酰胺在肝、肾、瘦畜肉、鱼以及坚果类中含量丰富；乳、蛋中的含量虽然不高，但色氨酸较多，可转化为烟酸。谷类中的烟酸 80%~90% 存在于其种子皮中，故加工影响较大。玉米含烟酸并不低，甚至高于小麦粉，但以玉米为主食的人群容易发生癞皮病，其原因是：①玉米中的烟酸为结合型，不能被人体吸收利用；②色氨酸含量低。如果用碱处理玉米，可将结合型的烟酸水解成为游离型的烟酸，易被机体利用。有些地区的居民，长期大量食用玉米，用碳酸氢钠（小苏打）处理玉米以预防癞皮病，收到了良好的预防效果。

5. 叶酸

叶酸即蝶酰谷氨酸，由一个蝶啶，通过亚甲基桥与对氨基苯甲酸相连接成为蝶酸（蝶呤酰），再与谷氨酸结合而成。

（1）理化性质与体内分布　叶酸包括一组与蝶酰谷氨酸功能和化学结构相似的一类化合物。叶酸为淡黄色结晶粉末，微溶于水，其钠盐易于溶解。不溶于乙醇、乙醚等有机溶剂。叶酸对热、光线、酸性溶液均不稳定，在酸性溶液中温度超过 100℃ 即分解。在碱性和中性溶液中对热稳定。食物中的叶酸烹调加工后损失率可达 50%~90%。

（2）生理功能与缺乏　叶酸在肠壁、肝脏及骨髓等组织中，经叶酸还原酶作用，还原成具有生理活性的四氢叶酸。四氢叶酸的主要生理作用在于它是体内生化反应中一碳单位转移酶系的辅酶，起着一碳单位传递体的作用。所谓一碳单位，是指在代谢过程中某些化合物分解代谢生成的含一个碳原子的基团，如甲基（—CH）、亚甲基（—CH$_3$）、次甲基或称甲烯型（—CH）、甲酰基（—CHO）、亚胺甲基（—CH=NH）等。四氢叶酸携带这些一碳单位，与血浆蛋白相结合，主要转运到肝脏储存。组氨酸、丝氨酸、甘氨酸、甲硫氨酸等均可供给一碳单位，这些一碳单位从氨基酸释出后，以四氢叶酸作为载体，参与其他化合物的生成和代谢，主要包括：

①参与嘌呤和胸腺嘧啶的合成，进一步合成 DNA、RNA；

②参与氨基酸之间的相互转化，充当一碳单位的载体，如丝氨酸与甘氨酸的互换（亦需维生素 B_6）、组氨酸转化为谷氨酸、同型半胱氨酸与甲硫氨酸之间的互换（亦需维生素 B_{12}）等；

③参与血红蛋白及重要的甲基化合物合成，如肾上腺素、胆碱、肌酸等。

可见，叶酸携带一碳单位的代谢与许多重要的生化过程密切相关。体内叶酸缺乏则一碳单位传递受阻，核酸合成及氨基酸代谢均受影响，而核酸及蛋白质合成正是细胞增殖、组织生长和机体发育的物质基础，因此，叶酸对于细胞分裂和组织生长具有极其重要的作用。由于甲硫氨酸可提供趋脂物质胆碱与甜菜碱，故叶酸在脂代谢过程亦有一定作用。

叶酸缺乏主要表现有如下几点。

①巨幼红细胞贫血：叶酸缺乏时首先影响细胞增殖速度较快的组织。叶酸缺乏同时引起血红蛋白合成减少，形成巨幼红细胞贫血。缺乏的表现为头晕、乏力、精神萎靡、面色苍白，并可出现舌炎、食欲下降以及腹泻等消化系统症状。叶酸缺乏症状可在贫血几个月前就出现。

②对孕妇及胎儿的影响：叶酸缺乏可使孕妇先兆子痫、胎盘早剥的发生率增高；胎盘发育不良导致自发性流产；叶酸缺乏尤其是患有巨幼红细胞贫血的孕妇，易出现胎儿宫内发育迟缓、早产及新生儿低出生体重。孕早期叶酸缺乏可引起胎儿神经管畸形（NTD）。NTD 是指由于胚胎在母体内发育至第 3~4 周时，神经管未能闭合所造成的先天缺陷，主要包括脊柱裂（spinabifida）和无脑儿（anencephaly）等中枢神经系统发育异常。

③高同型半胱氨酸血症：甲硫氨酸在 ATP 的作用下，转变成 S-腺苷甲硫氨酸（活性甲硫氨酸），S-腺苷甲硫氨酸供出一个甲基后，形成同型半胱氨酸（Hcy）。Hcy 可在甲硫氨酸合成酶（MS）的作用下，以维生素 B_6 为辅助因子，与 5-甲基四氢叶酸提供的甲基发生甲基化后，重新又合成甲硫氨酸，参与体内蛋白质代谢。叶酸缺乏使上述叶酸与甲硫氨酸代谢途径发生障碍，突出的表现是出现高同型半胱氨酸血症。血液高浓度同型半胱氨酸对血管内皮细胞有损害。同型半胱氨酸尚可促进氧自由基的形成，加速低密度脂蛋白的氧化，并可激活血小板的黏附和聚集，可能是动脉粥样硬化产生的危险因素。患有高同型半胱氨酸血症的母亲生育神经管畸形儿的可能性较大，并可影响胚胎早期心血管发育。

（3）吸收与代谢　混合膳食中的叶酸大约有 3/4 是以与多个谷氨酸相结合的形式存在的。叶酸在肠道中进一步被叶酸还原酶还原，在维生素 C 与 NADPH 参与下，先还原为二氢叶酸，再经二氢叶酸还原酶作用，在 NADPH 参与下，还原成具有生理作用的四氢叶酸。它是体内生化反应中一碳单位的传递体。叶酸以携带一碳单位形成 5-甲基四氢叶酸、亚甲基四氢叶酸等多种活性形式发挥生理作用。

肝脏是叶酸的主要储存部位，通过尿及胆汁排出。叶酸营养适宜的人，当膳食中无叶酸时，体内储存量可维持至少 3 个月不致出现缺乏。

维生素 C 和葡萄糖可促进叶酸吸收。锌作为叶酸结合的辅助因子，对叶酸的吸收亦起重要作用。不利于叶酸吸收的因素包括经常饮酒及服用某些药物，口服避孕药、抗惊厥药物苯巴比妥、苯妥英钠等可抑制叶酸的吸收。

（4）过量危害与毒性　叶酸是水溶性维生素，一般超出成人最低需要量（50μg/d）20 倍也不会引起中毒，因为凡超出血清与组织中和多肽结合的量均从尿中排出。但服用大剂量叶酸也可能产生毒性作用。

（5）需要量与膳食参考摄入量　中国营养学会 2013 年制订的中国居民膳食叶酸参考摄入量，成人 RNI 为 400μg DFE/d；成人、孕妇及乳母的 UL 值为 1000μg DFE/d，儿童及青少年根据体重适当降低。

（6）食物来源　叶酸广泛存在于各种动、植物食品中。富含叶酸的食物为猪肝（236μg/100g）、猪肾（50μg/100g）、鸡蛋（75μg/100g）、豌豆（83μg/100g）、菠菜（347μg/100g）。

由于食物叶酸与合成的叶酸补充剂生物利用度不同，美国 FNB 提出叶酸的摄入量应以膳食叶酸当量（DFE）表示。由于食物叶酸的生物利用度仅为 50%，而叶酸补充剂与膳食混合时生物利用度为 85%，比单纯来源于食物的叶酸利用度高 1.7 倍（85/50），因此 DFE 的计算公式为：

$$DFE(\mu g) = 膳食叶酸(\mu g) + [1.7 \times 叶酸补充剂(\mu g)]$$

例：来源于水果、蔬菜、肉类、豆类及乳制品食物的叶酸共 250μg；来源于叶酸补充剂和强化食品的叶酸共 200μg，则总叶酸摄入量为 250 + 1.7 × 200 = 590μg DFE。

6. 维生素 B_{12}

维生素 B_{12} 又称氰钴胺素，是一组含钴的类咕啉化合物。氰钴胺素的化学全名为 5,6-二甲基苯并咪唑—氰钴酰胺，如分子式中的氰基（CN）由其他基团代替，成为不同类型的钴胺素。

（1）理化性质　维生素 B_{12} 为红色结晶，可溶于水，在 pH 4.5~5.0 的弱酸条件下最稳定，在强酸（pH<2）或碱性溶液中则分解，遇热可有一定程度的破坏，但快速高温消毒损失较小，遇强光或紫外线易被破坏。

（2）生理功能与缺乏　维生素 B_{12} 在体内以两种辅酶形式即甲基 B_{12} 和辅酶 B_{12}（腺苷基钴胺素）发挥生理作用，参与体内的生化反应。

①作为甲硫氨酸合成酶的辅酶参与同型半胱氨酸甲基化转变为甲硫氨酸：甲基 B_{12} 作为甲硫氨酸合成酶的辅酶，从 5-甲基四氢叶酸获得甲基后转而供给同

型半胱氨酸,并在甲硫氨酸合成酶的作用下合成甲硫氨酸。维生素 B_{12} 的缺乏可致同型半胱氨酸增加,而同型半胱氨酸过高是心血管病的危险因素。

②作为甲基丙二酰辅酶 A 异构酶的辅酶参与甲基丙二酸-琥珀酸的异构化反应:膳食维生素 B_{12} 缺乏较少见,多数缺乏症是由于吸收不良引起。膳食缺乏见于素食者,由于不吃肉食而可发生维生素 B_{12} 缺乏。老年人和胃切除患者胃酸过少可引起维生素 B_{12} 的吸收不良。维生素 B_{12} 缺乏的表现:巨幼红细胞贫血;高同型半胱氨酸血症。

(3) 吸收与代谢　食物中的维生素 B_{12} 与蛋白质相结合,进入人体消化道内,在胃酸、胃蛋白酶及胰蛋白酶的作用下,维生素 B_{12} 被释放,并与胃黏膜细胞分泌的一种糖蛋白内因子(IF)结合。维生素 B_{12} - IF 复合物对胃蛋白酶较稳定,进入肠道后由于回肠具有维生素 B_{12} - IF 受体而在回肠部被吸收。有游离钙及碳酸氢盐存在时,有利于维生素 B_{12} 的吸收。未与 IF 结合的由粪便排出。维生素 B_{12} 进入血液循环后,主要运输至肝、肾、骨髓、红细胞、胎盘等组织。

体内维生素 B_{12} 的储存量很少,约 2~3mg,主要储存于肝脏。主要从尿排出,部分从胆汁排出。

(4) 过量危害与毒性　据报道每日口服达 $100\mu g$ 维生素 B_{12} 未见明显反应。

(5) 需要量与膳食参考摄入量　维持成人正常功能的可吸收的维生素 B_{12} 最低需要量为 $0.1\mu g/d$。FAO/WHO 推荐正常成人摄入维生素 B_{12} 为 $1\mu g/d$。我国 2013 年提出维生素 B_{12} 的 RNI 值,其中成年人为 $2.4\mu g/d$。

(6) 食物来源　膳食中的维生素 B_{12} 来源于动物性食品,主要食物来源为肉类、动物内脏、鱼、禽、贝壳类及蛋类。乳及乳制品中含量较少。植物性食品基本不含维生素 B_{12}。

7. 维生素 C

维生素 C 又称抗坏血酸,是一种含有 6 个碳原子的酸性多羟基化合物,维生素 C 虽然不含有羧基,仍具有有机酸的性质。天然存在的维生素 C 有 L 与 D 两种异构体,后者无生物活性。

(1) 理化性质与体内分布　维生素 C 呈无色无臭的片状结晶体,易溶于水。在酸性环境中稳定,遇空气中氧、热、光、碱性物质,特别是有氧化酶及痕量铜、铁等金属离子存在时,可促进其氧化破坏。氧化酶一般在蔬菜中含量较多,特别是黄瓜和白菜类,但在柑橘类含量较少。蔬菜在储存过程中,维生素 C 都有不同程度的损失。但在某些植物中,特别是枣、刺梨等水果中含有生物类黄酮,能保护食物中维生素 C 的稳定性。

浓度最高的组织是垂体、肾上腺、眼晶状体、血小板和白细胞,但是储存量最多的是骨骼肌(3~4mg/100g 湿组织)、脑(13~15mg/100g 湿组织)和肝脏(10~16mg/100g 湿组织)。

(2) 生理功能与缺乏　维生素 C 是一种较强的还原剂,可使细胞色素 C、细胞色素氧化酶及分子氧还原,与一些金属离子螯合。虽然它不是辅酶,但可以增加某些金属酶的活性,如脯氨酸羟化酶(Fe^{2+})、尿黑酸氧化酶(Fe^{2+})、三甲赖氨酸羟化酶(Fe^{2+})、对羟苯丙酮酸羟化酶(Cu^+)、多巴胺-β-羟化酶(Cu^+)等。这些金属离子位于酶的活性中心,维生素C可维持其还原状态,从而借以发挥生理功能。

①参与羟化反应:羟化反应是体内许多重要物质合成或分解的必要步骤,如胶原和神经递质的合成,各种有机药物或毒物的转化等,都需要通过羟化作用才能完成。在羟化过程中,维生素C必须参与。故维生素C可:促进胶原合成;促进神经递质合成;促进类固醇羟化;促进有机药物或毒物羟化解毒。

②还原作用:维生素C可以氧化型,又可以还原型存在于体内,所以既可作为供氢体,又可作为受氢体,在体内氧化还原反应过程中发挥重要作用。可以促进抗体形成、促进铁的吸收、促进四氢叶酸形成、维持巯基酶的活性、清除自由基。

膳食摄入减少或机体需要增加又得不到及时补充时,可使体内维生素C储存减少,出现缺乏症状。

维生素C缺乏病起病缓慢,自饮食缺乏维生素C至发展成维生素C缺乏病,一般历时4~7个月。患者多有体重减轻、四肢无力、衰弱、肌肉关节等疼痛、牙龈红肿、牙龈炎,间或有感染发炎。婴儿常有激动、软弱、倦怠、食欲减退、四肢疼痛、肋软骨接头处扩大、四肢长骨端肿胀以及有出血倾向等。全身任何部位可出现大小不等和程度不同的出血、血肿或瘀斑。维生素C缺乏可引起胶原合成障碍,故可致骨有机质形成不良而导致骨质疏松。

(3)吸收与代谢 食物中的维生素C被人体小肠上段吸收,吸收量与其摄入量有关。维生素C一旦被吸收,就分布到体内所有的水溶性结构中。维生素C吸收后被转运至细胞内并储存。

正常情况下,维生素C绝大部分在体内经代谢分解成草酸或与硫酸结合生成维生素C-2-硫酸由尿排出;另一部分可直接由尿排出体外。

(4)过量危害与毒性 尽管维生素C的毒性很小,但服用量过多仍可产生一些不良反应。有报告指出,成人维生素C的摄入量超过2g,可引起渗透性腹泻。当摄入量小于1g时,一般不引起高尿酸尿症;当超过1g时,尿酸排出明显增加。研究发现,每日服用4g维生素C,可使尿液中尿酸的排出增加一倍,并因此而使尿酸盐结石增多。当每日摄入的维生素C在2~8g时,可出现恶心、腹部痉挛、铁吸收过度、红细胞破坏及泌尿道结石等不良反应。生长时期过量服用,容易患骨骼疾病。

(5)需要量与膳食参考摄入量 维生素C需要量的研究结果显示,预防成人明显维生素C缺乏病症状的最低必需量是10mg/d。但这个摄入水平使体内维生素C储存很少。

根据国内外调查研究资料，中国营养学会于 2013 年制订的 RDIs 中，提出了中国居民膳食维生素 C 的 RNI 成人为 100mg/d；UL 为：0 岁及以上 40mg/d，4 岁及以上 50mg/d，7 岁及以上 65mg/d，11 岁及以上 90mg/d，14 岁以上均为 100mg/d；预防非传染性慢性病（PI）为 200mg/d。

（6）食物来源　人体内不能合成维生素 C，因此人体所需要的维生素 C 要靠食物提供。维生素 C 的主要食物来源是新鲜蔬菜与水果。蔬菜中，辣椒、茼蒿、苦瓜、豆角、菠菜、土豆、韭菜等中含量丰富；水果中，酸枣、鲜枣、草莓、柑橘、柠檬等中含量最多；在动物的内脏中也含有少量的维生素 C。

三、类维生素

1. 胆碱

胆碱是一种强有机碱，是卵磷脂的组成成分，也存在于神经鞘磷脂之中，是机体可变甲基的一个来源而作用于合成甲基的产物，同时又是乙酰胆碱的前体。人体也能合成胆碱，所以不易造成缺乏病。

胆碱耐热，在加工和烹调过程中的损失很少，干燥环境下，即使长时间储存，食物中的胆碱含量也几乎没有变化。胆碱是卵磷脂和鞘磷脂的重要组成部分，卵磷脂即是磷脂酰胆碱，广泛存在于动植物体内。

在体内，胆碱的部分生理功能通过磷脂的形式实现，而胆碱作为胞苷二磷酸胆碱辅酶的组成部分，在合成神经鞘磷脂与磷脂酰胆碱中起主要作用。

胆碱的作用主要有：①促进脑发育和提高记忆能力；②保证信息传递；③调控细胞凋亡；④构成生物膜的重要组成成分；⑤促进脂肪代谢，临床上应用胆碱治疗肝硬化、肝炎和其他肝疾病，效果良好；⑥促进体内转甲基代谢；⑦降低血清胆固醇。

由于机体内能合成相当数量的胆碱，故在人体没观察到胆碱的特异缺乏症状。长期摄入缺乏胆碱膳食的主要结果可包括肝、肾、胰腺病变，记忆紊乱和生长障碍。其他与膳食低胆碱有关的不育症、生长迟缓、骨质异常造血障碍和高血压也均有报道。

按《中国居民膳食营养素参考摄入量（2013 版）》，规定胆碱 AI 值男性为 500mg/d，女性为 400mg/d，UL 值为 3.0g/d。

胆碱广泛存在于各种食物中，特别是肝脏（牛肝 1666mg/100g）、花生（992mg/100g）、蔬菜（莴苣 586mg/100g、花菜 260mg/100g）中含量较高。

2. 生物素

生物素又名维生素 H、辅酶 R 等。生物素由一个脲基环和一个带有戊酸侧链的噻吩环组成。现已知有 8 种异构体，天然存在的仅仅一生物素，且具有生物活性。

体内生物素主要储存在肝脏，其浓度为 800～3000μg/g。血中含量较低，有人测定，成人全血浓度约为260μg/L，婴儿约为320μg/L，分娩妇女为420μg/L，而非孕妇可达590μg/L。

生物素的主要功能是在脱羧-羧化反应和脱氨反应中起辅酶作用，可以把coz由一种化合物转移到另一种化合物上，从而使一种化合物转变为另一种化合物。药理剂量的生物素还可降低Ⅰ型糖尿病人的血糖水平。

生物素缺乏，主要见于长期生食鸡蛋者。如果膳食缺乏生物素，同时大量给予磺胺类药等抗生素，或长期使用全静脉营养而忽略在输液aetna生物素，也可发生生物素缺乏。缺乏表现主要以皮肤症状为主，可见毛发变细、失去光泽、皮肤干燥、鳞片状皮炎、红色皮疹，严重者的皮疹可延伸到眼睛、鼻子和嘴周围。此外，伴有食欲减退、恶心、呕吐、舌乳头萎缩、黏膜变灰、麻木、精神沮丧、疲乏、肌痛、高胆固醇血症及脑电图异常等。这些症状多发生在生物素缺乏10周后。在6个月以下婴儿，可出现脂溢性皮炎。

生物素吸收的主要部位是小肠的近端。浓度低时，被载体转运主动吸收；浓度高时，则以简单扩散形式吸收。吸收的生物素经门脉循环，运送到肝、肾内储存，其他细胞内也含有生物素，但量较少。生蛋清中含有抗生物素蛋白，可与生物素结合而抑制生物素的吸收。胃酸缺乏者，可使生物素吸收减少。

生物素主要经尿排出。排出前，生物素约一半转变为生物素亚砜、二去甲生物素和四去甲生物素后才排出。人尿中生物素、二去甲生物素和生物素亚砜的比例约为3:2:1。乳汁中也有生物素排出，但量很少。

由于肠道细菌可合成生物素，因此不易准确确定生物素的需要量。中国营养学会2013年制订了我国居民AI值，其中成人为40μg/d。

生物素广泛存在于天然食物中。干酪（82μg/100g）、肝（牛肝100μg/100g）、大豆粉（70μg/100g）中含量最为丰富，其次为蛋类（22.5μg/100g），在精制谷类、多数水果中含量较少。

学习单元5　矿物质

人类和自然界的所有物质一样，都是由化学元素组成的。在漫长的生物进化过程中，人体的元素组成，在质和量上基本与地球表层和生物圈的元素组成相似。存在于体内的各种元素中，除碳、氢、氧、氮主要以有机物形式存在外，其余的各种元素均统称为矿物质或无机盐。矿物质与有机营养素不同，它们既不能在人体内合成，除排泄外也不能在机体代谢过程中消失，但在人的生命活动过程中却具有重要的作用。

一、矿物质的分类

人体几乎含有自然界中的所有元素，但它们的含量差别很大。在从人体中已检出的 81 种元素中，按它们在体内的含量和膳食中的需要不同，可分为常量元素和微量元素两大类。

常量元素又称宏量元素，含量均占人体总质量的 0.01% 以上，需要量在每天 100mg 以上。这些元素包括氧、碳、氢、氮、硫、磷、钙、钠、钾、氯和镁 11 种，它们构成人体总量的 99.95%。其中前 6 种是蛋白质、脂肪、糖类与核酸的主要成分，占人体总重的 94%，又称基本结构元素；后 5 种则是体液的必需成分，又称常量矿物元素。一般把钙、磷、硫、钾、钠、氯和镁称为必需常量矿物元素。

微量元素又称痕量元素。它们在体内存在的浓度很低，每种微量元素的标准量不足人体总质量的 0.01%，一般在低浓度下具有生物学作用。按生物学作用而言，微量元素可分为三类；一类是人体必需的微量元素，包括碘、锌、硒、铜、钼、铬、钴和铁，共 8 种；另一类是人体可能必需的微量元素，目前认为有锰、硅、硼、钒及镍，共 5 种；第三类是具有潜在毒性，但在低剂量时可能具有人体必需功能的微量元素，包括氟、铅、镉、汞、砷、铝及锡，共 7 种。

二、矿物质的功能与性质

（一）矿物质的生理功能

1. 必需常量元素的生理功能

构成人体组织，如钙、磷、镁是骨骼和牙齿的主要成分；维持细胞内外液渗透压的平衡，调节体液的酸碱平衡；维持神经、肌肉细胞膜的生物兴奋性，传递信息，使肌肉收缩；构成酶的成分或激活酶的活性。

2. 必需微量元素的生理功能

必需微量元素虽然含量极微，但它们通过与蛋白质和其他有机基团结合，形成了酶、激素、维生素等生物大分子，发挥着重要的生理生化功能。如在各种酶系统中起催化作用，现已确定铁、铜、硒、锰、锌等都是金属酶的必需成分；以激素或维生素的必需成分或辅助因子而发挥作用，如含碘的甲状腺素，铬是糖耐量因子的必需成分，作为胰岛素的辅助因子起作用；形成具有特殊功能的金属蛋白，如含铁的血红蛋白，含铁的细胞色素和含锌的唾液蛋白；铬、锰、钴、铜、锌等可能与核酸代谢有关。

微量元素在人体内的平衡与健康有密切关系。它能影响人体的免疫功能、胎儿的发育，还与癌症的发病率有关。必需微量元素在体内的数量不足或化学形式不符，均可导致其生理功能发生缺陷，出现缺乏症。

（二）酸性食品与碱性食品

人体吸收的矿物元素，因它们的性质不同，在生理上有酸性和碱性之别。在生理上把含有带阴离子非金属元素较多的食品称为酸性食品。大部分的肉、鱼、禽、蛋等动物性食品中含有丰富的硫蛋白，主食的米、面及其制品则含磷较多，所以它们均属于酸性食品，可降低血液等的pH。

把带阳离子金属元素较多的食品称为碱性食品。大部分蔬菜、水果、豆类都属于碱性食品，它们代谢后生成碱性物质，能阻止血液等向酸性变化。虽然某些水果具有酸味，但这些有机酸代谢后生成二氧化碳与水排出体外，所以在生理上并不显酸性，留下的仍是碱性元素。

通常，人们在饮食中必须注意酸性食品和碱性食品的适宜搭配，以便于维持机体正常的酸碱平衡，也有利于食品中各种营养成分的充分利用。

（三）食品中矿物质的生物有效性

矿物质的生物有效性是指食品中矿物质实际被机体吸收、利用的程度。食品中矿物质的总含量还不足以准确评价该食品中矿物质的营养价值，因为这些矿物元素被人体吸收利用的效率，决定于矿物质的总量、元素的化学形式、颗粒大小、食物分解成分、pH、食品加工及人体的机能状态等因素。

一般来说，微量元素的有机化合物因是脂溶性，易于吸收；酸性食物可增加金属盐的吸收，胆汁和食物的某些分解产物可促进吸收，类脂化合物、磷酸盐可限制微量元素的利用率。以蔬菜为主的膳食中，微量元素的生物利用率低于以动物蛋白为主的膳食，但蔬菜经发酵可提高其中微量元素的利用率。素食中加入动物蛋白，可提高其中铁、锌的利用程度，用高粱和玉米配制啤酒，铁的生物利用率可提高12倍。

三、常量元素

1. 钙（Ca）

（1）生理功能 钙是人体必需的常量元素之一，约占人体重的1.5%~2%，其中99%存在于骨骼和牙齿中，剩余的约1%以游离或结合状态存在于软组织、细胞外液及血液中，这部分钙统称为混溶钙池，并与骨骼钙保持动态平衡。

钙以羟基磷灰石 $[Ca_{10}(PO_4)_6(OH)_2]$ 的形式构成骨骼和牙齿，它是血液凝结、心脏和肌肉的收缩与弛缓、神经兴奋与传递、细胞膜通透性的维持、多种酶的激活及体内酸碱平衡等不可缺少的物质。

钙缺乏症是较常见的营养性疾病。人体长期缺钙就会导致骨骼、牙齿发育不良，血凝不正常，甲状腺机能减退。儿童缺钙会出现佝偻病，易患龋齿；成年人膳食缺钙时，骨骼逐渐脱钙，可发生骨质软化，随年龄增加而钙质丢失现象逐渐严重；老年人及绝经后期妇女缺钙较易发生骨质疏松症。

（2）钙的吸收 食物中的钙总是以钙盐形式存在。人体对钙的吸收很不完全，影响钙吸收的因素有粮食中的植酸、蔬菜中的草酸等，它们都会和钙在肠道中形成不溶性钙盐，从而降低钙的吸收。膳食纤维过多、磷酸盐过多、脂肪过多或脂肪消化不良时，也会影响钙的吸收。维生素D的缺乏是造成儿童佝偻病的主要原因。钙的吸收率随年龄的增加而下降。我国人民的膳食以植物性食物为主，钙的吸收率约为20%～30%。

促进钙吸收的因素主要是维生素D，维生素C，乳糖，氨基酸中的赖氨酸、色氨酸、精氨酸等，酸性环境能促进钙的溶解和吸收。膳食中的钙磷比是否合适、人体的生理状况也与钙的吸收有关。

（3）摄入量与膳食来源　2013年中国营养学会建议我国居民每日膳食中钙的适宜摄入量（AI）成年人为800mg，11～14岁的青少年为1200mg，14～18岁、50岁以上成人为1000mg，孕妇和乳母为1000mg。建议我国儿童以上人群钙的UL值为2g/d。

营养调查表明，我国居民每日钙的实际摄入量仅为推荐摄入量的50%左右。增加膳食中钙的摄入量和对特定人群的适当补钙，是不容忽视的营养问题。

乳和乳制品中钙含量和吸收率均高，是人体的理想钙源。虾皮、鱼、海带含钙量较多，豆制品、芝麻酱也是钙的良好来源，绿叶蔬菜如油菜、芹菜叶、雪里蕻含钙量也较多。

2. 磷（P）

（1）生理功能　磷是人体必需的常量元素。约占人体总质量的1%，大约有80%～85%的磷与钙一起构成骨骼和牙齿，是机体细胞中核酸、蛋白质、磷脂的组成成分，是组成辅酶的成分；磷参与糖类和脂肪的吸收与代谢，以高能磷酸键的形式储存能量，ATP参与了生命化学过程中几乎每一个反应，许多生命现象都有赖于蛋白质磷酰化机制；磷酸盐缓冲系统可维持机体酸碱平衡。

（2）摄入量与膳食来源　磷广泛存在于食品中，很少有人缺磷。2013年中国营养学会建议我国居民每日膳食中磷的参考摄入量AI值：7～11岁儿童470mg，成人为720mg，7岁以下儿童为100～470mg。儿童和成人的UL值为3500mg。食物中含磷较高的有瘦肉、蛋、鱼、动物肝脏、海带、芝麻酱、花生、坚果中的磷含量也较高。

3. 钠（Na）

（1）生理功能　构成细胞外液渗透压，保持细胞外液容量，维持体液的酸碱平衡；增强神经肌肉的兴奋性；钠与ATP的生成和利用、肌肉运动、心血管功能、能量代谢都有关系；此外，糖代谢、氧的利用也需有钠的参与。

（2）吸收和代谢　钠的吸收主要在小肠，吸收率极高，几乎全部被吸收。消化道吸收的钠包括食物的钠和消化道分泌液中的钠。在空肠，钠的吸收主要是与糖和氨基酸的主动转运相偶联进行的被动性过程；而在回肠则大部分是主动性吸收。

钠还从汗液中排出。汗液中平均含钠盐（NaCl）2.5g/L左右，最大含盐浓度可达3.7g/L。在热环境下由于大量出汗可丢失大量钠盐，如在中等强度劳动4h即可丢失钠盐7～12g。

(3) 摄入量及食物来源　食物中钠的来源可分为两大类，即天然存在于食物中的钠和在加工、制备食物过程中或餐桌上随意加入的盐。我国每人每天食盐摄入量实际要超过 12g。由于钠摄入过多会增加高血压的患病风险，《中国居民膳食指南（2016 年版）》建议食盐摄入量以不超过 6g 为宜。钠的 PI 值为成年人 2000mg，50~65 岁为 1900mg。

4. 钾（K）

（1）生理功能　参与细胞新陈代谢和酶促反应。维持渗透压和酸碱平衡。维持跨膜电位，保持细胞应激功能。钾对水和体液平衡起调节作用，当体内需要保钠和水时，肾小管就排出 K^+ 换回 Na^+。钾与钠相对抗，适当比例的钠与钾摄入量可减轻因高钠摄入产生的不良影响。钾也有扩张血管的作用，因此钾能对抗食盐引起的高血压，对轻症高血压及有高血压因素的某些正常血压者有降压作用。钾还具有使胰岛素释放的作用。

（2）钾的吸收和代谢　钾的主要吸收部位在空肠和回肠。在正常情况下，80%~90% 摄入的钾由肾脏排出，10%~20% 由粪便排出。皮肤通常排钾甚少，汗液含钾仅约 5.6mmol/L，但在热环境中从事体力活动，大量出汗时，汗钾排出量可占钾摄入量的 50% 左右。此外，在钾摄入极少甚至不进食钾时，肾仍排出一定量的钾。

（3）摄入量与食物来源　我国居民一般可从膳食摄入钾 40~95mmol/d（1560~3705mg/d）。根据人体钾平衡研究结果，在轻体力活动、出汗甚少的情况下，40mmol/d 的钾（KCl 3g）足以维持生理需要；但在热环境下从事中度体力活动时，则需 60mmol/d（KCl 4.5g）才能维持钾平衡，而供给量以 80mmol/d（KCl 6g）为宜，若膳食中钾摄入量偏低，可在此基础上适当补充以防缺钾。《中国居民膳食营养素参考摄入量（2013 版）》建议钾的 PI 值为 3600mg/d。

大部分食物都含有钾，但蔬菜和水果是钾最好的来源。每 100g 谷类中含钾 100~200mg、豆类中 600~800mg、蔬菜和水果中 200~500mg、肉类中含量约为 150~300mg、鱼类中 200~300mg。每 100g 食物中含量高于 800mg 以上的食物有紫菜、黄豆、冬菇、小豆等。

5. 镁（Mg）

（1）生理功能　镁作为多种酶的激活剂，参与 300 余种酶促反应，维护骨骼生长。镁是骨细胞结构和功能所必需的元素，镁可影响骨钙溶出；维持神经肌肉的兴奋性。镁离子在肠道中吸收缓慢，促使水分滞留，具有导泻作用。低浓度镁可减少肠壁张力和蠕动，有解痉作用，并有对抗毒扁豆碱的作用。血浆镁的变化直接影响甲状旁腺激素（PTH）的分泌。当镁水平极端低下时，可使甲状旁腺功能低下，经补充镁后即可恢复。

（2）吸收与代谢　食物中的镁在整个肠道均可被吸收，但主要是在空肠末端与回肠部位吸收，吸收率一般约为 30%；可通过被动扩散和耗能的主动吸收两种机制吸收。

影响镁吸收的因素很多,首先是受镁摄入量的影响,膳食成分对镁吸收也有很大影响。另外,镁的吸收还与饮水量有关,饮水多时对镁离子的吸收有明显的促进作用。由于镁与钙的吸收途径相同,二者在肠道竞争吸收,因此,也有相互干扰的问题。

肾脏是排镁的主要器官,滤过的镁大约85%~95%被重吸收。血清镁水平高,肾小管重吸收减少;血清镁水平低,肾小管重吸收增加,此调节过程有甲状旁腺激素参与。消化液中含有镁,但正常情况下60%~70%被重吸收,故粪便只排出少量内源性镁。汗液也可排出少量镁。

(3)摄入量与食物来源 2013年中国居民膳食镁元素参考摄入量中,镁的AI值为330mg/d,孕妇和乳母应增加到370mg/d。

镁虽然普遍存在于食物中,但食物中的镁含量差别甚大。由于叶绿素是镁卟啉的螯合物,所以绿叶蔬菜是富含镁的食物。食物中诸如糙粮、坚果也含有丰富的镁。除了食物之外,从饮水中也可以获得少量镁,但饮水中镁的含量差异很大,如硬水中含有较高的镁盐,软水中含量相对较低,因此水中镁的摄入量难以估计。

四、微量元素

1. 铁(Fe)

(1)生理功能 铁在体内主要作为血红蛋白、肌红蛋白的组成成分参与O_2和CO_2的运输,铁又是细胞色素系统、过氧化氢酶和过氧化物酶的组成成分,在呼吸和生物氧化过程中起重要作用。如血红蛋白可与氧可逆地结合,当血液流经氧分压较高的肺泡时,血红蛋白能与氧结合成为氧合血红蛋白,而当血液流经氧分压较低的组织时,氧合血红蛋白又离解成血红蛋白和氧,从而完成把氧从肺泡送至组织的任务。

肌红蛋白能在组织中储存氧,细胞色素能在细胞呼吸过程中起传递电子的作用。许多与杀菌有关的酶的活性、淋巴细胞的转化、中性粒细胞的吞噬功能等,也均与铁水平有关。此外,铁还具有催化促进β-胡萝卜素转化为维生素A、抗体的产生以及药物在肝脏的解毒等功能。

(2)吸收与利用 食物中的铁以血红素铁和非血红素铁两种形式存在。血红素铁主要来自于肉、禽、鱼的血红蛋白和肌红蛋白,它们虽然仅占食物的5%~10%,但吸收率一般可达20%以上。而存在于植物性食物中的非血红素铁占膳食铁的85%以上,吸收率仅1%~5%。

谷类中的植酸盐、草酸盐、过多的膳食纤维、茶中的鞣酸、咖啡均影响铁的吸收;维生素C、某些氨基酸以及动物肉类均有助于铁的吸收。

(3)摄入量与食物来源 膳食中铁的生物利用不仅受膳食中多种因素影响,

而且与人体的铁营养状态和生理状态有关。2013年中国营养学会建议我国居民铁的每日膳食适宜摄入量（AI）成年男子为12mg，成年女子为20mg，孕妇（中期）和乳母为24mg，孕妇（后期）为29mg，儿童和青少年在10~18mg。建议成人铁的UL值为42mg/d。

动物血、肝脏、鸡胗、牛肾、大豆和黑木耳、芝麻酱是铁的丰富来源，瘦肉、红糖、蛋黄、猪肾和干果是铁的良好来源，鱼类、谷物、菠菜、扁豆、豌豆和芥菜是铁的一般来源。对面粉和酱油等食品进行铁强化，可使总铁摄入量明显增加，强化谷物食品是婴幼儿丰富的铁来源。

缺铁性贫血是一个世界范围的营养问题，对于易发生缺铁性贫血的人群如青少年、育龄妇女、孕妇必须额外补充亚硫酸铁、葡萄糖酸亚铁等铁剂。

2. 锌（Zn）

（1）生理功能　锌分布于人体的各个组织中，具有多种生理功能和营养作用。

锌是人体很多金属酶的组成成分或酶激活剂，在组织呼吸和物质代谢中起很重要的作用。锌与DNA和RNA、蛋白质的生物合成密切相关，能促进机体的生长发育，并可加速创伤组织的愈合。锌不但影响味觉和食欲，还与性机能有关。锌参与胰岛素合成及功能，并影响肾上腺皮质激素；锌还具有能使细胞膜或机体膜稳定化的重要作用。成年人体内含锌约1.4~2.3g。

人体缺锌时，表现为儿童生长发育迟缓、身材矮小、性器官发育不良，味觉异常、异食癖及厌食，创伤难愈合。

（2）吸收　膳食中的植酸、草酸及过量的膳食纤维、过量的钙、铁会降低锌的吸收；半胱氨酸、组氨酸有利于锌的吸收。

（3）摄入量与食物来源　2013年中国营养学会建议我国居民每日膳食锌的推荐摄入量（RNI）：成年男子为12.5mg，成年女子为7.5mg，孕妇乳母为9.5mg。建议成人男子锌的UL值为40mg/d。

贝类海产品、红色肉类、肝脏、海鱼及蛋类含锌丰富；植物性食品如谷类胚芽和麦麸、豆类、花生等含锌也丰富，但吸收率低。

3. 碘（I）

（1）生理功能　碘是人类首批确认的必需微量元素之一。人体内含碘20~25mg，其中70%~80%存在于甲状腺中。碘在组织中主要以有机碘形式存在。

碘在人体中的作用主要是构成甲状腺素，甲状腺素具有调节人体能量代谢和物质代谢的作用，促进机体生长发育。碘是胎儿神经发育的必需物质。膳食和饮水中碘供给不足时，可产生碘缺乏症，即地方性甲状腺肿、地方性克汀病和对儿童智力发育的潜在性损伤。

（2）摄入量与食物来源　碘的平均需要量（EAR）为120μg/d。2013年中国营养学会建议我国居民每日膳食碘的推荐摄入量（RNI）：4 岁以下婴幼儿为 90μg，儿童为 90～110μg，青少年和成年人为 120μg，孕妇和乳母为 230μg。碘的可耐受最高摄入量（UL）：成人为 600μg。

碘的主要来源是碘盐，海产品中以海带和紫菜中含量最高。沿海地区食物含碘高，边远地区食物含碘低，所以这些地区的碘缺乏发病率也较高。

（3）碘缺乏病（IDD）的防治　碘缺乏是世界上广泛存在的公共卫生问题。人体缺碘时脑垂体分泌甲状腺激素过多而导致甲状腺组织增生、腺体肿大，俗称大脖子病；孕妇缺碘时，会使胎儿生长迟缓，影响智力发育，造成身体发育及性发育障碍等，出现以呆、小、哑、瘫为临床症状的地方性克汀病。食用碘盐是防治碘缺乏最方便、有效的措施。

摄入碘过量时也会引起碘中毒或甲状腺肿大，因此，不管采用哪种方式补碘，都要防止加碘过量。

4. 硒（Se）

（1）生理功能　20 世纪 70 年代我国科学工作者发现了克山病和缺硒的关系，首次证明了硒也是人类必需的微量元素。

硒是人体谷胱甘肽过氧化物酶的重要组成部分，这种酶具有抗氧化作用，可以保护细胞膜，能清除体内的自由基，具有抗衰老的功能。硒可增强人体免疫系统的功能，可预防脑血管疾病和某些癌症。硒可参与甲状腺素的代谢，硒是重金属的天然解毒剂。

缺硒可导致克山病的发生，其主要症状有心脏扩大，心功能失代偿，发生心源性休克或心力衰竭、心律失常等。用亚硒酸钠防治克山病取得了良好的效果。大骨节病也与缺硒有关。

过量的硒可导致硒中毒，症状为脱发、脱甲，少数病人有神经症状。

（2）摄入量与食物来源　2013 年中国营养学会建议我国居民每日膳食硒的推荐摄入量（RNI）：青少年和成人为 60μg，孕妇和乳母为 65μg。可耐受的最高摄入量（UL）成人为 400μg。

富含硒的食物有动物内脏、海产品及肉类。不同产地的食物其硒含量差别甚大。

5. 氟（F）

（1）生理功能　氟的主要功能是增强骨与牙齿的结构稳定性，保护骨骼健康，防止龋齿发生。

低氟地区的居民自饮水和食物中摄入氟不足时，可有骨骼和牙齿发育不全，龋齿发病率高等。

如果长期摄入过多氟可引起人体代谢障碍，出现氟中毒症状。地方性氟中毒症状主要有氟斑牙、氟骨症等。

（2）摄入量与食物来源　2013 年中国营养学会建议我国居民氟的每日膳

食适宜摄入量（AI）成年人为 1.5mg/d，可耐受最高摄入量（UL）为 3.5mg/d。

饮用水是氟的重要来源，但受地球化学环境影响较大。含氟量高的食物有茶叶、红枣、莲子、海带和紫菜等。

五、其他矿物质

1. 氯

氯是人体必需常量元素之一，是维持体液和电解质平衡所必需的，也是胃液的一种必需成分。

氯的生理功能包括维持细胞外液的容量与渗透压，维持体液酸碱平衡，参与血液 CO_2 运输及胃液中胃酸形成等。

饮食中的氯多以氯化钠形式被摄入，并在胃肠道被吸收。吸收的氯离子经血液和淋巴液运输至各种组织中。氯化物主要从肾脏排出，但经肾小球滤过的氯，约有 80% 被重吸收，只有小部分经尿排出体外。氯和钠除主要从肾排出体外，也从皮肤排出，在高温、剧烈运动、汗液大量排出时，也相应促使了氯化钠的排出。

由于氯来源广泛，特别是食盐，摄入量往往大于正常需要水平。因此，由饮食引起的氯缺乏很少见。

2. 铜

铜是人体许多重要酶的组成成分，它们分别影响人体的黑色素形成、结缔组织和弹性组织的结构、正常造血功能的维持、中枢神经系统的健康以及机体解毒作用。铜还是血浆铜蓝蛋白的组成成分，后者在血红蛋白形成中起作用。因此铜对人体是一种重要的必需微量营养素，缺乏时可引起缺乏症。临床上有儿童缺铜性贫血的报道。

铜主要在小肠被吸收，少量由胃吸收。可溶性铜的吸收率为 40%~60%。膳食中铜被吸收后通过门脉血运送到肝脏，然后释放到血液，传递到全身组织；大部分内源性铜排泄到胃肠道与从食物中来而未被吸收的铜一起排出体外，少量铜通过其他途径排出。

2013 年中国营养学会建议我国成人铜的 RNI 为 0.8mg/d，UL 为 8.0mg/d。铜的丰富来源有茶叶、葵花籽、核桃、可可、肝等，在大豆制品、蟹肉、马铃薯、紫菜等中含量也较多。在稻米、油脂、水果、蔬菜、乳及乳制品中含量较低。

3. 铬

铬是人和动物必不可少的微量元素之一。铬的活性形式是三价铬，其主要功能是帮助维持身体内正常的葡萄糖含量水平。已知"葡萄糖耐量因子"（GTF）是一种含铬的有机物，可能是胰岛素的辅助因子，有增加葡萄糖的利用以及使葡萄糖转变成脂肪的作用。此外，铬还影响脂肪的代谢，有降低血清胆固醇和提高胆固醇的作用,从而减少胆固醇在动脉壁的沉积。铬还可促进蛋白质代谢和生长发育。

无机铬化合物在人体的吸收很低,维生素 C 能促进铬的吸收。

2013 年中国营养学会建议我国成人铬的 AI 定为 30μg/d。铬的丰富来源为肉类和鱼贝类,豆类、啤酒酵母、黑胡椒、肝以及啤酒等也是铬的良好来源。

六、营养素的生物利用率

1. 概念

营养素的生物利用率(nutrient bioavailability)是指该营养素被动物食入后,为小肠吸收并能参与代谢过程,机体所需营养物质储存在动物体内的部分占食入总量的比值,可分为相对利用率和绝对利用率。

2. 影响因素

营养素的生物利用率影响因素主要包括以下 4 个方面。

(1)食品的消化率如何:例如,虾皮中富含钙、铁、锌等元素,然而由于很难将其彻底嚼碎,故其消化率较低,因此其中营养素的生物利用率受到影响。

(2)食物中营养素的存在形式如何:例如,在植物性食物中,铁主要以不溶性的三价铁复合物存在,其生物利用率较低;而动物性食品中的铁为血红素铁,其生物利用率较高。

(3)食物中营养素与其他食物成分共存的状态如何,是否有干扰或促进吸收的因素:例如,在菠菜中由于草酸的存在使钙和铁的生物利用率降低。

(4)人体的需要状况与营养素的供应充足程度:在人体需要急迫或是食物供应不足时,许多营养素的生物利用率提高;反之,在供应过量时便降低。

学习单元 6 水

水是除氧以外维持人体生命活动的最重要的物质,是人体需要量最大、最重要的营养成分。由于水相对容易获取,人们往往忽视它的重要性。水是机体的重要组成物质,占人体组成的 50% ~ 80%。水不仅可以作为各种物质的溶媒参与细胞代谢,而且也构成细胞赖以生存的外环境。

一、水在体内的分布

水分是机体中含量最大的组成成分,同样也是维持人体正常生理活动的重要物质。人体内水的含量,因年龄、性别、体形、职业不同而不同,一般来讲,随年龄增加,水的含量降低。新生儿含水量约为体重的 80%,成年男子约为 60%,成年女子约为 50% ~ 55%。这也就是说,体重中的 60% 是由水分和溶解在水分中的电解质、低分子化合物和蛋白质所组成的。当机体丢失水分达到20%的时候，生命就会出现危险。

水分布于细胞、细胞外液和身体的固态支持组织中，在代谢活跃的肌肉和内脏细胞中，水的含量较高，而在不活跃的组织或稳定的支持组织中含量较低。

二、水的生理功能

水的营养价值不能从其含有多少营养物质来计算，水在维持机体生命过程中起着非常重要的作用，而这种作用是没有任何其他物质可以替代的。

（1）水是机体的重要组成成分，用以维持生命、保持细胞外形、构成各种体液。例如体内缺水，则消化液分泌减少，食物消化受到影响，食欲下降，血流减缓，体内废物积累，代谢活动降低，导致体力衰竭致病，并加重病情。

（2）水参与人体新陈代谢全过程。营养物质的吸收、运输、代谢、废物的排出都需要溶解在水中才能进行，这关系到消化、吸收、分泌及排泄等所有的代谢过程。可以说，水是人体循环系统、消化系统、呼吸系统、泌尿系统正常工作的必要物质保证，是生命活动不可缺少的关键。

（3）水对于调节人体体温起着重要作用。水在调节体温方面效率很高。水的比热数值高，如外界环境温度高，体热可随水分经皮肤蒸发散热，以维持人体体温的恒温。

（4）水具有润滑作用。水可以减少关节或体内内脏的摩擦，防止机体损伤，水在体内还起着良好的润滑（如关节腔中的浆液）和清洁（如泪液）作用。

（5）水是食品的重要成分。水是动、植物食品的重要成分，它对食品的营养品质及加工性能有重要作用。水分对食品的鲜度、硬度、流动性、呈味性、保藏和加工等方面具有重要影响；在食品加工过程中，水起着膨润、浸透呈味物质的作用；水的沸点、冰点及水分活度等理化性质对食品加工有重要意义。

三、水在人体内的平衡

（一）水的平衡

1. 人体水的摄入

人体水的摄入或获取有两条途径。包括饮食及代谢水两大部分。饮食又有饮水、食物水两方面。饮水包括喝水、乳、汤和各种饮料，是人体水的主要来源，饮水量因气温、生活习惯、工作性质和活动量而异；食物水是指各种食物中所含的水量，因膳食组成的差异也不尽相同。代谢水也被称为氧化水，主要来源于蛋白质、脂肪和碳水化合物代谢时产生的水。

2. 人体水的排出

人体每日以各种方式排出机体的水分总量，合计约为 2000~2500mL。其中包括从皮肤、肺部、消化道、肾脏等器官排出水分。

通过蒸发和汗腺分泌，每日由皮肤排出的水分，大约为 550mL。在夏季，这个数值可以高达 2500mL/h；一般状态时，由于呼吸，人体有肺部每天可以失去大约 300mL 的水。在空气比较干燥的时候，由此失去的水分还会增加；消化道分泌的消化液，其中的含水量每天可高达 8L。在正常情况下，消化液将会随时在小肠部位发生吸收，所以每日仅有 150mL 的水随粪便排出。但是，在腹泻、呕吐等病态时，由于大量消化液不可能再发生正常吸收，所以将会丢失大量的水分，从而造成机体脱水状态。

从肾脏排出的水占人体每日失水的大部分，约为 60%，肾脏的排水量不定，一般随体内水的多少而增减，从而保持调节机体内水的平衡。正常时，每日可经肾小球滤出的原尿大约有 150~200L。但是实际上每日排出的终尿却大约只有 1000~1500mL。这是因为肾小管将大部分滤出的水分又重新吸收了的缘故。

（二）水的缺乏或过量

在正常情况下，人体排出的水和摄入的水是平衡的，水的摄入和排出量维持在每天 2000~2500mL 左右。体内不储存多余的水，但也不能缺少水分。

1. 水缺乏

水摄入不足或丢失过多，可引起机体失水。一般情况下，失水达体重的 2%，可感到口渴、食欲降低、消化功能减弱、少尿；失水达体重 10% 以上，可出现烦躁、眼球内陷、皮肤失去弹性、全身无力、体温脉搏增加、血压下降；失水超过 20% 以上时，可引起死亡。

2. 水过量

水摄入量超过肾脏排出的能力，可引起体内水过量或水中毒。这种情况多见于疾病，如肾脏疾病、肝脏病、充血性心力衰竭等。正常人极少见水中毒，但严重脱水且补水方法不当也可发生。

水的需要量受年龄、体重、气候、劳动条件、疾病和损伤等方面的影响。年龄越大，每千克体重需要的水相对较小。正常人每日每千克体重需水量约为 40mL，即 60kg 体重的成人每天需水 2500mL。婴儿的需水量为成人的 3 或 4 倍。同时，人体每日水所需要量也可按能量摄取的情况估计。一般来说，成人每日摄取 4.184kJ（1kcal）的能量约需水 1mL。《中国居民膳食指南（2016）》中建议，成人每日饮水 1500~1700mL。

任务3　食品营养价值评价

学习目标

知识目标
1. 熟悉各类食物的营养分布和营养特点。
2. 掌握各类食物的营养价值及其保健作用。
3. 熟悉营养强化食品和保健食品的种类和特点。

能力目标
1. 能根据食品的营养价值合理选择食物。
2. 能对不同种类的食物进行营养评价。
3. 能对保健食品的选购进行指导。

学习单元1　营养素密度和营养质量指数

一、营养素密度的计算

食物营养价值（nutritional value）是指某种食品所含营养素和热能满足人体需要的程度，包括营养素种类是否齐全，数量是否能满足人体的需要，其相互比例是否合理和能被人体消化、吸收及利用的程度。食物营养价值的评定评价指标：营养质量指数（index of nutrition quality，INQ）和营养素的生物利用率（bioavailability）。

食物种类不同，其能量有很大的差别，一般脂肪含量较高的食物其能量较高。能量一般由高到低排列有油脂、油料种子、肉类、植物淀粉类，这些都是高能量食品；而果蔬的水分含量较高，能量较低。为了更好地表示食物提供能量的高低，通常采用能量密度这种简单的方法进行评估。计算公式如下：

$$能量密度 = \frac{一定量食物提供的能量值}{能量推荐摄入量}$$

通常选用100g食物为计量单位，查找或计算其能量数值，查询推荐的成人能量参考摄入量，代入能量密度公式求出能量密度。长期食用低能量和能量密度低的食物,会影响儿童生长发育;长期食用高能量和能量密度高的食物,则容易造成成人体重过重或肥胖。

食物中的营养素密度是指食品中以单位热量为基础所含重要营养素(维生素、矿物质、蛋白质)的浓度。计算公式如下:

$$营养素密度 = \frac{一定量的食物提供的营养素含量}{相应营养素推荐摄入量}$$

一般来说,乳、瘦肉每千焦(kJ)能量提供营养素多且好,营养密度较高;肥肉每千焦(kJ)能量提供营养素很少,营养密度低;纯热量物质每千焦(kJ)能量不提供营养素(维生素、矿物质、蛋白质),无营养密度,因此限制纯热量物质摄入。

二、营养质量指数的计算

营养质量指数法是结合能量和营养素对食物进行综合评价的方法,可直观、综合反映食物能量和营养素需求情况。常用营养质量指数(index of nutritional quality,INQ)来表示。

1. INQ 的计算

INQ 的计算公式如下:

$$INQ = \frac{营养素密度}{能量密度} = \frac{某营养素含量 / 该种营养素推荐摄入量}{某营养素产能量 / 能量推荐摄入量}$$

2. 评价标准

(1) INQ = 1 表示食物的该营养素与能量含量对该摄入量的人的营养需要达到平衡。

(2) INQ > 1 表示食物该营养素的摄入量高于能量,故 INQ ≥ 1,为营养价值高。

(3) INQ < 1 表示此食物中该营养素的摄入量低于能量的摄入,长期食用此种食物可能发生该营养素的不足或能量过剩,其营养价值低。

能力要求:食物营养素密度和营养质量指数的计算

一、工作准备

(1) 膳食准备 准备 2~3 种市售产品,如饼干和饮料,此产品应具有能量和营养素(如功能营养素、矿物质、维生素)的含量;一份混合食物或膳食,可包括 3~5 种原料或食物;或通过食物成分表查找某种食物。

(2) 必要资料的准备 食物成分表和《中国居民膳食营养素参考摄入量》的准备。

(3) 工具准备 如计算器、任务工单等。

二、工作程序

1. 查出食品能量和各主要营养素的含量

本例产品:"QQ 星营养果汁酸奶饮品",查产品的标签营养成分表,得出能量、营养素的含量并记录。将能量、供能营养素、维生素和矿物质等成分填入表 1 – 13。

表 1 – 13　　　　　　　食物营养成分及营养质量指数比较

项目	含量	RNI 或 AI	INQ
能量/ (kcal/100mL)	50	2400	
蛋白质/ (g/100mL)	1.0	75	0.63
脂肪/ (g/100mL)	0.8	66~80	0.52
碳水化合物/ (g/100mL)	6.5	360	0.86
钠/ (mg/100mL)	128	2200	2.77
钙/ (mg/100mL)	18	800	1.07
铁/ (mg/100mL)	1.0	15	3.17
锌/ (mg/100mL)	0.52	15	1.65

2. 根据消费对象查找相应参考摄入量

根据《中国居民膳食营养素参考摄入量》查对应 RNI 或 AI 值,填入表 1 – 16 中。

3. 计算营养质量指数

分别计算能量密度、营养素密度、食物营养质量指数(INQ),完成表格 1 – 16。

本例中,100mL 饮料铁营养质量指数计算:

$$能量密度 = 50/2400 = 0.021$$
$$铁密度 = 1.0/15 = 0.067$$
$$100\text{mL 饮料营养质量指数为}(INQ) = 0.067/0.021 = 3.17$$

4. 评价

本产品——QQ 星营养果汁酸奶饮品:

碳水化合物、钙 INQ 接近 1,说明酸奶饮品的碳水化合物和钙营养价值和能量供给基本一致。依照上述步骤完成其他营养素的评价,还可以比较酸奶饮品和其他产品的营养质量。铁 INQ 略高,说明 QQ 星营养果汁酸奶饮品是富含铁的食品。

三、注意事项

(1) 能量的单位可以是千焦 (kJ) 或千卡 (kcal)。

(2) 根据《中国居民膳食营养素参考摄入量》查对应 RNI 或 AI 值,只需要查找相关的项目。

学习单元 2　各类食物的营养价值评价

食品是人类获得热能和各种营养素的基本来源。食品按其来源和性质可分为三类:植物性食品、动物性食品和各类食品的制品。

植物性食品主要提供能量、蛋白质、碳水化合物、脂肪、大部分维生素和矿物质,如谷类、豆类、蔬菜、水果等;动物性食品主要提供优质蛋白、脂肪、脂溶性维生素和矿物质,如肉类、蛋类、乳类等;调味品是调节食物风味,含部分营养素,如盐、酒、酱油、醋等。

食品营养价值的高低,取决于食品中营养素的种类是否齐全、数量的多少、相互比例是否适宜及是否容易消化吸收。不同食品因营养素的构成不同,其营养价值也就不同,各有其营养特点,即使是同一种食品由于品种、部位、产地和烹调加工方法的不同,营养价值也存在一定差异。营养价值高的食物,营养素种类齐全,数量充足,相互之间比例适宜,易被人体消化吸收利用;营养价值低的食物,营养素种类不全,或数量欠缺,或相互比例不适当,不易消化吸收。

一、植物性食物的营养价值

(一) 谷类

谷类包括稻米、小麦、大麦、玉米、小米和高粱等。人体能量的主要来源是谷类,谷类在我国人民膳食中占有重要地位,约 60%~65% 的能量、40%~60% 的蛋白质和 60% 的维生素 B_1 来自谷类。

1. 谷粒的构造与营养分布

各种谷粒基本结构相似,包括谷皮、糊粉层、胚乳和谷胚四部分,谷粒的纵切面示意见图 1-1。

(1) 谷皮 (麸皮)　位于谷粒最外层,占 13%~15%,以纤维素、半纤维素为主,并有一定量的蛋白质、脂肪和维生素,较多的灰分 (矿物质)。

(2) 糊粉层　介于谷皮和胚乳之间的一层厚壁细胞,占 6%~7%,含较多的纤维素、蛋白质、脂肪、维生素和矿物质。

(3) 胚乳　占 80%~90%,是种子的储藏组织,含有大量的淀粉和较多的蛋白

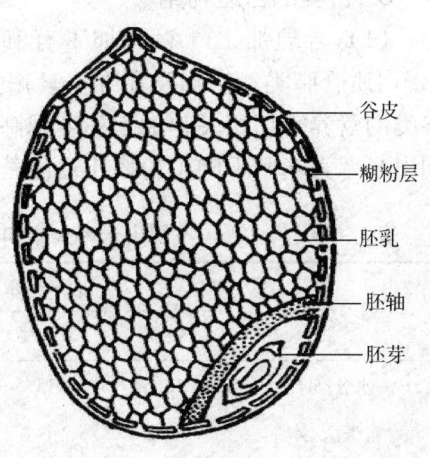

图 1-1　谷粒的纵切面示意

质,少量的脂肪和矿物质。

(4) 谷胚 是种子中生理活性最强、营养价值最丰富的,富含蛋白质、脂肪、矿物质、B族维生素和维生素E。

2. 主要营养成分及组成特点

(1) 蛋白质 主要由谷蛋白、清蛋白、球蛋白、醇溶谷蛋白组成,含量8%~12%(燕麦高达15%),其中稻谷中的蛋白质含量低于小麦粉,赖氨酸含量低,为第一限制性氨基酸,因此生物学价值低于动物性蛋白。

(2) 脂类 谷类脂肪含量较低,多数在2%~4%,主要集中在糊粉层和胚芽中,多为不饱和脂肪酸,质量较好。在小麦胚粉中最高,其次为莜面、玉米和小米,小麦粉较低,稻米类最低。玉米和小麦胚芽油中亚油酸含量60%,其可降低血清胆固醇,防止动脉粥样硬化。

(3) 碳水化合物 谷类碳水化合物含量最为丰富,集中在胚乳淀粉细胞。碳水化合物存在的主要形式为淀粉,含量高于70%,是我国人民膳食能量的主要来源(50%~70%)。

(4) 维生素 谷类中的维生素是膳食中B族维生素的重要来源,主要分布在糊粉层和谷胚中。其中维生素B_1和烟酸含量较多,在黄色玉米和小米中还含有较多的胡萝卜素,在小麦胚粉中含有丰富的维生素E。

谷类维生素因为主要分布在糊粉层和谷胚中,因此,其含量的高低与加工精度密切相关,谷类加工越细,维生素损失越多。此外玉米含烟酸较多,但因为多为结合型,不易被人体吸收利用,所以以玉米为主食的地区居民容易发生癞皮病。

(5) 矿物质 谷类含矿物质1.5%~3%,主要在谷皮和糊粉层,大约有30种,主要是钙和磷,受植酸影响,消化吸收较差。

3. 谷类的合理利用

(1) 合理加工 谷类加工有利于食用和消化吸收,但由于大多营养物质(蛋白质、脂类、矿物质和维生素)主要存在于谷皮和谷胚中,因此加工精度与谷类的营养密切相关,加工精度越高,其营养素损失就越多,营养价值越低。不同出米率大米和不同出粉率小麦的营养组成见表1-14。

表1-14 不同出米率大米和不同出粉率小麦的营养组成

营养组成	大米出米率			小麦出粉率		
	92%	94%	96%	72%	80%	85%
水分/%	15.5	15.5	15.5	14.5	14.5	14.5
粗蛋白/%	6.2	6.6	6.9	8~13	9~14	9~14
粗脂肪/%	0.8	1.1	0.8~1.5	1.0~1.6	1.5~2.0

续表

营养组成	大米出米率			小麦出粉率		
	92%	94%	96%	72%	80%	85%
糖/%	0.3	0.4	0.6	1.5~2.0	1.5~2.0	2.0~2.5
无机盐/%	0.6	0.8	1.0	0.3~0.6	0.6~0.8	0.7~0.9
纤维素/%	0.3	0.4	0.6	微~0.2	0.2~0.4	0.4~0.9

从表1-14可知，影响最大的是维生素和矿物质。为了谷类利于消化吸收，又要最大限度地保留各种营养素，因此在1950年我国将稻米和小麦的加工精度规定为"九二米"和"八一粉"，1953年又将精度降低为"九五米"、"八五粉"，后者与前者比较，保留了较多的维生素、纤维素和矿物质，在预防营养缺乏病方面起到良好的效果。

（2）合理烹调　烹调过程可使一些营养素损失，表现在以下两方面：一是淘洗次数越多、浸泡时间越长、水温越高、损失越多。如大米在淘洗过程中，维生素B_1可损失30%~60%，维生素B_2和烟酸可损失20%~25%，矿物质损失70%。二是加碱蒸煮、油炸会损失更多。不同烹调方式下米饭和面食中B族维生素的保存率见表1-15。

表1-15　不同烹调方式下米饭和面食中B族维生素的保存率

食物	原料	烹调方法	硫胺素			核黄素			烟酸		
			烹调前/mg	烹调后/mg	保存率/%	烹调前/mg	烹调后/mg	保存率/%	烹调前/mg	烹调后/mg	保存率/%
饭	稻米（标一）	捞、蒸	0.21	0.07	33	0.06	0.03	50	4.1	1.0	24
饭	稻米（标一）	碗蒸	0.21	0.13	62	0.06	0.06	100	4.1	1.6	30
粥	小米	熬煮	0.66	0.12	18	0.03	0.03	30	1.8	1.2	67
馒头	富强粉	发酵、蒸	0.20	0.07	28	0.05	0.05	62	1.2	1.1	91
馒头	标准粉	发酵、蒸	0.27	0.19	70	0.07	0.06	86	2.0	1.8	90
面条	富强粉	煮	0.29	0.20	69	0.07	0.05	71	2.6	1.8	73
面条	标准粉	煮	0.61	0.31	51	0.07	0.03	43	2.8	2.2	78
大饼	富强粉	烙	0.35	0.34	97	0.06	0.06	86	2.4	2.3	96
大饼	标准粉	烙	0.48	0.38	79	0.06	0.06	86	2.4	2.4	100
烧饼	标准粉	烙、烤	0.45	0.29	64	0.08	0.08	100	3.5	3.3	94
油条	标准粉	炸	0.49	0	0	0.03	0.03	50	1.7	0.9	52

(3）合理储存　谷类应防霉防虫，应采用避光、通风、阴凉、干燥的环境储存。

(4）合理利用　因为谷类食物第一限制氨基酸为赖氨酸，所以宜与赖氨酸含量高的食物混合食用，利用蛋白质互补作用。通常将谷类与豆类、动物性食物混合食用，提高谷类蛋白质的营养价值。

（二）豆类

豆类可分为大豆类（黄、青、黑、褐、双色大豆）和其他豆类（蚕豆、豌豆、绿豆、赤豆、芸豆、豇豆、鹰嘴豆、扁豆、菜豆、四棱豆、瓜儿豆等）。豆制品是由大豆为主要原料制作成的半成品，包括豆浆、豆芽、豆腐、豆粉、千张、豆腐干、发酵豆制品、植物蛋白肉等。

1. 大豆类营养价值

（1）蛋白质　豆类蛋白质含量非常高，35%左右，属于完全蛋白，赖氨酸含量高，甲硫氨酸含量低，是第一限制性氨基酸，可与谷类同食，发挥其蛋白质互补作用。豆制品蛋白质含量差别较大，高者可达20%左右，如豆腐干，低者只有2%左右，如豆浆、豆腐脑。

（2）脂类　豆类脂肪含量15%~20%，不饱和脂肪酸为主，油酸32%~36%，亚油酸51.7%~57%，亚麻酸2%~10%，还有1.64%的磷脂。由于大豆富含不饱和脂肪酸，是高血压、动脉粥样硬化的理想食物。

（3）碳水化合物　豆类中的碳水化合物含量其他豆类（55%）高于大豆（34%）；豆制品含量普遍较低，高者为10%，如豆腐干，低者豆浆中仅含1%。大豆中的低聚糖含量较高，如水苏糖和棉子糖可引起胀气，也可促进肠道双歧杆菌的增殖，因此被称作双歧因子（其他低聚糖也用此称呼）。

（4）维生素　豆类维生素含量较高，胡萝卜素、维生素B_1、维生素B_2、烟酸等，干豆类几乎不含维生素C，但经发芽做成豆芽后，其含量明显提高，如黄豆芽维生素C为8mg/100g。

（5）矿物质　豆类矿物质含量在4.0%~4.5%，钙含量高，为376mg/100g，其他磷、铁、钾、镁等含量也较高。但是豆类同时含有植酸，可影响矿物质的吸收。豆制品中矿物质多数在2%以下。

2. 其他豆类

其他豆类蛋白质含量中等，脂肪含量较低，碳水化合物含量较高。蛋白质含量为20%~25%，脂肪含量1%左右，碳水化合物在55%以上。维生素和矿物质的含量也很丰富。

3. 豆制品

豆制品包括豆浆、豆腐脑、豆腐、豆腐干、百叶、豆腐乳、豆芽等。豆制品在加工过程中一般要经过浸泡、细磨、加热等处理，使其中所含的抗胰蛋白酶破坏，大部分纤维素被去除，因此消化吸收率明显提高。豆制品的营养素种类在加工前后变化不大,但因水分增多,营养素含量相对较少。豆芽一般是以大豆和绿豆为原料制作的,在发芽前几乎不含维生素 C,但在发芽过程中,其所含的淀粉水解为葡萄糖,可进一步合成维生素 C。

4. 合理利用

不同加工和烹调方法,浸泡、细磨、加热等处理,对大豆蛋白质的消化率有明显的影响。处理后会破坏抗胰蛋白酶、去除大部分纤维素,消化率提高。与豆类相比,豆制品营养素种类变化不大,水分增多,相对含量减少,豆芽可增加维生素 C 的含量。如熟大豆的蛋白质消化率仅为 65%,但加工成豆浆可达 85%,豆腐可提高到 95%。

此外,大豆中还有抗营养因子如蛋白酶抑制剂(PI),可影响蛋白质的消化吸收;脂肪氧化酶会引起豆腥味;胀气因子(水苏糖、棉子糖)等可被大肠中的微生物发酵产气,但可活化肠内双歧杆菌并促进其生长繁殖;植酸可与钙、锌、镁、铁等结合,影响其吸收;植物红细胞凝集素可凝集红细胞。这些因素会影响大豆的消化吸收。但经过加热煮熟后,这种因子即被破坏,消化率随之提高,所以大豆及其制品须充分加热煮熟后再食用。

(三) 蔬菜

蔬菜按其结构及可食部分不同,可分为叶菜类、根茎类、瓜茄类、鲜豆类和菌藻类。蔬菜是维生素(维生素 C、胡萝卜素、维生素 B_2 和叶酸)和矿物质(如 Ca、P、Fe、K、Na、Mg)的主要来源,含有较多的膳食纤维、果胶和有机酸,能刺激胃肠蠕动和消化液的分泌,促进人们的食欲和帮助消化。

1. 叶菜类

叶菜类食物主要包括白菜、菠菜、油菜、韭菜、苋菜、卷心菜、雪里蕻、蒿菜等。叶菜类是胡萝卜素、核黄素、抗坏血酸、矿物质和膳食纤维的良好来源,绿叶蔬菜和橙色蔬菜维生素含量丰富,还含有维生素 E、维生素 K、泛酸、叶酸等。

2. 根茎类

根茎类食物主要包括萝卜、胡萝卜、藕、山药、芋头、马铃薯、葱、蒜、竹笋等。根茎类食物蛋白质含量为 1%~2%,脂肪含量不足 0.5%,碳水化合物含量差异大,在 5%~20%,维生素和矿物质丰富,胡萝卜素、硒含量高。

3. 瓜茄类

瓜茄类食物包括冬瓜、南瓜、丝瓜、黄瓜、茄子、番茄、辣椒等。瓜茄类因水分含量高,营养素含量相对较低。蛋白质含量为 0.4%~1.3%,脂肪微量,碳水化合物含量为 0.5%~9.0%,膳食纤维含量在 1% 左右。胡萝卜素含量以南瓜、番茄和辣椒为最高,维生素 C 含量以辣椒、苦瓜较高。番茄是人体维生素 C 的良好来源。辣椒中还含有丰富的硒、铁和锌,是一种营养价值较高的食物。

4. 鲜豆类

鲜豆类食物包括毛豆、豇豆、四季豆、扁豆、豌豆等。与其他蔬菜相比，营养素含量相对较高。蛋白质含量为2%~14%，平均4%左右；脂肪含量不高，在0.5%以下；碳水化合物的含量为4%左右；膳食纤维的含量为1%~3%；胡萝卜素含量普遍较高；此外，还含有丰富的钾、钙、铁、锌、硒等。

5. 菌藻类

菌藻类食物包括食用菌和藻类食物。食用菌是指供人类食用的真菌，有500多个品种，常见的有蘑菇、香菇、银耳、木耳等品种。藻类是无胚、自养、以孢子进行繁殖的低等植物，供人类食用的有海带、紫菜、发菜等。菌藻类食物富含蛋白质、膳食纤维、碳水化合物、维生素和微量元素。蛋白质含量以发菜、香菇和蘑菇最为丰富。香菇有香菇嘌呤，可抑制胆固醇形成和吸收、促进胆固醇分解和排泄，有降血脂作用；银耳中的多糖物质，有提高人体免疫力和抗肿瘤功能；金针菇含锌量比较高，有促进儿童智力发育和健脑的作用。

6. 合理利用

（1）合理选择　蔬菜含丰富的维生素，其维生素含量特点：叶部＞根茎部，嫩叶＞枯叶深色蔬菜＞浅色蔬菜，因此在选择时应注意选择新鲜、色泽深的蔬菜。

（2）合理加工与烹调　蔬菜所含的维生素和矿物质易在加工时被破坏，所以蔬菜的加工应注意：流水冲洗，不可在水中浸泡；先洗后切，切后即炒；急火快炒、快速蒸煮；现炒现吃；加适量淀粉或加醋，保护维生素C的损失；最好生吃或凉拌。

（四）水果类

水果类可分为鲜果、干果、坚果和野果。水果与蔬菜一样，主要提供维生素和矿物质。水果也属碱性食品。

1. 鲜果的营养成分

鲜果最大的特点有富含汁液；含较多的可溶性糖分、维生素和矿物质，很多还含有挥发性芳香物质；通常生食；可以独立于三餐食用。

水果主要分为以下六类：第一类仁果类，如苹果、沙果、梨、山楂等；第二类核果类，如桃、李、梅、杏、樱桃等；第三类坚果类，如核桃、栗子、银杏等；第四类浆果类，如葡萄、石榴、无花果等；第五类柿枣类，如柿、枣、酸枣等；第六类柑果类，如甜橙、柚子等。

（1）水分　多数新鲜水果的水分高达85%~90%，营养素含量相对较低。

（2）碳水化合物　水果中的碳水化合物包括淀粉、膳食纤维、蔗糖和果糖等。含量差异较大，低者为5%，高者可达30%。未成熟的果实中含有大量的多糖，随着成熟度的提高，会转化为单糖和双糖。

（3）蛋白质和脂肪　水果中的蛋白质、脂肪含量较低，一般均不超过1%。

(4) 矿物质和维生素　水果是提供矿物质和维生素的主要食物之一。硫胺素和核黄素含量不高，胡萝卜素和维生素 C 含量因品种不同而异，其中柑、橘、杏和鲜枣含胡萝卜素最高；而猕猴桃、鲜枣、草莓、枇杷、橙、橘、柿子等含有丰富的维生素 C。水果中的矿物质含量相差不大，约为 0.4%，主要是钾、镁、钠和钙等，其中枣中铁的含量丰富，白果中硒的含量较高。

2. 坚果的营养价值

坚果是以种仁为食用部分，因外覆木质或革质硬壳，故称坚果。按照脂肪含量的不同，坚果可以分为油脂类坚果和淀粉类坚果，前者富含油脂，包括核桃、榛子、杏仁、松子、香榧、腰果、花生、葵花子、西瓜子、南瓜子等；后者淀粉含量高而脂肪很少，包括栗子、银杏、莲子、芡实等。按照其植物学来源的不同，又可以分为木本坚果和草本坚果两类，前者包括核桃、榛子、杏仁、松子、香榧、腰果、银杏、栗子、澳洲坚果，后者包括花生、葵花子、西瓜子、南瓜子、莲子等。

大多数坚果可以不经烹调直接食用，但花生、瓜子等一般经炒熟后食用。坚果仁经常制成煎炸、焙烤食品，作为日常零食食用，也是制造糖果和糕点的原料，并用于各种烹调食品的加香。

坚果是一类营养价值较高的食品，其共同特点是低水分含量和高能量，富含各种矿物质和 B 族维生素。从营养素含量而言，富含脂肪的坚果优于淀粉类坚果。然而因为坚果类所含能量较高，虽为营养佳品，亦不可过量食用，以免导致肥胖。

(1) 蛋白质　富含油脂的坚果蛋白质含量多在 12%～22%，其中有些蛋白质含量更高，如西瓜子和南瓜子蛋白质含量达 30% 以上。淀粉类干果中以栗子的蛋白质含量最低，4%～5%，芡实为 8% 左右，而银杏和莲子都在 12% 以上，与其他含油坚果相当。

坚果类的蛋白质氨基酸组成各有特点，如澳洲坚果不含色氨酸；花生、榛子和杏仁缺乏含硫氨基酸；核桃缺乏甲硫氨酸和赖氨酸；巴西坚果则富含甲硫氨酸；葵花子含硫氨基酸丰富，但赖氨酸稍低；芝麻赖氨酸不足；栗子虽然蛋白质含量低，但蛋白质质量较高。总的来说，坚果类是植物性蛋白质的重要补充来源，但其生物效价较低，需要与其他食品营养互补后方能发挥最佳的营养作用。

(2) 脂肪　脂肪是富含油脂的坚果类食品中极其重要的成分。这些坚果的脂肪含量通常达 40% 以上，其中澳洲坚果更高，达 70% 以上，故绝大多数坚果类食品所含能量很高，可达 2092～2929kJ/100g（500～700kcal/100g）。

坚果类当中的脂肪多为不饱和脂肪酸，富含必需脂肪酸，是优质的植物性脂肪。葵花子、核桃和西瓜子的脂肪中特别富含亚油酸，不饱和程度很高。其中核桃和松子含有较多的 α-亚麻酸，对改善膳食中的 $n-3$ 和 $n-6$ 脂肪酸比例有一定贡献。一些坚果脂肪中单不饱和脂肪酸的比例较大，例如，榛子、澳洲坚果、杏仁、美洲山核桃和开心果中所含的脂肪酸当中，57%～83%为单不饱和脂肪酸；花生、松子和南瓜子所含脂肪酸中，约有40%来自单不饱和脂肪酸；巴西坚果、腰果和榛子中约有1/4的脂肪酸为单不饱和脂肪酸。

温带所产坚果的不饱和脂肪酸含量普遍高于热带所产坚果，通常达80%以上。然而腰果在热带坚果中不饱和脂肪酸含量最高，达88%。澳洲坚果不仅脂肪含量最高，而且所含脂肪酸种类达10种以上，因而具有独特的风味。

（3）碳水化合物　富含油脂的坚果中可消化碳水化合物含量较少，多在15%以下，如花生为5.2%，榛子为4.9%。富含淀粉的坚果则是碳水化合物的良好来源，如银杏含淀粉为72.6%，干栗子为77.2%，莲子为64.2%。

坚果类的膳食纤维含量也较高，如花生膳食纤维含量达6.3%，榛子为9.6%，中国杏仁更高，达19.2%。此外，坚果类还含有低聚糖和多糖类物质。栗子、莲子、芡实等虽然富含淀粉，膳食纤维含量在0.2%～3.0%，但由于其淀粉结构与大米、面粉不同，其血糖生成指数也远较精制米面为低，如栗子粉的血糖生成指数为65。

（4）维生素　坚果类是维生素E和B族维生素的良好来源，包括维生素B_1、维生素B_2、烟酸和叶酸。富含油脂的坚果含有大量的维生素E，淀粉坚果含量低一些，然而它们同样含有较为丰富的水溶性维生素。杏仁中的维生素B_2含量特别突出，无论是美国大杏仁还是中国小杏仁，均是维生素B_1的极好来源。

很多坚果品种含少量胡萝卜素，如榛子、核桃、花生、葵花子、松子的胡萝卜素含量为0.03～0.07mg/100g，鲜板栗和开心果达0.1mg/100g以上。一些坚果中含有相当数量的维生素C，如栗子和杏仁为25mg/100g左右，可以作为膳食中维生素C的补充来源。

（5）矿物质　坚果富含钾、镁、磷、钙、铁、锌、铜等营养成分，其中钾、镁、锌、铜等元素含量特别高。在未经炒制之前，其中钠含量普遍较低。一些坚果含有较丰富的钙，如美国杏仁和榛子都是钙的较好来源。一般富含淀粉的坚果矿物质含量略低，而富含油脂的坚果矿物质含量更为丰富。

3. 野果的营养价值

野果在我国蕴藏十分丰富，这类资源亟待开发利用。野果含有丰富的维生素C、有机酸和生物类黄酮，下面简单介绍几种重要野果。

（1）沙棘　又名醋柳，果实含脂肪6.8%，种子含脂肪12%，含有较多的维生素C（每100g含1000～2000mg）、胡萝卜素和维生素E等。

（2）金樱子　又名野蔷薇果。盛产于山区，每100g含维生素C 1500～3700mg。

（3）猕猴桃　每100g含维生素C 700～1300mg，最高可达2000mg。并含有生物类黄酮和其他未知的还原物质。

（4）刺梨　盛产于西南诸省，每100g含维生素C 2585mg，比柑橘高50～

100倍。含生物类黄酮丰富（6000~12000mg/100g）。

（5）番石榴　每100g含维生素C 358mg，并含有胡萝卜素（0.05mg/100g）和维生素B_2（0.44mg/100g）。

4. 水果的合理利用

水果除含有丰富的维生素和矿物质外，还含有大量的非营养物质，可以防病治病，但也会致病，食用时应予注意。另外水果水分含量高、易腐烂、宜冷藏。

二、动物性食物的营养价值

动物性食物主要为人体提供优质蛋白、脂类、脂溶性维生素、B族维生素和矿物质。动物性食物包括畜禽肉、蛋类及其制品、水产类和乳类及其制品大四类。

（一）畜禽肉类

畜禽肉主要包括畜肉和禽肉，前者为猪、牛、羊等大牲畜的肌肉、内脏及其制品，后者包括鸡、鸭、鹅等的肌肉及其制品。畜禽肉的特点是营养价值高；消化吸收率高；饱腹作用大；可加工烹制成各种美味佳肴。

1. 主要营养成分及组成特点

（1）蛋白质　畜禽肉中的蛋白质含量一般为10%~20%，因动物的种类、年龄、肥瘦程度以及部位而异。畜禽肉是人类蛋白质的最主要供应食物，其属于优质蛋白，氨基酸组成合理。

畜禽肉皮肤和筋腱的结缔组织蛋白质含量35%~40%，为胶原蛋白和弹性蛋白，其缺乏色氨酸和甲硫氨酸；骨为不完全蛋白，可加工成骨糊添加到肉制品中；血液的蛋白质含量高，氨基酸组成合理。猪肉的蛋白质含量为13.2%；牛肉、羊肉、兔肉、马肉、鹿肉和骆驼肉可达20%。鸡肉、鹌鹑肉的蛋白质含量约为20%；鹅肉约为18%；鸭肉为16%。一般来说，心、肝、肾等内脏器官的蛋白质含量较高，而脂肪含量较少。

（2）脂类　脂肪含量一般为2%~89%不等，与动物的品种、年龄、肥瘦、部位有关。畜肉中脂肪含量的关系猪肉＞羊肉＞牛肉，且以饱和脂肪酸为主；在禽肉中，火鸡和鹌鹑小于3%，鸡和鸽14%~17%，鸭和鹅20%左右，且亚油酸含量高。畜禽肉内脏脂肪的含量在2%~10%，脑最高。必需脂肪酸的含量一般植物脂肪＞动物脂肪，禽类脂肪＞畜类脂肪，因此后者的营养价值低于前者。此外胆固醇的含量一般是内脏＞肥肉＞瘦肉，其中脑最高，约为2000mg/100g。

（3）碳水化合物　畜禽肉的碳水化合物含量很低，约0.2%~4.0%，主要以糖原的形式储存于肌肉和肝脏中。

（4）维生素　畜禽肉可提供多种维生素，畜禽肉以B族维生素和维生素A为主，其中维生素的含量内脏高于肌肉，维生素A的含量以牛肝和羊肝为最高，维生素B_2含量则以猪肝中最丰富。

(5) 矿物质　畜禽肉矿物质的含量一般为 0.8%～1.2%，一般内脏＞瘦肉＞肥肉。猪肝含丰富的铁、锌、硒，牛肾和猪肾含丰富的硒，畜禽肉还含较多的磷、硫、钾、铜等，钙的含量虽然不高，但吸收利用率很高。其中铁的最佳来源是肝脏和血液。

2. 合理利用

畜禽肉蛋白质营养价值较高，含有较多的赖氨酸，属优质蛋白，宜与谷类食物搭配食用，以发挥蛋白质的互补作用；畜肉中饱和脂肪酸和胆固醇含量高，多吃易引起肥胖和高脂血症；禽肉含不饱和脂肪酸较多，适于老年人与心血管病病人；内脏含丰富的维生素（维生素 A、维生素 B_2）与矿物质（铁、锌、硒）。肉制品的加工制品种类多，如腌腊肉、熏烤肉、肉松、肉干、香肠。

（二）蛋及其制品

蛋类包括鸡蛋、鸭蛋、鹅蛋、鹌鹑蛋等；蛋制品包括咸蛋和松花蛋等。蛋类的营养素含量丰富，是最好的蛋白质来源之一，其供应充足、价格低、食用方便。

1. 蛋的结构

各种禽鸟的蛋结构相似，由蛋壳、蛋白膜、蛋清和蛋黄等四部分组成，蛋壳占 11%～13%，由碳酸钙、碳酸镁、磷酸钙和磷酸镁组成。蛋壳表面的水溶性胶状黏蛋白可鉴别鸡蛋的新鲜程度，破坏后鸡蛋容易腐败变质；蛋白膜的作用是阻挡微生物的进入；蛋清为白色半透明黏性溶胶状卵白蛋白，水分 80%～90%；蛋黄为富含脂肪的球形微胞。

2. 主要营养成分及组成特点

（1）蛋白质　全鸡蛋蛋白质的含量为 12% 左右，蛋清中略低，蛋黄中较高。蛋清蛋白主要包括卵清蛋白、卵黏蛋白和黏蛋白等；蛋黄蛋白主要包括与脂类结合的脂蛋白和磷蛋白，乳化性能好，是色拉酱的主要原料。蛋白质属于参考蛋白，氨基酸组成最接近人体氨基酸模式，通常与谷类和豆类食物混合食用，提高食物的营养价值。

（2）脂类　98% 的脂肪存在于蛋黄中，几乎全部以与蛋白质结合的乳化形式存在，消化吸收率高。鸡蛋中的脂类组成为中性脂肪 62%～65%，磷脂 30%～33%，固醇 4%～5%，其中油酸 50% 左右，亚油酸 10%。蛋中胆固醇含量极高，主要集中在蛋黄，蛋清中不含胆固醇。

（3）碳水化合物　碳水化合物含量较低，约为 1%～3%，蛋黄略高于蛋清，有两种状态，即结合态和游离态。

（4）维生素　鸡蛋维生素含量十分丰富且品种齐全，包括所有的 B 族维生素、维生素 A、维生素 D、维生素 E、维生素 K 和少量的维生素 C，各种维生素多在蛋黄中。鸭蛋和鹅蛋的维生素含量总体而言高于鸡蛋。蛋黄是胆碱和甜菜碱的良好来源；甜菜碱可降低血脂和预防动脉硬化；唾液酸有一定免疫活性，可抑制轮状病毒。

（5）矿物质　鸡蛋矿物质含量为 1.0%～1.5%，主要在蛋黄中。磷最为丰富，为 240mg/100g；钙含量高，为 112mg/100g；此外铁、硫、镁、钾、钠等含量也较高。其中铁以非血红素铁的形式存在，卵黄高磷蛋白对铁的吸收具有干扰作用，铁的吸收率低，只有 3%，所以鸡蛋是贫铁食物。

3. 蛋类的合理利用

蛋类的消化率与加工方法有很大的关系。各种消化率如：煮蛋 100%、炒蛋 97%、嫩炸 98%、老炸 81.1%、冲蛋为 92.5%、生吃为 30%～50%。

蛋清中含有抗生物素蛋白，可结合生物素，影响其吸收，出现食欲不振、全身无力等症状；蛋清中的抗胰蛋白酶可抑制胰蛋白酶的活性，妨碍蛋白质消化吸收；易受沙门菌污染，生吃可能引起食物中毒，所以不宜生吃鸡蛋。由于蛋黄中的胆固醇含量很高，因此，吃鸡蛋要适量，否则大量食用会引起高脂血症，是动脉粥样硬化、冠心病等疾病的危险因素。

（三）水产品类

水产品是鱼、虾、蟹、贝等品种的总称，是膳食中优质蛋白质的来源，可补充谷类氨基酸的不足，提供丰富的维生素和无机盐。鱼类分淡水鱼和海产鱼，基本营养价值与畜肉类相似。

1. 营养组分及特点

（1）蛋白质　水产品中的蛋白质含量一般在 15%～20%，其氨基酸组成与肉类相似，属完全蛋白质，必需氨基酸以赖氨酸、甲硫氨酸、苏氨酸最为丰富，生物价比畜肉蛋白质高，是人体所需蛋白质的良好来源。

（2）脂肪　水产品的脂肪与鱼的种类、鱼龄、季节、食物摄取度、摄食习惯等有关，含量在 1%～10%，是低脂肪食品，但鲫鱼脂肪含量高达 17%。鱼类脂肪分子中多为不饱和脂肪酸，其含量大于 60%，且多是 $n-3$ 系列的 EPA 和 DHA（爱斯基摩人的生鱼摄入与低心血管疾病发生率相关），熔点低，常呈液态，消化率高且易被人体吸收，其消化率在 95% 左右。但容易被氧化，不容易保存。

（3）矿物质　水产品矿物质含量为 1%～2%，钙、磷、钾、镁、硒含量比畜肉高。虾皮中含钙 20%，是理想的补钙食品。

（4）维生素　水产品的肌肉部分是维生素 B_1、维生素 B_2、烟酸的良好来源；内脏中富含维生素 A、维生素 D、维生素 B_2 等。

2. 合理利用

（1）由于鱼肉富含优质蛋白质，容易被人体消化，应充分利用鱼类营养资源。

（2）防止其腐败变质，变质后蛋白质可降解为硫化氢、氨、腐胺、尸胺、吲哚、组胺等，产生腐败臭气并可引起食物中毒（组胺）。

(3) 防止食物中毒，如河豚鱼毒素中毒。

（四）乳及乳制品

乳类是指动物的乳汁，经常食用的是牛乳和羊乳。乳类经浓缩、发酵、喷雾干燥等工艺可制成乳制品，如乳粉、酸乳、炼乳等。乳和乳制品是营养价值最高的食品之一。其营养价值是其他食物难以替代的，在众多动物食品中，乳有其特殊性，因为它是所有哺乳动物出生初期唯一的食物，能提供子代生长发育所需的各种营养物质，即使在成年之后，许多国家的居民仍然大量消费乳和乳制品，对强健体质、维持营养平衡起到了重要的作用。

1. 乳类的营养价值

乳的成分十分复杂，含有上百种化学成分，为水包油的乳状液。主要包括水分、蛋白质、脂肪、碳水化合物、各种矿物质、维生素等。乳类的水分含量为86%~90%，因此它的营养素含量与其他食物比较时相对较低。

(1) 蛋白质　牛乳中的蛋白质含量比较恒定，约在3.0%~3.5%，羊乳3.5%~3.8%。传统上讲牛乳蛋白分为酪蛋白（占80%）和乳清蛋白（占20%）。牛乳蛋白质为优质蛋白，生物价为85，易于消化吸收，消化吸收率为87%~89%。乳蛋白质有很多优点，其营养价值远高于植物蛋白质。一方面它含有人体必需的8种氨基酸，消费较少量的牛乳就能满足人体对8种必需氨基酸的大部分需要，与其他膳食蛋白尤其是植物蛋白质合用时，可以提高蛋白质的生物学价值。如与谷物混合使用，可以弥补谷物中某些氨基酸的不足。

(2) 脂类　乳脂肪是乳的重要组成部分，乳中含量约为3%~5%。100mL乳中胆固醇含量约为15mg。与其他动物性食品相比，乳中脂肪含量及胆固醇含量比较低，而且容易消化吸收，给机体造成的负担少。因此对患有消化道疾病，肝、肾疾病的患者，乳脂肪优于其他油脂。乳脂肪以微细的脂肪球状态分散于牛乳中，每毫升牛乳中约有20亿~40亿个，直径3μm。羊乳脂肪球大小为牛乳的1/3，更易消化吸收。

(3) 碳水化合物　乳类中天然存在的碳水化合物主要为乳糖，牛乳含量4.6%，人乳7.0%。由于乳糖能促进钙等矿物质的吸收，也为婴儿肠道内双歧杆菌生长所必需，所以对幼小动物的生长发育具有特殊的意义。但对于部分不经常饮乳的成年人来说，体内乳糖酶的活性过低，大量食用乳制品后可能引起乳糖不耐症的发生。用固定化乳糖酶将乳糖水解为半乳糖和葡萄糖可以解决乳糖不耐受的问题，同时增加牛乳的风味及甜度。

(4) 矿物质　乳中含有钙、磷、铁、铜、锌、钾、钴、碘、锰、硫等多种人体必需的矿物质，特别是钙含量丰富，质量好。成年人每人每日钙的推荐摄入量为800mg，孕妇、乳母、老年人需要更多的钙。每天饮250mL牛乳可以获得大约250mg钙，相当于推荐摄入量的1/3，同时乳中钙具有较高的生物利用率，为膳食中最好的天然钙来源。

(5) 维生素 乳类是维生素的重要来源,含有几乎所有种类的维生素,只是这些维生素含量差异大。总的来说,牛乳是 B 族维生素尤其是维生素 B_2 的良好来源。B 族维生素主要是牛瘤胃中的微生物产生,环境影响因素少。但叶酸含量受季节影响,维生素 D 与光照时间有关。维生素 A 和胡萝卜素含量与饲料关系密切。

(6) 其他成分 一种是酶类。主要是水解酶、氧化还原酶和转移酶等。其次为有机酸。乳中有机酸 90% 为柠檬酸,可促进钙在乳中分散,利于吸收。约 1/3 牛乳甘油三酯中含有一个分子的丁酸。丁酸对乳腺癌和肠癌等肿瘤细胞的生长和分化具有抑制作用。牛乳中核酸含量低,痛风患者可以食用。活性肽类是乳蛋白质在人体肠道消化过程中产生的蛋白酶水解产物。乳中还含有免疫球蛋白、共轭亚油酸、激素和生长因子等其他生理活性物质。

2. 乳制品

(1) 液态乳类 包括全脂乳、脱脂乳、调制乳和发酵乳四类。生鲜乳未经过消毒和灭菌,完全保留牛乳的天然状态,在我国市场还未普及。消毒乳经过巴氏杀菌处理,但其中的细菌芽孢未灭活,只能在 0~4℃ 保存运输。灭菌乳包括超高温灭菌乳（135℃ 保持 1~2s）和保持灭菌乳（灌装密闭后,110℃ 以上保持 15~40min）两类,达到商业无菌水平,可在室温保存 6 个月。牛乳的消毒处理对营养价值影响不大,其蛋白质、乳糖、矿物质等营养成分基本上与原料乳相同,仅 B 族维生素有少量损失,保存率通常在 90% 以上。超市中供应的消毒牛乳大多强化了维生素 A 和维生素 D,使它成为这两种营养素最廉价、最方便的来源之一。调味乳包括巧克力乳、可可乳、麦芽乳、果汁乳等,添加了调味料、糖和食品强化剂（维生素 A、维生素 D）。

(2) 乳粉 鲜乳为原料,经脱水干燥制成粉状是为乳粉。根据食用的目的,乳粉可分为全脂乳粉、脱脂乳粉和调制乳粉等。全脂乳粉是保留所有的脂肪成分,将鲜乳浓缩后,经喷雾干燥或热滚筒法脱水制成,脂肪含量不低于 26.0%。喷雾干燥法制成的乳粉粉粒小,溶解度高,无异味,营养成分损失少,营养价值较高。

脱脂乳粉是将鲜乳脱去脂肪,浓缩后,经喷雾干燥制成的乳粉,其脂肪含量不超过 2.0%,脂溶性维生素有很大的损失且易结块,一般供腹泻婴儿及需要少油膳食的患者食用。

调制乳粉又称母乳化乳粉,是以牛乳为基础,以人乳组成成分为标准,进行调整和改善,达到适合婴幼儿的生理特点和需要的目的。主要是减少牛乳粉中酪蛋白、甘油三酯、钙、磷和钠的含量,添加了乳清蛋白、亚油酸和乳糖,强化了维生素和矿物质等。

(3) 炼乳 炼乳为浓缩乳的一种。炼乳是一种牛乳制品,是用鲜牛乳或羊乳经过消毒浓缩制成的饮料,其特点是可储存较长时间。是将鲜乳经真空浓缩或其他方法除去大部分的水分，浓缩至原体积25%～40%的乳制品，再加入40%的蔗糖装罐制成的。分为淡炼乳和甜炼乳。

（4）酸乳　以鲜牛乳或乳粉为原料，经过预处理、巴氏杀菌，然后接种纯培养的发酵剂，并保温一定时间，因产生乳酸而使酪蛋白凝结的成品，称为酸乳。目前市场上酸乳制品多以凝固型、搅拌型和添加各种果汁果酱等辅料的果味型为多。酸乳不但保留了牛乳的所有优点，而且某些方面经过加工过程还可扬长避短，如发酵后游离氨基酸和肽增加、叶酸含量增加、调整肠道菌群等，成为更加适合于人类的营养保健品。

（5）干酪　又名奶酪、乳酪等，有各式各样的味道、口感和形式。乳酪是以乳类为原料，加入适当量的乳酸菌发酵剂或凝乳酶，造成其中的酪蛋白凝结，使乳品酸化，再将固体分离、压制为成品。大多乳酪呈乳白色到金黄色。传统的干酪含有丰富的蛋白质和脂肪、维生素A、钙和磷。乳酪是具有极高营养价值的乳制品，每千克乳酪制品都是由10kg牛乳浓缩而成，所以其营养价值要比牛乳高。

（6）乳饮料　乳饮料、乳酸饮料和乳酸菌饮料均为蛋白质含量大于等于1.0的含乳饮料，其中配料为水、糖或甜味剂、果汁、有机酸、香精等。乳酸饮料中不含活乳酸菌，但添加有乳酸使其具有一定酸味；乳酸菌饮料中应含有活乳酸菌，为发酵乳加酸和其他成分配制而成。

总的来说，乳饮料的营养价值低于液态乳类产品，蛋白含量仅为牛乳的1/3，不宜作为儿童营养食品食用。但因其风味多样，味甜可口，故为儿童和青少年所喜爱。

3. 合理利用

由于鲜乳营养成分齐全，十分有利于微生物的生长，所以必须消毒后才可以食用。家庭多用煮沸法，营养成分有一定损失。大规模生产多用巴氏消毒法（62℃，30min）、高温短时灭菌法（80～85℃，10～15s）、超高温瞬间灭菌法（135℃，2s），除维生素C外，其他营养成分影响不大。牛乳应该避光保存，当阳光照射1min，B族维生素很快消失，抗坏血酸所剩无几。

三、调味品及其他食品的营养价值

调味品、食用油脂、茶、酒、糖果和巧克力等其他食品，不仅是为了满足食物烹调加工以及人们饮食习惯的需要，而且也是人体补充营养素的一个重要途径，其中有些食品还具有重要的保健功能。了解这些食品的组成特点和营养价值，对合理选择和利用这些食品具有重要意义。

（一）调味品

调味品是指以粮食等为原料，经过发酵、混合等工艺，能调节食物色、香、味的一些食品，也称调料或作料。调味品的种类繁多，日常生活中最常用的有盐、酱油、酱、醋、糖、味精、姜、辣椒、胡椒等。

1. 调味品的分类

(1) 发酵调味品　包括酱油类、食醋类、酱类、腐乳类、豆豉类、料酒类等。

(2) 酱腌菜类　包括酱渍、糖渍、糖醋渍、糟渍、盐渍等各类制品。

(3) 香辛料类　包括辣椒制品、胡椒制品、其他香辛料干制品及配料制品等，如大蒜、葱、洋葱、香菜等生鲜蔬菜类调味品。

(4) 复合调味品类　包括固态、半固态和液态复合调味料。也可以按用途划分为开胃酱类、风味调料类、方便调料类、增鲜调料类等。

(5) 其他调味品　包括盐、糖、调味油，以及水解植物蛋白、鲣鱼汁、海带浸出物、酵母浸膏、香菇浸出物等。

(6) 各种食品添加剂　包括味精、酶制剂、柠檬酸、甜味剂、酵母、香精香料、乳化增稠剂、品质改良剂、防腐剂、抗氧化剂、食用色素等。

2. 主要调味品的特点和营养价值

(1) 酱油和酱类调味品　酱油和酱是以小麦、大豆及其制品为主要原料，接种曲霉菌种，经发酵酿制而成。

①蛋白质与氨基酸：酱油和酱的鲜味主要来自于含氮化合物，含量高低是其品质的重要标志。优质酱油的总氮含量多在 $1.3\% \sim 1.8\%$。

②碳水化合物和甜味物质：含有少量还原糖以及少量糊精，它们也是构成酱油浓稠度的重要成分。

③维生素和矿物质：酱油中含有一定数量的 B 族维生素。酱油和酱中的咸味来自氯化钠，为 $12\% \sim 14\%$，是膳食中钠的主要来源之一。

④有机酸和芳香物质：酱油中的有机酸含量约 2%，其中 $60\% \sim 70\%$ 为乳酸，还有少量琥珀酸，其钠盐也是鲜味的来源之一。

(2) 醋类　和酱油相比，醋中蛋白质、脂肪和碳水化合物的含量都不高，但却含有较为丰富的钙和铁。

(3) 味精和鸡精　味精即谷氨酸单钠结晶而成的晶体，是以粮食为原料，经谷氨酸细菌发酵生产出来的天然物质。"鸡精"、"牛肉精"等复合鲜味调味品，含有味精、鲜味核苷酸、糖、盐、肉类提取物、蛋类提取物、香辛料和淀粉等成分，调味后能赋予食品以复杂而自然的美味，增加食品鲜味的浓厚感和饱满度，消除硫磺味和腥臭味等异味。

(4) 盐　咸味是食物中最基本的味道，而膳食中咸味的来源是食盐，也就是氯化钠。钠离子可以提供最纯正的咸味，而氯离子为助味剂。钾盐、铵盐、锂盐等也具有咸味，但咸味不正，而且具有一定苦味。每日摄入应小于6g。

(5) 糖和甜味剂　食品中天然含有的各种单糖和双糖都具有甜味，其中以果糖最高，蔗糖次之，乳糖甜度最低。木糖醇、山梨醇、甘露醇等糖醇类物质为糖类加氢制成，为保健型甜味剂，不升高血糖，不引起龋齿，然而保持了糖类的基本物理性质，已经广泛应用于糖尿病病人、减肥者食用的甜食，以及口香糖、糖果等食品当中。

（二）食用油脂

按照来源，食用油脂可分为动物油、植物油和微生物油脂。动物油是指从动物体内取得的油脂，如牛油、猪油、鱼油等。植物油是指从植物根、茎、叶、果实、花或胚芽组织中加工提取的油脂，如大豆油、菜籽油、棉籽油、花生油、芝麻油、米糠油、葵花籽油、玉米油、油茶籽油、亚麻籽油、红花籽油等。微生物油脂又称单细胞油脂，是指从某些微生物包括酵母菌、霉菌和藻类等细胞内提取加工得到的可食用油脂。

1. 油脂的组成特点与营养价值

油脂是甘油和不同脂肪酸组成的酯。植物油和动物油脂的区别是，前者含不饱和脂肪酸多，常温下呈液态，消化吸收率高；后者以饱和脂肪酸为主，常温下一般呈固态，消化吸收率低于植物油。植物油和动物油脂的脂肪含量通常在90%以上，还含有少量的钾、钠、钙和微量元素，尤其植物油脂含有丰富的维生素E。

2. 油脂的合理利用

植物油是必需脂肪酸的重要来源。动物油的脂肪组成以饱和脂肪酸为主，所以不能摄入过多或过少，长期大量食用，可引起血脂升高，并增加心脑血管疾病的危险性，因此对于高血脂病人要控制食用。油脂摄入量不足也会导致必需脂肪酸的缺乏，一般植物油在膳食中不应低于总脂肪来源的1/2。此外油脂因含有较多的不饱和脂肪酸，放置时间太久的油易发生酸败，且产生一些对人体有害的物质，因此不宜长时间存储。

（三）酒

1. 分类

酒按商业习惯可分为白酒、啤酒、黄酒、果酒、配制酒及国外蒸馏酒。

2. 酒中成分

（1）酒中的营养成分　每克乙醇可提供7kcal的能量。酒中的营养成分和酒的种类有很大关系。在白酒中几乎不含各类营养物质；酒中的糖有葡萄糖、麦芽糖、麦芽三糖、麦芽四糖、糊精等，一般发酵酒中含量较多；酒中的蛋白质为氨基酸或短肽，一般主发酵酒＞果酒＞蒸馏酒；葡萄酒、黄酒和啤酒中矿物元素含量最多，其中钾的含量较为丰富；啤酒和葡萄酒富含B族维生素，如维生素B_1、维生素B_2、维生素B_6、维生素B_{12}、烟酸、泛酸、叶酸、生物素及维生素C等。

（2）酒中的非营养成分　酒中的非营养成分一般为有机酸、酯类、醇、醛、酮和酚类化合物。

(3) 酒类的嫌忌成分和毒副作用　酒类的嫌忌成分一般有甲醇、甲醛和杂醇油。甲醇具有麻醉作用并影响视力；甲醛毒性比甲醇高，可致头晕，严重会导致意识丧失；杂醇油抑制神经中枢，可致头痛头晕。应不高于 0.2g/100mL。

四、营养强化食品和保健食品

（一）营养强化食品

1. 食品营养强化的概念

食品营养强化（fortification）是根据各类人群的营养需要，将营养素加到食品中以预防人群营养缺乏病的一种食品深加工措施。所加入的营养素称作强化剂，被强化的食品称作载体，经食品强化深加工的食品称作强化食品。

2. 食品营养强化的意义

食品营养强化的意义主要有以下几个：第一是向食品中添加天然含量不足的营养素，如在谷类食品中添加赖氨酸；第二是补充食品在加工、储藏等过程中损失的营养素，如在精白米、面中添加 B 族维生素，在果汁、果酱、水果罐头中添加维生素 C；第三是使一种食品尽可能满足不同人群全面的营养需要而加入各种营养素，如按照婴幼儿、孕妇、乳母、宇航员、高温、高寒地区人员和各种病人的特定要求添加营养素；第四是向原来不含某种营养素的食品中添加该种营养素，如缺碘地区食盐加碘等。

3. 食品营养强化剂

（1）定义　食品营养强化剂是指为增强营养成分而加入到食品中的天然的或者人工合成的属于天然营养素范围的物质。我国允许使用的食品营养强化剂品种已超过 100 多种，主要有氨基酸及含氮化合物、维生素类、矿物质类、多不饱和脂肪酸等。

（2）食品营养强化剂的管理与使用　依据 GB 14880—2012《食品安全国家标准　食品营养强化剂使用标准》，营养强化食品必须经省、自治区、直辖市食品卫生监督检验机构批准才能进行生产与销售，并在该类食品标签上标注强化剂的名称和含量。

（3）食品营养强化剂的种类　第一类是氨基酸与含氮化合物。如赖氨酸是谷类食物中第一限制氨基酸，赖氨酸主要用于谷物制品的营养强化；牛磺酸是人体条件性必需氨基酸，对消化道中脂类的吸收是必需的，牛磺酸对人类脑神经细胞的增殖、分化及存活具有明显促进作用，在牛乳中几乎不含牛磺酸，因此应适量补充。

第二类是维生素类，维生素 A、维生素 D、维生素 E、维生素 B_1、维生素 B_2、维生素 B_6、维生素 B_{12}、维生素 C、维生素 K、烟酸、胆碱、肌醇、叶酸、泛酸和生物素等都是允许使用的强化剂品种。如维生素 A 用于强化食用油、人造奶油、婴幼儿食品、乳制品；维生素 D 用于强化乳及乳饮料、人造奶油、婴幼儿食品；维生素 B_1、维生素 B_2 主要用于强化谷类、饮液、乳饮料、婴幼儿食品；维生素 C 主要用于强化饮料、果泥、糖果、婴幼儿食品；叶酸还可用于孕妇、乳母专用食品。

第三类是矿物质类，钙、铁、锌、硒、碘、镁、铜、锰等矿物质强化剂常用于食品的强化，而铬、钾、钼、铜和钠一般不作为添加剂使用。

（4）食品强化载体与强化剂的选择　选择营养强化剂的基本要求一般有以下几点：能集中加工；强化的营养素和强化工艺成本低、操作简便；强化过程中不改变食物原有的感官性状；维生素和某些氨基酸等在食品加工及制品的保存过程中损失较少，终产品中微量营养素的稳定性高，储藏过程中稳定性良好；终产品中强化剂的生物利用率高；强化剂与载体亲和性高；营养素间不发生不良的相互作用；食品强化的费用尽量降低等。

4. 食品营养强化的基本要求

营养强化食品的功能和优点是多方面的，但其强化过程必须从营养、卫生及经济效益等方面全面考虑，并需适合各国的具体情况。进行食品营养强化时应遵循的基本要求归纳起来有以下几个方面。

（1）有明确的针对性　食品营养强化的主要目的是弥补某些营养素的不足，以保证人们的营养平衡。所以在进行食品强化前，必须对本地区人们的膳食结构和营养状况进行认真细致的调查研究，从而确定需要强化的食品（即载体食品）与所需强化剂的数量和种类。例如，我国南方地区以大米为主食，而且由于生活水平的提高，人们喜欢食用精制米而不食标准米，这样，就可能导致维生素 B_1 的不足。因此有条件的地区，要对精白米进行适量的维生素 B_1 的强化。

（2）易被机体吸收利用　食品强化用的营养素应尽量选取那些易于吸收、利用的强化剂。例如，可作为钙强化用的强化剂很多，有氯化钙、碳酸钙、硫酸钙、磷酸钙、磷酸二氢钙、柠檬酸钙、葡萄糖酸钙和乳酸钙等。其中人体对乳酸钙的吸收最好。在强化时，应尽量避免使用那些难溶、也难吸收的物质如植酸钙、草酸钙等。此外，钙强化剂的颗粒大小与机体的吸收、利用性能密切相关。胶体碳酸钙颗粒小（粒径 $0.03 \sim 0.05 \mu m$），可与水组成均匀的乳浊液，其吸收利用比轻质碳酸钙（粒径 $5 \mu m$）和重质碳酸钙（粒径 $30 \sim 50 \mu m$）好。

在钙强化时尚可使用某些含钙的天然物质，如肉骨粉及蛋壳粉，它们分别由脱胶骨和鸡蛋壳制成，生物有效性很高。通常，骨粉含钙 30% 左右，其钙的生物有效性为 83%；蛋壳粉含钙约 38%，其生物有效性为 82%。

（3）符合营养学原理　人体对营养素的需求，不仅要求种类齐全，而且各营养素在数量之间应有一定的比例关系。在营养学中所强调的营养平衡就是指各营养素在满足人体的需求中要达到量的平衡。这些营养平衡关系包括：必需氨基酸之间的平衡；产热营养素之间的平衡；维生素 B_1、维生素 B_2、烟酸与热能之间的平衡；钙、磷之间的平衡等。在食品营养强化时，应注意满足它们之间的平衡关系。

（4）稳定性高　许多食品营养强化剂遇光、热和氧等会引起分解、转化而遭到破坏，因此，在食品的加工及储存等过程中会发生部分损失。为减少这类损失，可通过改善强化工艺条件和储藏方法，也可以通过添加强化剂的稳定剂或提高强化剂的稳定性来实现。同时，考虑到营养强化食品在加工、储藏等过程中的损失，进行营养强化食品生产时需适当提高营养强化剂的使用剂量。

（5）保证安全、卫生　食品营养强化的目的是保证营养平衡，促进身体健康。为达到这一目的，一方面要保证食品强化剂的卫生质量符合标准，另一方面要严格控制强化剂的用量，切忌滥用。特别是对于那些人工合成的衍生物更应通过一定的卫生评价方可使用。

在目前常用的必需氨基酸、维生素、无机盐和功能因子四大类食品营养强化剂中，必需氨基酸过量引起的新的营养不平衡和无机盐过量引起的化学中毒问题已经引起人们的重视。但是维生素过多对人体的不良作用往往被人们忽视，所以在进行维生素强化时，常出现过量使用的问题。

（6）不影响食品原有的色、香、味等感官性状　食品大多有其美好的色、香、味等感官性状。进行营养强化时，有的会明显影响食品应有的色、香、味等，从而影响食品的感官质量和商品价值。例如，用甲硫氨酸强化食品，容易产生异味，实际中很少应用；用大豆粉强化食品，容易产生豆腥味，实际应用时多采用大豆浓缩蛋白或分离蛋白进行强化。此外，食品强化剂中，维生素 B_2 和 β-胡萝卜素呈黄色，铁剂呈黑色，抗坏血酸味酸，维生素 B_1 即使有少量破坏亦可产生异味，至于鱼肝油则更有一股令人难以耐受的腥臭味。这些特性都会对强化食品的色泽和风味产生一定的影响。

因此，在食品强化时，要考虑强化剂对强化食品感官性状的影响，要根据强化剂的特性，选择好强化对象（载体食品），避免对食品的感官性状产生不利的影响。强化剂选用恰当时，有的可提高食品的感官质量和商品价值。例如，用 β-胡萝卜素强化奶油、人造奶油、冰淇淋、糖果、饮料等，既有强化营养作用，又可作为着色剂改善色泽；又如用黑色铁盐强化酱或酱油时，就不会影响食品色泽；用酸味的维生素 C 强化果汁饮料也不会影响风味等。

（7）经济合理，有利推广　食品营养强化是为了提高人们的营养和健康水平。通常，食品的营养强化需要增加食品的成本，但应注意价格不能过高，否则不易推广，起不到应有的作用。要使营养强化食品经济上合理和便于推广，科学地选择载体食品是关键。食品营养强化时，必须选择大众都用得着、买得起的食品作为载体食品。

5. 常见的营养强化食品

（1）强化面粉　面粉营养强化是国家公众营养改善项目之一。通常强化剂有铁、钙、锌、维生素 B_1、维生素 B_2、烟酸、叶酸、维生素 A（特批后方可添加）。

(2) **强化食用油** 营养强化食用油等也是国家公众营养改善项目，采取在食用油中强化维生素 A。有些食用油也同时强化了维生素 E 等。

(3) **强化酱油** 在酱油中强化铁，即添加乙二胺四乙酸铁钠（EDTA 铁钠），可防治部分人群的缺铁性贫血。

(4) **儿童辅助食品** 婴幼儿配方乳粉强化牛磺酸、维生素和矿物质等；孕妇、哺乳期妇女专用食品主要是强化叶酸。

(5) **乳及乳制品** 主要是强化维生素、矿物质及牛磺酸，冰淇淋则主要是强化维生素 A、维生素 D。

(6) **饮料、罐头和糖果** 饮料主要是强化维生素、矿物质，配制酒主要是强化牛磺酸、维生素，糖果主要是强化维生素和矿物质，果泥和水果罐头主要是强化维生素。

（二）保健食品

1. 定义

保健食品是指声称具有特定保健功能或者以补充维生素、矿物质为目的的食品。即适宜于特定人群食用，具有调节机体功能，不以治疗疾病为目的，并且对人体不产生任何急性、亚急性或者慢性危害的食品。其标签、说明书不得涉及疾病预防、治疗功能，应当说明适宜人群、不适宜人群、功效成分或者标志性成分及其含量等；产品的功能和成分必须与标签、说明书相一致。

2. 保健食品的基本要求

保健食品的基本要求应符合以下四点：第一，动物、人体试验证明有明确、稳定的保健作用；第二，各种原料及产品必须符合有关食品卫生要求，应保证对人体不产生任何急性、亚急性或慢性危害；第三，配方组成及用量应有科学依据，有明确的功效成分（原料）；第四，标签、说明书及广告等不得宣传其疗效作用。

3. 保健食品的属性

保健食品必须具有三种属性：①食品属性，保健食品属于食品，其基本属性决定了保健食品必须有营养。②功能属性，保健食品最重要的功用是可以调节人体生理活性，适合于特定人群使用，是与其他食品和物品的重要区别点。2005年原国家食品药品监督管理局发布的《保健食品申报与审批补充规定（试行）》中，规定保健食品的申报功能包括 27 种，见表 1-16。③非药品属性，保健食品不能直接用于治疗疾病，它只是人体机理调节剂、营养补充剂，不同于药品是直接用于治疗疾病的。

表 1-16　　　　　　　　保健食品的功能分类

保健功能	适宜人群	不适宜人群
增强免疫力	免疫力低下者	
抗氧化	中老年人	少年儿童
辅助改善记忆	需要改善记忆者	
缓解体力疲劳	易疲劳者	少年儿童
减肥	单纯性肥胖人群	孕期及哺乳期妇女
改善生长发育	生长发育不良的少年儿童	
提高缺氧耐受力	处于缺氧环境者	
对辐射危害有辅助保护功能	接触辐射者	
辅助降血脂	血脂偏高者	少年儿童
辅助降血糖	血糖偏高者	少年儿童
改善睡眠	睡眠状况不佳者	少年儿童
改善营养性贫血	营养性贫血者	
对化学性肝损伤有辅助保护功能	有化学性肝损伤危险者	
促进泌乳	哺乳期妇女	
缓解视疲劳	视力易疲劳者	
促进排铅	接触铅污染环境者	
清咽	咽部不适者	
辅助降血压	血压偏高者	少年儿童
增加骨密度	中老年人	
调节肠道菌群	肠道功能紊乱者	
促进消化	消化不良者	
通便	便秘者	
对胃黏膜有辅助保护功能	轻度胃黏膜损伤者	
祛痤疮	有痤疮者	儿童
祛黄褐斑	有黄褐斑者	儿童
改善皮肤水分	皮肤干燥者	
改善皮肤油分	皮肤油分缺乏者	
营养素补充剂	需要补充者	

4. 保健食品的功效成分

我国《保健食品通用标准》列出的功效成分主要有：多糖类，如香菇多糖、膳食纤维；功能性甜味剂类，如单糖、低聚糖、多元糖醇等；功能性油脂（脂肪酸类），如多不饱和脂肪酸、磷脂、胆碱等；自由基清除剂类，如超氧化物歧化酶（SOD）、谷胱甘肽过氧化物酶类；维生素类，如维生素A、维生素E、维生素C等；肽与蛋白质类，如谷胱甘肽、免疫球蛋白等；活性菌类，如乳酸菌、双歧杆菌等；微量元素类，如硒、锌等。

5. 各类保健食品简介

（1）改善生长发育的保健食品　目前用于改善儿童生长发育的保健食品主要包括：高蛋白食品、维生素强化食品、赖氨酸食品、补钙食品、补锌食品、补铁食品和磷脂食品、DHA食品等。其作用原理可归纳为以下几个方面。

①促进骨骼生长：大量研究证实，补钙有益于骨骼生长和健康。有研究发现，在2~5岁时用高钙配方食品喂养，儿童的骨骼矿物质含量更高。给儿童、青少年补钙可使骨量峰值增加。此外，磷、镁、锌、氟、维生素D、维生素K等也是骨骼矿化过程中的重要营养素。

②影响细胞分化：胎儿、新生儿期的特点之一是多个器官的分化。大量研究表明，视黄酸可影响胎儿发育。因此，维生素A、维生素B或胡萝卜素缺乏或过多，很可能对组织分化和胎儿发育有很大影响。此外，脂肪酸不仅能改变已分化的脂肪细胞的某些特定基因的转录速率，还可通过一种转录因子的作用诱导前脂肪细胞分化为新的脂肪细胞。提示围生期营养可改变细胞的数量。

③促进细胞生长和器官发育：细胞生长和器官发育都需要多种营养素的维护。蛋白质、脂类、维生素A、参与能量代谢的B族维生素以及锌、碘等元素，都是人体发育不可缺少的重要营养素。如果供应不足，可能影响到组织的生长和功能。微量元素锌和碘的补充与儿童生长发育速度呈正相关关系。

（2）增强免疫功能的保健食品　与免疫功能有关的保健食品是指那些具有增强机体对疾病的抵抗力、抗感染以及维持自身生理平衡的食品。研究表明，蛋白质、氨基酸、脂类、维生素、微量元素等多种营养素，以及核酸、类黄酮物质等某些食物成分具有免疫调节作用。保健食品能够增强机体的免疫功能，主要与含有以上营养素或食物成分有关。其作用原理大致包括以下几个方面。

①参与免疫系统的构成：蛋白质可参与人体免疫器官及抗体、补体等重要活性物质的构成。

②促进免疫器官的发育和免疫细胞的分化：体内、体外研究发现，维生素A、维生素E、锌、铁等微量营养素通常可通过维持重要免疫细胞正常发育、功能和结构完整性而不同程度地提高免疫力。

③增强机体的细胞免疫和体液免疫功能：例如，维生素E作为一种强抗氧化剂和免疫刺激剂，适量补充可提高人群和试验动物的体液和细胞介导免疫功能，增加吞噬细胞的吞噬效率。许多营养因子还能提高血清中免疫球蛋白的浓度，并促进免疫机能低下的老年动物体内的抗体形成。

（3）抗氧化和延缓衰老的保健食品　人类膳食中含有一系列具有抗氧化活

性和有明显清除 ROS 能力的化合物。流行病学研究支持维生素 E、维生素 C 和 β-胡萝卜素是主要的抗氧化营养素，对维持健康和减少慢性疾病起有益作用。延缓衰老的保健食品是指具有延缓组织器官功能随年龄增长而减退，或细胞组织形态结构随年龄增长而老化的食品。研究证实，维生素 E、类胡萝卜素、维生素 C、锌、硒、脂肪酸等多种营养素，以及茶多酚、多糖、葡萄籽原花青素、大豆异黄酮等食物成分均具有明显的抗氧化与延缓衰老功效。其原理主要包括以下几点。

①保持 DNA 结构和功能活性：DNA 的氧化损伤会引起 DNA 链断裂和/或碱基对的修饰，从而可能导致基因点突变、缺失或扩增。研究表明，维生素 C、维生素 E、类胡萝卜素和黄酮类等具有抗 DNA 氧化损伤的生物学作用。

②保持多不饱和脂肪酸的结构和功能活性：动脉壁中低密度脂蛋白的氧化，对动脉脂肪条纹形成的发病机制起重要作用，而脂肪条纹的形成可导致动脉粥样硬化。脂蛋白的脂类和蛋白质部分都受到氧化修饰，氧化型低密度脂蛋白的特点是可促进动脉粥样硬化。此外，氧化应激在神经元退行性变化过程中可能起重要作用，因为 ROS 能导致所有细胞膜的多不饱和脂肪酸发生过氧化作用。研究表明，上述抗氧化营养素具有抗动脉粥样硬化和神经保护作用。

③参与构成机体的抗氧化防御体系，提高抗氧化酶活性：硒、锌、铜、锰为 GSH.Px、SOD 等抗氧化酶构成所必需。姜黄素能使动物肝组织匀浆中 SOD、GSH—Px 和过氧化氢酶的活性提高，对动物心、肾、脾等组织都有明显的抗氧化作用。

（4）辅助改善记忆的保健食品　科学研究证实，多种营养素或食物成分在中枢神经系统的结构和功能中发挥着重要作用。有的参与神经细胞或髓鞘的构成；有的直接作为神经递质及其合成的前体物质；还有的与认知过程中新突触的产生或新蛋白的合成密切相关。这些营养素或食物成分包括：蛋白质和氨基酸、碳水化合物、脂肪酸、锌、铁、碘、维生素 C、维生素 E、B 族维生素，以及咖啡因、银杏叶提取物，某些蔬菜、水果中的植物化学物等。

（5）辅助降低血糖的保健食品　控制血糖水平是避免和控制糖尿病并发症的最好办法，寻找开发降低血糖的保健食品越来越受到重视。其作用原理有以下几方面。

①改善对胰岛素的敏感性：降低膳食的血糖生成指数（GI）可能改善受体对胰岛素的敏感性。许多研究都观察到，对非胰岛素依赖型糖尿病病人用低 GI 膳食时可改善其对血糖的控制，间接证明低 GI 膳食可以改善其对胰岛素的敏感性，后来在冠心病人中直接证明有这种作用。

②延缓肠道对糖和脂类的吸收：许多植物的果胶可延缓肠道对糖和脂类的吸收，从而调节血糖。另外，糖醇类在人体代谢过程中不会引起血糖值和血中胰岛素水平的波动，可用作糖尿病和肥胖患者的特定食品。

③参与葡萄糖耐量因子的组成：铬是葡萄糖耐量因子的组成部分，可协助胰岛素发挥作用，铬缺乏后可导致葡萄糖耐量降低，使葡萄糖不能充分利用，从而导致血糖升高，可能导致Ⅱ型糖尿病的发生。已证明含低 GI 膳食可以改善糖尿病患者的葡萄糖耐量。

（6）辅助调节血脂的保健食品　保健食品调节血脂的原理主要有以下两点。

①降低血清胆固醇：膳食纤维能明显降低血清胆固醇，因此燕麦、玉米、蔬菜等含膳食纤维高的食物具有辅助降血脂作用。估计西方国家人群每日摄入植物胆固醇在 160～360mg，其中最常见的形式为菜油固醇、谷固醇和豆固醇。这些化合物在结构上与胆固醇有一定关系，可以降低胆固醇的吸收，长期以来被认为是降低 LDL - 胆固醇的因子。

②降低血浆甘油三酯：膳食成分可能影响空腹甘油三酯浓度主要是通过改变肝脏分泌极低密度脂蛋白 - 甘油三酯的速度来实现的。空腹甘油三酯浓度是餐后血脂反应的一个决定因素。可能是含内源性甘油三酯的极低密度脂蛋白颗粒与含外源性甘油三酯的乳糜微粒在竞争被脂蛋白脂酶清除，因此，在降低空腹甘油三酯浓度的同时往往餐后高脂血症也会降低。研究证实，富含 $n-3$ 多不饱和脂肪酸的膳食，常可降低空腹血浆甘油三酯浓度，并可降低餐后血脂水平。

（7）辅助降血压的保健食品　高血压的病因可能与年龄、遗传、环境、体重、食盐摄入量、胰岛素抵抗等有关。辅助降血压的保健食品可能的功能原理如下。

①不饱和脂肪酸的作用：一些流行病学研究观察到膳食中多不饱和脂肪酸可能具有降血压作用。膳食补充 $n-3$ 多不饱和脂肪酸可降低高血压患者的血压。推测可能是降低血管收缩素（TxA_2）的生成。通常认为，亚油酸和 $n-3$ 长链多不饱和脂肪酸影响血压的原因在于这两种物质可改变细胞膜脂肪酸构成和/或膜流动性，进而影响离子通道活性和前列腺素的合成。$n-3$ 长链多不饱和脂肪酸可显著降低磷脂中的花生四烯酸水平，从 TxA_2 转向 TxA_3，其血管收缩特性不再很强。

②控制钠、钾的摄入量：在高血压的发生中，环境因素也起一定作用。摄入钠会使血压升高。尽管有些人比其他人对盐更敏感，但对钠的反应存在一定范围，将人群仅仅划分为对盐敏感或不敏感有点过于简单化。另一方面，钾摄入量与血压呈负相关关系。食用蔬菜和水果有助于预防高血压可能就是基于这种机制。

（8）改善胃肠功能的保健食品　利用有益活菌制剂及其增殖促进因子可以保证或调整有益的肠道菌群构成，从而保障人体健康，是当前国内外保健食品开发的重要领域。目前，改善胃肠功能的保健食品主要包括调节胃肠道菌群的保健食品、润肠通便的保健食品、保护胃黏膜以及促进消化吸收的保健食品等。其作用原理如下。

润肠通便的功能成分主要有膳食纤维、生物碱等。膳食纤维吸水膨胀，可增加内容物体积，促进肠道蠕动，加速粪便排出，同时可促进肠道有益菌的增殖。

因此富含膳食纤维的食品是主要的润肠通便的保健食品，如美国 FDA 认可燕麦食品为保健食品。

双歧杆菌和乳酸杆菌被认为是有利于促进健康的细菌。益生元有助于结肠菌群达到并保持双歧杆菌和/或乳酸杆菌占优势的状态，这种情况被认为最有利于促进健康。

以丁酸、乙酸和丙酸等短链脂肪酸形式存在的发酵产物对结肠健康的重要性已受到越来越多的关注。丁酸是最有意义的短链脂肪酸，因为丁酸除了对黏膜有营养作用外，还是结肠上皮的重要能量来源。

（9）减肥保健食品　在减肥食品中，各种膳食纤维、低聚糖、多糖都可作为减肥食品的原料。燕麦、螺旋藻、食用菌、魔芋粉、苦丁茶等都具有较好的减肥效果。

脂肪代谢调节肽具有调节血清甘油三酯的作用。脂肪代谢调节肽能够促进脂肪代谢，从而抑制体重的增加，有效防止肥胖的产生。

有的物质能水解单宁类物质，在儿茶酚氧化酶的催化下形成邻醌类发酵聚合物和缩聚物，对甘油三酯和胆固醇有一定的结合能力，结合后随粪便排出；而当肠内甘油三酯不足时，就会动用体内脂肪和血脂经一系列变化而与之结合，从而达到减脂的目的。

L-肉碱作为机体内有关能量代谢的重要物质，在细胞线粒体内使脂肪进行氧化并转变为能量，减少体内的脂肪积累，并使之转变成能量。膳食纤维由于不易消化吸收，可延缓胃排空的时间，增加饱腹感，从而减少食物和能量的摄入量。人们还研制了很多宏量营养素的代用品，减少能量摄入以降低体重或维持正常体重。

咖啡因、茶碱、可可碱等甲基黄嘌呤类物质，以及生姜和香料中的辛辣组分均有生热特性。含有这些"天然"食物组分的食品，可能是促进能量消耗、维持能量平衡，进而维持体重保持在可接受范围之内的有效途径。

（10）美容的保健食品　皮肤从内至外由真皮层、基底层、表质层和角质层组成。神经酰胺基本上蓄积在角质层，为角质细胞间脂质的主要成分，在发挥角质层屏障功能中起着重要作用。随着年龄增长和皮肤老化，角质细胞间的脂质量会明显减少，其中的主要成分神经酰胺也随之下降，使皮肤容易出现干燥、皱纹、粗糙等现象。因此，经常补充神经酰胺可恢复皮肤的正常结构，从而恢复皮肤原有的屏障功能，提高皮肤的耐应变性。口服神经酰胺能改善全身皮肤的含水性，提高皮肤弹性，减少皱纹。

多种天然物质可通过活血化淤加速血液循环，促进新陈代谢，有助于排除黑素细胞所产生的黑色素，促进滞留于体内的黑色素分解，使之不能沉淀形成色斑，或使已沉淀的色素分解后排出体外；也可通过抗氧化作用抑制酪氨酸酶的活性来降低黑色素的形成。

维生素 C、维生素 E、类黄酮等多种天然物质可通过抑制过氧化脂质的形成以消除黄褐斑，达到增白美容的效果。

（11）增加骨密度的保健食品　如各种钙剂、磷酸盐、维生素 D 等，可通过直接补充钙质而达到增加骨密度的目的。磷酸盐可促进骨形成，抑制骨细胞的破坏，可以长期应用。

降钙素可减少骨质吸收，降低血循环中的钙，增加骨质中的钙含量。降钙素由于可降低血钙，所以在用降钙素时应补足钙量，起到治疗骨质疏松的作用。对防治绝经性骨质疏松，雌激素替代疗法是一种有效措施。研究发现，大豆中的某些成分，如大豆皂苷、大豆异黄酮等物质具有雌激素样作用，可与雌激素竞争受体，同时可避免雌激素的副作用。因此，中老年妇女经常摄入大豆及其制品可减缓骨丢失，防止骨质疏松。

能力要求：食物营养价值的评价

一、工作准备

（1）膳食准备　从市场上选取 2~3 种市售产品，如香肠和火腿。根据食品营养标签列出其主要营养及含量。以原料肉（猪肉）的营养成分为基础，比较各产品之间营养素含量的差异（填写表 1-22），并结合加工工艺，写出对肉制品营养价值的评价。

（2）必要资料的准备　食物成分表和《中国居民膳食营养素参考摄入量》的准备。

（3）工具准备　如计算器、任务工单等。

二、工作程序

1. 查出食品能量和各主要营养素的含量

本例产品："双汇大肉块特质香肠"，查产品的标签营养成分表，得出能量、营养素含量并记录。将能量、供能营养素和矿物质等成分填入表 1-17 中。

表 1-17　　　　　　　食物营养成分及营养质量指数比较

项目	含量	RNI 或 AI	INQ
能量/（kcal/100g）	175	2400	
蛋白质/（g/100g）	14.0	75	2.56
脂肪/（g/100g）	10.8	66~80	2.03
碳水化合物/（g/100g）	5.8	360	0.22
钠/（mg/100g）	720	2200	4.48

2. 根据消费对象查找相应参考摄入量

根据《中国居民膳食营养素参考摄入量》查对应 RNI 或 AI 值，填入表 1-17 中。

3. 计算营养质量指数

分别计算能量密度、营养素密度、食物营养质量指数（INQ），完成表格 1-17。

本例，100g 双汇大肉块特质香肠蛋白质营养质量指数计算：

$$能量密度 = 175/2400 = 0.073$$
$$蛋白质密度 = 14.0/75 = 0.187$$

100g 双汇大肉块特质香肠蛋白质营养质量指数（INQ）= 0.187/0.073 = 2.56。

4. 计算各主要营养成分含量与原料肉（猪肉）的比值

查食物成分表，得到猪肉的主要营养成分后，将"双汇大肉块特质香肠"的主要营养成分含量与原料肉（猪肉）相应的营养素相比，得到的比值汇入到表 1-18。

表 1-18　香肠和猪肉的比值

项目	香肠	猪肉	比值
能量/（kcal/100g）	175	395	0.44
蛋白质/（g/100g）	14.0	13.2	1.06
脂肪/（g/100g）	10.8	37.0	0.29
碳水化合物/（g/100g）	5.8	6.8	0.85
钠/（mg/100g）	720	76.8	9.34

5. 评价

"双汇大肉块特质香肠"以肉糜为主要原料，添加其他辅料（食用盐、鸡肉、淀粉等），经过绞肉、加调料搅拌、腌制、斩拌（加入淀粉、蛋白等）、灌肠、蒸煮杀菌而成。从表 1-18 中可以看出，本产品——"双汇大肉块特质香肠"，和原料猪肉相比蛋白质基本没有变化；而能量、脂肪和碳水化合物含量都有所下降；钠的含量大大增加，大约为原料肉的 9 倍之多。这种产品在加工过程中添加了比猪肉能量、脂肪低的鸡肉、淀粉，所以其能量、脂肪下降；在加工过程中添加食用盐、发色剂和保水剂，都含有钠离子，所以钠含量大大提高。以上分析可以得出其产品的营养价值略低于原料猪肉。

本产品脂肪、蛋白质和钠 INQ 都大于 1，表示其提供营养素的能力大于提供能量的能力，营养价值较高。其中钠 INQ 略高，说明"双汇大肉块特质香肠"是富含钠食品。

三、注意事项

（1）能量的单位可以是千焦（kJ）或千卡（kcal）。

（2）根据《中国居民膳食营养素参考摄入量》查对应 RNI 或 AI 值，只需要查找相关的项目。

任务4　营养标签的解读与制作

学习目标

知识目标
1. 了解食品标签和营养标签的基本格式和内容。
2. 掌握通过食品营养标签了解食品营养特性的方法。
3. 掌握营养声称相关知识和应用。

能力目标
1. 会对食品标签和营养标签进行解读。
2. 会制作营养标签。

学习单元1　营养标签的解读

一、食品标签与营养标签

（一）食品标签

1. 定义

食品在包装上写明产品信息（文字、图形和符号等），对产品的品质和内涵说明的描述。通过食品标签可以使消费者了解食品的性质、安全使用期限等信息，以保障消费者的知情权。

2. 作用

食品标签的作用主要有以下几方面：指导消费者选购食品；促进销售；向消费者承诺；向监督管理机构提供监督检查依据；维护食品消费者的合法权

益等。

3. 要求与内容

GB 7718—2011《食品安全国家标准 预包装食品标签通则》是我国强制性的国标。

（1）食品标签的要求

①预包装食品标签的所有内容，应符合国家法律、法规的规定，并符合相应产品标准的规定，预包装食品标签的所有内容应清晰、醒目、持久。

②应使消费者购买时易于辨认和识读。

③预包装食品标签的所有内容，应通俗易懂、准确、有科学依据；不得标示封建迷信、黄色、贬低其他食品或违背科学营养常识的内容。

④预包装食品标签的所有内容，不得以虚假、使消费者误解或欺骗性的文字、图形等方式介绍食品；也不得利用字号大小或色差误导消费者。

⑤预包装食品标签的所有内容，不得以直接或间接暗示性的语言、图形、符号，导致消费者将购买的食品或食品的某一性质与另一产品混淆。

⑥预包装食品的标签不得与包装物（容器）分离。

⑦预包装食品的标签内容应使用规范的汉字，但不包括注册商标。

⑧包装物或包装容器最大表面面积大于 $20cm^2$，强制标示内容的文字、符号、数字的高度不得小于 1.8mm。

⑨如果透过外包装物能清晰地识别内包装物或容器上的所有或部分强制标示内容，可以不在外包装物上重复标示相应的内容。

⑩如果在内包装物（或容器）外面另有直接向消费者交货的外包装（或大包装），可以只在外包装（或大包装）上标示强制标示内容。

（2）食品标签的内容 食品标签的内容主要有：食品名称、配料清单、配料的定量标示、日期标示、储藏说明和质量（品质）等级。

①食品名称：应在食品标签的醒目位置，清晰地标示反映食品真实属性的专用名称；为避免消费者误解或混淆食品的真实属性、物理状态或制作方法，可以在食品名称前或食品名称后附加相应的词或短语，如干燥的、浓缩的、复原的、熏制的、油炸的、粉末的、粒状的。

②配料清单：a. 预包装食品的标签上应标示配料清单，应以"配料"或"配料表"作标题，各种配料应按制造或加工食品时加入量的递减顺序一一排列；b. 加入量不超过2%的配料可以不按递减顺序排列。

③配料的定量标示：a. 净含量的标示应由净含量、数字和法定计量单位组成，如"净含量450g"或"净含量 450 克"；b. 应依据法定计量单位，按以下方式标示包装物（容器）中食品的净含量，一般液态食品用体积 L（升）、mL（毫升）；固态食品用质量 g（克）、kg（千克）；半固态或黏性食品用质量或体积。

④日期标示和储藏说明：a. 应清晰地标示预包装食品的生产日期（或包装日期）和保质期，也可以附加标示保存期。如日期标示采用"见包装物某部位"的方式，应标示所在包装物的具体部位。b. 日期标示不得另外加贴、补印或篡改。

⑤产品标准号：国内生产并在国内销售的预包装食品（不包括进口预包装食品）应标示企业执行的国家标准、行业标准、地方标准或经备案的企业标准的代号和顺序号。

⑥质量（品质）等级：企业执行的产品标准已明确规定质量（品质）等级的食品，应标示质量（品质）等级。

（3）非强制标示内容　①批号：如有必要，可以标示产品的批号。②食用方法：如有必要，可以标示容器的开启方法、食用方法、每日（每餐）食用量、烹调方法、复水再制方法等对消费者有帮助的说明。③能量和营养素：如标示能量值、营养素含量、声称营养素含量水平、营养素含量比较、营养素作用，应符合 GB 13432—2013《食品安全国家标准　预包装特殊膳食用食品标签》的规定。

（二）营养标签

营养标签指向消费者提供食品营养成分信息和特性的说明，包括营养成分表、营养声称和营养成分功能声称，其中营养成分标示是最基本的信息。营养标签是食品标签的一部分。

营养标签的基本要求有：营养标签标示的任何营养信息应真实、客观；营养标签应使用中文；食品营养成分含量应以具体数值标示；营养标签可直接标在向消费者交货的最小销售单元食品标签上。

二、营养标签的内容与标示

（一）营养成分表

营养成分表包括营养成分的名称、含量和占中国食品标签营养素参考值（NRV）的百分比。

营养成分表中营养成分的标示，是对食品中营养成分含量做出的确切描述。营养成分的含量标示使用每 100 克（g）、100 毫升（mL）食品或每份食用量作为单位，营养成分的含量用具体数值表示，同时标示该营养成分含量占营养素参考值（NRV）的百分比。营养素参考值是专用于食品标签、用于比较食品营养成分含量多少的营养参考标准；是消费者选择食品时的一种营养参考尺度。

营养成分表中强制标示的内容包括能量和核心营养素（蛋白质、脂肪、碳水化合物、钠）。

营养成分的名称和顺序标示如下：能量、蛋白质、脂肪（饱和脂肪、不饱和脂肪和胆固醇）、碳水化合物（糖、膳食纤维）、钠、钙、维生素 A、其他维生素（维生素 D、维生素 E、维生素 K、B 族维生素、维生素 C）、矿物质（磷、钾、镁、铁、锌、碘、硒、铜、氟、铬、锰和钼），其中前四大类属于核心营养素。当缺少某一营养成分时，依序上移。

推荐的营养标签的基本格式如表 1 – 19 所示。能量和营养成分的含量单位可以用文字或括号内的字母标示。

表 1 – 19　　　　　　　　　　营养成分表

项目	每 100 克（g）或毫升（mL）或每份	营养素参考值% 或 NRV%
能量	千焦（kJ）	%
蛋白质	克（g）	%
脂肪	克（g）	%
碳水化合物	克（g）	%
钠	毫克（mg）	%

（二）营养声称

营养声称是指以文字形式对食品的营养特性的描述、建议和暗示。主要包括以下三方面内容。

（1）营养素含量声称　指能量或者某营养素含量"高"、"富含"、"低""无"等的声称。

（2）含量比较声称　指能量或者某营养素与基准食物或者参考数值相比"减少"或"增多"的声称。

（3）营养属性声称　指食品原料特性的声称，如"强化"、"增加"、"××天然来源"、"纯果汁"的食品等。

此外还有营养功能声称和健康声称。营养功能声称是指某营养成分可以维持人体正常生长、发育和正常生理功能等作用的声称；健康声称是指表述食物成分对人体健康的建议和暗示。

能力要求：食品营养标签的解读

一、工作准备

（1）营养标签的准备　选择 2~3 种不同类型食品的营养标签，可选择几类不同加工食品（焙烤食品、乳制品等）的营养标签。

（2）必要评价资料的准备 1套NRV或《中国居民膳食营养素参考摄入量》表（DRI）和食物营养成分表。中国食品标签规定的32种营养素参考值见表1-20。

表1-20　　　　　　　　　中国食品标签营养素参考值（NRV）

能量和营养素	NRV/d	能量和营养素	NRV/d
能量	8400kJ 或 2000kcal	泛酸	5mg
蛋白质	（60g）	生物素	30μg
脂肪	＜（60）①	胆碱	450mg
饱和脂肪酸	＜20g		
胆固醇	＜300mg	矿物质	
总碳水化合物	300g	钙	800mg
膳食纤维	（25g）①	磷	700mg
维生素		钾	2000mg
维生素A	800μg RE	钠	2000mg
维生素D	5μg	镁	300mg
维生素E	14mg α-TE	铁	15mg
维生素K	80μg	锌	15mg
维生素B_1	1.4mg	碘	150μg
维生素B_2	1.4mg	硒	50μg
维生素B_6	1.4mg	铜	1.5mg
维生素B_{12}	2.4μg	氟	1mg
维生素C	100mg	铬	50μg
烟酸	14mg	锰	3mg
叶酸	400μg	钼	40μg

注：①蛋白质、脂肪、碳水化合物供能分别占总能量的13%、27%与60%。

（3）工具准备 如计算器、任务工单和营养标签解读记录表等。

二、工作程序

1. 整体观察

观察食品标签的整体信息,是否有食物营养成分含量表、比较声称、属性声称和营养功能声称。填写记录表。

2. 查找食品标签的净含量

在食品标签上查找净含量/质量、小包装的质量和食用方法及推荐量。最后要确定食品是每100g(mL)标示的营养成分含量。

3. 对营养成分的含量及相关内容进行分析

(1)计算总能量(蛋白质、脂肪和碳水化合物)

$$蛋白质提供 E_3 = 蛋白质(g) \times 4(kcal/g)$$
$$脂肪提供 E_2 = 脂肪(g) \times 9(kcal/g)$$
$$碳水化合物提供 E_1 = 碳水化合物的含量(g) \times 4(kcal/g)$$
$$\Sigma E = E_1 + E_2 + E_3$$

(2)计算三大营养素的供能比例

$$蛋白质供能比例 = E_3/\Sigma E \times 100\%$$
$$脂肪供能比例 = E_2/\Sigma E \times 100\%$$
$$碳水化合物供能比例 = E_1/\Sigma E \times 100\%$$

将以上计算结果和NRV填入表中。

4. 营养标签评价

营养标签评价见表1-21。

表1-21　　　　　　　　　营养标签评价表

项目	了解重点	判断依据
标示项目	主要营养素是否齐全	GB 13432—2013
能量供给	三大供能比例是否合理	NRV 或 DRI
脂肪	脂肪含量、供能比例、胆固醇含量是否过高	
微量营养素	微量营养素占日需要量的百分数	
钠	含量是否过高	GB 7718—2011 或其他
格式	是否规范	

三、注意事项

(1)必须要明确食物营养素含量的表达单位是每100g(mL),还是每包(粒、份)。

（2）有些营养素并不是 NRV 越高越好，如脂肪、胆固醇和钠摄入过度会影响健康。

学习单元2 营养标签的制作

一、营养成分的计算

（一）营养成分的概念

营养成分是指食品中具有的营养素和有益成分，包括营养素（蛋白质、脂肪、碳水化合物）、膳食纤维、酒精和有机酸等。

（二）能量和营养成分的计算

1. 总能量的计算

蛋白质、脂肪、碳水化合物、膳食纤维、酒精和有机酸的供能系数分别为 4kcal/g、9kcal/g、4kcal/g、2kcal/g、7kcal/g 和 3kcal/g。所以食物中的总能量（ΣE）如下：

$$\Sigma E = 蛋白质(g) \times 4(kcal/g) + 脂肪(g) \times 9(kcal/g) + 碳水化合物(g) \times 4(kcal/g) + 膳食纤维(g) \times 2(kcal/g) + 酒精(g) \times 7(kcal/g) + 有机酸(g) \times 3(kcal/g)$$

2. 蛋白质

一般采用凯氏定氮的方法测定食物蛋白质的含量。食物蛋白质的平均含氮量为16%，根据测出的食物中蛋白质的含氮量，再乘以折算系数 6.25 即可得出蛋白质含量，公式如下：

$$食物中蛋白质(g/100g) = 总氮量(g/100g) \times 折算系数 6.25$$

3. 脂肪和脂肪酸

脂肪一般通过索氏提取法测得，除了甘油三酯外，还包括磷脂、固醇、色素等，称为粗脂肪。总脂肪是通过测定食物中单个脂肪酸甘油酸酯的总和来获得的。粗脂肪或总脂肪在营养标签上均可标示为"脂肪"。

4. 碳水化合物

碳水化合物是 C、H、O 三元素组成的一类多羟基醛或多羟基酮化合物，指单糖、双糖、寡糖、多糖的总称，是提供能量的主要营养素。常用质量法计算，公式如下：

$$总碳水化合物 = 100 - (水 + 灰分 + 粗脂肪 + 粗蛋白)$$

$$无氮抽出物 = 100 - (水 + 灰分 + 粗脂肪 + 粗蛋白 + 粗纤维)$$

总碳水化合物包含了膳食纤维成分，当计算能量时，应减去粗纤维。

二、营养声称的要求和条件

营养声称的要求和条件见表 1-22。

表 1-22　　营养声称的要求和条件

项目	声称方式	含量要求	限制性条件
能量	减少或减能量	与基准食品相比减少 25% 以上	基准食品应为消费者熟知的同类食品
	低能量	≤170kJ/100g（固体）； ≤80kJ/100mL（液体）	
	无或零能量	≤17kJ/100g（固体）或 100mL（液体）	
蛋白质	低蛋白	来自蛋白质的能量≤总能量的 5%	
	蛋白质来源或含有蛋白质或提供蛋白质	每 100g 的含量≥10% NRV， 每 100mL 的含量≥5% NRV， 或者每 420kJ 的含量≥5% NRV	总能量指每 100g 或每份
	高或富含蛋白质或蛋白质丰富	"来源"的 2 倍以上	
脂肪	低脂肪	≤3g/100g（固体）；≤1.5g/100mL（液体）	
	减少或减脂肪	与基准食品相比减少 25% 以上	基准食品的定义同上
	脱脂	液态乳和酸乳：脂肪含量≤0.5%； 乳粉：脂肪含量≤1.5%	仅指乳品类
	零，无或不含脂肪	≤0.5g/100g（固体）或 100mL（液体）	
脂肪	低饱和脂肪	≤1.5g/100g（固体）； ≤0.75g/100mL（液体）	1. 指饱和脂肪及反式脂肪的总和； 2. 其提供的能量占食品总能量的 10% 以下
	零，无或不含饱和脂肪	≤0.1g/100g（固体）或 100mL（液体）	指饱和脂肪及反式脂肪的总和
	瘦	脂肪含量≤10%	仅指畜肉类和禽肉类
胆固醇	减少或减胆固醇	与基准食品相比减少 25% 以上	基准食品的定义同上
	低胆固醇	≤20mg/100g（固体）； ≤10mg/100mL（液体）	应同时符合低饱和脂肪的声称含量要求和限制性条件
	无，或不含，或零胆固醇	≤0.005g/100g（固体）或 100mL（液体）	

续表

项目	声称方式	含量要求	限制性条件
糖	减少或减糖	与基准食品相比减少25%以上	基准食品的定义同上
	低糖	≤5g/100g（固体）或100mL（液体）	
	无或不含糖	≤0.5g/100g（固体）或100mL（液体）	
钠	低钠	≤120mg/100g 或 100mL	
	极低钠	≤40mg/100g 或 100mL	
	无或不含、零钠	≤5mg/100g 或 100mL	
钙或其他矿物质	钙（××）来源或含有钙（××）或提供钙（××）	每100g中≥15% NRV，或每100mL中≥7.5% NRV，或每420kJ中≥5% NRV	
	高或富含××或××的良好来源	"来源"的2倍以上	
	增加、加，或减少、减××	与基准食品相比增加或减少25%以上	基准食品的定义同上
维生素	××来源或含有××或提供××	每100g中≥15% NRV，或每100mL中≥7.5% NRV，或每420kJ中≥5% NRV	
	高或富含××	"来源"的2倍以上	
	增加、增，或减少、减××	与基准食品相比增加或减少25%以上	基准食品的定义同上
	多维	含量符合上述相应来源的含量要求	添加3种以上的维生素
膳食纤维	膳食纤维来源或含有膳食纤维	≥3g/100g；≥1.5g/100mL	膳食纤维总量符合其含量要求；或者可溶性膳食纤维、不溶性膳食纤维或单体成分任一项符合含量要求
	高或富含膳食纤维或良好来源	"来源"的2倍以上	
碳水化合物	增加、增，或减少、减	与基准食品相比增加或减少25%以上	基准食品的定义同上
	减少或减乳糖	与基准食品相比减少25%以上	仅指乳品类
	低乳糖	乳糖含量≤2g/100g（mL）	
	无乳糖	乳糖含量≤0.5g/100g（mL）	

注：总能量指每100g或每100mL或每份，使用每份食品作为计量单位时，也应符合100g（mL）的含量才可以进行声称；同类食品应为消费者熟知的；其中膳食纤维总量符合其含量要求，或者可溶性膳食纤维、不溶性膳食纤维或单体成分任一项符合含量要求；维生素和矿物质中，含有和富含"多种维生素（矿物质）"指3种或3种以上维生素（矿物质）含量符合"含有"、"富含"的声称要求。

三、营养标签的格式

营养标签的格式要求主要有：营养成分标示内容应当以一个"方框表"形式表示，营养成分表的方框可为任何尺寸，方框可以设置为与包装的基线垂直，表头为"营养成分表"，营养成分表包括营养成分名称、含量数值和占营养素参考值（NRV）的百分比；营养成分标示内容必须标示于包装的醒目位置，当标示的营养成分较多时，应选择适当方法使得能量和核心营养素醒目（如字体加黑、横线隔开等）；包装可用标签主面积小于 20cm^2 或特大规格包装，也可使用横排（水平）标示；营养标签的字体和颜色要求清晰，但营养声称的字体不得大于产品的一般名称和商标，营养声称、营养成分功能声称可以在标签的任意位置；如有外包装（或大包装），可以只在向消费者交货的外包装（或大包装）上标示营养标签，但内包装物（或容器）上必须标明每份净含量。

能力要求：食品营养标签的制作

一、工作准备

（1）食品的准备　选择 2~3 种不同类型的加工食品。

（2）必要评价资料的准备　查询产品的相关标准、食物营养成分表、营养成分检测方法分析标准、1 套 NRV 或《中国居民膳食营养素参考摄入量》表（DRI）、产品营养检测分析单，设计营养标签格式。

二、工作程序

1. 了解产品分析计划和相关标注

查询产品的相关标准，确定产品应属于哪个类型。

2. 确定检测项目

质量检测项目根据产品卫生标准分析。

3. 营养成分的分析

食品营养标签的数据可通过计算或检测的方法（依据 GB/T 5009）获得。

4. 整理检验数据

内容略。

5. 营养成分数据修约

营养成分数据的修约规则根据 GB/T 8170—2008《数值修约规定》执行，数值修约间隔是修约保留位数的方式，如蛋白质的修约间隔为 0.1，营养成分表中的蛋白质保留一位有效数字。当营养素检测数值小于等于"0"界限值时，应标识为"0"。如脂肪的"0"界限值为"≤0.5g/100g"，当检测出产品的脂肪含量为 0.5g/100g 或 0.4g/100g，则营养成分表中脂肪的含量应为 0。

6. 与国家产品质量标准比较

把数据与产品的质量标准、国家相关标准比较，核对产品的营养成分过高或过低，查找原因。

7. 确定营养成分表标示值

数据均值与标准核对后可作适当的调整，原则是：不违背国家标准，不高于检测数据可信上限或低于可信下限。表 1-23 为营养成分含量的允许误差范围。

表 1-23　营养成分含量的允许误差范围

食品营养成分	标示值允许误差范围
食品的蛋白质、多不饱和及单不饱和脂肪（酸）、碳水化合物、淀粉，总的、可溶性或不溶性膳食纤维及其单体，维生素（不包括维生素 D、维生素 A），矿物质（不包括钠）	≥80% 标示值
食品中的能量以及脂肪、饱和脂肪（酸）、反式脂肪（酸）、胆固醇，钠，糖	≤120% 标示值
强化食品中的营养素（除维生素 D 和维生素 A 之外）	≥标示值
食品中的维生素 D 和维生素 A	80%～180% 标示值

8. 营养素参考数值的计算

计算营养成分占 NRV 的百分数，计算公式如下：

$$X/NRV \times 100\% = Y$$

式中　X——每 100g 或 100mL 食品中某营养素的含量；

　　　NRV——该营养素的营养素参考值；

　　　Y——计算结果。

9. 营养声称选择

根据以上营养素含量的多少和声称要求条件，挑选声称内容。

10. 营养标签的核定和归档

最终根据营养参考数值判断和营养声称判断，绘制营养标签，并把所有的检验单、计算值和报告归档。营养成分推荐表格格式见表 1-24。

表 1-24　营养成分推荐表

项目	每 100g	NRV/%
能量	千焦（kJ）或千卡（kcal）	
蛋白质	克（g）	
脂肪	克（g）	
碳水化合物	克（g）	

续表

项目	每100g	NRV/%
钠	（mg）	
钙	（mg）	
维生素 A	微克视黄醇当量（μg RE）	
维生素 D	微克（μg）	
维生素 E	毫克总α当量（mg α-TE）	
维生素 B_2	毫克（mg）	
维生素 B_6	毫克（mg）	
维生素 B_{12}	微克（μg）	
泛酸	毫克（mg）	
叶酸	微克叶酸当量（μg DFE）	
磷	毫克（mg）	
钾	毫克（mg）	
镁	毫克（mg）	
锌	毫克（mg）	

营养声称如：低脂肪××

营养成分功能声称如：每日膳食中脂肪提供的能量比例不宜超过总能量的30%。

三、注意事项

几种维生素单位的换算。

1. 维生素 A

食品中维生素 A(μg RE) = 维生素 A(μg RE) + β-胡萝卜素(μg)/6

胡萝卜素转换为维生素 A 的公式为：

$$维生素 A(μg RE) = β-胡萝卜素(μg)/6$$

2. 维生素 E

食品中的维生素 E 指 α-生育酚、β-生育酚、γ-生育酚、三烯生育酚和 δ-生育酚的分析测定数值的总和。维生素 E 用以下公式进行计算：

$$维生素 E(mg\ α-TE) = α-生育酚(mg) + 0.5 × β-生育酚(mg)$$
$$+ 0.1 × γ-生育酚(mg) + 0.3 × 三烯生育酚(mg)$$
$$+ 0.01 × δ-生育酚(mg)$$

3. 叶酸

天然食品的叶酸当量（μg DEF）：

$$1μg\ DEF = 1μg\ 叶酸含量$$

强化了叶酸的食品中叶酸当量的计算（μg DEF）：

$$1μg\ DEF = 1.7 × 叶酸含量1(μg)$$

项目二　人体营养状况测定和评价

通过平衡膳食和合理营养可以保持人体处于正常的营养状态。要做到合理营养，首先必须客观地了解机体的营养状况，才能根据机体的具体情况进行合理的营养调理。因此营养状况的测定和评价是营养师要掌握的重要内容，是一切营养科研工作和临床诊断的基础。

营养状况的测定和评价，一般是通过膳食调查、人体测量和资料分析、人体营养水平的生化检验以及营养不足和缺乏的临床检查来进行综合评价的。膳食调查可计算每日或每餐所摄入的各种营养素；体格可获得人体生长发育的情况，从人体外观特征了解机体的营养状况；生化检验可得到临床缺乏症状出现前不足或缺乏的情况，发现一些营养素的亚临床缺乏情况。所以，评价营养状况最好的方法是结合膳食调查、体格检查、营养素缺乏病检查及生化检查而进行全面的综合评价。本章主要从人体测量资料分析的角度对营养状况进行评价，包括人体体格指标的测量、营养缺乏症状和体征辨别等。

营养不良的体征和症状通常不是缺乏一种营养素而是由多种营养素缺乏引起的，而且营养不足的症状往往被一些非营养因素，如卫生情况差、居住情况差或疾病等复杂化了，所以有时很难判断营养不良的确切原因。但是，有经验的营养师应该能够通过膳食调查结合各种体格测量结果的分析，对受检者的营养状况做出初步的判断，分析对营养状况有影响的可能原因，并能够及时提出改善建议，引领受检者往健康的方向发展。

任务1　人体体格测量

学习目标

知识目标
1. 了解成人体格测量的指标和意义。
2. 了解儿童体格测量的指标和意义。

技能目标
1. 会对成年人的各项体格测量指标进行测量的方法、并进行合理评价。
2. 会对儿童的各项体格测量指标进行测量的方法、并进行合理评价。

常用的评定个体营养状况的方法是人体测量，它包括体重、身高、皮脂厚度及人体各围度的测量。由于它们简单易行，且可以较好地反映机体营养状况，所以是人体营养状况测定不可缺少的，是评价人体营养状况的一个重要方法。不同年龄组所选用的指标侧重点不同，而且指标的测定方法也存在较大差异。在测量这些指标的时候应注意年龄、性别的差异以及测量方法的准确性、记录的规范性等。

学习单元1　成人体格测量

一、成人营养状况评价常用的体格测量指标和意义

体格大小和生长速度是反映机体营养状况的敏感指标。体格测量是评价群体或个体营养状况的重要项目之一。成人体格测量的主要指标有身高、体重、上臂围、腰围、臂围和皮脂厚度等。其中以身高和体重最为重要，因为它综合反映了蛋白质、能量以及其他一些营养素的摄入、利用和储备情况，反映了机体、肌肉、内脏的发育和潜在能力。对于成人而言，由于身高已基本无变化，当蛋白质和能量供应不足时体重的变化更为灵敏，因此常作为了解蛋白质和能量的重要观察指标。

二、体格测量的方法和工具

1. 身高

（1）测量工具　身高测量计（仪）如图2-1所示。使用前应校对零点，以

钢尺测量基准板平面红色刻线的高是否为10.0cm，误差不得大于0.1cm。同时应检查立柱是否垂直，连接处是否紧密，有无晃动，零件有无松脱等情况，并及时加以纠正。

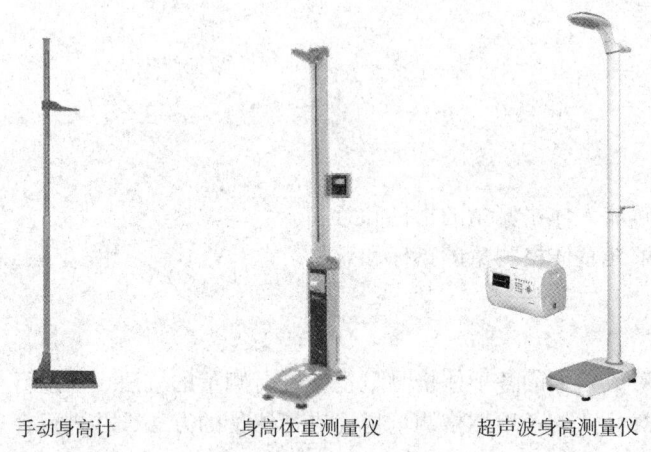

手动身高计　　　　　身高体重测量仪　　　　超声波身高测量仪

图2-1　身高测量仪

（2）测试方法　上肢自然下垂，足跟并拢，足尖分开成60°，足跟、骶骨部及两肩间区与立柱相接触，躯干自然挺直，头部正直，耳屏上缘与眼眶下缘呈水平位；测试人员站在受试者右侧，将水平面压板轻轻沿立柱下滑，轻压于受试者头顶；测试人员读数时双眼应与压板平面等高，以厘米为单位，精确到小数点后一位（0.1cm）。如图2-2所示。

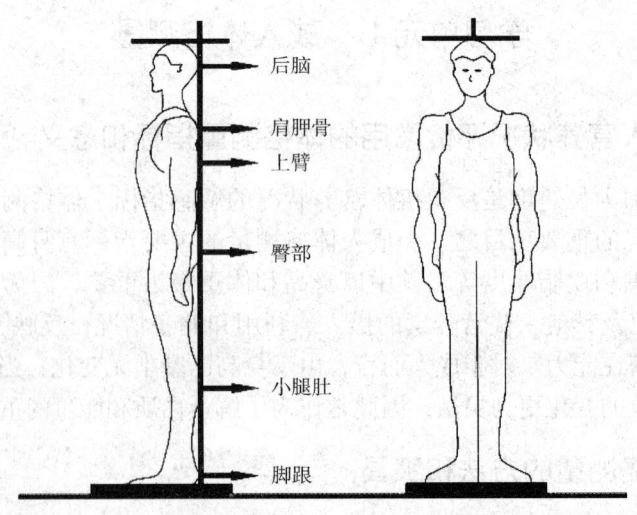

图2-2　身高的测量

2. 体重

（1）测量工具 体重的测量工具为杠杆秤、体重秤或体重计等，如图2-3所示。杠杆式体重秤使用前应检验其准确度和灵敏度，准确度要求误差不超过0.1%。

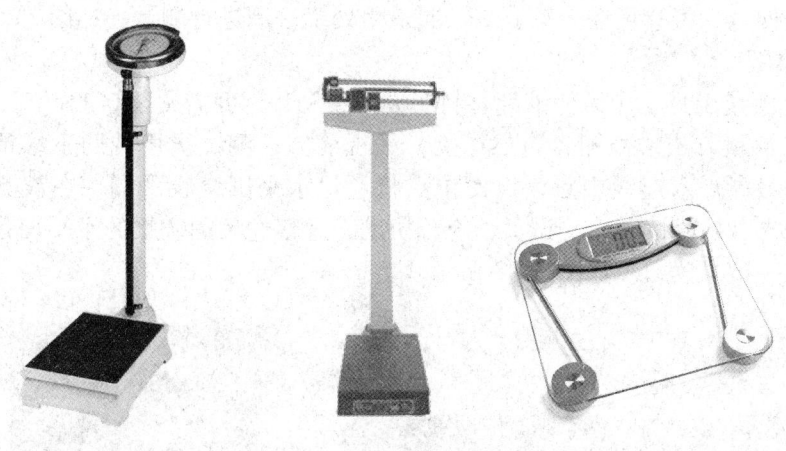

图2-3 体重秤

（2）测试方法 将杠杆秤放在平坦地面上，调整零点至刻度尺呈水平位；受试者身着短裤短袖衫，站立于杆台中央；测试人员放置适当砝码并移动游码至刻度尺平衡；读数以千克为单位，精确到小数点后一位。

3. 上臂围

利用上臂紧张围与上臂松弛围二者之差表示肌肉的发育状况。一般此差值越大说明肌肉发育状况越好，反之说明脂肪发育状况良好。测量工具为无伸缩性材料制成的卷（软）尺（图2-4），刻度需读至0.1cm。

（1）上臂紧张围 指上臂肱二头肌最大限度收缩时的围度。

测量方法：被测者上臂斜平举约45°，手掌向上握拳并用力屈肘；测量者站于其侧面或对面，将卷尺在上臂肱二头肌最粗处绕一周进行测量。如图2-5所示。

 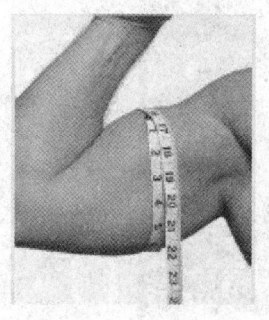

图2-4 软尺　　　　　　　　图2-5 上臂紧张围的测量

注意事项：测量时被测者要使肌肉充分收缩，卷尺的松紧度要适宜；测量误差不超过0.5cm。

（2）上臂松弛围　指上臂肱二头肌最大限度松弛时的围度。

测量方法：在测量上臂紧张围后，将卷尺保持原来的位置不动，令被测者将上臂缓慢伸直，将卷尺在上臂肱二头肌最粗处绕一周进行测量。如图2-6所示。

4. 腰围

（1）测量工具　用无伸缩性材料制成的卷尺，刻度需读至0.1cm。

（2）测量方法　被测者自然站立，平视前方；测试员甲选肋下缘最底部和髂前上嵴最高点，连线中点，以此中点将卷尺水平围绕腰一周，在被测者呼气末、吸气未开始时读数；测试员乙充分协助，观察卷尺围绕腰的水平面是否与身体垂直，并记录读数。如图2-7所示。

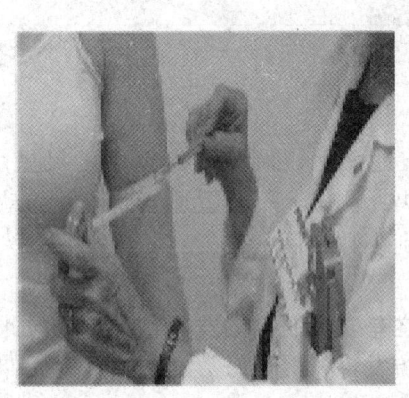

图2-6　上臂松弛围的测量

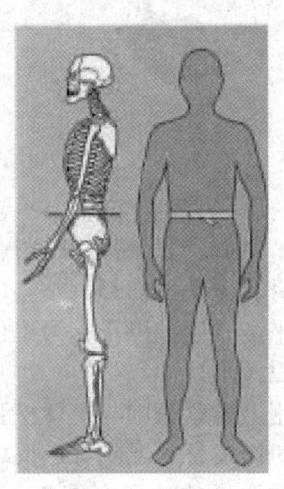

图2-7　腰围的测量

5. 臀围

臀围是指臀部向后最突出部位的水平围度。

（1）测量工具　用无伸缩性材料制成的卷尺，刻度需读至0.1cm。

（2）测量方法　被测者自然站立，臀部放松，平视前方；测试员甲将卷尺置于臀部向后最突出部位，以水平围绕臀一周测量；测试员乙充分协助，观察卷尺围绕臀部的水平面是否与身体垂直，并记录读数。如图2-8所示。

6. 胸围

（1）使用器材　用无伸缩性材料制成的

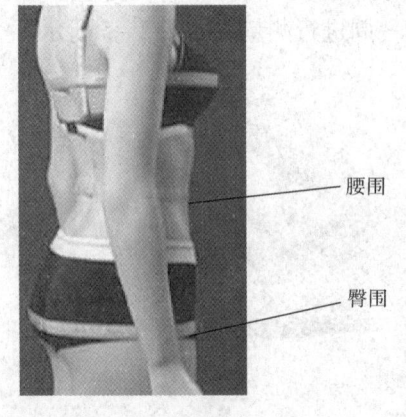

图2-8　臀围的测量

卷尺测量。

（2）测试方法　受试者自然站立，两脚分开与肩同宽，双肩放松，两上肢自然下垂，平静呼吸。两名测试人员分别立于受试者面前与背后共同进行胸围测量，将带尺上缘经背部肩胛下角下缘向胸前围绕一周；男生及未发育女生，带尺下缘在胸前沿乳头上缘；已发育女生，带尺在乳头上方与第四肋骨平齐；带尺围绕胸部的松紧度应适宜，以皮肤不产生明显压迫为度；应在受试者吸气尚未开始时读取数值，带尺上与零点相交的数值即为胸围值。以厘米为单位，精确到小数点后一位。如图 2-9 所示。

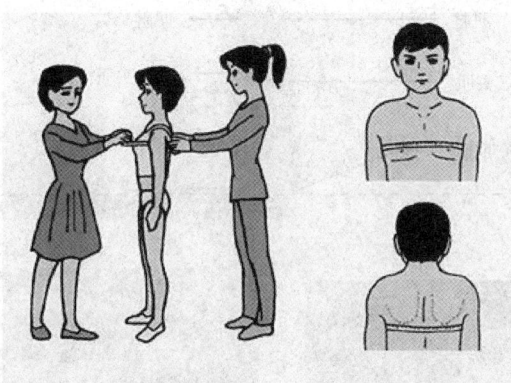

图 2-9　胸围的测量

7. 皮脂厚度

皮脂厚度是衡量个体营养状况和肥胖程度较好的指标。测量部位有上臂肱三头肌部、肩胛下角部、腹部、髂嵴上部等，其中前 3 个部位最重要，可分别代表个体肢体、躯干、腰腹等部分的皮下脂肪堆积情况，对判断肥胖和营养不良有重要价值。测量工具为皮脂厚度计（也称皮褶厚度计），如图 2-10 所示。

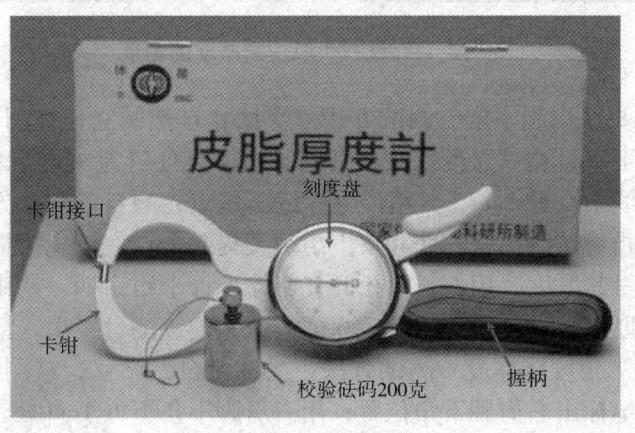

图 2-10　皮脂厚度计

（1）肱三头肌皮脂厚度（TSF） 测试方法：受试者自然站立，被测部位充分裸露；测试人员找到肩峰、尺骨鹰嘴（肘部骨性突起），并用油笔标记出右臂后面从肩峰到尺骨鹰嘴连线中点处；用左手拇指和食、中指将被测部位皮肤和皮下组织夹提起来；在该皮褶提起点的下方用皮脂厚度计测量其厚度（图2–11），用右拇指松开皮脂厚度计卡钳钳柄，使钳尖部充分夹住皮褶；在皮脂厚度计指针快速回落后立即读数。连续测量三次，精确到0.1mm。

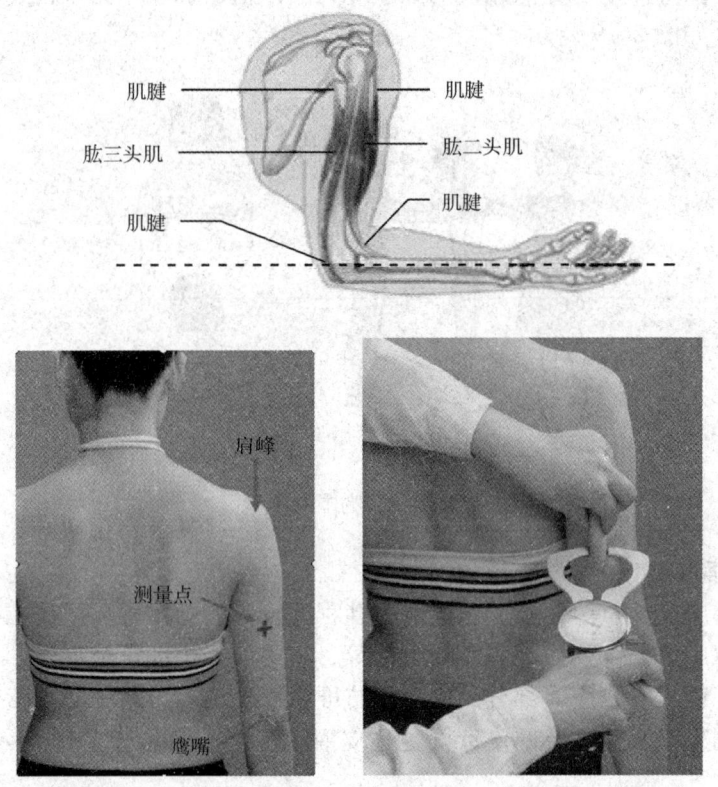

图2–11 肱三头肌皮脂厚度的测量

（2）肱二头肌皮脂厚度 测试方法：受试者自然站立，被测部位充分裸露，上臂放松自然下垂；测试人员取肱二头肌肌腹中点处（基本与乳头水平），为肩峰与肘鹰嘴连线中点上1cm，并用油笔标记出该点；顺自然皮褶方向，用左手拇指和食指、中指将被测部位皮肤和皮下组织夹提起来；在该皮褶提起点的下方用皮脂厚度计测量其厚度，用右拇指松开皮脂厚度计卡钳钳柄，使钳尖部充分夹住皮褶；在皮脂厚度计指针快速回落后立即读数。连续测量三次，精确到0.1mm。

（3）肩胛下角皮脂厚度 测试方法：受试者自然站立，被测部位充分裸露；测试人员用油笔标出右肩胛下角位置；用右肩胛下角下方1cm处，顺自然皮褶方向（即皮褶走向与脊柱成45°），用左手拇指和食指、中指将被测部位皮肤和皮下组织夹提起来；在该皮褶提起点的下方用皮脂厚度计测量其厚度（图2－12），用右拇指松开皮脂厚度计卡钳钳柄，使钳尖部充分夹住皮褶；在皮脂厚度计指针快速回落后立即读数。连续测量三次，精确到0.1mm。

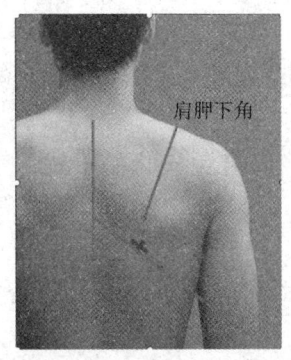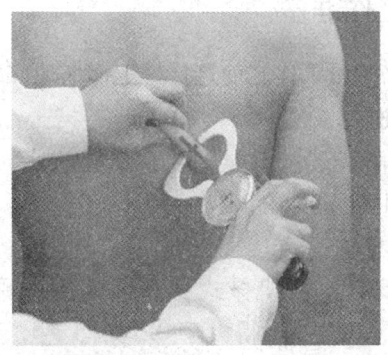

图2－12　肩胛下角皮脂厚度的测量

（4）腹部皮脂厚度　取锁骨中线与脐水平线交界点，测量者用左手拇指与食指在测量点左右分开3cm，沿躯干长轴平行方向捏起皮下脂肪；右手拿皮脂卡钳，张开钳口，在距手捏点下1cm处夹住皮下脂肪（图2－13），读取刻度盘指针所指读数。连续测量三次，精确到0.1mm。

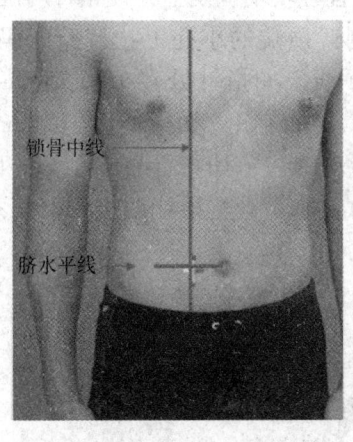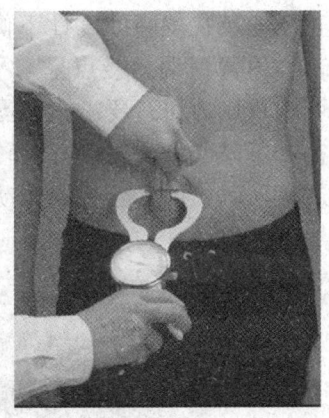

图2－13　腹部皮脂厚度的测量

（5）髂嵴上部皮脂厚度　测试方法：受试者自然站立，被测部位充分裸露；在腋前线向下延伸与髂嵴上相交点垂直捏起皮褶；在该皮褶提起点的下方用皮脂厚度计测量其厚度，用右拇指松开皮脂厚度计卡钳钳柄，使钳尖部充分夹住皮褶；在皮脂厚度计指针快速回落后立即读数。连续测量三次，精确到0.1mm。

能力要求： 成人体格测量和体征的判别

一、工作准备

开展体格测量工作之前选择好工作场地，准备测量工具并进行全面检查、校正。

1. 场地选择

场地应保持安静，照明良好，远离噪声，以避免气味的干扰，室温以 20~22℃ 为宜，相对湿度在 50%~55%。

2. 使用器材

（1）身高计　以机械式身高计为例，测试前应检查身高计是否完好，使用前应校对零点，误差不得大于 0.1cm。

（2）软尺　仔细检查软尺有无裂隙、变形等，并用 2m 长的刻度尺检查其刻度是否准确，相差 0.5cm 则不能使用。

（3）体重秤　常选择电子人体体重秤。使用前需检验其准确度，要求误差不超过 0.1%，即 100kg 误差小于 0.1kg。

（4）皮脂厚度计　不同厂家生产的皮脂厚度计外形有差异，但原理是一样的，使用前要进行校正。首先调整"0"位：将皮脂厚度计上下两臂接点合拢，检查指针是否指在"0"位，如不在"0"位，轻轻转动刻度盘，使指针对准"0"位。

然后校正压力：在皮脂厚度计下侧臂顶端的小孔上挂校验砝码（200g），使下侧臂的根部与该臂顶端的接点呈水平线，如指针处在 15~25mm（红色区域）范围内，说明钳口压力符合要求，无需调节旋钮；如指针位于 25mm 以上，说明压力偏低，需卸下砝码，向左侧方向转动旋钮；如指针位于 15mm 以下，说明压力偏高，需卸下砝码，向右侧方向转动旋钮，直至指针调至符合要求为止。如图 2-14 所示。

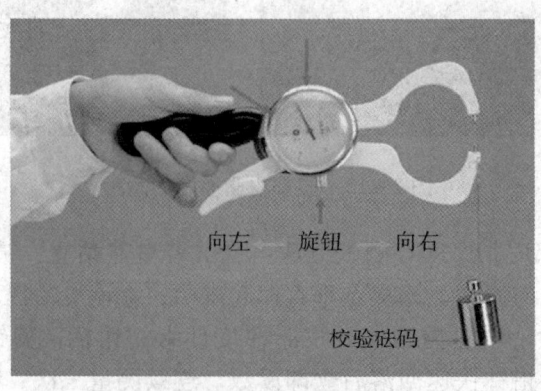

图 2-14　皮脂厚度计压力校正

3. 记录表

可采用纸质记录表或采用电脑录入电子式记录表，以便长期保存。

4. 记录笔

应用钢笔或圆珠笔进行填写，不能用铅笔。要能长期保存，一般2年以上不褪色。

二、工作程序

1. 测量身高

身高计应选择平坦靠墙的地方放置，立柱的刻度尺应面向光源；严格掌握"三点靠立柱"、"两点呈水平"的测量姿势要求；水平压板与头部接触时，松紧要适度，头发蓬松者要压实，头顶的发辫、发结要放开，饰物要取下；读数完毕，立即将水平压板轻轻推向安全高度，以防破坏。测试人员读数时双眼应与压板平面等高，以厘米为单位，精确到小数点后一位（0.1cm）。

2. 测量体重

受试者站在秤台中央，上下杠杆秤动作要轻；测量体重前受试者不得进行体育活动和体力劳动。

一般用理想体重或称标准体重来衡量实际测量人体重是否在适宜范围。

$$标准体重(kg) = 身高(cm) - 105 \text{ 或}$$

$$标准体重(kg) = [身高(cm) - 100] \times 0.9 (平田公式)$$

实际体重在理想体重±10%为正常范围，±（10%~20%）为超重或瘦弱，±20%为肥胖或极瘦弱。

还可以用所测得的身高和体重值计算体质指数（BMI），从而评价成年人的体格状况。体质指数是评价18岁以上成人群体营养状况的常用指标。它不仅对反映体型胖瘦程度较为敏感，而且与皮脂厚度、上臂围等营养状况指标的相关性也较高。

$$BMI = 体重(kg)/[身高(m)]^2$$

（1）WHO标准 BMI<18.5为低体重（营养不足），18.5~24.9为正常范围，BMI≥25.0为超重，25.0~29.9为肥胖前状态，30.0~34.9为一级肥胖，35.0~39.9为二级肥胖，BMI≥40.0为三级肥胖。

这一标准世界各国广泛采用。

（2）我国标准 BMI<18.5为体重过低，18.5~23.9为正常范围，24.0~27.9为超重，BMI≥28.0为肥胖。

3. 测量腰围（WC）

被测者勿用力挺胸或收腹，保持自然呼吸状态测量腰围。测量误差不超过1cm。腰围标准：

WHO标准 男性>94cm，女性>80cm，作为肥胖的标准；

亚洲标准 男性>90cm，女性>80cm，作为腹型肥胖的标准。

4. 测量臀围

被测者要放松两臀，保持自然呼吸状态。测量误差不超过1cm。

用所测得的腰围和臀围的数值计算腰臀比（WHR），男性大于0.9或女性大于0.8可诊断为中心性肥胖，但其分界值随年龄、性别、人种不同而不同。

5. 测量皮脂厚度

受试者自然站立，肌肉不紧张，体重平均落在两腿上；把皮肤与皮下组织一起夹提起来，但不能把肌肉提夹住。可以测量（上臂）肱三头肌或肩胛下角皮脂厚度、腹下等处的皮脂厚度。

成人肱三头肌皮脂厚度（TSF）正常参考值为男性8.3mm，女性15.3mm。实测值与参考值比较：

>90%	正常
80%~90%	轻度热能营养不良
60%~80%	中度热能营养不良
<60%	重度热能营养不良

正常成年男性的腹部皮肤皱襞厚度为5~15mm，大于15mm为肥胖，小于5mm为消瘦；正常成年女性的腹部皮肤皱襞厚度为12~20mm，大于20mm为肥胖，小于12mm为消瘦，40岁以上妇女测量此部位更有意义。

正常成人肩胛皮肤皱襞厚度的平均值为12.4mm，超过14mm就可诊断为肥胖。

6. 测量上臂围

测量上臂紧张围时，被测者要使肌肉充分收缩，卷尺的松紧度要适宜；测量误差不超过0.5cm。

测量上臂松弛围时，要注意由紧张变换到放松时，勿使卷尺移动；测量误差不超过0.5cm。

上臂肌围的计算（AMC）：

$$AMC = AC(cm) - 3.14 \times TSF(cm)$$

式中，AC 一般指上臂松弛围。

AMC的正常值：成年男性为24.8cm，女性为21.0cm。用实测值与参考值比较：

>90%	正常
80%~90%	轻度热能营养不良
60%~80%	中度热能营养不良
<60%	重度热能营养不良

学习单元 2　儿童体格测量

一、儿童体格测量的指标

体格发育有很多测量指标，大体归为三类，包括纵向测量指标、横向测量指标和质量测量指标。

（1）纵向测量指标　身高（3 岁以后）、身长（3 岁以前）、坐高（3 岁以后）、顶臀长（3 岁以前）、上肢长、下肢长、手长、足长等。

纵向测量指标主要与骨骼系统的生长有关。在全身各个系统中，骨骼是最稳定的系统之一，受遗传因素控制作用较强，外界生活条件的影响需要有一个长期的过程才能够得到体现。所以纵向测量指标主要用来反映长期营养、疾病和其他不良环境因素的影响过程。

（2）横向测量指标　包括围度测量指标和径长测量指标。

常用的围度测量指标有：头围、胸围、腹围、上臂围、大腿围和小腿围等。

常用的径长测量指标：肩围、骨盆围、胸廓前后径和左右径、头前后径和左右径等。

（3）质量测量指标　目前在儿童保健工作中可应用的质量测量指标为体重。

对体格测量指标的选择还需依据年龄和研究目的。婴幼儿时期为了筛查小头畸形和脑积水等常需测量小儿的头围；观察婴幼儿的头围和胸围的交叉年龄，需测量胸围。监测儿童生长发育情况需测量身高和体重。

二、儿童体格发育指标的意义

1. 身长

3 岁以内的婴幼儿，由于不能站立或站立时不能保持足跟、骶骨和胸椎与身高计保持接触（以使婴幼儿维持身体直立位），需卧位测量头顶点至足底距离，称之为身长。

2. 身高

表示站立时头、颈、躯干和下肢的总高度。在全身各个系统中，骨骼是最稳定的系统之一，受遗传因素控制作用较强，外界生活条件的影响需要有一个长期的过程。身高具有这种性质，外界生活条件的改善或恶化，必须经过长年累月才可能影响身高。

3. 坐高与顶臀长

坐高指儿童处于坐位时的头顶点至坐骨结节的高度。3 岁以下儿童测量头顶点至臀部高度，称之为顶臀长。身长或身高减去顶臀长或坐高即为下肢长度。

儿童身高（身长）、坐高（顶臀长）等纵向指标的生长称之为线性生长。

4. 体重

体重反映了身体各部分、各种组织质量的总和，其中骨骼、肌肉、内脏、体脂和水分占主要成分。在构成体重的各成分中，骨骼发育受遗传因素影响大，发育趋于稳定，儿童肌肉、内脏变化居中，而水分和体脂变化最为活跃。因此，体重可呈双向变化。体重的下降可由远期或近期营养造成。研究还表明，体重下降可预示群体中死亡率有上升的趋势，以及有阻碍生长发育的危险因素存在。新生儿和婴儿体重的测量误差比身高小，此期体重可有效地反映营养状况。

低出生体重（low birthweight，LBW）是指出生体重低于2500g。低出生体重不仅反映了胎儿在宫内营养不良，也与早产有关。而早产与孕期感染、妊娠并发症、宫颈、胎膜、胎盘、生活方式（如吸烟、吸服可卡因等）和心理压力等因素有关。因而，LBW发生率也是妇幼保健服务指标之一。

5. 头围

头围表示头颅的围长，间接反映颅内容量的大小。头围稳定，变异系数最小。新生儿头围大于胸围，随着月龄增长，胸围超过头围。头围与胸围交叉所在的月龄大小成为评价婴儿营养状况的方法之一。头围与颅内容物和颅骨发育有关。前囟由额骨、顶骨的骨缝构成，出生时斜径约2.5cm，在出生后12~18个月闭合。后囟由顶骨与枕骨缝构成，呈三角形，在出生时或出生后2~3个月闭合。佝偻病、脑积水、地方性甲状腺功能低下等可致囟门闭合延迟；颅内压增高可致前囟饱满；严重脱水或营养不良，可致囟门凹陷。

6. 胸围

胸围是胸廓的围长，反映胸廓与肺的发育。出生时胸围小于头围1~2cm；1周岁时与头围大致相等，形成交叉；以后胸围超过头围。

7. 上臂围

上臂围是指上臂正中位的肌肉、脂肪和骨骼的围度。在儿童期，肌肉和骨骼围度上的差异相对稳定，脂肪多少影响上臂围变化。因此，可以用上臂围值间接反映脂肪变化来估计营养状况。上臂围测量方法简便，一般母亲都能够掌握，但它不像体重那样较为敏感地反映营养的变化。一般认为，1~5岁儿童上臂围变化不大，如我国1~5岁组男童上臂围为（15.5±1.0）cm，可初步以13cm作为界值，低于13cm作为营养不良的判断标准。

8. 皮脂厚度

皮下脂肪厚度（简称皮脂厚度）是评价儿童营养状况的指标之一。

皮脂厚度可用X线照片、超声波、皮脂卡钳等来测量。皮脂卡钳（皮脂厚度计）测量儿童的皮下脂肪厚度最为简单和安全。

三、儿童营养状况的评价

1. KAUP 指数

$$\text{KAUP 指数} = \frac{\text{体重(kg)}}{[\text{身高(cm)}]^2} \times 10^4$$

适用于 7 岁前儿童。其评价标准为：

<10	表示严重营养不良
10~13	表示中度营养不良
13~15	表示轻度营养不良
15~19	表示正常
19~22	表示优良
>22	表示肥胖

2. ROHRER 指数

$$\text{ROHRER 指数} = \frac{\text{体重(kg)}}{[\text{身高(cm)}]^2} \times 10^7$$

适合于 7 岁以上年龄人。其评价标准为：

<92	表示过度瘦弱
92~109	表示瘦弱
110~139	表示正常
140~156	表示肥胖
>156	表示过度肥胖

能力要求：儿童体格测量的方法

一、工作准备

开展体格测量工作之前选择好工作场地，准备测量工具，并进行全面检查、校正。

（1）场地选择　场地应保持安静，照明良好，远离噪声，以避免气味的干扰，室温以 20~22℃ 为宜，相对湿度在 50%~55%。

（2）使用器材

①标准量床：应选择平坦的地方放置，围板刻度应面向光源（便于读数）。仔细检查两端头板有无松动现象，围板刻度 0 点是否与头板的头顶面重合，并以钢尺检查围板上的刻度是否准确，一般为 10.0cm，误差不得大于 0.1cm。如图 2-15 所示。

②软尺：仔细检查软尺有无裂隙、变形等，并用 2m 长的刻度尺检查其刻度是否准确，相差 0.5cm 则不能使用。

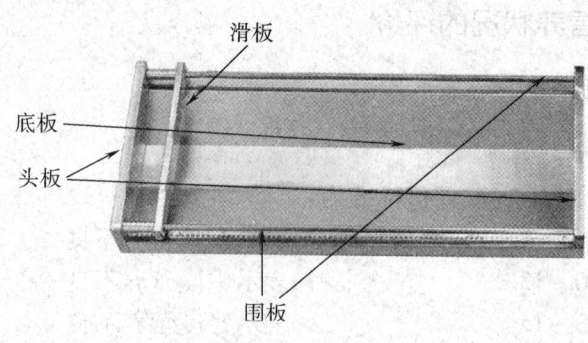

图 2-15　量床

③婴儿体重秤或成人体重计：常选择电子人体体重秤（图 2-16）。使用前需检验其准确度，要求误差不超过 0.1%，即 100kg 误差小于 0.1kg。

④身高坐高计：以机械式身高坐高计为例（图 2-17），测试前应检查身高计是否完好，使用前应校对零点，误差不得大于 0.1cm。

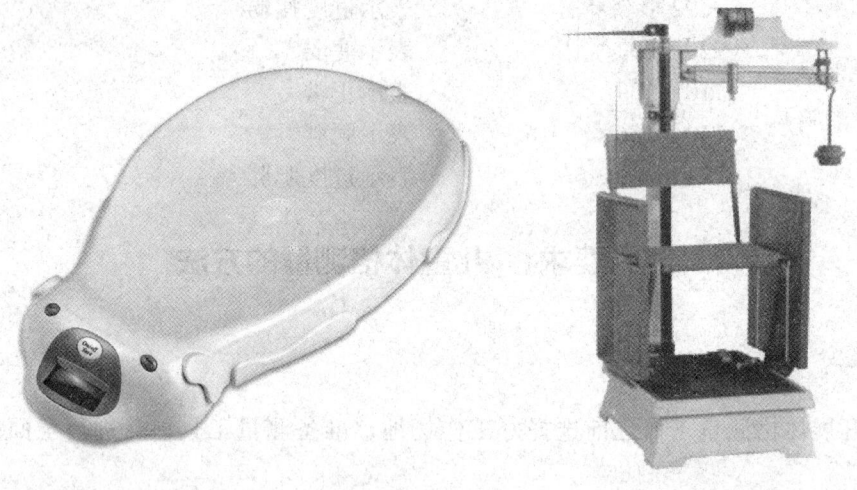

图 2-16　婴幼儿体重秤　　　　图 2-17　机械式身高坐高计

⑤皮脂厚度计：不同厂家生产的皮脂厚度计外形有差异，但原理是一样的，使用前要进行校正。

（3）记录表　可采用纸质记录表或采用电脑录入电子式记录表，以便长期保存。

（4）记录笔　应用钢笔或圆珠笔进行填写，不能用铅笔。要能长期保存，一般两年以上不褪色。

二、工作程序

1. 测量体重

新生儿测量体重需要运用婴儿磅秤或特制的杠杆秤，最大载重量10kg；适用于1个月~7岁儿童的磅秤最大载重50kg，误差不超过50g；适用于7岁以上儿童用的磅秤，最大载重100kg，误差不过100g。误差测量可用标准大砝码。结果记录以千克为单位，精确到小数点后2位。体重测量前应校正零点（不在零点应调节校正螺丝）、校正灵敏度（用100g砝码）和测量误差。被测量的儿童应脱去外衣、鞋帽，去除内衣质量。也可由大人抱着婴儿称量，然后减去成人和婴儿所穿衣服质量。

2. 测量身长（3岁以前）或身高（3岁以后）

测量婴幼儿身长用量床，两边可嵌钢尺以示刻度。测量时需要两人，儿童仰卧；助手将儿童扶正，头顶抵量床头板；测量者位于儿童右侧，左手握住儿童双膝，使腿伸直，右手移动足板使其接触两足跟。以"cm"为记录单位，精确到小数点后1位。注意量床两侧读数一致。钢尺刻度误差不超过0.1cm（可用标准直钢尺校正）。

身高常用身高坐高计测量。儿童取立位姿势，两眼平视，胸廓稍挺起，腹部微收，两臂自然下垂，手指并拢，足跟靠拢，足尖分开约60°。足跟、臀部和两肩胛间三个部位同时靠近身高坐高计立柱。移动滑测板，使之轻抵颅顶点，测量者平视，记录身高。以"cm"为单位，精确到小数点后1位，如某4岁3个月的男童身高为104.5cm。两次测量误差不超过0.5cm，立柱的刻度误差每1cm不超过0.1cm（可用标准直钢尺校正）。

3. 测量坐高或顶臀长

顶臀长用量床测量。需有1人协助，协助者固定儿童头部于正中位；测量者左手提儿童下肢，膝关节屈曲，大腿垂直；测量者右手将底板紧贴儿童骶骨，读取读数（图2-18）。以"cm"为单位记录，精确到小数点后1位。刻度误差每1cm不超过0.1cm，两次测量误差小于0.5cm。

4. 测量头围

测量者用软尺从头部右侧眉弓上缘经枕骨粗隆、左侧眉弓上缘回到起点（图2-19）。结果用"cm"表示，记录到小数点后1位。测量时，软尺紧贴头皮，左右对称。

5. 测量胸围

胸围测量时，3岁以下婴幼儿取仰卧位；3岁以上取立位，两手自然平放或下垂。需要两人进行，测量者立于儿童的前方或后方，用左手拇指将软尺零点固定在儿童胸前左乳头下缘，右手将软尺从右侧绕过胸后壁，经左侧回到零点。协助者双手将软尺固定在两肩胛下角下缘，可保证测量的准确性。记录儿童平静呼

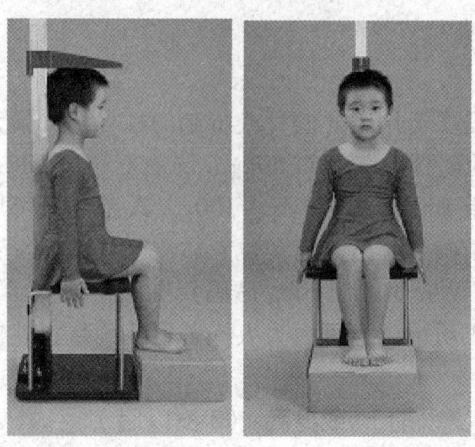

图 2-18 儿童坐高测量

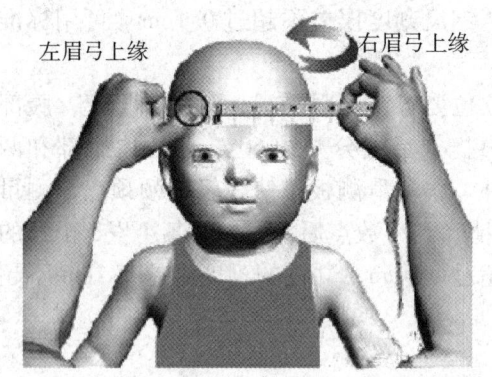
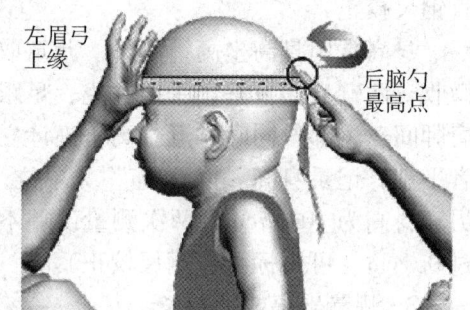

图 2-19 头围的测量

吸时的中间读数,用"cm"为单位,记录到小数点后 1 位。

6. 测量上臂围

上臂围测量用软尺,被测量者双手臂自然平放或下垂,取左臂肩峰点至尺骨鹰嘴连线的中点绕上臂一周,以"cm"为单位,记录到小数点后 1 位。

7. 测量皮脂厚度

皮下脂肪常用的测量部位有以下几个。

(1) 腹壁皮脂厚度 取锁骨中线与脐平线交界点,测量者用左手拇指和食指于测量点左右分开 3cm,沿躯干长轴平行方向捏起皮下脂肪,右手拿皮脂卡钳,张开钳口,在距手捏点下 1cm 处夹住皮下脂肪,读取刻度盘指针所指读数。单位用"mm",记录到小数点后 1 位。

(2) 背部皮下脂肪 取左侧肩胛下角下稍偏外侧处皮下脂肪,左手拇指与食指捏起时与脊柱呈45°。

（3）上臂皮脂厚度　在左侧上臂肩峰点与尺骨鹰嘴连线中点处，测量皮脂厚度，皮的方向与上臂长轴平行。

任务2　营养不良的症状与判别

学习目标

知识目标
1. 掌握营养素缺乏与过多的种类和症状。
2. 熟悉各种慢性病的营养问题。

技能目标
1. 能够根据身体状况判断营养素的缺乏与过量。
2. 能够对各种慢性病的营养问题进行合理膳食指导。

随着我国经济发展和居民生活水平的提高，尽管在许多大城市和富裕农村存在营养过剩或营养失衡的状况，导致一些与营养相关的慢性病如糖尿病、肥胖、心血管疾病等的患病率持续上升，但目前我国无论在富裕的大城市还是在贫穷的偏远农村地区，均存在微量营养素缺乏的情况。对居民营养不良的症状和体征进行判别，对人体的营养状况做出评价是营养工作者的基本技能。

目前蛋白质-能量营养不良、维生素和矿物质的缺乏仍然是常见的营养缺乏病，是引起人群尤其是儿童和老年人死亡的重要因素。人体营养素缺乏的评价主要包括体格检查、人体测量和实验室检查等客观指标的结果，以及通过病史和症状询问而获得的主观指标结果，包括营养史、体格检查和某些实验室检查。

一、蛋白质-能量营养不良的症状与判别

蛋白质-能量营养不良（protein-energymalnutrition，PEM）是由于各种原因所致能量和（或）蛋白质缺乏的一种营养缺乏症，常伴有各种器官功能紊乱和其他营养素缺乏，主要见于3岁以下婴幼儿。其临床上如以能量供应不足为主，表现为体重明显减轻、皮下脂肪减少者称为消瘦型；如以蛋白质供应不足为主，表现为水肿者称为水肿型；介于两者之间者为消瘦-水肿型。目前就全世界范围

而言，PEM 仍是 5 岁以下儿童发病的主要原因之一，而严重 PEM 是其死亡的首要原因。

1. 病因

可分原发性和继发性两种。

（1）原发性　因食物中蛋白质和能量摄入量长期不能满足机体生理需要和生长发育所致。常由下列因素引起：①食物供给不足：在我国经济水平不断提高的今天，这种原因引起的营养不良已很少见。②喂养不当：如母乳不足而未及时添加其他乳品；人工喂养调配不当（奶粉配制过稀）；长期以淀粉类食品（米糊、奶糕）为主食；母乳喂养时间过长而未及时添加辅食或骤然断奶等。③不良饮食习惯和其他一些精神因素：儿童和年长儿中，如长期偏食、挑食、吃零食过多而影响正餐，早餐过于简单，精神性厌食等。

（2）继发性　由于某些疾病因素，如消化系统解剖或功能上异常引起消化吸收障碍；长期发热，各种急、慢性传染病以及慢性消耗性疾病等均可致分解代谢增加、食物摄入减少及代谢障碍，是引起营养不良的常见原因。另外，早产、多胎、宫内营养不良等先天不足也可引起生后营养不良。

2. 蛋白质－能量营养不良的症状

消瘦型营养不良多见于 1 岁以内婴儿。体重不增是最早出现的症状，继而体重下降，皮下脂肪和肌肉逐渐减少或消失，久之可引起身长不增，智力发育落后。皮下脂肪减少的顺序为：最先是腹部（皮下脂肪层厚度可作为判断营养不良程度的重要指标之一），其次为躯干、臀部、四肢，最后为面颊部。严重者面颊部脂肪垫消失、皮肤皱缩松弛、干瘪似"老头"，头发干枯，对外界刺激反应淡漠，体温低于正常，心率缓慢，心音低钝，呼吸浅表，全身肌张力低下，腹部如舟状，食欲低下，常出现便秘或饥饿性腹泻，大便量少、次频、带有黏液。

蛋白质严重缺乏所致的水肿型营养不良，又称恶性营养不良病（kwashiorkor），常同时伴有能量摄入不足。多见于单纯碳水化合物喂养的 1～3 岁幼儿，外表似"泥膏样"。水肿通常出现较早，因此体重下降并不明显，水肿多从内部脏器开始，以后才出现于四肢、面部，严重者为全身性。常伴肝大，毛发稀疏，易脱落，颜色根据营养状况而变化。皮炎常见，受刺激部位皮肤色素沉着，脱皮后色素沉着可消失，也可蔓延至全身，常伴有舌乳头萎缩、念珠菌口腔炎。消瘦－水肿型营养不良临床表现介于上述二型之间。

3. 实验室辅助检查

水肿型营养不良较消瘦型营养不良血生化指标变化明显。

（1）IGF－I　胰岛素样生长因子Ⅰ（IGF－I）水平反应灵敏，且不受肝功能的影响，是 PEM 早期诊断的灵敏可靠指标。

（2）血清氨基酸　血清必需氨基酸与非必需氨基酸之间比值降低，血清牛磺酸、支链氨基酸水平明显降低。重度 PEM 患儿，尿羟脯氨酸排泄减少，其排出量与生长速度有关,故通过计算尿羟脯氨酸指数可评价儿童的蛋白质-能量营养状态。尿羟脯氨酸指数=尿羟脯氨酸浓度(mmol/L)/尿肌酐浓度(mmol/L)×体重(kg),正常学龄前儿童为2.0~5.0,生长缓慢者小于2.0。

(3) 其他　血清淀粉酶、脂肪酶、胆碱酯酶、转氨酶、碱性磷酸酶、胰酶和黄嘌呤氧化酶等的活性均下降,甚至丧失。

二、维生素缺乏的症状与判别

1. 维生素 C 缺乏

(1) 维生素 C 缺乏的症状　起病缓慢,自饮食缺乏维生素 C 至发展成坏血病约历时4~7个月。常先有一些非特异性症状,如激动、软弱、倦怠、食欲减退、体重减轻及面色苍白等,也可出现呕吐腹泻等消化紊乱症状,常未引起父母注意。此阶段可称为隐性病例。

维生素 C 缺乏的最重要和最早的表现是龈炎、龈出血和龈肿胀。除牙龈出血外,其他口腔黏膜亦可见出血或淤斑。若颞颌关节内有出血,则患者在张口、闭口时有疼痛。此外伤口愈合障碍,对传染的易感性增加,易并发坏死性龈口炎。

下肢尤以小腿部肿痛最为常见。肿胀多沿胫骨骨干部位,压痛显著。局部温度略增,但不发红。肋骨与肋软骨交接处,尖锐地凸出,形成坏血病串珠。在凸起部分的内侧可摸得凹陷,这是由于肋骨与肋软骨接合处的胸骨板半脱位。而佝偻病的串珠则因骨骺软骨带增宽,凸出处两侧对称,没有这种凹陷。

全身任何部位可出现大小不等和程度不同的出血,最常见者为长骨骨膜下出血,尤其是股骨下端和胫骨近端。皮肤淤点和淤斑多见于骨骼病变的附近,膝部与踝部最多见。其他部分的皮肤亦可出现淤点。牙龈黏膜下经常出血,绝大多数见于已经出牙或正在出牙的时候。在上切牙部位最为显著。

本病可与佝偻病、营养不良同时存在。并发佝偻病时,在 X 线片上就会出现这两种病的不同表现,以致混淆不清。坏血病患儿抵抗力降低,常并发感染如中耳炎、疖病、肺炎等。

(2) 实验室检查　血浆抗坏血酸浓度是一较好证实维生素 C 缺乏的方法,其浓度正常值为280~300mg/L(28~30mg/dL),当其含量降到零值,虽无临床症状,亦表明为隐性坏血病。另一较好的方法是耐受试验,用抗坏血酸20mg/kg置于生理盐水制成4%溶液,静脉注射,如4h后尿标本维生素 C 量高于15mg/L(1.5mg/dL),可以排除坏血病。

2. 硫胺素缺乏

维生素 B_1 缺乏症(vitamin B_1 deficiency)又称脚气病(beriberi),是因缺乏维生素 B_1(硫胺素,thiamine)引起的疾病。多见于以大米为主食的地区,任何年龄均可发病。

(1) 症状　婴儿多为急性发病,以神经系统为主者称脑型脚气病;出现心功能不全者称心型（冲心型）脚气病；以水肿症状显著者称水肿型脚气病。亦可数型症状同时出现。年长儿则以水肿和多发性周围神经炎为主要表现。

①消化系统症状：以 3～6 个月婴儿最多见，多为母乳中维生素 B_1 不足所致。常有厌食、呕吐、腹胀、腹泻或便秘、体重减轻等。

②神经系统症状：婴儿可表现为神经麻痹和中枢神经系统症状。早期有烦躁、夜啼、咽喉返神经麻痹所致声音嘶哑甚至失音为本病的特征。继而，神志淡漠、喂食呛咳、吸乳无力、眼睑下垂、全身软弱无力、深浅反射减弱甚至消失，嗜睡，严重者惊厥、昏迷，可引起死亡。

年长儿以多发性周围神经炎为主，先有双下肢对称性感觉异常、腓肠肌触痛，进而感觉减退，以至消失，病情进展可出现上行性迟缓性瘫痪。

③心血管系统症状：婴幼儿常突发心力衰竭，多见于哺乳后或睡觉将醒时突然发生。表现为气促、烦躁、尖叫、呛咳、出冷汗、紫绀、心率过速，出现奔马律、心音低钝、心脏扩大、双肺布满湿罗音、肝肿大，重症迅速死亡。心电图呈低电压、S-T段压低、T波低平、倒置等改变。

④水肿与浆液渗出：年长儿可于早期出现下肢踝部水肿，甚至延及全身或伴发心包、胸腔、腹腔积液。

（2）实验室检查　体内硫胺素的营养状况，可通过测定硫胺素负荷前后的尿硫胺素排泄量、血清硫胺素水平、红细胞转酮醇酶（ETK）活性及空腹一次测定尿液中硫胺素/肌酐比例进行评价。

硫胺素负荷试验可以测定硫胺素的营养状况。通常用荧光法或微生物法进行硫胺素的测定，被测者于清晨排尿后禁食，给维生素 B_1（口服5mg或肌内注射1mg），然后饮水200mL，收集4h尿，测定尿中维生素 B_1 量，小于100μg为缺乏，100～200μg为不足，大于200μg为正常，脚气病患者常低于5μg。

血清硫胺素水平正常参考值为 103～306nmol/L（3.1～9.2μg/dL），如血清硫胺素水平低于100nmol/L（3μg/dL），则提示维生素 B_1 缺乏。

红细胞转酮醇酶（ETK）活性是测定维生素 B_1 营养状况的特异性指标，也是评价维生素 B_1 营养状况的最有效指标。ETK-AC值越高，则硫胺素缺乏越严重。TPP效应的正常参考值为 0～15%，维生素 B_1 低水平时为 16%～25%，缺乏时高于25%。

3. 核黄素缺乏

维生素 B_2 缺乏症（vitamin B_2 deficiency）有摄入不足（喂养不当、烹饪加工过程中丢失过多）、吸收障碍（长期腹泻和胆道疾病等）、消耗过多、需要量增加（如寒冷、发热、妊娠和哺乳、剧烈运动等应激情况）和特殊服药史（抗精神病药，如氯丙马臻、丙咪嗪等）等致病因素。

（1）症状　出现皮炎，如舌炎、唇炎、口角炎、阴囊炎和脂溢性皮炎等。阴囊炎为最早期和最常见的表现，可分红斑型、丘疹型和湿疹型。舌炎早期蕈状乳头呈针尖大小，轮廓乳头呈黄豆大小的肥厚丘疹；舌中部呈边缘鲜明的红斑，前端宽而后端窄，呈葫芦状，重者全舌青紫，肿胀明显；以后乳头变小或消失，舌面平滑萎缩，伴大小、深浅不一的裂隙，自觉有痛感。唇炎主要见于下唇，口唇干燥、脱屑和色素沉着，偶可潮红、糜烂、纵裂。口角炎表现为口角浸渍发白、糜烂、皲裂和结痂，倾向感染，愈后可结疤。其他黏膜症状有畏光、流泪、结膜炎、浅表性角膜炎、角膜混浊乃至溃疡，鼻前庭结痂，皲裂等。

（2）实验室检查　实验室检查的指标主要有以下几个。

①红细胞核黄素测定：红细胞中核黄素含量与膳食摄入量密切相关，是评价核黄素营养状况的最佳指标。红细胞中核黄素含量高于 400μmol/L（150μg）为正常，低于 270μmol/L（100μg）为缺乏。

②尿核黄素测定：尿中核黄素排出量也是一项有价值的诊断依据。尿核黄素排出量高于 320μmol/L（>120μg）为正常。在尿液收集不全时，可按肌酐排出量来衡量：大于等于 80μg/g 肌酐为正常，小于 27μg/g 肌酐为缺乏。不同年龄核黄素排出量正常参考值范围：1~6 岁为 150~270μmol/mol 肌酐（500~900μg/g 肌酐），7~9 岁为 81~50μmol/mol 肌酐（270~500μg/g 肌酐），10~15 岁为 60~120μmol/mol 肌酐（200~400μg/g 肌酐），成人为 24~81μmol/mol 肌酐（80~269μg/g 肌酐）。

③核黄素负荷试验：清晨排出第一次尿后，口服 5mg 核黄素后 4h 收集尿液，当尿中核黄素排出量大于等于 3450nmol（≥1300μg）为正常，1330~3450nmol（500~1300μg）为不足，小于等于 1330nmol（≤500μg）为缺乏。

4. 维生素 A 缺乏

维生素 A 缺乏病（vitamin A deficiency）是因体内缺乏维生素 A 而引起的全身性疾病，其主要病理变化是全身上皮组织显现角质变性。眼部症状出现较早而显著，对暗适应能力降低，继之结膜、角膜干燥，最后角膜软化，甚至穿孔，故又有夜盲症（night blindness）、干眼症（xerophthalmia）及角膜软化症（keratomalacia）等之称。本病多见于营养不良及长期腹泻的婴幼儿，发病高峰多在 1~4 岁，6 岁以上较少见，亚非发展中国家均多见此病，在我国边远地区尚非少见。饮食不当摄入维生素 A 不足，消化系统的慢性疾病如长期腹泻、慢性痢疾、肠结核、胰腺疾病等可影响维生素 A 的吸收，消耗性疾病如慢性呼吸道感染性疾病、迁延性肺炎、麻疹等以及甲状腺功能低下、糖尿病和锌缺乏都有可能发生维生素 A 缺乏症。

（1）维生素 A 缺乏的症状

①眼部症状：最早的症状是在暗环境下视物不清，定向困难，出现夜盲。尤以贴近角膜两旁的结膜出现变化最早，干燥而起皱褶，角质上皮逐渐退化，形成大小不等的形似泡沫的白斑，称为结膜干燥斑，又称毕脱斑。病情进展，角膜可发生溃疡，在数日至数周内出现坏死、穿孔、虹膜外脱及角膜疤痕形成，终致

失明。

②皮肤表现：皮肤干燥，角化增生、脱屑。角化物充满于毛囊腔内，且突出于表皮，故抚摸时有鸡皮疙瘩或粗沙样感觉。于四肢伸侧及肩部最为显著，4岁以下的婴儿少见此症状。此外，尚有指甲多纹，失去光泽，蝗折裂，毛发干脆易脱落等。

③其他表现：由于维生素A缺乏时呼吸道及泌尿道上皮增殖和角化，以及免疫功能下降，易引起呼吸道继发感染和脓尿。舌味蕾因上皮角化味觉功能丧失，影响食欲，有的患儿可有呕吐。婴幼儿时期可见体格发育迟缓。严重缺乏维生素A时可见红细胞生成不良形成贫血，用足量铁治疗不能纠正贫血。

（2）实验室检查　血清维生素A测定是最可靠的指标。正常小儿血清维生素A值一般为300~500μg/L，患缺乏症时则减少至200μg/L甚至100μg/L以下。

5. 维生素D缺乏

维生素D以及钙缺乏（vitamin D deficiency）引起钙、磷代谢紊乱，导致骨样组织钙化不良、骨骼生长障碍。在骨骺尚未闭合前的儿童期发病称为佝偻病；在骨骺板已闭的成人则发生骨钙化障碍，导致骨软化病。

（1）佝偻病症状　初期有多汗、夜惊、易激惹、睡眠不安、枕部秃发等。极期有颅骨软化、方颅、前囟增大或闭合延迟、出牙延缓。胸部可见肋串珠、肋膈沟、鸡胸、漏斗胸。四肢腕踝畸形呈佝偻病手镯和脚镯。下肢长骨变形，形成"O"或"X"形腿。脊柱后突或侧弯。全身肌肉、韧带松弛，头颈软弱无力，坐、立、行均较落后。

（2）实验室检查　初期血钙可正常，极期血钙减低，小于1.88mmol/L（7.5mg/dL），游离钙小于0.88mmol/L（3.5mg/dL）。初期血磷正常或稍低，极期明显减低，小于0.97mmol/L（3mg/dL）。碱性磷酸酶活性在初期可升高，极期及病变严重时，上升明显，可达正常值上限的8~10倍。血清 $25-(OH)D_3$ 和 $1,25-(OH)_2D_3$ 测定在佝偻病初期即明显降低。

三、矿物质缺乏的症状与判别

1. 铁缺乏和缺铁性贫血

当机体对铁的需求与供给失衡，可导致体内储存铁耗尽（iron depletion, ID），继之红细胞内铁缺乏（iron deficient erythropoiesis, IDE），最终引起缺铁性贫血（iron deficient anemia, IDA）。儿童在生长期和婴儿哺乳期需铁量增加，尤其是早产儿、孪生儿或母亲原有贫血者，以及青少年因生长迅速，需铁量增加，尤以青年妇女，由于月经失血，若长期所食食物含铁不足，可发生缺铁。消化道溃疡反复多次出血或妇女月经量过多等长期的损失均可致贫血。

（1）缺铁性贫血的症状　面色萎黄或苍白，倦怠乏力，食欲减退，恶心嗳气，腹胀腹泻，吞咽困难。头晕耳鸣，甚则晕厥，稍活动即感气急，心悸不适。

伴有冠状动脉硬化的患者，可促发心绞痛。妇女可有月经不调、闭经等。

精神行为异常，如烦躁、易怒、注意力不集中、异食癖；体力、耐力下降；易感染；儿童生长发育迟缓、智力低下；口腔炎、舌炎、舌乳头萎缩、口角皲裂、吞咽困难；毛发干枯、脱落；皮肤干燥、皱缩；指（趾）甲缺乏光泽、脆薄易裂，重者指（趾）甲变平，甚至凹下呈勺状（反甲）。

（2）实验室检查　血红蛋白浓度、血清铁、血清白蛋白、血清运铁蛋白等指标下降；男性 Hb（红细胞）＜130g/L，女性 Hb＜120g/L，孕妇 Hb＜110g/L；红细胞形态有明显低色素表现。WHO 制订的铁缺乏诊断标准为血清铁（SF）＜8.95μmol/L，血清运铁蛋白饱和度（TS）＜15%，血清铁蛋白（SF）＜12μg/L，红细胞游离卟啉（FEP）＞1.26μmol/L。

2. 锌缺乏

锌（zinc）为人体必需的微量元素之一，作为多种酶的组成成分广泛地参与各种代谢活动。锌缺乏可致厌食、矮小、性成熟障碍、免疫功能低下，皮疹及脱发等。摄入量不足、吸收不良、丢失过多以及遗传缺陷都会导致锌的缺乏。

（1）锌缺乏的症状

①厌食：缺锌时味蕾功能减退，味觉敏锐度降低，食欲不振，摄食量减少。含交战消化酶如羧基肽酶 A 的活力降低，消化能力也减弱。

②生长发育落后：缺锌妨碍核酸和蛋白质合成并致纳食减少，影响小儿生长发育。缺锌小儿身高体重常低于正常同龄儿，严重者有侏儒症。国内外报道缺锌小儿补锌后身长体重恢复较快，缺锌可影响小儿智能发育，严重者有精神障碍，补锌皆有效。

③青春期性发育迟缓：如男性生殖器睾丸与阴茎过小，睾丸酮含量低，性功能低下；女性乳房发育及月经来潮晚；男女阴毛皆出现晚等。补锌后数周至数月第二性征出现，上述症状减轻或消失。

④异食癖：缺锌小儿可有喜食泥土、墙皮、纸张、煤渣或其他异物等现象，补锌效果好。

⑤易感染：缺锌小儿细胞免疫及体液免疫功能皆可能降低，易患各种感染，包括腹泻。

⑥皮肤黏膜表现：缺锌严重时可有各种皮疹、大疱性皮炎、复发性口腔溃疡、下肢溃疡长期不愈及程度不等的秃发等。

⑦胎儿生长发育落后、多发畸形：严重缺锌孕妇及怀孕动物可致胎儿生长发育落后及各种畸形，包括神经管畸形等。产妇因子宫收缩乏力而产程延长，出血过多。

⑧其他：如精神障碍或嗜睡，及因维生素 A 代谢障碍而致血清维生素 A 降低、暗适应时间延长、夜盲等。

（2）实验室检查　锌缺乏时血浆（或血清）锌低于正常，在正常低限

10.0~10.7μmol/L（65~70μg/dL）以下。血浆（清）锌受近期饮食含锌量的影响。肝、肾疾病及急、慢性感染与应激状态皆可使血浆（清）锌下降。

发锌可为慢性锌缺乏的参考指标。因发锌受头发生长速度、环境污染、洗涤方法及采集部位等多种条件影响，且与血浆锌无密切相关，并非诊断锌缺乏的可靠指标。

3. 碘缺乏

碘缺乏病是由于自然环境碘缺乏造成机体碘营养不良所表现的一组有关联疾病的总称。它包括地方性甲状腺肿、克汀病和亚克汀病、单纯性聋哑，胎儿流产、早产、死产和先天性畸形等。在我国离海较远的山区，如云贵高原和陕西、山西、宁夏等地，土壤、江河、湖泊及空气中的碘含量都很低，这些地方出产的食物碘含量也很少，如果人们长期生活在这样的缺碘环境，又只吃当地产的饮食，就不能得到足够的碘供应，继而导致碘缺乏病。

（1）碘缺乏的症状　缺碘可导致地方性甲状腺肿，俗称粗脖子病。严重缺碘可导致地方性克汀病，这主要是由于胎儿期及婴儿期严重缺碘，病人呆傻、矮小、聋哑、瘫痪，呈现特殊丑陋面容。孕妇缺碘可导致早产、流产、死产、先天畸形儿、先天聋哑儿等。缺碘不很严重时，虽未出现典型的克汀病的症状，但仍有智力低下或发育滞后，即所谓的亚克汀病。

（2）实验室检查　甲状腺功能减退，出现不同程度的身体发育障碍和不同程度的克汀病症状，如傻相、面宽、跟距宽、鼻梁塌、腹部膨隆等；黏液性水肿，皮肤毛发干燥，X线片骨龄落后和骨骺愈合延迟，血清T下降，促甲状腺激素（TSH）升高。

常用实验室检查生化指标及评价见表2-1。

表2-1　常用实验室检查生化指标及营养评价

检查项目	评价标准	临床意义
血清总蛋白/（g/L）	0~1月：<50 不足，≥50 正常； 1~5岁：<60 不足，≥60 正常； 6~17岁：<60 不足，≥60 正常； 成年：<60 缺乏，<60~64 不足，≥65 正常	不足或缺乏时提示蛋白质摄入不足，或严重的肾疾病，如硬化、慢性肾炎等
血红蛋白/（g/L）	6月~5岁：<110 缺乏，≥110 正常； 6~14岁：<120 缺乏，≥120 正常； 成年男子：<130 缺乏，≥130 正常； 成年女子：<120 缺乏，≥120 正常	缺乏时贫血，可由于铁或蛋白质摄入不足等原因引起
视黄醇结合蛋白/（mg/L）	26~76 正常	是反映膳食中蛋白质营养最灵敏的指标，缺乏时可引起水肿、创伤难愈合、免疫功能下降

续表

检查项目	评价标准	临床意义
血清运铁蛋白/（g/L）	18~25 正常	体内缺铁或长期失血时升高；恶性贫血、肝病、补铁过多时降低
血清甘油三酯/（mmol/L）	<1.47（或130mg/dL）	高脂肪、高糖、高热量饮食时升高；糖尿病、肥胖、动脉粥样硬化时也可见升高
血清胆固醇/（mmol/L）	<5.95（或230mg/dL）	摄入富含胆固醇的食物，如蛋黄、动物内脏时升高。与甘油三酯同时升高时称高脂血症，意义同甘油三酯升高相同，但更容易引起动脉粥样硬化
血清维生素A/（μg/L）	儿童：300~900 正常；成人：300~900 正常，<100 缺乏	低于正常值和摄入不足有关，可引起夜盲症、结膜角膜干燥、皮肤干燥等
血清β-胡萝卜素/（μg/L）	850~2620 正常	体内可转化为维生素A，摄入不足时可引起维生素A降低
血清维生素C/（mg/L）	4~8 正常，<4 缺乏，8~12 充裕	摄入不足时下降，可引起牙龈炎、皮下出血、结缔组织形成不良
尿维生素C/（mg/4h）	负荷试验：口服500mg维生素C后，4h尿中总排出量，5~13 正常，<5 不足，≥13 充裕	摄入不足时下降，可引起牙龈炎、皮下出血、结缔组织形成不良
尿维生素B_1/（mg/4h）	负荷试验：口服5mg维生素B_1后，4h尿中总排出量，200~399 正常，<200 不足，≥400 充裕	摄入不足时下降，可引起食欲减退、乏力、心悸、气短、浮肿、多发性神经炎、心脏扩大等
尿维生素B_2/（mg/4h）	负荷试验：口服5mg维生素B_2后，4h尿中总排出量，800~1300 正常，<800 不足，≥1300 充裕	摄入不足时下降，可引起视力模糊、口角炎、舌炎、唇炎、溢脂性皮炎等
尿维生素PP/（mg/4h）	负荷试验：口服5mg维生素PP后，4h尿中甲基烟酰总排出量，3.0~3.9 正常，<3.0 不足，≥4.0 充裕	摄入不足时下降，可引起对称性皮炎、舌炎、腹泻、精神异常
尿肌酐/（mg/4h）	成年男子：0.9~1.8；成年女子：0.8~1.5	蛋白质营养不良时可降低

续表

检查项目	评价标准	临床意义
血清铁（Fe）/（μmol/L）	成年男子：13.6~28.3；成年女子：10.7~31.0	缺乏、吸收不良时降低，最常见引起贫血，有乏力、头晕、心悸、气急、面色苍白等
血清锌（Zn）/（μmol/L）	成年人：101~119	摄入不足时下降，可引起生长发育迟缓、性成熟迟缓、食欲减退、伤口不易愈合等

四、营养不足或缺乏的临床检查

营养素缺乏的身体症状比较复杂，轻度缺乏或不足时症状轻微，而且有一些症状并没有特异性，因此须与其他疾病鉴别。此项检查应由临床医师或营养工作者进行。身体不同部位症状与营养素缺乏之间的关系见表2-2。

表2-2　身体不同部位症状与营养素缺乏之间的关系

身体部位	临床症状	营养素缺乏
全身	消瘦、发育不良 贫血	能量、蛋白质、维生素、锌 蛋白质、铁、叶酸、维生素 B_{12} 维生素 B_6、维生素 C
头发	易脱、脆、干燥 稀疏、色素少 头发竖立	蛋白质-能量营养不良 生物素、蛋白质-能量营养不良 蛋白质
皮肤	干燥 毛囊角化过度 毛囊周围淤血 皮炎 鼻唇沟皮脂溢出	维生素 A、必需氨基酸 维生素 A、必需氨基酸 维生素 C、维生素 K 维生素 PP 维生素 PP、维生素 B_2、维生素 B_6
眼	干眼病、比奥斑、夜盲 眼睑炎	维生素 A 维生素 B_2
唇	干裂 口角炎	维生素 B_6、维生素 B_2、维生素 PP 维生素 B_6、维生素 B_2、铁
牙龈	出血、肿胀	维生素 C

续表

身体部位	临床症状	营养素缺乏
舌	品红色舌	维生素 B_2
	舌乳头萎缩	铁、维生素 PP、叶酸、维生素 B_6
	舌炎	铁、维生素 PP、叶酸、维生素 B_6、维生素 B_{12}
指甲	反甲	铁
皮下组织	水肿	蛋白质-能量营养不良、维生素 B_1
肌肉骨骼	肌肉消耗	蛋白质-能量营养不良
	弓形腿	维生素 D、钙
	肋骨串珠状	维生素 D、钙、蛋白质-能量营养不良
循环系统	水肿	蛋白质、维生素 B_1
	右心肥大	维生素 B_{12}
其他	甲状腺肿	碘
	肥胖症	各种营养失调
	高脂血症	各种营养失调
	动脉粥样硬化	各种营养失调
	糖尿病	各种营养失调
	饥饿	各种营养失调

注:引自蔡东联《实用营养学》。

能力要求: 营养不良的判断与评价

一、工作准备

(1) 在进行判断前,要掌握各种营养素缺乏的症状与体征。
(2) 准备相关表格和记录用工具。

二、工作程序

1. 了解基本情况

个人一般情况,包括年龄、性别、籍贯等。

2. 膳食史调查

询问最近饮食是否规律,食欲如何,往常摄入的食物种类,是否有偏食习惯等,是否在减肥,有无嗜酒等。对于 1 岁以下的儿童,还应询问喂养情况,包括是否母乳喂养,辅食添加是否及时合理等。

3. 了解个人健康状况基本资料

有无患病，如寄生虫感染、慢性腹泻、消化道疾病、外科损伤、消耗性疾病等。

4. 进行相关体格检查

观察被检查者的体型，看是否消瘦、发育不良。进一步测量包括身高、体重、皮脂厚度、头围、胸围、上臂围等指标。

观察被检查者的外貌、表情、活动情况、精神状态等，看是否存在精神萎靡、反应冷淡等。

检查体温、血压、毛发、皮肤黏膜、骨骼系统、神经系统等，看是否有营养缺乏的症状。

5. 建议患者进行必要的实验室检查

根据以上检查建议患者进行必要的实验室检查，如血红蛋白、血清白蛋白、血清运铁蛋白、血清视黄醇、血清钙、血清维生素D、血浆维生素C、红细胞核黄素浓度等。

6. 询问病史获得相关信息

营养素是否摄入不足或不良的膳食行为、需要量是否增加、是否有吸收利用障碍、消耗是否增加等。

7. 分析和判断

综合分析个人史、体检结果、食物营养史、临床检验和实验室检查所获得的生化数据做出判断。

8. 膳食调整建议

根据判断结果和实验室检查情况，给出合适的膳食建议，选择对补充所缺乏营养素有益的食物。

项目三　膳食指导与食谱编制

将每日各餐主、副食的品种、数量、烹饪方法、用餐时间排列成表，称为食谱。食谱有一日食谱和一周食谱之分。食谱编制是将《中国居民膳食指南》和《中国居民膳食营养素参考摄入量》具体落实到用膳者每餐的膳食中，按照人体的生理需求摄入足够的营养素，以达到合理营养、促进健康的目的。

合理营养、平衡膳食是健康饮食的核心。合理营养就是按照平衡膳食的原则，将食物进行合理的主副搭配、荤素搭配、粗细搭配以及多样搭配，以优化食物组合并通过合理的烹饪，满足机体对食物消化、吸收和利用过程的要求。合理营养须具备以下几个方面的要求。

（1）膳食中的各种营养素充足均衡；（2）膳食能提供适宜的能量；（3）多种食物进行合理搭配；（4）注重食物的加工和烹饪；（5）进餐有规律；（6）注意饮食卫生。

任务1　不同人群营养和食物目标的设计

学习目标

知识目标
1. 掌握中国居民膳食指南和中国居民平衡膳食宝塔的内容。
2. 熟悉各类特定人群和特殊环境条件下人群的营养与膳食。

技能目标
1. 能为一般成年人和特定人群进行膳食指导。
2. 能为一般成年人和特定人群设计食物和营养素目标。

编制合理的营养食谱，目的是满足不同人群的营养需要。不同人群的营养需要可以不同年龄、性别及劳动状态、生理状态的人群的膳食营养素参考摄入量（DRIs）来确定。食物的选择包括摄入食物的种类和数量，使食谱提供的食物既能满足消费者合理营养的需要，又可以满足人们的感官享受。

学习单元1　成人营养和食物目标的设计

一、一般人群的膳食指南

膳食指南又称膳食指导方针，是各国营养机构针对本国存在的营养问题而提出的通俗易懂、简明扼要的膳食基本要求。它的形成是以调查研究和科学实验为基础，所以具有针对性、科学性和实用性。通过膳食指南，可以引导人们的食物消费，养成良好的饮食习惯，从而达到提高营养和增进健康的目的。和RDA一样，膳食指南每隔几年要根据人群营养的新问题和营养研究的新进展进行修订。

我国的膳食指南首次发布于1989年，为应对不同时期我国居民的营养与健康问题，中国营养学会组织专家分别于1997年、2007年、2016年对膳食指南进行了3次修订。为贯彻落实习近平总书记在全国卫生与健康大会上关于营养健康工作的重要指示精神和坚决制止餐饮浪费行为的重要指示精神，积极应对当前我国居民存在的主要营养健康问题，更好地为居民健康膳食提供科学指导，推动建立可持续食物系统，推进健康中国建设，中国营养学会2022年对《中国居民膳食指南（2016）》进行了修订，形成了《中国居民膳食指南（2022）》。

《中国居民膳食指南（2022）》由一般人群膳食指南、特定人群膳食指南、平衡膳食模式和膳食指南编写说明三部分组成，一般人群膳食指南提出了8条膳食准则，适用于2岁以上所有健康人群，提供有关食物、食物类别和平衡膳食模式的建议，健康合理的膳食指导，以促进全民健康和慢性疾病预防。

1. 准则一：食物多样，合理搭配

核心推荐：

（1）坚持谷类为主的平衡膳食模式。

（2）每天的膳食应包括谷薯类、蔬菜水果、畜禽鱼蛋奶和豆类食物。

（3）平均每天摄入12种以上食物，每周25种以上，合理搭配。

（4）每天摄入谷类食物200~300g，其中包含全谷物和杂豆类50~150g；薯类50~100g。

食物多样是平衡膳食的基础，合理搭配是平衡膳食的保障。不同食物中含有的营养素各有特点，只有通过合理搭配膳食中的食物种类和比例，才能满足个体的营养需要。

食物多样指一日三餐膳食的食物种类全、品样多，是平衡膳食的基础，应由五大类食物组成：第一类为谷薯类，包括谷类（含全谷物）、薯类与杂豆；第二类为蔬菜和水果；第三类为动物性食物，包括畜、禽、鱼、蛋、奶；第四类为大豆类和坚果；第五类为烹调油和盐。

平均每天摄入不同品种食物达到12种以上，每周达到25种以上，烹调油和调味品不计算在内。按照一日三餐分配食物品种数，早餐至少摄入3~5种、午餐摄入4~6种、晚餐4~5种、加上零食1~2种。

2. 准则二：吃动平衡，健康体重

核心推荐：

（1）各年龄段人群都应天天进行身体活动，保持健康体重。

（2）食不过量，保持能量平衡。

（3）坚持日常身体活动，每周至少进行5天中等强度身体活动，累计150min以上；主动身体活动最好每天6000步。

（4）鼓励适当进行高强度有氧运动，加强抗阻运动，每周2~3天。

（5）减少久坐时间，每小时起来动一动。

吃和动是影响体重的两个主要因素。吃的过少或/和运动过量，能量摄入不足或/和能量消耗过多，导致营养不良，体重过低（低体重，消瘦），体虚乏力，增加感染性疾病风险；吃的过多或/和运动不足，能量摄入过量或/和消耗过少，会导致体重超重、肥胖，增加慢性病风险。

体重变化是判断一段时期内能量平衡与否最简便易行的指标，也是判断吃动是否平衡的指标。目前常用的判断健康体重的指标是体质指数，我国健康成年人（18~64岁）的BMI应在$18.5~23.9kg/m^2$。从降低死亡率考虑，65岁以上老年人不必苛求体重和身材如年轻人一样，老年人的适宜体重和BMI应该略高（$20~26.9kg/m^2$）。

各个年龄段人群都应该天天进行身体活动，保持能量平衡和健康体重。推荐成年人积极进行日常活动和运动，每周至少进行5天中等强度身体活动，累计150min以上；每天进行主动身体活动6000步。鼓励适当进行高强度有氧运动，加强抗阻运动，多动多获益。减少久坐时间，每小时起来动一动。多动慧吃，保持健康体重。

3. 准则三：多吃蔬果、奶类、全谷、大豆

核心推荐：

（1）蔬菜水果、全谷物和奶制品是平衡膳食的重要组成部分。

（2）餐餐有蔬菜，保证每天摄入不少于300g的新鲜蔬菜，深色蔬菜应占1/2。

（3）天天吃水果，保证每天摄入200~350g的新鲜水果，果汁不能代替鲜果。

（4）吃各种各样的奶制品，摄入量相当于每天300mL以上液态奶。

（5）经常吃全谷物、大豆制品，适量吃坚果。

近年来，我国居民蔬菜、水果、奶类、全谷物和大豆摄入量仍处于较低水平。基于其营养价值和健康意义，建议增加蔬菜水果、奶类、全谷物和大豆及其制品的摄入。推荐成人每天摄入蔬菜不少于300g，其中新鲜深色蔬菜应占1/2；水果200~350g；全谷物及杂豆50~150g；饮奶300mL以上或相当量的奶制品；平均每天摄入大豆和坚果25~35g。坚持餐餐有蔬菜，天天有水果，把全谷物、牛奶、大豆作为膳食重要组成部分。

4. 准则四：适量吃鱼、禽、蛋、瘦肉

核心推荐：

（1）鱼、禽、蛋类和瘦肉摄入要适量，平均每天120~200g。

（2）每周最好吃鱼2次或300~500g，蛋类300~350g，畜禽肉300~500g。

（3）少吃深加工肉制品。

（4）鸡蛋营养丰富，吃鸡蛋不弃蛋黄。

（5）优先选择鱼，少吃肥肉、烟熏和腌制肉制品。

鱼、禽、蛋和瘦肉含有丰富的蛋白质、脂类、维生素A、B族维生素、铁、锌等营养素，是平衡膳食的重要组成部分，是人体营养需要的重要来源。但是此类食物的脂肪含量普遍较高，有些含有较多的饱和脂肪酸和胆固醇，摄入过多可增加肥胖、心血管疾病的发生风险，因此其摄入量不宜过多，应当适量摄入。

鱼类脂肪含量相对较低，且含有较多的不饱和脂肪酸，有些鱼类富含二十碳五烯酸（EPA）和二十二碳六烯酸（DHA），对预防血脂异常和心血管疾病等有一定作用，可首选；禽类脂肪含量也相对较低，其脂肪酸组成优于畜类脂肪，应先于畜肉选择。

蛋黄是蛋类中的维生素和矿物质的主要来源，尤其富含磷脂和胆碱，对健康十分有益，尽管胆固醇含量较高，但若不过量摄入，对人体健康不会产生影响，因此吃鸡蛋不要丢弃蛋黄。

5. 准则五：少盐少油，控糖限酒

核心推荐：

（1）培养清淡饮食习惯，少吃高盐和油炸食品。成年人每天摄入食盐不超过5g，烹调油25~30g。

（2）控制添加糖的摄入量，每天不超过50g，最好控制在25g以下。

（3）反式脂肪酸每天摄入量不超过2g。

（4）不喝或少喝含糖饮料。

（5）儿童青少年、孕妇、乳母以及慢性病患者不应饮酒。成年人如饮酒，一天饮用的酒精量不超过15g。

我国居民的饮食习惯中食盐摄入量较高，而过多的盐摄入与高血压、脑卒

中、胃癌和全因死亡有关，因此要降低食盐摄入，培养清淡口味，逐渐做到量化用盐，推荐每天食盐摄入量不超过5g。过多脂肪摄入会增加慢性疾病发生的风险。应减少烹调油和动物脂肪用量，推荐每天的烹调油摄入量为25~30g。成年人脂肪提供能量应占总能量的30%以下，并且搭配多种植物油，尽量少食用动物油和人造黄油或起酥油。

添加糖是纯能量食物，不含其他营养成分，平衡膳食中不要求添加糖，若需要摄入建议每天摄入量不超过50g，最好控制在约25g以下，同时也要少食用高糖食品。

酒精是造成肝损伤、胎儿酒精综合征、痛风、结直肠癌、乳腺癌、心血管疾病的危险因素，因此不推荐任何人饮酒。成年人若饮酒，应限量。成年人每日饮酒应该不超过酒精15g。

6. 准则六： 规律进餐， 足量饮水

核心推荐：

（1）合理安排一日三餐，定时定量，不漏餐，每天吃早餐。

（2）规律进餐、饮食适度，不暴饮暴食、不偏食挑食、不过度节食。

（3）足量饮水，少量多次。在温和气候条件下，低身体活动水平成年男性每天喝水1700mL，成年女性每天喝水1500mL。

（4）推荐喝白水或茶水，少喝或不喝含糖饮料，不用饮料代替白水。

规律进餐是实现平衡膳食、合理营养的前提。规律进餐需要做到一日三餐、定时定量，根据作息时间、生活习惯和劳动强度等进行适当调整。一日三餐中早餐提供的能量应占全天总能量的25%~30%，午餐占30%~40%，晚餐占30%~35%。

饮水不足会降低机体的身体活动能力和认知能力，还会增加泌尿系统疾病等风险。我国居民中饮水不足的现象较为普遍。在温和气候条件下，低身体活动水平成年男性每天喝水1700mL（约8.5杯），成年女性每天喝水1500mL（约7.5杯）。应主动、足量喝水，少量多次，推荐喝白水或茶水，不用饮料代替白水。

7. 准则七：会烹会选， 会看标签

核心推荐：

（1）在生命的各个阶段都应做好健康膳食规划。

（2）认识食物，选择新鲜的、营养素密度高的食物。

（3）学会阅读食品标签，合理选择预包装食品。

（4）学习烹饪、传承传统饮食，享受食物天然美味。

（5）在外就餐，不忘适量与平衡。

不同类别食物中含有的营养素及有益成分的种类和数量不同，每人或每个家庭均应有每天的膳食设计和规划，按需选购备餐，按类挑选优质蛋白质来源和营养密度高的食物；尽可能选择维生素、矿物质以及膳食纤维或其他有益健康的生物活性物质含量丰富的食物；优选当地、当季新鲜食物，按照营养和美味搭配组合。

不同地区有各自特色的饮食文化，煮、炖、蒸、炒是比较常用的家庭烹饪方法。要少用煎、炸，控制烹调油用量，用天然香料，选择新型健康烹饪工具。

加工食品在膳食中的比例日渐增大，学会读懂预包装食品标签和营养标签，了解原料组成、能量和核心营养成分含量水平，慎选高盐、高油、高糖食品，帮助比较和选择适合自己的食物。

8. 准则八：公筷分餐，杜绝浪费

核心推荐：

（1）选择新鲜卫生的食物，不食用野生动物。

（2）食物制备生熟分开，熟食二次加热要热透。

（3）讲究卫生，从分餐公筷做起。

（4）珍惜食物，按需备餐，提倡分餐不浪费。

（5）做可持续食物系统发展的践行者。

加强饮食卫生安全，是通过饮食能得到足够的营养、增强体质、防止食物中毒和其他食源性疾病事件发生所采取的重要措施，与现代文明同步相随。个人和家庭日常生活应首先注意选择当地的、新鲜卫生的食物，不食用野生动物。食物制备生熟分开，储存得当，避免交叉污染，能够有效防止病从口入。多人同桌使用公筷公勺，或采取分餐或份餐等卫生措施，避免食源性疾病发生和传播。

勤俭节约是中华民族的文化传统，食物资源宝贵，来之不易，但食物浪费仍存在各个环节。不浪费食物，涉及多个环节，对于家庭和个人来说，应做到按需选购，合理储存；小份量、光盘行动；合理利用剩饭剩菜；外出就餐，按需点菜不铺张。

二、中国居民平衡膳食宝塔

中国居民平衡膳食宝塔（以下简称膳食宝塔，见图3-1）是根据《中国居民膳食指南（2022）》的核心内容，结合中国居民膳食的实际状况，把平衡膳食的原则转化成各类食物的重量和所占比例的图形化表示，便于人们在日常生活中实行。

1. 膳食宝塔结构

中国居民平衡膳食宝塔形象化的组合，遵循了平衡膳食的原则，体现了在营养上比较理想的基本食物构成。宝塔共分5层，各层面积大小不同，体现了5大类食物和食物量的多少。5大类食物包括谷薯类、蔬菜水果、畜禽鱼蛋奶类、大豆和坚果类以及烹调用油和盐。食物量是根据不同能量需要量水平设计，宝塔旁边的文字注释，标明了在1600~2400kcal能量需要量水平时，一段时间内成年人

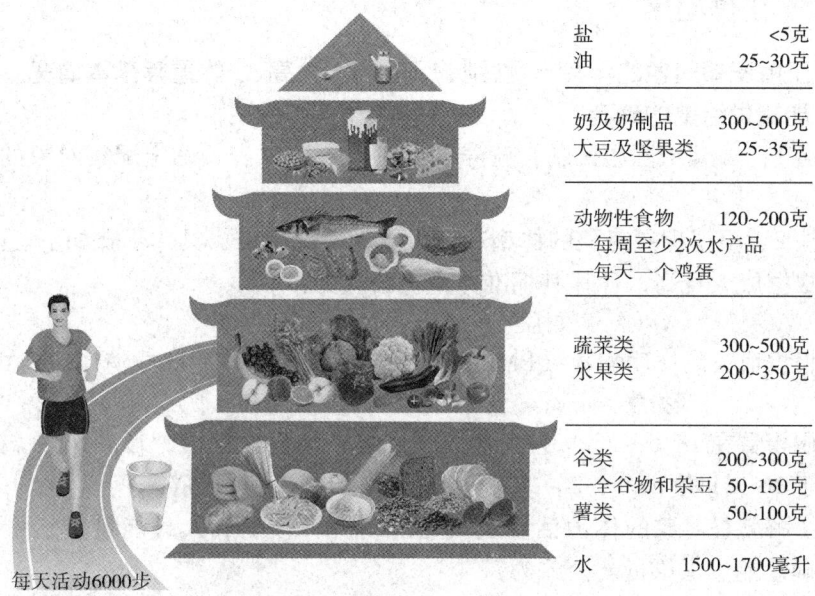

图 3-1 中国居民平衡膳食宝塔 2022

每人每天各类食物摄入量的建议值范围。

2. 膳食宝塔建议的食物量

膳食宝塔建议的各类食物摄入量都是指食物可食部分的生重。各类食物的重量不是指某一种具体食物的重量,而是一类食物的总量,因此在选择具体食物时,实际重量可以在互换表中查询。膳食宝塔的结构图及食品标示量,满足了能量在 1600～2400kcal/d 的成年人的能量和营养素需要。

3. 中国居民平衡膳食宝塔的应用

膳食宝塔中建议的每人每日各类食物适宜摄入量范围适用于一般健康成人,在实际应用时要根据个人年龄、性别、身高、体重、劳动强度、季节等情况适当调整。膳食宝塔建议的每人每日各类食物适宜摄入量范围适用于一般健康成年人,应用时要根据自身的能量需要进行选择。

应用膳食宝塔可把营养与美味结合起来,按照同类互换、多种多样的原则调配一日三餐,要因地制宜充分利用当地资源,要养成习惯,长期坚持。

能力要求: 成人食物和营养目标的确定

一、工作准备

记录笔、记录本、《中国居民膳食营养素参考摄入量》表格。

二、工作程序

1. 了解配餐对象的年龄、性别、职业、身高、体重等基本情况
2. 能量供给量的确定

方法1：查《中国居民膳食营养素参考摄入量》表，确定配餐对象的能量供给量。

方法2：根据配餐对象的体型和体力活动情况确定，具体步骤如下。

①根据成人身高，计算其标准体重。公式为：

$$标准体重（kg）= 身高（cm）- 105$$

②根据成人的体质指数（BMI），判断其属于正常、肥胖或消瘦。公式为：

$$体质指数（kg/m^2）= 实际体重（kg）\div 身高的平方（m^2）$$

体质指数在18.5~23.9为正常，17~18.4属轻度消瘦，16~16.9属中度消瘦，低于16属重度消瘦，24~27.9属超重，高于28属肥胖。

③了解就餐对象的体力活动及其肥胖情况，根据成人日能量供给量表（表3-1）确定能量供给量。公式为：

$$全日能量供给量 = 标准体重（kg）\times 单位标准体重能量需要量（kcal/kg）$$

表3-1　　　　　不同劳动强度能量供给参考表　　　单位：kcal/(kg·d)

体型	极轻体力劳动	轻体力劳动	中等体力劳动	重体力劳动
举例	开会、听音乐绘画	职员、教师、售货员	学生、司机、外科医生、电工	农民、建筑工、搬运工、舞蹈演员
消瘦	35	40	45	45~55
正常	25~30	35	40	45
超重	20~25	30	35	40
肥胖	15~20	20~25	30	35

如一名男性教师年龄45岁，身高180cm，体重85kg，其一日能量的供给量计算方法为：

$$该男子的标准体重 = 身高（cm）- 105 = 180 - 105 = 75（kg）$$

根据成人的体质指数（BMI）判断其体型属于正常、肥胖还是消瘦。

$$体质指数（kg/m^2）= 实际体重（kg）\div 身高的平方（m^2）= 85 \div 1.8^2 = 26.2（kg/m^2）$$

可以判断该男子为超重。

该男子工作类别为教师，其劳动分级为轻体力劳动，通过查表3-1可知其标准体重能量需要量为30kcal/kg，该男子全天能量供给量为：

$$标准体重（kg）\times 单位标准体重能量需要量（kcal/kg）= 75 \times 30 = 2250（kcal）$$

方法3：若对象为不同状况的群体可折合为标准人（表3-2），再以标准人的营养需要进行配餐。

表 3-2　　　　　　　　　　各种人的营养需求系数

儿童	营养需求系数	成人	营养需求系数	老人	营养需求系数
1 岁~	0.45	极轻劳动（坐位）（男）	0.9	50 岁~（女）	0.75
3 岁~	0.5	极轻劳动（坐位）（女）	0.8	60 岁~（男）	0.8
5 岁~	0.55	轻劳动（男）	1.0	70 岁以上，查询	0.7
7 岁~	0.7	轻劳动（女）	0.9		
10 岁~	0.8	中等劳动（男）	1.1		
13 岁~（男）	0.9	中等劳动（女）	1.0		
13 岁~（女）	0.85	重劳动（男）	1.2		
16 岁~（男）	1.2	重劳动（女）	1.15		
16 岁~（女）	1.0	极重劳动（男）	1.5		

注：营养需求系数即为折合为标准人的系数。不同版本的折合系数会有出入，说明这只是可参照的一个大概数值。

例：某一敬老院有 40 人，其中 60~69 岁的男女老人各 5 人，70~79 岁以上老人 30 人，问折合成多少标准人？

根据表 3-2 可知，60~69 岁男性老人折合 0.8 标准人，50~69 岁女性老人折合 0.75 标准人，70~79 岁以上老人不再分性别，一律折合 0.7 标准人。将敬老院的 40 位老人折合成标准人为：$5 \times 0.8 + 5 \times 0.75 + 30 \times 0.7 = 28.75$（标准人），因此可根据 29 个成人（标准人）来编制食谱。先编制出一个标准人的食谱，然后食物量扩大 29 倍即可。

3. 确定碳水化合物、脂类、蛋白质的供给量

三大生热营养素占总热能的比例为：蛋白质 10%~15%、脂肪 20%~30%、碳水化合物 55%~65%。设进餐者每日所需的热能总量为 Q（kcal），蛋白质、脂肪、碳水化合物所占热能的比例分别为 10%~15%、20%~30%、55%~65%，则三大营养素所需的摄入量分别为：

蛋白质摄入量（g）= Q（kcal）× （10%~15%）÷ 4（kcal/g）

脂肪摄入量（g）= Q（kcal）× （20%~30%）÷ 9（kcal/g）

碳水化合物摄入量（g）= Q（kcal）× （55%~65%）÷ 4（kcal/g）

如上述男子的蛋白质、脂肪、碳水化合物供给量为：

蛋白质质量 = 2250（kcal）×（10%~15%）÷ 4（kcal/g）= 56~84（g）

脂肪质量 = 2250（kcal）×（20%~30%）÷ 9（kcal/g）= 50~75（g）

碳水化合物质量 = 2250（kcal）×（55%~65%）÷ 4（kcal/g）= 309~366（g）

4. 确定维生素和矿物质的供给量

维生素和矿物质的供给量可以通过查《中国居民膳食营养素参考摄入量》，根据其年龄、性别、体力活动强度等获得。如上述男子的维生素 A 供给量为 800μgRE，钙的供给量为 800mg。

5. 选择食物

食物选择要遵循多样化的原则，每天最好能吃 20 种以上的食物，包括粮食 2~3 个以上品种，6 种以上的蔬菜，其中深色蔬菜、叶菜类要占 50%，1~2 个品种的水果，每周 50g 以上的菌藻类食物和 200g 以上的硬果类食物，2 种大豆及其制品，2 种植物油，一般午餐和晚餐选用的食物不应少于 6~8 个品种。

要注意富含维生素和矿物质的水果和蔬菜，富含膳食纤维的粗粮的选择。限制摄入高能量、高饱和脂肪酸、高盐和纯能量如油脂和糖等食物。

6. 确定一日营养素和食物目标

根据以上程序将膳食对象的一日营养素和食物目标确定下来，如上述男子的营养素目标见表 3-3。

表 3-3 ××一日营养素目标

能量 (kcal)	蛋白质 (g/100g)	脂肪 (g/100g)	碳水化合物 (g/100g)	视黄醇当量 (μg/100g)	核黄素 (mg/100g)	钙 (mg/100g)	铁 (mg/100g)	锌 (mg/100g)
2250	80	60	350	800	1.4	800	15	15.5

所选择的食物如下。

主食：玉米粉、粳米、标准粉；

副食：瘦猪肉、牛肉、黄豆粉、干虾皮、牛乳、蒜苗、小白菜、黄瓜、白萝卜、绿豆芽、芹菜、苹果；

其他：白糖、花生油、食盐。

学习单元 2　特定人群营养和食物目标的设计

一、不同人群的生理特点和营养

（一）孕妇的生理特点和营养需要

孕期营养对胎儿发育和良好生育的影响，是近年来人们特别关注的一个问题。

1. 妊娠不同时期的生理特点

一般所说的胎儿期是指从卵子和精子结合到婴儿出生的一段时间，从受精开始算起约为38周,若从孕妇末次月经第1天算起约为40周。有时将胚胎发育的1~8周称为胚期,将胚胎发育的9~40周称为胎儿期。

(1) **妊娠早期** 是指怀孕期的前三个月(前12周)。妊娠早期是胎儿发生、发育最重要的时期,某种营养素或食物成分的缺乏或过量,可引起胚胎早期发育障碍和畸形。在此期间胎儿生长速度缓慢,需要的热量和营养物质不显著增加,并不需要特殊的补给。但这期间孕妇容易发生轻度的恶心、呕吐、食欲不振、择食、厌油、烧心、疲倦等早孕反应(妊娠反应),这些反应会影响孕妇的正常进食,进而妨碍营养物质的消化、吸收,导致妊娠中、后期胎儿的营养不良。

(2) **妊娠中期** 是指怀孕的第4~6个月(13~28周)。在此期间胎儿的各系统器官组织迅速发育,体重、身长增长快,需要大量的蛋白质构成胎儿的肌肉和筋骨,尤其是长骨骼和大脑时需要大量的磷、钙等矿物质,此外需要保证一定量的碘、锌及各种维生素的配合。

在此期间母体各系统也发生了巨大的适应性变化。

①首先是母亲体内生理的变化:母体的子宫容积扩大,乳腺增生;孕妇血浆总容量增加50%,导致血中血红蛋白浓度下降,呈生理性贫血;肾小球滤过功能增强,尿素、尿酸和肌酐的排出量显著增加,尿中可能出现葡萄糖、碘和较多的氨基酸等。

②其次是母亲体内代谢的变化:孕妇体内蛋白质、糖、脂肪、矿物质的代谢发生变化。蛋白质合成增加,并储存大量氮;肠道吸收脂肪的能力加强,血脂增高,脂肪积蓄增多;母体内逐渐潴留较多的钠,同时水的潴留也增加,在整个妊娠过程中,母体含水量约增加6.5~7.0kg;孕妇碘需要量增加,尿钙排出较孕前减少,钙的吸收利用率增加;此时母体的基础代谢可比正常人增加10%~20%,对各种营养物质的需求量也相对增多,对热量的需求尤为突出。

妊娠中期的饮食营养对母体、胎儿的健康发育非常重要,孕妇对各种营养素的需要量显著增加,表现为食欲改善,饮食量增加。

(3) **妊娠后期** 即怀孕的7~9个月(29~40周)。此期胎儿发育日趋成熟,体重增加很快,向母体索取的营养素也更多,并会在体内储存一定量的营养物质,为出生后独立生活做好准备。

母体除供给胎儿生长发育所需的营养外,自身也要储备营养,以供给分娩时消耗所需。因而在此阶段孕妇对各种营养物质的需求量更大。在妊娠的最后两个月,胎儿对铁质的需求量相对较多。在此时若孕妇进食较少,则可出现贫血现象。尤其应该警惕孕妇在此期间的一些危险信号,如每月体重增加大大低于1000g,或体重猛增,每月超过3000g,孕妇牙齿缺损或脱落,出现严重的缺铁性贫血等,这些均是与营养均衡及营养素摄取有关的问题。

2. 孕妇的营养需要

(1) **热能** 妊娠期间,孕妇除了维持本身能量的需要外,还要负担胎儿的生长发育，以及胎盘和母体组织增长所需要的能量。此外还需要储备一定的脂肪和蛋白质，以备日后之用。在孕期母亲的能量需要量应在极轻体力劳动 7530kJ 的基础上，建议中期每日增加热能 300kcal，后期每日增加 450kcal。

我国根据各地孕妇营养调查结果与国人体质情况，规定自妊娠 4 个月至临产，每日热能供给量比非孕妇女增加 0.8MJ（200kcal）。应用时要观察孕妇在孕中、后期的增重情况，如每周增重 0.45kg 左右，表示热能供给恰当，不可低于 0.4kg 或超过 0.5kg。孕前肥胖的妇女，孕期不要用减肥膳食，并需密切注意体重增长情况，以防止妊高征或巨大胎儿的发生。

（2）蛋白质　胎儿需要蛋白质来构成机体组织，孕妇需要蛋白质来供给子宫、胎盘及乳房的发育，尤其是孕妇分娩时失血，会丢失大量的蛋白质，因此必须储备一定量的蛋白质，以减少产后蛋白质营养不良。充足的蛋白质可以预防妊娠毒血症等的合并症，调整产褥期的生理过程，增加乳汁的分泌；反之，孕期蛋白质摄入不足会影响胎儿中枢神经系统的发育。例如，妊娠中期蛋白质应增加 10g，妊娠晚期应增加 25g 的需要（约每日每千克体重 1.5g），且应该多为优质蛋白，含必需氨基酸、色谷氨酸高的蛋白质；若为一般粗蛋白，需要量还应增加。

（3）脂类　一般孕妇在孕期储存脂肪较多，特别是血脂会比非孕时增加，故在孕期不宜增加过多脂肪，能达到脂肪供热百分比为总热能的 25% 即可。此外在饮食中应注意少摄入富含饱和脂肪酸的畜肉、禽肉，多采用含必需脂肪酸较多的植物油。为了胎儿的脑发育应多摄入富含磷脂的豆类、卵黄，对胆固醇不必过于限制。胎儿形成时储备的脂肪一般是其体重的 5%～15%。

（4）碳水化合物　妊娠期碳水化合物的供给非常重要。胎儿以葡萄糖作为唯一的能量来源，因此消耗母体的葡萄糖较多。如果碳水化合物摄入不足，母体需要动用体内脂肪进行分解，脂肪氧化不完全时产生酮体，酮体过多母亲可能发生酮症酸中毒，会影响胎儿的智能发育。此外，五碳糖可以被利用合成核酸，是胎盘蛋白质合成所需的物质。因此碳水化合物的供给要充足，一般占孕妇每日总热能的 60%。

（5）无机盐及微量元素　钙、磷是构成人体骨骼和牙齿的主要成分。足月胎儿体内约有 32mg 钙，大多于孕中、后期吸收入胎体，估计胎儿最后 1 个月每天要吸收 450mg 钙。在我国以往的调查中，孕妇钙摄入量为每日 600mg 左右，为防止骨质疏松及妊娠高血压综合征，在孕期需要增加钙的摄入。我国营养学会建议钙供给量中后期均为 1200mg/日。孕妇所需补充的磷，一般富含蛋白质的膳食皆可满足要求。

应该注意的是大量钙的摄入会妨碍铁的吸收。有人给孕妇补充碳酸钙每天 1000mg，12 周后，血液中铁蛋白的含量降低。因此钙剂使用的品种、剂量及时间要恰当，以免影响铁的吸收。

孕妇铁的营养状况直接影响到胎儿。临床发现母亲血红蛋白、血清铁、血铁蛋白水平与新生儿血中此三种物质的含量各自呈显著正相关,新生儿身长与母亲血清铁和血红蛋白含量亦成正相关。孕妇缺铁,将造成胎儿宫内窒息,胎死宫腔,流产、早产、产后胎儿营养不良等。我国营养学会建议供给量为中期24mg/日,晚期为29mg/日。

锌与胎儿关系密切,孕妇严重缺锌者可致胎儿发生中枢神经系统畸形,中度缺锌可致宫内发育迟缓,免疫功能差,大脑发育受阻。缺锌也可能使孕妇机体的免疫系统受到损害。在孕妇饮食中应该多采用动物性食物中的锌。我国推荐的孕妇锌供给量为每天9.5mg。

应该注意的是植酸和食物纤维会抑制锌吸收;钙与锌的吸收相拮抗;大量铁与叶酸皆可妨碍锌吸收。因此应该注意膳食搭配与补锌的时机。

碘是甲状腺素的主要组成成分,甲状腺有调节能量代谢和促进蛋白质生物合成的作用,有助于胎儿生长发育。妊娠期碘摄入量不足,孕妇易发生甲状腺肿大,严重缺碘可致胎儿大脑与身体发育迟滞,形成克汀病。我国营养学会建议供给量为230μg/日。

(6) 维生素 孕妇的维生素需要量比一般成人的更高更多。各种维生素在妊娠期都更具有特殊的作用。例如,B族维生素构成新陈代谢过程中的多种辅助酶,使代谢正常运转,同时增进孕妇的食欲;维生素C能促进胎儿对铁的吸收,减少缺铁性贫血的发生,并有利于免疫球蛋白的合成,增强机体的抵抗力;维生素D能调节机体钙、磷的代谢,帮助肠道吸收钙、磷,有助于胎儿骨骼、牙齿的发育;维生素E可以增强胎儿对缺氧状况的耐受性,并促进母乳的分泌;叶酸可以防止孕妇发生贫血、早产,防止胎儿畸形。因此在膳食中维生素的摄取依然很重要。

(二) 乳母的生理特点和营养

孕妇分娩到产后6个月称为哺乳期。在此期间妇女处于调整机体、恢复体质、提高抵抗力、对外界环境提高应激能力的阶段,同时将体内的营养通过乳汁输送给婴儿,维持婴儿的生命和正常生长发育的需要。

1. 哺乳期的生理特点

在哺乳期乳母身体发生一系列的变化。由于妊娠终止,体内激素水平急剧改变,其中雌激素、孕激素、胎盘生乳素水平急剧下降,相应的催乳素(垂体分泌)持续升高,促进乳汁分泌。

随时间推移乳母分泌的乳汁成分是有所变化的。产后第一周分泌的乳汁为初乳,富含钠、氯和免疫球蛋白,但乳糖和脂肪含量少;产后第二周分泌的乳汁为过渡乳,乳糖和脂肪含量增多,蛋白质含量有所下降;产后第三周开始分泌的乳汁为成熟乳,富含蛋白质、乳糖、脂肪等多种营养素。哺乳有利于母体生殖器官及其他器官和组织更快地恢复正常水平。

哺乳期乳母的生理特点主要表现:哺乳期乳母的基础代谢率增高,以保证自身机体的恢复和哺乳的顺利完成，一般其基础代谢比未哺乳妇女高20%。随着婴儿的生长发育，泌乳量逐渐增加，为了保证分泌优质的乳汁，母体对能量、优质蛋白质、脂肪、无机盐、维生素和水的需求均相应增加。若哺乳期乳母营养素摄入不足，则会动用体内的营养素储备，甚至牺牲母体组织，以维持乳汁营养成分的恒定，因此，会影响母体健康。如果乳母长期营养不良，则乳汁不仅分泌量减少，而且质量下降，不能满足婴儿生长发育的需要，导致婴儿营养缺乏病。

2. 乳母的营养需要

哺乳期母亲的营养状况非常重要。一方面要逐步补偿妊娠和分娩时所损耗的营养素储存，促进器官和各系统功能的恢复；另一方面要分泌乳汁、哺育婴儿。乳母的营养需要量应该高于其孕期的需要量。

（1）热量　根据哺乳期乳汁分泌量每日平均800mL，每100mL乳汁含热能280kJ，若母体热能转变为乳汁热能的转换率以80%计算，则母体为分泌乳汁应增加热能约2800kJ（670kcal）。由于孕期储存了一些脂肪，可用以补充部分热量。考虑到哺育期照顾婴儿的操劳及乳母基础代谢的增加，中国营养学会建议乳母应每日较正常妇女增加热能2090kJ（500kcal）。衡量乳母摄入热能是否充足，应以泌乳量与母亲体重为依据。若在哺乳后婴儿有满足感，能安静睡眠，在哺乳后3～4h内无烦躁现象，且生长发育良好的，表示乳汁质量适当；若在哺乳前后各称一次婴儿体重，则可知道一次母乳量，当每次在150g左右，可视为乳量比较充足。从母亲体重来看，当乳母较孕前消瘦，表示能量摄入不足，如乳母储存脂肪不减，则表示能量摄入过多。

（2）蛋白质　蛋白质摄入量的多少，对乳汁分泌的数量和质量的影响最为明显。正常情况下，每天从乳汁中排出的蛋白质约为10g，母亲摄入的蛋白质变成乳汁中蛋白质的转换率约为40%，当蛋白质质量较差时，其转换率更低。因此，我国营养学会建议乳母蛋白质的需要量每天要比正常妇女多25g，饮食中宜多吃蛋类、乳类、瘦肉类、肝、肾、豆类及其制品，使蛋白质在量和质上能得到较好的保证。

（3）脂肪　脂肪能提供较多的热能，且婴儿的生长发育也要求乳汁中有充足的脂肪。必需脂肪酸可促进乳汁的分泌。乳汁中必需脂肪酸对于婴儿中枢神经系统的发育和脂溶性维生素的吸收都有促进作用。每日脂肪的摄入量以占总热能的20%～30%为宜。

（4）无机盐和微量元素　乳汁中钙的含量较为稳定，每天从乳汁中排出的钙约为300mg。当乳母的钙供给不足就会动用体内储备，导致产妇腰酸腿痛或者发生骨质软化症。中国营养学会建议哺乳期每日钙的供给量为1500mg。除多食用富含钙质的食物外，也可用钙剂、骨粉等补充。人乳中铁含量低，增加乳母铁的摄入可以补充母体分娩时的消耗，矫正或预防乳母贫血的状态，但对乳汁中铁的增加并不明显,故婴儿需要补充的铁量还需通过辅助食品增加摄入。中国乳母每日铁的供给量标准为24mg。乳汁中的碘含量可因摄入碘增加而迅速上升,因一般不致缺乏,故对乳母应用同位素碘时要谨慎,否则可能累及婴儿。

(5) 维生素 维生素B_1和维生素E有促进乳汁分泌的作用,尤其是体内处于缺乏状态时,大剂量摄入,可使乳量增加。水溶性维生素大多数能自由通过乳腺。鉴于哺乳期对各种维生素的需要量都增加,中国规定乳母每日维生素B_1、维生素B_2的供给量标准均为1.5mg,维生素C 150mg,维生素D 10mg,维生素A 1300μg视黄醇当量。

(6) 其他 在整个妊娠期间,妇女应少喝酒,因多喝酒会抑制泌乳反射而减少乳汁分泌。乳母服用多量阿司匹林(如每天2片以上,每片0.5g),则可导致婴儿肠道出血。咖啡因是一种温和的刺激剂,乳母不宜吃大量咖啡因。

(三) 婴幼儿的生理特点与营养

婴幼儿营养学研究的对象是从胎儿到新生儿、婴幼儿和学龄前的儿童。在婴幼儿生长发育的不同阶段,有其不同的生理特点。本节针对婴幼儿各生长发育期的特征说明其营养与膳食需求。

1. 婴幼儿的生理特点

(1) 婴儿期的生理特点 婴儿期包括出生至28天的新生儿期以及1~12个月的婴儿期。婴儿期是人类一生中生长发育最快的时期。在这一时期脑细胞数量和体积增大;神经细胞突触增长,分支数目增多;骨骼肌肉增大加长;体内各器官增重增大,功能逐渐完善;心理智能发展迅速。

婴儿口腔黏膜柔软,舌短而宽,有助于吸吮乳头。新生儿唾液腺分化不全,出生后3~4个月,唾液腺才逐渐发育完全,唾液量分泌增加,淀粉酶含量增多,消化淀粉的能力增强。婴儿胃呈水平位,贲门括约肌发育不完善,而幽门肌肉发育良好,泌乳后略受振动或吞咽较多空气后,容易溢乳。婴儿胃液成分与成人基本相同,有胃酸、胃蛋白酶、胃凝乳酶和脂肪酶,有利于乳汁凝固消化。婴儿肠管总长度约为身长的6倍(成人约4.5倍),但肠壁腺体发育差,消化酶功能弱,消化道蠕动调节不稳定,易受气候变化、食物性质改变及肠道感染的影响而出现腹泻、呕吐等胃肠功能紊乱现象。

婴儿在营养需求和胃肠消化吸收能力方面存在一定矛盾,在安排饮食喂养时有一定难度,必须根据婴儿的生理特点精心安排,以有利于食物的消化吸收,满足其营养需求,预防疾病。

(2) 幼儿期的生理特点 1周岁到满3周岁之前为幼儿期。幼儿仍然没有健全的消化系统,表现在幼儿胃的容量相对较小,所以对食物的耐受性较差。而幼儿的活动能力增强,热能需要量增加,为缓解这一矛盾,餐次安排以4~5次为宜,以满足儿童所需的热能及其他营养物质的需要。幼儿期的消化液分泌较少,幼儿的咀嚼功能不强,故消化功能较差。为儿童制作膳食,应做到细软易消化,以适应其胃肠道的消化功能。

不恰当的膳食结构会给幼儿的胃肠道增加负担,出现种种不适。如偏食甜食的儿童,易出现反酸、呃逆、口臭、食欲不振等。

由于儿童的机体抵抗力较低,当受到毒素侵袭时,则出现胃肠道功能的紊乱,使消化酶分泌减少,而胃肠蠕动增加,因而出现腹泻。要注意饮食保健,才能使儿童获得充足的营养支持,以促进身体的发育。

2. 婴幼儿的营养需要

（1）婴儿期的营养需要　新生儿期和婴儿期较其他各期相对营养素需要为高,但消化吸收功能尚不完善,合理喂养显得特别重要。新生儿期及婴儿期的营养需要如下。

①热能:以单位体重表示,正常新生儿每天所需要的能量是成人的 3~4 倍。正常婴儿初生时需要的热量约为每日每千克体重 100~120kcal（418~502kJ）,而成人为每日每千克体重 30~40kcal（126~167kJ）。热量的需要在婴儿初生时为最高点,以后随月龄的增加而逐渐减少,1 岁左右时减至 80~100kcal（335~418kJ）。

②蛋白质:婴儿时期的身体需要大量优质蛋白质供给。母乳可以为新生儿提供生物价很高的蛋白质。母乳喂养时婴儿蛋白质的需要量为每日每千克体重 1~3g;牛乳喂养时为 3~5g;主要以大豆及谷类蛋白质供给时则为 4g。

另外,婴幼儿必需氨基酸的需要量远高于成人。如半胱氨酸、酪氨酸和牛磺酸等对于成人来说是非必需氨基酸,而对于婴儿来说是必需氨基酸。母乳中的蛋白质含有各种婴儿所必需的氨基酸,也包括半胱氨酸和酪氨酸在内。需要注意的是摄入过量的蛋白质对婴儿而言,不但没有益处,反而可能是有害的,因为摄入过量的蛋白质会加重婴儿未成熟的肾脏的负担,甚至会发生腹泻、脱水、酸中毒等。

③脂肪:是热量的主要来源,也是必需脂肪酸的来源和脂溶性维生素（维生素 A、维生素 D、维生素 E、维生素 K）的载体。婴幼儿需要各种脂肪酸和脂类,初生时脂肪占总热量的 45%~50%,随月龄的增加,逐渐减少到占总热量的 30%~40%。婴儿神经系统的发育需要必需脂肪酸的参与,联合国粮农组织/世界卫生组织（FAO/WHO）（1994 年）推荐的必需脂肪酸提供的热量不应低于总热量的 3%。脂肪摄入过多可引起食欲不振、消化不良及肥胖等不良结果。

④碳水化合物:婴幼儿期碳水化合物以占总热量的 50%~55% 为宜。碳水化合物的主要来源是糖类和淀粉。婴儿碳水化合物的摄入量在头 8 个月内增加迅速,第 8 个月时碳水化合物的膳食摄入量基本达到 110g,已经是第一个月的 2 倍左右。随后的月份,碳水化合物膳食摄入逐步增加。4 个月左右的婴儿,已经开始大量分泌 α-淀粉酶,能较好地消化淀粉食品。其他各种营养素需求见表 3-4。

表 3-4　　　　　　　　　0~6 岁小儿一些营养素需求

年龄	钙/mg	钙磷比	铁/mg	锌/mg	碘/μg	维生素A/μg	维生素D/μg	维生素B_1/mg	维生素B_2/mg	维生素C/mg
0~1	300~400	1.6~1.8	10	6.7	50	400	10	0.2~0.3	0.4~0.5	40~50
幼儿期	600	1.5~2	12	9	50	400	10	0.6	0.6	60
学龄前	800	1.5~2	12	12	50	500~600		0.7	0.7	70

（2）幼儿期的营养需要　虽然这阶段幼儿的生长速度不如婴儿期迅猛，但与成人比较仍然很旺盛。如幼儿热能、蛋白质需要量相当于成人所需的一半左右，其他诸如矿物质、维生素，有的还高于成人的需要。但幼儿的消化器官尚未完全发育成熟，其咀嚼能力、胃肠道蠕动调节能力、各种消化酶的存在及活性等均仍不如成人。这种有限的消化能力与机体所需相对大量的营养物质之间存在着一定程度的矛盾，故对幼儿营养要加以注意。

在这一时期，婴幼儿能量的需要存在个体差异，即使是体格、年龄、性别一致的小儿，其能量需要也有所不同。

幼儿阶段虽然生长速度减慢，但肌肉、其他内脏器官均发育迅速，仍然需要优质蛋白质，每日供给量为 35~45g，约为 3.2g/kg 体重。我国 2000 年新修订的 1 岁~、2 岁~和 3~4 岁幼儿的蛋白质推荐摄入量分别为 35g、40g 和 45g。

脂肪在一天总能量中的比例也不宜过高，由脂肪提供的能量每日在 30%~35% 为宜，并且幼儿的膳食中含有适量的脂肪也有助于增加食欲。

对于 2 岁以下的幼儿，较多的碳水化合物来自于淀粉和糖是不合适的。因为尽管他们能很好地耐受和有效地吸收这些淀粉，但这种形式的碳水化合物的摄入占的体积较大，并且可能会不适当地降低总能量的摄入。从 2 岁开始，可以逐渐增加来自淀粉类食物的能量，同时相应地减少来自脂肪的能量。

（四）学龄前儿童的生理特点和营养

4~6 岁是学龄前儿童阶段，其生长速度稍逊于 3 岁前，但仍属迅速增长阶段，热能、营养素需要量依然相对高于成年人。学前儿童的活动能力和活动量均增大，热能消耗增多，其需要量仍相对高于成人。例如，男、女儿童 4 岁时热能供给量分别为 5.44MJ（1300kcal）及 5.23MJ（1250kcal），6 岁时分别增至 6.96MJ（1600kcal）及 6.07MJ（1450kcal）。

近些年来，我国学龄前儿童的饮食结构发生了质的变化，食物供应充足了，但并不意味着儿童的营养健康状况也提高了。学龄前儿童中存在两种营养不良的现象，一是摄入热量不足，影响了体重增长，而且维生素 A、维生素 B_1、维生素 B_2 的摄入量偏低；二是摄入含有高热能的食物超过了机体代谢的需要，导致了儿童的肥胖、龋齿患病率较高。而且部分幼儿缺钙，出现骨骼钙化不全的症状。

（五）青少年的生理特点和营养

1. 青少年的生理特点

青少年期是由儿童发育到成年的过渡时期，年龄大致在 12~18 岁，是人生中的第二次生长发育高峰期，也是生长发育的最后阶段。这个时期的最大特点是生理上突飞猛进的生长和急剧的变化。具体表现如下。

（1）青春发育期激素活动的加强，促进了青少年骨骼的生长，从而导致了身高的快速增长。例如，青少年身体长高每年少则 6~8cm，多则达 10~13cm。青少年时期是骨骼发育的决定阶段。这个时期的发育，直接决定了人的身高、胸围等体格参数。骨骼的发育与多种营养素密切相关，如钙、维生素 D、维生素 A、锌等。任何一种营养素缺乏，都会影响青少年骨骼的发育。

（2）青春期体形的另外一个显著变化是体重明显增加。体重增加每年少则 5~6kg，多则 8~10kg。青少年正常的体重是一个人营养状况良好的表现，体重过高或过低是不健康的表现。体重过低会影响正常发育，引起学习能力低下等问题；体重过重或肥胖，会增加许多慢性疾病的危险性。那么体重多少算正常呢？一般实际体重超过标准体重的 10% 时，就可以称为超重；实际体重超过标准体重的 20%，就可以称为肥胖。实际体重低于标准体重的 10% 为低体重；实际体重低于标准体重的 20% 为中度营养不良。

（3）青春期在体内器官和机能方面也发生很大变化，心脏、肺和呼吸系统、脑和神经系统、性生理等都发育迅速。

2. 青少年的营养需要

目前中国青少年营养存在缺乏、过剩及钙和锌、铁和维生素 A 缺乏等三大问题。青少年营养摄取问题值得关注。

（1）热能　青春期与生长速度相适应，青少年食欲也多旺盛。男性青少年的肌肉和骨骼的发育均较女性显著，因而能量供给量也高于女性，11~14 岁和 14~18 岁的男性分别为每日 2350kcal 和 2850kcal，而女性则分别为 2050kcal 和 2300kcal。16~18 岁男女青少年的能量供给量均分别超过从事轻体力劳动的成年人。能量长期摄入不足可出现疲劳、消瘦和抵抗力下降，以致影响体力活动和学习能力。但能量摄入过多，也可造成青少年肥胖。

在能量计算时应该注意青少年的活动量不同，个体差异性较大。此外这个时期能量摄入除三餐外，杂食、零食、饮料的摄取量在其全日营养构成中也要占有一定比例。

（2）蛋白质　青少年肌肉组织发育迅速，学习任务又很繁重，很需要摄入充足的优质蛋白质。青春期蛋白质需要量个体差异很大，男性青少年每日蛋白质供给量为 60~75g，女性为 55~60g。青春期蛋白质需要量不仅考虑摄入量的多少及个体生理状况，而且也要注意膳食蛋白质的氨基酸组成，热量摄入多少及其他营养素的摄入情况等因素。蛋白质摄入不足时将导致发育迟缓，并降低人体对疾病的抵抗能力。饮食中应该供给动物性食品（尤以瘦肉为佳）及大豆制品等食物。

（3）脂肪　脂肪是高能营养素，其中的必需脂肪酸是儿童和青少年发育不可少的物质，特别是脂肪有促进脂溶性维生素吸收、改善食物的色香味和促进食欲的作用，因此脂肪也是儿童不可缺少的营养物质，青少年尤其是女孩往往为了减肥而拒绝脂肪的摄入是错误的。当然脂肪的摄入量不宜过多，目前我国有些城市小学生肥胖发生率逐年增长，已达5%～10%。其主要原因是摄入的能量超过消耗，多余的能量在体内转变成脂肪而导致肥胖。青少年每日膳食中脂肪供热比以占总热能的25%～30%为宜，略高于成人即可。

（4）碳水化合物　青少年活动量大，而且生长发育又需要许多额外的营养，热量主要来自碳水化合物，亦即谷类食物，所以青少年必须保证足够的饭量。对碳水化合物的供给以供热比占60%左右为宜。应该注意的是青少年应多吃多糖，少吃纯糖如蔗糖、糖果等。吃糖和甜食可使血糖很快上升，饱食感中枢兴奋，抑制食欲，因此影响食欲，也会造成蛋白质、维生素和矿物质等的摄入不足。此外，经常吃糖还容易产生龋齿。有研究报道，儿童和青少年过量吃糖可影响智力和学习成绩。因此有的国家建议食糖量每千克体重不超过0.5g。另外多种饮料含有较高的糖分，儿童少年应少饮饮料，多喝白开水。

（5）矿物质　青春期的青少年，由于骨骼、肌肉、红细胞等的迅猛增长，在矿物质营养中以钙、铁、锌尤为重要，需要量增加。但据调查此类矿物质的摄入量却往往要低于供给量，因而要加以注意。

青春期骨骼快速生长和成型，需要大量的钙来参加。此阶段钙营养状况良好，有助于骨密度峰值的提高，可减缓老年时骨质疏松的发生、发展。此外近年来科学实验表明，脑内钙含量与青少年的注意力、记忆力有密切关系，缺钙多有注意力不集中、记忆力较差、易疲惫、学习成绩不佳等表现。

各国钙供给量差别较大，WHO推荐11～15岁少年每日摄入600～700mg，16～19岁为500～600mg。美国推荐为1200mg。我国钙供给量，11～14岁为1200mg，14～18岁为1000mg，18岁为800mg。

据调查，缺铁性贫血是我国青少年中主要的营养问题之一。一般14岁以下的少年，不论男女，血液中血色素水平低于12g时均可诊断为贫血。青春期贫血患病率高，主要原因是机体缺乏铁。出现贫血时皮肤苍白、面色无华、疲倦、乏力、头晕、耳鸣、免疫力下降、记忆力衰退和思想不集中等。因为并不表现为极严重的症状，有时不足以引起重视。青少年对铁的需要量大，如女性月经来潮，一次月经量平均40mL，可损失铁约每天1.2mg，因此青少年铁的供给量女性高于男性。男性供给量为每日16mg，女性为每日18mg，均高于成年人。所以青少年膳食中要注意含铁丰富、且铁吸收利用率高的食物，如动物肝脏、动物血、瘦肉等的搭配。饮食中要避免挑食的习惯。

锌对青春期生长发育更为重要，缺锌可引起生长缓慢，严重时表现为侏儒，第二性征不发育等症状。青春期锌的营养正引起各方面重视。每天青少年应从食物中得到锌15mg左右，才能满足正常需要。据调查显示不少青少年血浆锌水平不高，大多处于缺乏边缘水平。膳食搭配中缺锌，或主食单一，仅以谷类为主，或膳食中大量植酸造成对锌的吸收障碍等，几方面原因都会影响青少年生长发育。

（6）维生素　维生素是保证青春期健康发育的重要因素。中国青少年膳食中维生素A普遍缺乏，因为乳、蛋及动物性食品用量少，主要来自蔬菜中的胡萝卜素。青春期维生素A供给量每天不少于700IU，才能满足正常生长发育的需要。

青少年维生素B_1、维生素B_2及烟酸的需要量均随热量摄入量的增加而增加，在紧张的脑力和体力活动期，上述三种维生素需要量也相应增加。所以在考试期间及大强度体育训练期间，应多补充富含维生素B_1和维生素B_2及烟酸的食物来满足特殊的消耗。

维生素C能促进发育和增加青少年对疾病的抵抗力，防止骨质脆弱和牙齿松动。青少年对维生素C的需要量不低于成人每天100mg的需要量。新鲜水果及蔬菜多富含维生素C。其他维生素，如维生素D、维生素E、维生素B_{12}、叶酸等对青少年生长发育也是必需的。总之，为避免青春期缺乏维生素，应经常注意动物性食品及新鲜水果、蔬菜的摄入。

（六）中老年人的营养与膳食

1. 中老年人的生理特点

我国将生物学年龄35~60岁作为中年的年龄界限。WHO于1991年将人生的时期划分为44岁以下为青年人，45~59岁为中年人；60~74岁为年轻老年人；75~89岁为老年人；90岁以上是长寿老年人。

（1）中年人的生理特点　中年阶段人群负担着重要的社会劳动，工作经验丰富，社会责任大，工作节奏快。中年阶段既是生理功能全盛时期，也是机体开始进入衰老的过渡时期。身体经历着从旺盛到稳定，继而开始进入衰老的巨大变化过程。与青壮年相比，有如下特点。

基础代谢率随着年龄增大逐渐下降10%~20%，肌肉等组织随年龄增长而减少，脂肪组织随年龄增加而增多。中年阶段容易出现消化系统疾病，如慢性肠胃炎、溃疡病等。体内抗自由基的能力逐渐减弱，心血管内壁逐渐缺乏弹性，易患心脑血管疾病、肿瘤等。在40岁以后视力、听力、感觉、嗅觉等开始降低，情绪不稳；妇女开始进入绝经期，容易出现内分泌紊乱、骨质疏松等问题。尤其是免疫功能在这一阶段开始降低，这种变化在50岁左右和50岁以后十分明显。这就是50岁前后的中年人常常心力交瘁，易患多种疾病的重要原因。目前特别是癌症的发病率在50岁前后是高峰期。

中年阶段如果不注意饮食与营养的科学性，不仅会导致疾病，影响个人能力的发挥，而且会加速衰老的到来。一项针对中年人群健康的调查表明——中国有六成中年人健康有问题。中年阶段存在的营养性疾病有肥胖症、高血压、高血脂、心脑血管疾病、糖尿病和肿瘤、骨质疏松等，这些疾病的发生往往与膳食结构不合理、营养素摄入不平衡有关，因此中年阶段的膳食营养已经越来越多地被人们重视。

（2）老年人的生理特点　进入老年，从外观到内在生理代谢、器官功能都有相应变化。外观形态的变化自然一目了然，代谢及生理功能变化主要表现为：老年人基础代谢率下降，合成代谢降低，分解代谢增高，结果是能量消耗减少，脂肪随年龄的增长而增加，脂肪更多地分布在腹部及内脏器官周围。老年人的骨密度降低。一般在30～40岁时人体的骨密度达到峰值，以后随年龄增高逐年下降，老年人易患骨质疏松，骨脆性增加，容易发生骨折。绝经期妇女更是严重，消化功能减弱，营养素的吸收率降低，肠蠕动缓慢，易患便秘，同时增加了有害物质在肠内停留的时间。心血管系统功能减弱，心率减慢，心输出量减少，又因血管硬化，老年人群高血压的患病率远高于其他年龄段人群。视觉的功能减退，易发生白内障、青光眼等眼疾患。免疫系统功能逐渐降低，使老年人对外界的刺激、伤害的应变能力下降，对各种疾病更为敏感，整个机体的协调能力和对环境变化适应的能力也会减退。

在老年阶段与营养有关的老年性疾病中，发病率较高的有心血管疾病、骨质疏松症、肥胖症、糖尿病等。

2. 中老年人的营养需要

（1）中年人的营养需要　中年时期若能达到合理的营养，对延长中年期、抗衰老和延寿有重要意义。中年人的营养要求如下。

①能量：根据不同性别和不同劳动强度，中年人对能量摄入量要适当。随着年龄增高，应适当减少能量摄入，45～50岁减少5%，50～59岁减少10%，以维持标准体重为原则。

②蛋白质：对于中年人，蛋白质同样是身体健康的基石。随着年龄的增长，人体对食物中蛋白质的利用率逐渐下降，只相当年轻时的60%～70%，而对蛋白质的分解却比年轻时高。因此中年人的蛋白质供给应丰富、质优，供应量也应当高一些。每日每千克体重应不少于1g，其中优质的动物蛋白质和豆类蛋白质约占1/3为佳。蛋白质提供能量占总能量的10～20%。

③脂肪：中年人体内负担脂肪代谢的酶和胆酸逐渐减少，对脂肪消化吸收和分解的能力随年龄的增长日趋降低。一般中年人饮食中脂肪提供能量占总能量的30%以下，每天摄取的脂肪量以限制在50g左右为宜，而且以植物油为好。

④碳水化合物：中年人每日主食只要能满足身体的标准需要量即可。另外，

可多吃蔬菜、水果，因为增加食物中纤维素的量既可饱腹又可防止心血管疾病、肿瘤、便秘等疾病发生。在每日饮食中碳水化合物提供能量占总能量的 55% ~ 65% 为宜。

⑤维生素：维生素 A、维生素 C、维生素 D、维生素 E 是人体新陈代谢所必需的。中年人由于消化吸收功能减退，对各种维生素的利用率低，常出现伤口出血、伤口不易愈合、眼花、溃疡、皮皱、衰老或各种缺乏维生素的症状，因而每日必须有充足的供应量。

⑥无机盐和微量元素：锌、铜、硒等微量元素虽然占人体质量的万分之一，但它们是人体生理活动所必需的重要元素，参与人体内酶和其他活性物质的代谢。中年人容易产生某些微量元素的相对不足。如中年人对钙的吸收能力差，若加上钙的排出量增加的话，便容易发生骨质疏松，出现腰背痛、腿痛、肌肉抽筋等。

（2）老年人的营养需要 按 2010 年的统计，中国 60 岁以上的老龄人已占总人口的 13.26%，可以认为，中国已进入老龄社会。现代老年医学研究表明，人类的健康长寿受到多种因素联合作用的影响，饮食与营养就是其中重要的因素之一，合理的营养有助于延缓衰老，而营养不良或营养过剩、紊乱则有可能加速衰老的速度。因此，老年人应根据自身的健康状况调整饮食结构，防止营养过剩和不足，这对保持身体健康、防止疾病、延缓衰老进程具有重要的意义。以下对老年人的营养需要进行讨论。

①热能：老年期代谢机能降低，体力活动较少，每天热能以能满足人体生理需要为合适，以免过剩的热能转变为脂肪储存体内而引起肥胖。在此期间热能摄入量应随年龄增长逐渐减少，61 岁后应较青年时期减少 20%，70 岁以后减少 30%。一般而言，每日热能摄入 6.72 ~ 8.4MJ（1600 ~ 2000kcal）即可满足需要。

②蛋白质：老年人应适量摄入蛋白质，饮食中尽量使用优质蛋白质，如肉、鱼、禽蛋、乳、大豆及其制品等提供的优质蛋白质。需要注意的是老年人的蛋白质食入量不宜过多，每千克体重每天需要 1.0 ~ 1.2g，其中优质蛋白质占蛋白质总量的 40% ~ 50% 即可。在 70 岁以后蛋白质摄入还要适当减少，因为蛋白质代谢产生的有毒物质会增加肝、肾的负担。一般来说，老年人蛋白质的摄入量应占饮食总热量的 10% ~ 15%。

③脂肪：老年人胰脂肪酶分泌减少，对脂肪的消化能力减弱，所以应当低脂肪饮食，同时膳食中以含不饱和脂肪酸的植物油如豆油、花生油、玉米油、芝麻油等为主，可预防高脂血症、肥胖。老年人脂类摄入量应占饮食总热量的 20%。

④碳水化合物：老年人应节制碳水化合物的摄入。碳水化合物的摄入量一般应占总热量的 50% ~ 60%。由于老年人糖耐量低、胰岛素分泌减少且对血糖

的调节作用减弱，容易发生血糖增高。有报告认为蔗糖摄入过多可能与动脉粥样硬化等心血管病及糖尿病的发病率有关，因此老年人不宜食含蔗糖高的食品；过多的糖在体内还可转变为脂肪，并使血脂增高。但是，水果和蜂蜜中所含的果糖，既容易消化吸收，又不容易在体内转化成脂肪，是老年人理想的糖源。所以老年人应控制糖果、精制甜点心摄入量，一般认为每天摄入蔗糖量不应超过30~50g。

⑤矿物质：矿物质在体内具有十分重要的功能，不仅是构成骨骼、牙齿的重要成分，还可调节体内酸碱平衡，维持组织细胞的渗透压，维持神经肌肉的兴奋性，构成体内一些重要的生理活性物质如血红蛋白、甲状腺素等。

老年人对钙的吸收率一般在20%以下。钙的摄入不足易使老年人出现钙的负平衡，体力活动的减少又可降低钙在骨骼中的沉积，以致骨质疏松症及骨颈骨折比较多见。因此，钙的充足供应十分重要。我国营养学会推荐成人每日膳食钙的供给量为800mg，即可满足老年人的需要。老年人对铁的吸收利用能力下降，造血功能减退，血红蛋白含量减少，易出现缺铁性贫血，因此铁的摄入量也需充足。我国营养学会推荐老年人膳食铁的供给量为每日12mg。此外，微量元素锌、铜、铬每日膳食中也需要有一定的供给量以满足机体需要。

⑥维生素：老年人由于体内代谢和免疫功能降低，对各种维生素的摄入量应充足，以促进代谢平衡及抗病能力。老年人由于食量减少，生理功能减退，易出现维生素A缺乏。膳食中维生素A的推荐供给量为每日1000μg。老年人因户外活动减少，由皮肤形成的维生素D量降低，易出现维生素D缺乏。故每日维生素D的摄入量应达到10μg（400IU）。此外，每日维生素E的最大摄入量以不超过400mg为宜；每日硫胺素、核黄素的膳食推荐量为1.3mg；每日抗坏血酸的膳食推荐量为100mg。

⑦膳食纤维：膳食纤维对预防老年性便秘，改善肠道菌群，改善血糖、血脂代谢等都特别有益。随着年龄的增长，膳食纤维有利于非传染性慢性病如心脑血管疾病、糖尿病、癌症等疾病的预防。粗粮中及蔬菜中含有大量的膳食纤维，老年人应注意加强这方面食品的摄入。

（七）特殊环境人群的营养与膳食

在一些特殊环境条件下或特种作业下生活或工作的人群，常会出现生理异常、代谢紊乱等症状。人体能否适应这些不良环境而不至于影响正常的生理代谢及健康状况，这与人体自身营养状况及营养摄入存在着密切的关系。因此，了解特殊环境条件下人群的营养与需要，搭配合理膳食都是十分必要的。

1. 高温环境条件下人群的营养与膳食

高温环境一般指35℃以上的生活环境和32℃以上的工作环境。在这样的高温环境条件生活和工作，人体的代谢和生理状态会发生一系列的变化。如人体通过大量出汗来调节体温，但同时会造成体内水分、无机盐、水溶性维生素及可溶性含氮物质的损失，使人体脱水、血液浓度提高、心跳加快、心慌头晕、肾功能及消化功能减退等，这些变化会引起工作效率降低，同时影响人体健康。为了减轻这些不利影响，有必要研究探讨高温环境条件下的营养要求及合理膳食。

高温环境条件下的人群需要补充水分和无机盐。高温环境下，人体为调节正常体温，通过大量出汗释放体内热量，每天出汗量一般达到 3～5L，其中含有 99% 的水分，0.3% 的无机盐成分，还有少量维生素及氮物质等。若失水超过体重的 2%，又未能及时补充，人体会出现不同程度的中暑症状。

高温作业者要补充无机盐成分，主要有钠、钾、钙等成分，可利用膳食适当增加食盐的摄入量，多吃钾、钙等丰富的果蔬及豆类制品，严重缺乏时可服用混合盐片（含钠、钾、钙、镁等）。高温作业者钙的供给量应较常温作业者高，达到每人每天 800mg。铁的供给量则应按常温作业者的供给量增加 10%～20%。锌的供给量不论对于成年高温作业者或对于夏季条件下 11 岁以上青少年均不应低于 15mg。

应供给充足的多种维生素。人体通过排汗、排尿，损失的维生素以水溶性维生素较多，其中主要有维生素 C、维生素 B_1、维生素 B_2。为保持正常代谢，高温环境条件下维生素 C 每日摄入量 100～200mg，维生素 B_1 和维生素 B_2 每日供给量分别为 2.5mg 和 4mg。

应适当补充蛋白质和能量。高温环境条件下，人体通过汗液、尿液、粪便等排泄方式，含氮物质流失量增加，人体往往出现负氮现象。所以高温作业人员每日摄入的蛋白质占总能量的 15% 为宜，即蛋白质的量为 100～200g。

高温环境条件下，人体散热，使体内各种代谢增强，能量消耗也随之增加。专家建议，在 30～40℃ 的环境中，应在正常能量推荐摄入量的基础上温度每增加 1℃，能量增加 0.5% 左右。

此外，高温作业者的脂肪供给量，以不超过总热量的 30% 为宜。碳水化合物占总热量的比例应不低于 58% 为宜。

2. 低温环境条件下人群的营养与膳食

低温环境是指人体长期处于 10℃ 以下或长期在局部 10℃ 环境下工作的环境条件。它包括地理环境因素及某些特殊工种因素所造成的不良环境。低温环境下人体皮肤血管收缩，皮肤降温快，导致人体热能消耗大。另一方面，低温环境下，人体各种腺素分泌增多，体内氧化代谢较为突出，耗氧量增加，若体内能量储备丰富或补充及时，人的御寒能力就比较强。此外，低温环境下，人体消化液和酸度都增高，食物消化快，使人的食欲增强，有饥饿感。

低温环境条件下应供给充足的能量。在低温环境下，热能消耗增加约 10%，要摄入足够的能量物质以维持能量平衡。在三大能量物质中，脂肪热量高，耐寒力强，膳食构成中脂肪能量应为 35% 左右，蛋白质能量占 15%，碳水化合物能量占50%左右为宜。

应供给充足的维生素。维生素与低温适应性关系密切。根据实验证明，摄入充足的维生素，动物和人都有较高的耐寒性。一般认为低温条件下各种维生素需要量均比常温下约高30%~50%。例如，每日维生素C摄入量为100mg左右，维生素B_1、维生素B_2分别为2mg、2.5mg，维生素A的摄入量为1500mgRE，烟酸15mg。

还要注意无机盐和微量元素的摄入。低温条件下，无机盐和微量元素的供给应稍高于正常水平，其中以钠、钾、钙等无机盐为主。

3. 职业性接触有毒有害物质人群的营养与膳食

在生产环境中，从事职业性接触有毒有害物质作业的人员，如不注意防护，可能发生职业中毒，使神经系统、血液系统、消化系统等出现中毒症状。事实表明，机体的营养状况与化学毒物的作用及其结果具有密切的联系，许多毒物如四氯化碳、氯仿、二氧化氮、氯乙烯等均可形成自由基和脂质过氧化，引起生物膜脂质过氧化，破坏细胞结构，使之失去功能甚至发生癌变。但是，多种营养素具有一定的解毒、清除自由基和抑制脂质过氧化的作用。因此在日常工作及生活中应注意从业者的膳食搭配。

（1）接触铅作业人员的营养要求与膳食　铅及其化合物主要存在于冶金、印刷、陶瓷、蓄电池、油漆、染料等行业中。铅的危害主要是通过消化道和呼吸道进入人体，分布在肝、肾、脾、肺、脑中，以肝脏中浓度最高；铅蓄积在骨骼系统中，可引起神经系统和造血系统损害，从而引起多种慢性或急性中毒。

接触铅作业人员应供给充足的维生素。铅可促进维生素C的消耗，而维生素C对预防铅中毒有较好的效果，它可以与铅结合成难溶态的抗坏血酸铅盐，降低铅的吸收。膳食中要多食用含维生素C丰富的食品或补充维生素C剂片。另外，维生素A、维生素B_1、维生素B_{12}等在预防铅中毒方面也有一定作用。

充足的蛋白质可以提高机体对铅物质的抵抗力，减轻对铅物质的吸收。蛋白质的供给量应占总热能的14%~15%。

脂肪可促进铅在小肠内的吸收。膳食中应减少脂肪的摄入量。

果胶膳食纤维可以使肠道中的铅沉淀，降低铅在体内的吸收。膳食中应多吃含果胶及膳食纤维丰富的水果、蔬菜及其制品。

对铅作业人员来讲，钙磷比和食品的酸碱性也非常重要。铅在体内代谢与钙相似，体液的酸碱性不同，铅在体内存在的形式及沉淀的部位不同，即当体液呈酸性时，铅离子形成$PbHPO_4$，反之则形成$Pb_3(PO_4)_2$，前者在水中的溶解度是后者的100倍，主要存在于血液中，后者主要在骨骼中沉积。急性中毒期应补充碱性食品，使铅暂时沉积在骨骼中，待急性期后，再补充酸性食品，使骨骼中的铅以$PbHPO_4$的形式溶出并排出体外。

(2) 接触苯作业人员的营养与膳食　苯属于芳香族碳水化合物，主要用于有机溶剂、化工原料等，接触苯的工作主要有炼焦、石油裂化、油漆、染料、塑料、合成橡胶、农药、印刷以及合成洗涤剂等。苯主要以蒸气形式经呼吸道吸入体内，是一种神经细胞毒物，可损害骨骼，破坏造血功能，毒性很大。

接触苯作业人员应增加优质蛋白质的摄入。膳食蛋白质对苯的毒性有防护作用，在保证合理的平衡膳食的基础上，补充优质蛋白质十分重要，蛋白质对预防苯中毒有一定的作用。苯的解毒过程主要在肝脏内进行，一部分直接与还原型谷胱甘肽结合而解毒，而膳食蛋白质中的含硫氨基酸是体内谷胱甘肽的来源。

脂肪含量不宜过高。苯属于脂溶性有机溶剂，摄入脂肪过多可促进人体对苯的吸收，增加苯在体内的蓄积，并使机体对苯的敏感性增加，因此在膳食中保持一般水平即可。

碳水化合物可以提高机体对苯的耐受性，因为碳水化合物的代谢产物葡萄糖醛酸具有解毒作用，在肝、肾等器官内苯与葡萄糖醛酸结合，随胆汁排出。

应提高维生素的摄入量。据动物实验观察，苯中毒的动物体内维生素的量偏低，维生素 C 较为突出。建议每日补充维生素 C 150mg，维生素 K、维生素 B_1、维生素 B_2、烟酸对治疗苯中毒有一定疗效。为预防苯中毒所致的贫血，还应适当增加铁的供给量，并补充维生素 B_6、维生素 B_{12} 及叶酸。

(3) 接触汞作业人员的营养与膳食　汞主要存在于汞矿的开采、冶炼、实验、测量仪器的制造和维修、水银温度计的制造等行业中。化学工业用汞也较广，农药、化妆品等都有接触的机会。汞可以通过呼吸道、消化道、皮肤侵入人体，主要蓄积于肾脏，其次为肝脏、心脏及中枢神经系统。轻者出现口腔炎，重者出现如胃功能紊乱，尿中出现蛋白质、红细胞甚至肝肿大等不同的中毒症状，应及时治疗和进行膳食调理。

接触汞作业人员在膳食中应补充动、植物优质蛋白质，特别是富含硫氨基酸、半胱氨酸的蛋白质。果胶膳食纤维等物质也可以与汞结合，加速其排泄。硒和锌对于汞毒性的防护作用已为人们认同，膳食中可以适当添加，维生素 A、维生素 E 可抑制其毒性作用，因此接触汞作业人员可以考虑选择含硒较高的海产品、肉类、肝脏等，含维生素 E 较多的绿色蔬菜、乳、蛋、鱼、花生与芝麻等。

(4) 接触农药作业人员的营养与膳食　生产和使用农药及食用农药超标食物的人员，都会不同程度地受到农药的危害，尤其是过去常使用的毒性大且难降解的有机磷、有机氮、砷化物、汞化物等对人体造成的危害都很大，进入体内后可长期蓄积，损害中枢神经系统和肝肾等器官。酪蛋白高的食物可缓解农药造成的危害，维生素 C 也具有一定的降解作用。注意多食用一些解毒食品，如绿豆、猪血、鸭血、绿茶等。

综上所述，接触有毒有害物质人群的营养与膳食的一般原则为：满足机体正常基本的营养要求，针对不同有毒物质对人体造成的伤害，通过合理膳食补充相应的营养素来增强机体对外界有害因素的抵抗力，尽量减少有毒有害物质对人体的伤害；其次，通过普及营养知识，增强人们对职业病的认识和预防知识，也是降低职业病发生率的途径之一；另外，对于一些接触粉尘、纤维等物质的人群，除注意防护外，日常饮食中应注意选择一些具有解毒性的食物，这类食物有动物血、木耳、绿豆、海带、茶叶、无花果、胡萝卜等。

二、特定人群膳食指南

（一）备孕和孕期妇女膳食指南

备孕是指育龄夫妇有计划地怀孕并对优孕进行必要的前期准备，夫妻双方均应通过健康检查发现和治疗潜在疾病，避免在患病及营养不良状况下受孕。孕期妇女的营养状况对母婴近、远期健康至关重要。为了完成妊娠过程，孕期妇女的生理及代谢状态发生了较大的适应性改变，总体营养需求有所增加，以满足孕期母体生殖器官变化和胎儿的生长发育，并为产后泌乳储备营养。

核心推荐：

（1）调整孕前体重至正常范围，保证孕期体重适宜增长。
（2）常吃含铁丰富的食物，选用碘盐，合理补充叶酸和维生素 D。
（3）孕吐严重者，可少量多餐，保证摄入含必需量碳水化合物的食物。
（4）孕中晚期适量增加奶、鱼、禽、蛋、瘦肉的摄入。
（5）经常户外活动，禁烟酒，保持健康生活方式。
（6）愉快孕育新生命，积极准备母乳喂养。

体重是反映营养状况最实用的简易指标，定期测量体重，保证孕前体重正常、孕期体重适宜增长，可减少妊娠并发症和不良出生结局的发生。

孕期胎儿的生长发育、母体乳腺和子宫等生殖器官的发育以及为分娩后乳汁分泌进行必要的营养储备，都需要额外的营养。妊娠期妇女应在孕前平衡膳食的基础上，根据胎儿生长速率及母体生理和代谢变化适当调整进食量。孕早期胎儿生长发育速度相对缓慢，孕妇所需营养与孕前差别不大。孕中期开始，胎儿生长发育逐渐加速，母体生殖器官的发育也相应加快，营养需要增加，应在一般人群平衡膳食的基础上，适量增加奶、鱼、禽、蛋和瘦肉的摄入，食用碘盐，合理补充叶酸和维生素 D，以保证对能量和优质蛋白质、钙、铁、碘、叶酸等营养素的需要。孕育新生命是正常的生理过程，要以积极的心态适应孕期的变化，学习孕育相关知识，为产后尽早开奶和成功母乳喂养做好充分准备。

孕期要进行适当的身体活动，若无医学禁忌，孕期进行身体活动是安全的。

建议孕中、晚期每天进行30min中等强度的身体活动。

（二）哺乳期妇女膳食指南

哺乳期妇女（乳母）既要分泌乳汁、哺育后代，还需要逐步补偿妊娠、分娩时的营养素损耗并促进各器官、系统功能的恢复，因此比一般育龄妇女需要更多的营养。与非哺乳妇女一样，乳母的膳食也应该是由多样的食物组成的平衡膳食，除保证哺乳期的营养需要外，乳母的膳食还会影响乳汁的滋味和气味，对婴儿未来接受食物和建立多样化膳食结构产生重要影响。

核心推荐：

（1）产褥期食物多样不过量，坚持整个哺乳期营养均衡。

（2）适量增加富含优质蛋白质及维生素A的动物性食物和海产品，选用碘盐，合理补充维生素D。

（3）家庭支持，愉悦心情，充足睡眠，坚持母乳喂养。

（4）增加身体活动，促进产后恢复健康体重。

（5）多喝汤和水，限制浓茶和咖啡，忌烟酒。

乳母每天需增加优质蛋白质25g，钙200mg，碘120μg，维生素A 600μgRAE。

产褥期是指孕妇从胎儿、胎盘自身体娩出，直到除乳腺外各个器官恢复或接近正常未孕状态所需的一段时期，一般需6~8周。产褥期要做到食物种类多样并控制膳食总量的摄入，坚持整个哺乳阶段（产后2年）营养均衡，以满足自身营养需求，保证乳汁营养和母乳喂养的持续性。每天的膳食应包括谷薯类、蔬菜水果类、畜禽鱼蛋奶类、大豆坚果类食物。通过选择小份量食物、同类食物互换、粗细搭配、荤素双拼、色彩多样的方法，达到食物多样。

乳母每天应多喝水，还要多吃流质的食物如鸡汤、鲜鱼汤、猪蹄汤、排骨汤、菜汤、豆腐汤等，每餐都应保证有带汤水的食物，以促进泌乳。

为保证维生素A和铁供给，建议每周吃1~2次动物肝脏，总量达85g猪肝，或总量40g鸡肝。

（三）0~6月龄婴儿母乳喂养指南

6月龄内是人一生中生长发育的第一个高峰期，对能量和营养素的需要相对高于其他任何时期，但婴儿的胃肠道和肝肾功能发育尚未成熟，功能不健全，对食物的消化吸收能力及代谢废物的排泄能力仍较低。6月龄内婴儿需要完成从宫内依赖母体营养到宫外依赖食物营养的过渡，来自母体的乳汁是完成这一过渡最好的食物，用任何其他食物喂养都不能与母乳喂养相媲美。

膳食指导准则：

（1）母乳是婴儿最理想的食物，坚持6月龄内纯母乳喂养。

（2）生后1h内开奶，重视尽早吸吮。

（3）回应式喂养，建立良好的生活规律。

（4）适当补充维生素 D，母乳喂养无需补钙。

（5）一旦有任何动摇母乳喂养的想法和举动，都必须咨询医生或其他专业人员，并由他们帮助做出决定。

（6）定期监测婴儿体格指标，保持健康生长。

母乳是婴儿最理想的食物，纯母乳喂养能满足婴儿 6 月龄以内所需要的全部液体、能量和营养素。此外，母乳有利于肠道健康微生态环境建立和肠道功能成熟，降低感染性疾病和过敏发生的风险。母乳喂养营造母子情感交流的环境，给婴儿最大的安全感，有利于婴儿心理行为和情感发展；母乳是最佳的营养支持，母乳喂养的婴儿最聪明。母乳喂养经济、安全又方便，同时有利于避免母体产后体重滞留，并降低母体乳腺癌、卵巢癌和 II 型糖尿病的风险。应坚持纯母乳喂养 6 个月。

婴儿饥饿引起哭闹时应及时喂哺，不要强求喂奶次数和时间，但一般每天喂奶的次数可能在 8 次以上，出生后最初会在 10 次以上。随着婴儿月龄增加，逐渐减少喂奶次数，建立规律哺喂的良好饮食习惯。

婴儿生后数日开始每日补充维生素 D $10\mu g$（400IU），纯母乳喂养的婴儿不需要补钙。新生儿出生后应肌内注射维生素 K_1 1mg。

6 个月龄前婴儿每半月测量一次身长和体重，病后恢复期可增加测量次数，选用世界卫生组织的《儿童生长曲线》判断生长状况。

（四）7~24 月龄婴幼儿喂养指南

7~24 月龄婴幼儿消化系统、免疫系统的发育，感知觉及认知行为能力的发展，均需要通过接触、感受和尝试，来体验各种食物，逐步适应并耐受多样的食物，从被动接受喂养转变到自主进食。对于 7~24 月龄婴幼儿，母乳仍然是重要的营养来源，但单一的母乳喂养已经不能完全满足其对能量及营养素的需求，必须引入其他营养丰富的食物。

膳食指导准则：

（1）继续母乳喂养，满 6 月龄起必须添加辅食，从富含铁的泥糊状食物开始。

（2）及时引入多样化食物，重视动物性食物的添加。

（3）尽量少加糖盐，油脂适当，保持食物原味。

（4）提倡回应式喂养，鼓励但不强迫进食。

（5）注重饮食卫生和进食安全。

（6）定期监测体格指标，追求健康生长。

辅食是指除母乳和/或配方奶以外的其他各种性状的食物。有特殊需要时须在医生的指导下调整辅食添加时间。

婴儿最先添加的辅食应该是富铁的高能量食物，如强化铁的婴儿米粉、肉泥等。在此基础上逐渐引入其他不同种类的食物以提供不同的营养素。辅食添加的原则是每次只添加一种新食物,由少到多、由稀到稠、由细到粗,循序渐进。首先添加肉泥、肝泥、强化铁的婴儿谷粉等富铁的泥糊状食物,逐渐过渡到半固体或固体食物,如烂面、肉末、碎菜、水果粒等。每引入一种新的食物应适应2～3天,密切观察是否出现呕吐、腹泻、皮疹等不良反应,适应一种食物后再添加其他新的食物。

婴幼儿辅食应单独制作。保持食物原味,不需要额外加糖、盐及各种调味品,1岁以后逐渐尝试淡口味的家庭膳食。

鼓励并协助婴幼儿自己进食,培养进餐兴趣。进餐时不看电视、玩玩具,每次进餐时间不超过20min。父母应保持自身良好的进食习惯,成为婴幼儿的榜样。

每3个月一次,定期测量身长、体重、头围等体格生长指标。

(五) 学龄前儿童膳食指南

与成人相比,2～5岁儿童对各种营养素需要量较高,但消化系统尚未完全成熟,咀嚼能力较差,因此其食物的加工烹调应与成人有一定的差异。随着2～5岁儿童生活自理能提高,自主性、好奇心、学习能力和模仿能力也增强,需要进一步强化和巩固在7～24月龄初步建立的多样化膳食结构,为一生健康和良好饮食行为奠定基础。

核心推荐:

(1) 食物多样,规律就餐,自主进食,培养健康饮食行为。

(2) 每天饮奶,足量饮水,合理选择零食。

(3) 合理烹调,少调料少油炸。

(4) 参与食物选择与制作,增进对食物的认知和喜爱。

(5) 经常户外活动,定期体格测量,保障健康成长。

保证每天不少于三次正餐和两次加餐,不随意改变进餐时间、环境和进食量,培养儿童摄入多样化食物的良好饮食习惯,纠正挑食、偏食等不良饮食行为。

建议每天饮奶300～500mL或相当量的奶制品。建议学龄前儿童每天饮水600～800mL,以白开水为主,少量多次饮用。零食应尽可能与加餐相结合,以不影响正餐为前提,多选用营养密度高的食物如奶制品、水果、蛋类及坚果类等,不宜选用能量密度高的食品如油炸食品、膨化食品。

在烹调方式上,宜采用蒸、煮、炖、煨等烹调方式。口味以清淡为好,不应过咸、油腻和辛辣,尽可能少用或不用味精或鸡精、色素、糖精等调味品。应控制食盐用量,还应少选含盐高的腌制食品或调味品。

学龄前儿童每天应进行至少120min的户外游戏或运动,尽量避免让儿童有连续超过1h的久坐时间,每天看电视、玩平板电脑的累计时间不超过1h,且越少越好。保证儿童充足睡眠，推荐每天总睡眠时间 10~13h，其中包括 1~2h 午睡时间。

（六）学龄儿童膳食指南

学龄儿童是指从 6 周岁到不满 18 周岁的未成年人。6 岁儿童进入学校教育阶段，生长发育迅速，两性特征逐步显现，学习和运动量大，对能量和营养素的需要相对高于成年人。学龄儿童生理、心理发展逐步成熟，膳食模式已经成人化，充足的营养是他们正常生长发育乃至一生健康的物质保障。形成健康饮食行为、运动爱好等仍需要加强引导、培养和逐步完善。

核心推荐：

（1）主动参与食物选择和制作，提高营养素养。
（2）吃好早餐，合理选择零食，培养健康饮食行为。
（3）天天喝奶，足量饮水，不喝含糖饮料，禁止饮酒。
（4）多户外活动，少视屏时间，每天 60min 以上的中高强度身体活动。
（5）定期监测体格发育，保持体重适宜增长。

清淡饮食、不挑食偏食、不暴饮暴食，养成健康饮食行为。做到一日三餐，定时定量、饮食规律。早餐食物应包括谷薯类、蔬菜水果、动物性食物、以及奶类、大豆和坚果等四类食物中的三类及以上。可在两餐之间吃少量的零食，选择清洁卫生、营养丰富的食物作为零食。在外就餐时要注重合理搭配，少吃含高盐、高糖和高脂肪的食物。

学龄儿童应清淡饮食，少在外就餐，少吃含能量、脂肪或糖高的快餐。饮食规律、吃好早餐，要保证每天喝奶及奶制品 300mL 以上或相当量奶制品。每天饮水 800~1400mL，首选白开水，不喝或少喝含糖饮料，禁止饮酒。

每天应累计至少 60min 中高强度的身体活动。每周至少 3 次高强度的身体活动，3 次抗阻力活动和骨质增强型活动。增加户外活动时间。减少静坐时间，视屏时间每天不超过 2h，越少越好。

（七）一般老年人膳食指南

一般老年人是指 65~79 岁的老年人。生理上的变化主要体现在代谢能力下降；呼吸功能衰退；心脑功能衰退；视觉和听觉及味觉等感官反应迟钝；肌肉衰减等。这些变化会影响老年人摄取、消化食物和吸收营养物质的能力，使他们容易出现蛋白质、微量营养素摄入不足，产生消瘦、贫血等问题，降低了身体的抵抗能力，增加罹患疾病的风险。

核心推荐：

（1）食物品种丰富，动物性食物充足，常吃大豆制品。
（2）鼓励共同进餐，保持良好食欲，享受食物美味。
（3）积极户外活动，延缓肌肉衰减，保持适宜体重。

（4）定期健康体检，测评营养状况，预防营养缺乏。

老年人更加需要注意丰富食物品种，努力做到餐餐有蔬菜，尽可能选择不同种类的水果，动物性食物换着吃，吃不同种类的奶类和豆类食物。

动物性食物富含优质蛋白质，微量营养素的吸收、利用率高，有利于减少老年人贫血、延缓肌肉衰减的发生。摄入总量应争取达到平均每日120~150g，并应选择不同种类的动物性食物，其中鱼40~50g，畜禽肉40~50g，蛋类40~50g。建议老年人尝试选择适合自己身体状况的奶制品，如鲜奶、酸奶、老年人奶粉等，并坚持长期食用。推荐的食用量是每日300~400mL牛奶或蛋白质含量相当的奶制品。保证摄入充足的大豆类制品，达到平均每天相当于15g大豆的推荐水平。

消瘦或肥胖都会增加老年人死亡的风险，老年人的适宜体重范围是体质指数在$20.0~26.9kg/m^2$。积极进行身体活动，特别是户外运动有助于保持老年人心肺、运动和神经系统功能。

（八）高龄老年人膳食指南

高龄老年人是指80岁及以上的老年人。高龄、衰弱老年人往往存在进食受限，味觉、嗅觉、消化吸收能力降低，营养摄入不足。多数高龄老年人身体各个系统功能显著衰退，常患多种慢性病，生活自理能力和心理调节能力显著下降，营养不良发生率高，需要他人照护，在营养方面有更加多样、复杂的要求，需要专业、精细、个体化的膳食指导。

核心推荐：

（1）食物多样，鼓励多种方式进食。

（2）选择质地细软，能量和营养素密度高的食物。

（3）多吃鱼禽肉蛋奶和豆，适量蔬菜配水果。

（4）关注体重丢失，定期营养筛查评估，预防营养不良。

（5）适时合理补充营养，提高生活质量。

（6）坚持健身与益智活动，促进身心健康。

高龄老人需要能量和营养密度高、品种多样的食物，多吃鱼、畜禽肉、蛋类、奶制品及大豆类等营养价值和生物利用率高的食物，同时配以适量的蔬菜和水果。食物精细烹制，口感丰富美味，质地细软。

应少量多餐，保证充足的食物摄入。进餐次数宜采用三餐两点制，或三餐三点制。每次正餐占全天总能量的20%~25%，每次加餐的能量占5%~10%。加餐的食物与正餐相互弥补，中餐、晚餐的副食尽量不重样。

体重丢失是营养不良和老年人健康状况恶化的征兆信号，增加患病、衰弱和失能的风险。老年人要经常监测体重，对于体重过轻（$BMI<20kg/m^2$）或近期体重明显下降的老年人，从膳食上采取措施进行干预，适时合理补充营养，如特医食品、强化食品和营养素补充剂，以改善营养状况，提高生活质量。高龄、衰

弱老年人需要坚持身体和益智活动，动则有益，维护身心健康，延缓身体功能的衰退。

（九）素食人群膳食指南

素食人群是指以不食畜肉、家禽、海鲜、蛋、奶等动物性食物为饮食方式的人群。完全戒食动物性食品及其产品的为全素人群；不戒食蛋奶类及其相关产品的为蛋奶素人群。由于膳食组成中缺乏动物性食物，如果素食者膳食安排不合理，容易引起维生素 B_{12}、$n-3$ 多不饱和脂肪酸、铁、锌、蛋白质等营养素摄入不足，从而增加这些营养素缺乏的风险。

核心推荐：

（1）食物多样，谷类为主；适量增加全谷物。
（2）增加大豆及其制品的摄入，选用发酵豆制品。
（3）常吃坚果、海藻和菌菇。
（4）蔬菜、水果应充足。
（5）合理选择烹调油。
（6）定期监测营养状况。

素食人群更应认真设计自己的膳食，合理利用食物，搭配恰当，以确保满足营养需要和促进健康。建议素食人群尽量选择蛋奶素。所有素食者更应做到食物多样化，保证每周 25 种以上；谷类是素食者膳食能量主要来源，全谷物、薯类和杂豆可提供更多的蛋白质、维生素、矿物质、膳食纤维和其他膳食成分，应每天食用；大豆及其制品是素食者的重要食物，含有丰富的蛋白质、不饱和脂肪酸和钙；发酵豆制品中还含有维生素 B_{12}，建议素食者应比一般人摄入更多大豆及其制品，特别是发酵豆制品；蔬菜水果含有丰富的维生素 C、β-胡萝卜素、膳食纤维、矿物质及植物化学物，应足量摄入；藻类（特别是微藻）含有 $n-3$ 多不饱和脂肪酸及多种矿物质，菌菇、坚果也应当经常适量食用；选择多种植物油，特别是亚麻籽油、紫苏油、核桃油，以满足素食者 $n-3$ 多不饱和脂肪酸的需要。定期监测营养状况，及时发现和预防营养缺乏。

能力要求：特定人群的营养和食物目标的确定

一、工作准备

记录笔、记录本、《中国居民膳食营养素参考摄入量》表。

二、工作程序

1. 了解配餐对象的年龄、性别、职业、身高、体重等基本情况
2. 能量供给量的确定

查《中国居民膳食营养素参考摄入量》表，确定相应年龄、性别和特定生理状况配餐对象的能量供给量。以3岁男童为例，查表可知其能量供给量为每日5.64MJ或1350kcal。

3. 确定碳水化合物、脂类、蛋白质的供给量

查《中国居民膳食营养素参考摄入量》表，确定蛋白质的供给量和脂肪所占能量的比例，从而计算脂肪和碳水化合物的供给量。以3岁男童为例，查表可知其蛋白质供给量为每日45g，脂肪占能量的比例为30%~35%，则脂肪的供给量为：

$$1350\ (kcal) \times (30\% \sim 35\%) \div 9\ (kcal/g) = 45 \sim 53\ (g)$$

碳水化合物的量为：

$$[1350\ (kcal) - 1350\ (kcal) \times (30\% \sim 35\%) - 45\ (g) \times 4\ (kcal/g)] \div 4\ (kcal/g) = 174 \sim 191\ (g)$$

4. 确定维生素和矿物质的供给量

维生素和矿物质的供给量可以通过查《中国居民膳食营养素参考摄入量》，根据其年龄、性别、体力活动强度等获得。如上述男子的维生素A供给量为500μgRE，钙的供给量为600mg。

5. 选择食物

食物选择要遵循多样化的原则，根据其年龄、生理特点和营养需要来选择适宜的食物。仍以3岁男童为例，因其胃容量尚小，需要选择营养丰富、容量小、密度高的食物，少吃零食，多进食动物肝脏、鱼、禽、肉、乳和大豆制品，不宜吃油煎、油炸、刺多的小鱼、腌制、熏制食物等。

要注意富含维生素和矿物质的水果和蔬菜，富含膳食纤维的粗粮的选择。限制摄入高能量、高饱和脂肪酸、高盐和纯能量如油脂和糖等食物。

6. 确定一日营养素和食物目标

根据以上程序将膳食对象的一日营养素和食物目标确定下来。如上述3岁男童的目标见表3-5。

表3-5　　　　　某3岁男童一日营养素目标

能量 (kcal)	蛋白质 (g/100g)	脂肪 (g/100g)	碳水化合物 (g/100g)	视黄醇当量 (μg/100g)	核黄素 (mg/100g)	钙 (mg/100g)	铁 (mg/100g)	锌 (mg/100g)
1350	45	50	180	500	0.6	600	12	9.0

所选择的食物如下。

主食：大米、面粉；
副食：鲜牛乳、猪肝、鸡蛋、猪肉、小白菜、菠菜、红薯、苹果、橘子；
其他：白糖、植物油。

> **任务2　营养食谱编制**

学习目标

知识目标
1. 掌握一般成年人和其他人群食谱编制的原则与方法。
2. 掌握食物交换份法编制食谱的方法。
3. 了解计算机编制食谱的方法。

技能目标
1. 能根据各类人群的营养需要为其制定平衡食谱。
2. 能用食物交换份法为不同人群编制一周食谱。

学习单元1　成年人一日食谱的编制

一、营养膳食的调配

饮食不仅要吃出好心情，即有食欲和吃得香，还要吃出健康的身体来满足工作的需要和达到延年益寿的目的。因此，要有科学合理的膳食调配。

1. 主食的调配

主食主要是指粮食，包括米、面、杂粮、薯类等及其制品。它给人体提供热能、蛋白质和膳食纤维等。一个人每天膳食中超过60%的热能和50%的蛋白质主要由主食供给。

因主食的种类不同，有粗粮、细粮之分，它们的口感和所含营养素各有特点。一般来说，细粮主要是指稻米和小麦，比较润口，多数人喜欢食用，但常吃也能产生厌烦；粗粮是指除米和面外的其他粮食，虽然吃起来不如细粮，但好多营养素的含量优于细粮。如大麦、青稞、莜麦和荞麦等的赖氨酸含量均较多，各种豆类的赖氨酸含量甚至可达到稻米或小麦的5~10倍；小米和高粱等粗粮的多种矿物质含量都大大高于大米、白面。况且粗粮经过精细的加工还别有风味。

主食的调配包括细粮间的调配和粗、细粮间的调配，当然也包括品种和花样的调配。建议一天中最好两种细粮同时食用，一星期最好食用两顿以上以粗粮为主料加工而成的主食，有条件的居民可经常购买或自己在家制作有粗细粮搭配的主食。这样做可以改进膳食中营养成分的比例，提高营养素的互补和利用程度，也可增进食欲。

2. 副食的调配

副食能为人体提供丰富的蛋白质、脂肪、维生素和矿物质等营养物质，对人体健康有重要作用。副食的种类很多，主要分为动物性食物与植物性食物两大类，即荤食和素食。荤食是指畜、禽、鱼、蛋、乳及其制品，富含蛋白质和脂肪，含有多种维生素和矿物元素；素食主要指各种蔬菜、水果和豆类及其制品，它提供的主要是维生素和矿物质，还有千变万化的风味物质，如各种色素、有机酸和芳香物质。合理地把各类副食品搭配起来食用，就能取长补短，使人体获得较为全面的营养，这对增进健康大有益处。

副食的科学搭配方法主要有以下两点。

（1）荤素搭配　荤素搭配是副食品调配上的一个重要原则。荤素搭配可以解决蛋白质互补问题。如豆制品和肉类、蛋类、禽类等动物性食品搭配，能大大提高蛋白质的营养价值。含蛋白质丰富的食物和蔬菜搭配，除了可充分发挥蛋白质的互补作用外，还可以得到丰富的维生素和矿物质。荤素搭配，还能调整食物的酸碱平衡。许多动物性食品如肉类、鱼类、蛋类、禽类等，都属于酸性食品，如果动物性食品食用过多，会造成人体酸碱平衡失调。而许多植物性食品，如叶菜类、花苔类、果茄类等，都属于碱性食品，多食可调整体内的酸碱平衡。

（2）生熟搭配　生熟搭配这一点对蔬菜尤其重要。因为蔬菜中的维生素 C 和 B 族维生素，遇热容易遭到破坏。经过烹调的蔬菜，维生素总要损失一部分。因此，可生食的蔬菜应多生食。如新鲜的番茄、心里美、生菜、小白菜等，适量多吃些凉拌菜，如凉拌黄瓜、麻酱拌水萝卜、小葱拌豆腐。当然，蔬菜生吃时一定要注意清洁卫生。

3. 四季膳食的调配

我国的国土面积广，环境和地势差异也较大，因此四季的差异各地不同。这里主要根据气候的变化来进行膳食的调配，各地还应根据当地的食物和生活习惯进行一定的调整。

春季随着气温的升高，人体的新陈代谢有所加快，体内会产生较多的酸性代谢物，饮食需要多吃碱性食品。春季还应少食辛辣，以清淡、酸甜、温和为适宜，过食辛温燥辣食品可使人生内热，如羊肉、辣椒等。可多食含维生素多的蔬菜，如竹笋、芹菜、小白菜、萝卜、菠菜等；肉类如猪肉、鲫鱼之类；主食除大米、白面外，可多食些小米、玉米、黄豆等杂粮。

夏季天气炎热，人体新陈代谢旺盛，此时消化能力会一定程度减弱。膳食以清爽、冰凉、清脆为佳。要注意调配食物的色、香、味、形，尽量选择易引起食欲的食品，多食一些凉拌类菜和鸡蛋、豆制品、绿豆、西瓜、水果等。夏季可适当吃些冷饮，但不可过多，否则会冲淡胃液、抑制肠胃的蠕动，影响消化。

秋季云高气爽，温度渐凉，较为容易造成肠胃功能紊乱和腹泻。膳食以新鲜、少辛辣和低脂肪为主。秋天的新鲜蔬菜和瓜果较多，可多食用，但要注意消化系统的适应性。

冬季气候干燥寒冷，为抵御严寒，膳食以热的含能量相对较高的食物为主。如火锅、炖肉和鱼等。同时注意素食的搭配，如大白菜、土豆、萝卜、豆腐等；调味品上可适量用些辛辣食物，如辣椒、葱、姜、蒜等。

二、食谱的编制原则

在编制营养食谱的过程中，应遵循以下原则。

（1）品种多样，数量充足，膳食所提供的能量、蛋白质、脂肪、矿物质、维生素要符合DRIs的标准。浮动范围在标准的±10%以内。

（2）各种营养素的比例要适宜。均衡膳食首先要满足人体对热量的需要，三大产热营养素在总热量中的百分比应当是：蛋白质10%~15%，脂肪20%~30%，碳水化合物55%~65%。

均衡膳食还包括各种维生素和矿物质的摄取量。只有营养结构合理，身体才能健康。要进行营养配餐，首先要了解各种食物的营养成分及其含量，然后根据人体对热能、蛋白质、矿物质、维生素的需要，选择搭配食物，进行合理烹调。其次，每天三餐总食量的分配，按3:4:3的比例较为合理，即早餐占30%，午餐占40%，晚餐占30%。

（3）优质蛋白质应占蛋白质总供给量的1/3以上。饱和脂肪酸:单不饱和脂肪酸:多不饱和脂肪酸=1:1:1。钙磷比适当，钾钠比适当。

（4）注意饭菜适口，注意饮食习惯。要讲究色、香、味，博采众长、口味多样，因人因时、辨证施膳。还要满足感官需求，考虑民族、宗教信仰。

（5）考虑季节和市场供应情况。

（6）兼顾经济条件。

三、营养食谱的编制方法

1. 细算法

细算法是食谱制定中比较经典的方法。此法以就餐者的年龄、身高、体重、劳动强度等作为参考，计算步骤严谨，数值准确。但在实际运用中显得繁琐。

2. 营养软件配餐法

营养软件配餐法是一种适用于各个年龄段的个体或人群的营养配餐软件。可广泛应用于幼儿园、学生食堂、单位食堂、快餐公司、配餐公司、酒店、餐馆及家庭等。

软件能严格按膳食平衡宝塔、三大营养素及其他重要营养素的摄入比例及要求，自动计算配平各种食物的摄入量。

食谱制定可以以周为单位，也可为一天制定食谱。软件包含食物成分数据，可以按不同需求，调整数据，以满足不同的需求。

3. 食物交换份法

食物交换份法是将常用的食物按照其所含有的营养素量的近似值归类，计算出每类食物每份所含的营养素值和食物质量，然后将每类食物的内容列出表格供交换使用，最后，根据不同的能量需要，按照蛋白质、脂肪、糖类的合理分配比例，计算出各类食物的交换份数和实际质量，并按每份食物等值交换表选择食物。特点是简单、实用、易于操作，是目前营养配餐普遍采用的方法。

本单元主要介绍用细算法进行编制食谱，食谱编制流程如图3-2所示。

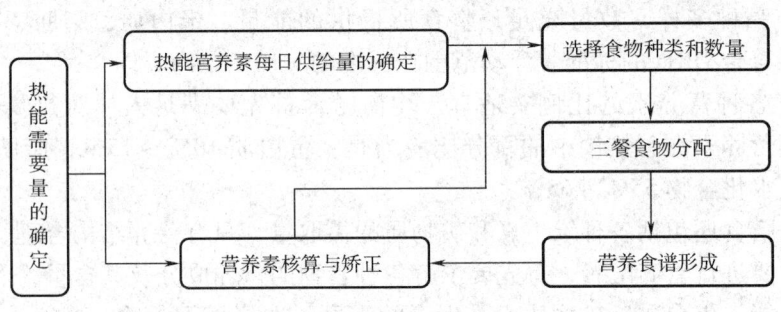

图3-2 细算法编制食谱流程

能力要求：成人营养食谱的编制

一、工作准备

准备《食物营养成分表2004》、计算器、《中国居民膳食营养素参考摄入量》表。

二、工作程序

1. 确定对象的营养素供给量和配备食物

营养素包括能量、宏量营养素、维生素和矿物质的供给量，食物包括主食、副食、食用油等，方法详见本项目"成人食物和营养目标的确定"。

2. 确定每餐宏量营养素目标

按照餐次比确定每餐能量的供给量。三餐能量分配比例为：早餐占30%，午餐占40%，晚餐占30%。

如一个男性中等体力劳动者三种营养素的日需求量分别为：碳水化合物405g、脂肪75g、蛋白质101g，则其每餐所需要宏量营养素分别为：

早餐：碳水化合物 405g×30% = 122g，脂肪 75g×30% = 23g，蛋白质101g×30% = 30g；

午餐：碳水化合物 405g×40% = 162g，脂肪 75g×40% = 30g，蛋白质101g×40% = 43g；

晚餐：碳水化合物 405g×30% = 122g，脂肪 75g×30% = 23g，蛋白质101g×30% = 30g。

3. 主食品种、数量的确定

主食确定原则：主食品种、数量是根据选料中碳水化合物的含量确定的。

例如，某员工午餐应含碳水化合物156g，要求以米饭、馒头为主食，并分别提供50%的碳水化合物，所需大米、富强粉的量计算如下。

查表得知，大米含碳水化合物77.9%，富强粉含碳水化合物75.2%，则：

$$所需大米量 = 156g×50\% / 77.9\% = 100g$$

$$所需富强粉量 = 156g×50\% / 75.2\% = 104g$$

4. 副食品种数量的确定

副食确定原则如下。

（1）副食是在已确定主食蛋白质含量的基础上决定的。

（2）副食应提供的蛋白质的质量 = 摄入的蛋白质的量 − 主食中蛋白质的量。

（3）副食中的蛋白质2/3由动物性食物供给，1/3由豆制品供给。

（4）查表并计算各类动物性食物及豆制品的供给量。

（5）配以适量蔬菜，即可编制食谱。

例如，已知胡先生午餐应摄取蛋白质39g，他选择了牛肉和熏干为蛋白质来源，同时以馒头、米饭为主食，所需质量分别为90g、100g。则需要牛肉、熏干各多少量。

查表得知，富强粉含蛋白质9.5%，大米含蛋白质8%，牛肉为18.4%，熏干为15.8%。

$$主食中蛋白质量 = 90g×9.5\% + 100g×8\% = 16.55g$$

$$副食中所需蛋白质量 = 39g − 16.55g = 22.45g$$

副食中蛋白质2/3由动物性食物提供，1/3由豆制品提供：

$$动物性食物应含蛋白质 = 22.45g \times 66.7\% = 15g$$

$$豆制品应含蛋白质 = 22.45g \times 33.3\% = 7.5g$$

分别计算牛肉、熏干的需要量：

$$牛肉 = 15g/18.4\% = 82g$$

$$熏干 = 7.5g/15.8\% = 47g$$

油脂的摄入应以植物油为主，有一定量的动物脂肪摄入。由食物成分表可知每日摄入各类食物提供的脂肪含量，将需要的脂肪总量减去食物提供的脂肪量即为每日植物油供应量。

5. 蔬菜量的确定

根据膳食指南的要求，一般蔬菜量要达到 200～400g。蔬菜的品种可根据不同季节、市场蔬菜供应情况，以及考虑与动物性食物和豆制品配菜的需要来确定。

6. 形成食谱

以计算的每日每餐的饭菜用量为基础，可形成一人一日食谱，再根据核定的每日每餐饭菜用量以及人数，可计算出每日每餐食物用料的品种和数量。

如中年男性轻体力劳动者一天的营养食谱为：

早餐：小米粥（小米50g），花卷（标准粉50g），咸鸭蛋（50g）。

午餐：大米饭（粳米150g），肉末炒豌豆（肥瘦猪肉30g、豌豆100g、植物油5g），炒芹菜（芹菜150g、植物油5g），虾皮黄瓜汤（黄瓜50g、紫菜2g、虾皮8g）。

晚餐：馒头（标准粉150g），葱爆羊肉（瘦羊肉50g、大葱25g、植物油6g），素拌菠菜（菠菜150g、麻酱10g），丝瓜汤（丝瓜25g、面筋20g、香菜适量）。

晚点：牛乳250g，西瓜200g。

又如一个23人的职工食堂，折合标准人为20人，一日营养食谱如表3-6所示。

表3-6　　　　　　　　　职工食堂一日营养食谱

餐次	食物名称	1标准人可食部用量	1标准人市品用量	20标准人食物总量
早餐	小米粥	小米25g	小米25g	500g
	馒头	特一粉100g	特一粉100g	2000g
	煮鸡蛋	鸡蛋50g	鸡蛋56g	1120g
	拌黄瓜	黄瓜50g	黄瓜54g	1080g
		香油3mL	香油3mL	60mL
	酸奶250	牛乳250mL	牛乳250mL	5000mL

续表

餐次	食物名称	1标准人可食部用量	1标准人市品用量	20标准人食物总量
午餐	米饭	粳米165g	粳米165g	3300g
	清炖小黄花鱼	小黄花鱼50g	小黄花鱼78g	1560g
		植物油7mL	植物油7mL	140mL
		番茄100g	番茄103g	2060g
	番茄炒菜花	菜花150g	菜花183g	3660g
		植物油8mL	植物油8mL	160mL
晚餐	花卷	特一粉150g	特一粉150g	3000g
		虾皮10g	虾皮10g	200g
	萝卜丝炒虾皮	青萝卜150g	青萝卜158g	3160g
		植物油6mL	植物油6mL	120mL
		猪肉（肥瘦）25g	猪肉（肥瘦）25g	500g
	肉片白菜炖豆腐	大白菜100g	大白菜109g	2180g
		豆腐50g	豆腐50g	1000g
		植物油6mL	植物油6mL	120mL

7. 食谱的评价与调整

根据以上程序设计出食谱后，还应对食谱进行核对，确定编制的食谱是否科学合理。应参照食物成分表，初步核算食谱提供的能量和各种营养素的含量，与DRIs进行比较，相差在10%上下，可认为合乎要求，否则要增减或更换食品的种类或数量。

制定食谱时，不必严格要求每份食谱的能量和各类营养素与DRIs保持一致。一般情况下，每天的能量、蛋白质、脂肪和碳水化合物的量出入不应该很大，其他营养素以一周为单位进行计算、评价即可。

根据食谱的制定原则，食谱的评价应包括以下内容。

（1）食谱的评价内容

①食谱中所含五大类食物是否齐全，是否做到了食物种类多样化？
②各类食物的能量是否充足。
③三大能量和营养素摄入是否适宜。
④三餐能量摄入分配是否合理，早餐是否保证了能量和蛋白质的供应。
⑤优质蛋白质占总蛋白质的比例是否恰当。
⑥三大产能营养素（蛋白质、脂肪、碳水化合物）的供能比例是否适宜。

（2）食谱的评价步骤

①首先按类别将食物归类排序，并列出每种食物的数量。

②从食物成分表中查出每100g食物所含营养素的量，算出每种食物所含营养素的量。计算公式：

食物中某营养素含量 = 食物量（g）× 可食部分比例 × 100g食物中营养素含量/100

③将所用食物中的各种营养素分别累计相加，计算出一日食谱中三种能量营养素及其他营养素的量。

④将计算结果与中国营养学会制订的《中国居民膳食营养素参考摄入量》中同年龄同性别人群的水平比较，进行评价。

⑤根据蛋白质、脂肪、碳水化合物的能量折算系数，分别计算出蛋白质、脂肪、碳水化合物三种营养素提供的能量及占总能量的比例。

⑥计算优质蛋白质占总蛋白质的比例。

⑦计算三餐提供能量的比例。

一日食谱确定后，可根据食用者的饮食习惯、市场供应情况等因素在同一类食物中更换品种和烹调方法，编排成一周食谱。

学习单元2　特定人群食谱的编制

一、食物交换份法

食物交换份法简单易行，易于被非专业人员掌握。该法是将常用食物按其所含营养素量的近似值归类，计算出每类食物每份所含的营养素值和食物质量，然后将每类食物的内容列出表格供交换使用，最后，根据不同的能量需要，按蛋白质、脂肪和碳水化合物的合理分配比例，计算出各类食物的交换份数和实际质量，并按每份食物等值交换表选择食物。本法对病人和正常人都适用，此处仅介绍正常人食谱的编制。

1. 将食谱中的食物分类

根据膳食指南，按常用食物所含营养素的特点划分为五大类食物。

第一类：谷类及薯类。谷类包括米、面、杂粮；薯类包括马铃薯、甘薯、木薯等。主要提供碳水化合物、蛋白质、膳食纤维、B族维生素。

第二类：动物性食物。包括肉、禽、鱼、乳、蛋等，主要提供蛋白质、脂肪、矿物质、维生素A和B族维生素。

第三类：豆类及制品。包括大豆及其他干豆类，主要提供蛋白质、脂肪、膳食纤维、矿物质和B族维生素。

第四类：蔬菜水果类。包括鲜豆、根茎、叶菜、茄果等，主要提供膳食纤维、矿物质、维生素C和胡萝卜素。

第五类：纯能量食物。包括动植物油、淀粉、食用糖和酒类，主要提供能量。植物油还可提供维生素 E 和必需脂肪酸。

2. 算出各类食物每单位交换份中所含营养价值

凡能产生 90kcal 热量的食物称为一个交换份。在每一类食品中又用不同种类的食品依交换份互相代换。学会食物交换份法可以让人自由地选择不同食物。食品交换的四大组（八大类）内容和营养价值见表 3-7。

表 3-7　　　　　食物交换的四大组（八大类）内容和营养价值

组别	类别	每份质量/g	热量/kal	蛋白质/g	脂肪/g	碳水化合物/g	主要营养素
谷薯组	谷薯类	25	90	2	—	20	碳水化合物，维生素
蔬果组	蔬菜类	500	90	5	—	17	无机盐、维生素、膳食纤维
	水果类	200	90	1	—	21	
肉蛋组	大豆类	25	90	9	4	4	蛋白质
	乳类	160	90	5	5	6	
	肉蛋类	50	90	9	6	—	
油脂组	硬果类	15	90	4	7	2	脂肪
	油脂类	10	90	—	10	—	

3. 确定各食物的每份等值交换关系

（1）谷薯类食物的等值交换关系（表 3-8）

表 3-8　　　　　　　　等值谷薯类交换表

每份谷薯类提供蛋白质 2g、碳水化合物 20g、热能 90kcal				
食　物	质量/g	食　物	质量/g
大米、小米、糯米	25	绿豆、红豆、干豌豆	25
高粱米、玉米渣	25	干粉条、干莲子	25
面粉、玉米面	25	油条、油饼、苏打饼	25
混合面	25	烧饼、烙饼、馒头	35
燕麦片、荞麦面	25	咸面包、窝窝头	35
各种挂面、龙须面	25	生面条、魔芋生面条	35
马铃薯	100	鲜玉米	200

（2）蔬菜类食物的等值交换关系（表 3-9）

表 3-9　　　　　　　　　　等值蔬菜交换表

每份蔬菜类提供蛋白质 5g、碳水化合物 17g，热能 90kcal

食物	质量/g	食物	质量/g
大白菜、圆白菜、菠菜	500	白萝卜、青椒、茭白、冬笋	400
韭菜、茴香	500	倭瓜、南瓜、花菜	350
芹菜、莴苣、油菜	500	扁豆、洋葱、蒜苗	250
葫芦、西红柿、冬瓜、苦菜	500	胡萝卜	200
黄瓜、茄子、丝瓜	500	山药、荸荠、藕	150
芥蓝菜、瓢菜	500	慈菇、百合、芋头	100
苋菜、雪里蕻	500	毛豆、鲜豌豆	70
绿豆芽、鲜蘑菇	500		

（3）水果类食物的等值交换关系（表 3-10）

表 3-10　　　　　　　　　　等值水果交换表

每份水果类提供蛋白质 1g、碳水化合物 21g，热能 90kcal

食物	质量/g	食物	质量/g
柿、香蕉、鲜荔枝	150	李子、杏	200
梨、桃、苹果（带皮）	200	葡萄（带皮）	200
橘子、橙子、柚子	200	草莓	300
猕猴桃（带皮）	200	西瓜	500

（4）豆和豆制品的等值交换关系（表 3-11）

表 3-11　　　　　　　　　　等值大豆交换表

每份大豆类提供蛋白质 9g、脂肪 4g、碳水化合物 4g，热能 90kcal

食物	质量/g	食物	质量/g
腐竹	20	北豆腐	100
大豆	25	南豆腐	150
大豆粉	25	豆浆	400
豆腐丝、豆腐干	50		

（5）肉蛋类食物的等值交换关系（表 3-12）

高等职业教育食品类专业教材

食品营养与健康
任务工单

浮吟梅 主编

高等职业教育食品类专业教材

食品营养与健康任务工单

主编 浮吟梅

中国轻工业出版社

目 录

任务工单 1 　混合食物血糖生成指数和血糖负荷的计算 ……………………… 1
任务工单 2 　不同食物蛋白质质量评价—AAS 法 …………………………… 3
任务工单 3 　动植物油脂脂肪酸评价 …………………………………………… 5
任务工单 4 　大米和鸡蛋营养质量评价 ………………………………………… 7
任务工单 5 　乳品营养价值评价 ………………………………………………… 9
任务工单 6 　饮料营养标签的解读 ……………………………………………… 12
任务工单 7 　饼干营养标签的制作 ……………………………………………… 14
任务工单 8 　成人体格测量和体征的判别 ……………………………………… 16
任务工单 9 　儿童体格测量 ……………………………………………………… 18
任务工单 10 　缺铁性贫血的判断与评价 ……………………………………… 20
任务工单 11 　成人一日食物和营养素目标的设计 …………………………… 22
任务工单 12 　学龄前儿童一日食物和营养素目标的设计 …………………… 24
任务工单 13 　成年人一日食谱的编制 ………………………………………… 26
任务工单 14 　学龄前儿童一周营养食谱的编制 ……………………………… 28
任务工单 15 　膳食调查——称重法 …………………………………………… 31
任务工单 16 　膳食调查——24 h 回顾法 ……………………………………… 33
任务工单 17 　膳食调查——记账法 …………………………………………… 35
任务工单 18 　一日膳食能量和营养素的计算 ………………………………… 37
任务工单 19 　一日膳食调查结果的分析与评价 ……………………………… 39
任务工单 20 　蔬菜的烹饪指导 ………………………………………………… 41
任务工单 21 　中年人生活方式测定和评估 …………………………………… 43
任务工单 22 　普通人运动方案设计 …………………………………………… 45

任务工单1　混合食物血糖生成指数和血糖负荷的计算

班级		小组号		组长	
成员姓名				学时	
实训场地		指导教师		日期	
任务目的					

任务描述：

　　一份混合食物配料为：150g 土豆、30g 白面包、250mL 脱脂乳、120g 苹果，计算该混合食物的血糖生成指数和血糖负荷并进行评价。

一、资讯

1. 什么是血糖生成指数（GI）？

2. 什么是 GL？与 GI 是什么关系？

3. GI 有什么营养学意义？

二、决策与计划

人员分配	
时间安排	
工具和材料	
工作步骤	

三、实施

1. 混合食物 GI 和 GL 计算的步骤

2. 结果

四、检查

根据混合食物血糖生成指数和血糖负荷的计算和评价的过程和结果进行检查。

五、评估

考评项目		自我评估	组内评估	教师评估	备注
素质考评 15	工作纪律 7				
	团队合作 8				
任务工单考评 30					
实操考评 55	工具使用 10				
	任务方案 10				
	实施过程 15				
	完成情况 15				
	其他 5				
合计 100					
综合评价 100					

组长签字：_____   教师签字：_____

任务工单2　　不同食物蛋白质质量评价—AAS法

班级		小组号		组长	
成员姓名				学时	
实训场地		指导教师		日期	
任务目的					

任务描述：

根据下表，利用 AAS 法对粳米、绿豆、牛乳三种食物的蛋白质质量进行评价。

必需氨基酸	人体氨基酸模式 /（mg/g）	粳米中的含量 /（mg/100g）	绿豆中的含量 /（mg/100g）	牛乳中的含量 /（mg/100g）
异亮氨酸	40	247	976	119
亮氨酸	70	509	1761	253
赖氨酸	55	221	1626	214
甲硫氨酸+胱氨酸	35	298	489	96
苯丙氨酸+酪氨酸	60	601	2102	239
苏氨酸	40	222	779	104
色氨酸	10	124	246	39
缬氨酸	50	360	1189	139

一、资讯

1. 什么是 AAS？

2. AAS 计算步骤有哪些？

3. 什么是 PDCAAS？与 AAS 有什么不同？

二、决策与计划

人员分配	
时间安排	
工具和材料	
工作步骤	

三、实施

1. 对粳米、绿豆、牛乳三种食物的蛋白质质量进行评价的方法和步骤

2. 结果

四、检查

根据 AAS 法评价蛋白质质量的方法和步骤对三种食物蛋白质质量评价的过程和结果进行检查。

五、评估

考评项目		自我评估	组内评估	教师评估	备注
素质考评 15	工作纪律 7				
	团队合作 8				
任务工单考评 30					
实操考评 55	工具使用 10				
	任务方案 10				
	实施过程 15				
	完成情况 15				
	其他 5				
合计 100					
综合评价 100					

组长签字：＿＿＿＿＿＿　　　　教师签字：＿＿＿＿＿＿

| 任务工单 3 | 动植物油脂脂肪酸评价 |

班级		小组号		组长	
成员姓名				学 时	
实训场地		指导教师		日期	
任务目的					

任务描述：

根据下表，对牛油、玉米油、混合油（花生油20% + 豆油80%）三种油脂的脂肪酸进行评价。注：各种油脂的质量均为100g。

食物名称	食部/g	脂肪含量/(mg/100g)	12：0	14：0	16：0	16：1	18：0	18：1	18：2	18：3	20：5	22：6
牛油	100	92.0	0.1	3.9	25.3	3.4	28.6	28.8	1.9	1.0	—	—
豆油	100	99.9	—		11.1	1.5	3.8	22.4	51.7	6.7	—	—
花生油	100	99.9			12.5	0.1	3.6	40.4	37.9	0.4	—	—
玉米油	100	99.2			12.6	0.3	1.3	27.4	56.4	0.6	—	—

一、资讯

1. 什么是必需脂肪酸（EFA）？

2. 脂肪酸评价的方法有哪些？

3. 脂肪酸的适宜比例是多少？

二、决策与计划

人员分配	
时间安排	
工具和材料	
工作步骤	

三、实施
1. 动植物油脂脂肪酸评价的步骤

2. 结果

四、检查
根据油脂脂肪酸评价的方法和步骤对三种油脂脂肪酸评价的过程和结果进行检查。

五、评估

考评项目		自我评估	组内评估	教师评估	备注
素质考评15	工作纪律7				
	团队合作8				
任务工单考评30					
实操考评55	工具使用10				
	任务方案10				
	实施过程15				
	完成情况15				
	其他5				
合计100					
综合评价100					

组长签字：_____　　　　　教师签字：_____

| 任务工单4 | 大米和鸡蛋营养质量评价 | 🔍 |

班级		小组号		组长	
成员姓名				学时	
实训场地		指导教师		日期	
任务目的					

任务描述：

根据下表，对鸡蛋和大米的营养价值进行评价。

食物名称	大米	鸡蛋	食物名称	大米	鸡蛋
食部/%	100	87	硫胺素/（mg/100g）	0.16	0.09
能量/kcal	384	138	核黄素/（mg/100g）	0.08	0.31
水分/（mg/100g）	13.7	75.8	抗坏血酸/（mg/100g）	—	—
蛋白质/（g/100g）	7.7	12.7	钙/（mg/100g）	11	48
脂肪/（g/100g）	0.6	9.0	铁/（mg/100g）	1.1	2.0
碳水化合物/（g/100g）	76.8	1.5	锌/（mg/100g）	1.45	1.00
视黄醇当量（mg/100g）	—	31.0			

一、资讯

1. 什么是食物营养价值？其受到哪些因素的影响。

2. 什么是能量密度和营养质量指数？

3. 如何应用能量密度和营养质量指数对食物的营养价值进行评定？

二、决策与计划

人员分配	
时间安排	
工具和材料	
工作步骤	

三、实施

1. 大米和鸡蛋营养质量评价的方法与步骤

2. 结果

四、检查

根据食物营养价值评价的方法和步骤对鸡蛋和大米营养评价的过程和结果进行检查。

五、评估

考评项目		自我评估	组内评估	教师评估	备注
素质考评 15	工作纪律 7				
	团队合作 8				
任务工单考评 30					
实操考评 55	工具使用 10				
	任务方案 10				
	实施过程 15				
	完成情况 15				
	其他 5				
合计 100					
综合评价 100					

组长签字：_____　　　　教师签字：_____

任务工单 5　　乳品营养价值评价

班级		小组号		组长	
成员姓名				学时	
实训场地		指导教师		日期	
任务目的					

任务描述：

　　从市场上选取的某种品牌乳制品，根据食品营养标签列出了主要营养成分及含量，见表 1。请先用营养素密度和营养质量指数的方法对牛乳的营养价值进行评价，再以液态乳（牛乳）的营养成分为基础，比较各乳制品之间营养素含量的差异（填写表 2），并结合加工工艺，对乳制品营养价值进行评价。

表 1　几种乳品主要营养成分含量

营养成分	牛乳	酸乳	乳粉	干酪
蛋白质（g/100g）	3.2	3.0	22.2	24.9
脂肪（g/100g）	3.7	3.2	26.0	34.5
维生素 A（μg/100g）	16	19	180	330
核黄素（mg/100g）	0.13	0.14	0.17	0.14
叶酸/μg/100g	4.7	11.3	5.9	31.0
钙（mg/100g）	110	160	750	731
磷（mg/100g）	103	168	550	500

表 2　乳制品营养价值评价

项目	牛乳	酸乳	乳粉	干酪
主要原料	全脂牛乳	鲜牛乳	牛乳、白糖、复合维生素等	奶酪、牛乳、食盐
加工方法	消毒/灭菌	发酵	浓缩、喷雾干燥	发酵、凝乳、去乳清、成熟
各主要营养成分含量与牛乳的比值				
蛋白质				
脂肪				
维生素 A				
核黄素				
叶酸				

续表

项目	牛乳	酸乳	乳粉	干酪
钙				
磷				

一、资讯

1. 什么是食品的营养价值?

2. 食物按照其营养特点可以分为哪几类，营养特点各是什么？主要食物有哪些种类？

3. 简述乳品的营养特点。

二、决策与计划

人员分配	
时间安排	
工具和材料	
工作步骤	

三、实施

1. 乳品营养价值评价的方法与步骤

2. 结果

四、检查

根据食物营养价值评价的方法和步骤对乳品营养价值评价的过程和结果进行检查。

五、评估

考评项目		自我评估	组内评估	教师评估	备注
素质考评 15	工作纪律 7				
	团队合作 8				
任务工单考评 30					
实操考评 55	工具使用 10				
	任务方案 10				
	实施过程 15				
	完成情况 15				
	其他 5				
合计 100					
综合评价 100					

组长签字：_____　　　教师签字：_____

任务工单6		饮料营养标签的解读			🔍

班级		小组号		组长	
成员姓名				学时	
实训场地		指导教师		日期	
任务目的					

任务描述：

  市场上某品牌饮料营养素含量如下表所示，请为某品牌饮料进行解读，并根据营养标签对其营养价值进行分析。

营养成分	某品牌饮料1	某品牌饮料2	营养成分	某品牌饮料1	某品牌饮料2
能量/kJ	200	68	烟酸/（mg/100g）	25	0
蛋白质/（g/100g）	1.0	0	钠/（mg/100g）	100	14
脂肪/（g/100g）	1.2	0	钙/（mg/100g）	300	0
碳水化合物/（g/100g）	5.0	1.0	锌/（mg/100g）	0.6	0

一、资讯

1. 什么是食品标签？什么是营养标签？

2. 食品的营养标签主要包括哪些内容？各有什么含义？

3. 食品营养标签中的营养成分包括有哪些种类？各包括哪些营养素？

4. 什么是中国食品标签营养素参考值？

5. 什么是营养声称？营养声称包括哪些内容？什么是功能声称？

二、决策与计划

人员分配	
时间安排	
工具和材料	
工作步骤	

三、实施

1. 饮料营养标签的解读步骤

2. 结果

四、检查

根据营养标签解读方法和步骤对饮料营养标签解读的过程和结果进行检查。

五、评估

考评项目		自我评估	组内评估	教师评估	备注
素质考评 15	工作纪律 7				
	团队合作 8				
任务工单考评 30					
实操考评 55	工具使用 10				
	任务方案 10				
	实施过程 15				
	完成情况 15				
	其他 5				
合计 100					
综合评价 100					

组长签字：_____　　　　　教师签字：_____

任务工单 7　　　饼干营养标签的制作

班级		小组号		组长	
成员姓名				学时	
实训场地		指导教师		日期	
任务目的					

任务描述：

市场上某品牌饼干和普通饼干营养素含量如下表所示，请为某品牌饼干制作营养标签。并根据营养标签对其营养价值进行分析。

营养成分	某品牌饼干	普通饼干	营养成分	某品牌饼干	普通饼干
能量 kcal	433	572	烟酸（mg/100g）	4.7	1.6
蛋白质（g/100g）	9	10.8	钠（mg/100g）	204	114
脂肪（g/100g）	12.7	39.7	钙（mg/100g）	73	0
碳水化合物（g/100g）	70.6	42.9	铁（mg/100g）	1.9	1.9
视黄醇当量/（μg/100g）	24	0	锌（mg/100g）	0.91	0.73
核黄素（mg/100g）	0.04	0.04			

一、资讯

1. 什么是食品的营养成分？总能量如何计算？

2. 食品中的蛋白质和碳水化合物含量如何计算？

3. 食品营养标签的格式要求有哪些？

二、决策与计划

人员分配	
时间安排	
工具和材料	
工作步骤	

三、实施

1. 饼干营养标签制作的方法与步骤

2. 结果

四、检查

根据营养标签制定的方法和步骤对饼干营养标签制作的过程和结果进行检查。

五、评估

考评项目		自我评估	组内评估	教师评估	备注
素质考评 15	工作纪律 7				
	团队合作 8				
任务工单考评 30					
实操考评 55	工具使用 10				
	任务方案 10				
	实施过程 15				
	完成情况 15				
	其他 5				
合计 100					
综合评价 100					

组长签字：_____ 教师签字：_____

任务工单 8	成人体格测量和体征的判别			

班级		小组号		组长	
成员姓名				学时	
实训场地		指导教师		日期	
任务目的					

任务描述：

请在本小组内任选一名成员，对其进行体格测量，根据测量结果对其体格状况进行评价。

一、资讯

1. 体格测量对人体营养状况的评价有什么意义？

2. 成人体格测量的指标有哪些？

3. 怎样测量成人的身高和体重？

4. 怎样测量成人的腰围、臀围和上臂围？

5. 皮脂厚度的测量部位有哪些？怎样进行测量？

二、决策与计划

人员分配	
时间安排	
工具和材料	
工作步骤	

三、实施

1. 体格测量的方法与步骤

2. 测量结果

×××体格测量记录表

姓名_____   年龄_____   性别_____

	身高/cm	体重/kg	BMI	腰围/cm	臀围/cm	WHR	AMC/cm	TSF/mm	备注
实测值									
正常值									
体格状况									

记录者：_____   日期：_____

3. 该成员体格状况综合评价

四、检查

根据体格测量的方法和步骤以及评价的标准对工作过程和结果进行检查。

五、评估

考评项目		自我评估	组内评估	教师评估	备注
素质考评 15	工作纪律 7				
	团队合作 8				
任务工单考评 30					
实操考评 55	工具使用 10				
	任务方案 10				
	实施过程 15				
	完成情况 15				
	其他 5				
合计 100					
综合评价 100					

组长签字：_____   教师签字：_____

任务工单9		儿童体格测量			

班级		小组号		组长	
成员姓名				学时	
实训场地		指导教师		日期	
任务目的					

任务描述：

请选择一名0~10岁的儿童对其进行体格测量，记录测量结果。

一、资讯

1. 儿童体格测量的指标有哪些？

2. 儿童体格发育的指标有什么意义？

3. 怎样测量儿童的纵向测量指标？

4. 怎样测量儿童的围度测量指标？

5. 怎样测量儿童的体重？

二、决策与计划

人员分配	
时间安排	
工具和材料	
工作步骤	

三、实施

1. 体格测量的方法与步骤

2. 测量结果

×××体格测量记录表

姓名_____ 年龄_____ 性别_____

	体重/kg	身长/cm	坐高/cm	顶臀长/cm	头围/cm	胸围/cm	上臂围/cm	皮脂厚度/mm	备注
实测值									
正常值									
体格状况									

记录者：_____ 日期：_____

四、检查

根据体格测量的方法和步骤对工作过程和结果进行检查。

五、评估

考评项目		自我评估	组内评估	教师评估	备注
素质考评 15	工作纪律 7				
	团队合作 8				
任务工单考评 30					
实操考评 55	工具使用 10				
	任务方案 10				
	实施过程 15				
	完成情况 15				
	其他 5				
合计 100					
综合评价 100					

组长签字：_____ 教师签字：_____

任务工单 10　　缺铁性贫血的判断与评价

班级		小组号		组长	
成员姓名				学时	
实训场地		指导教师		日期	
任务目的					

任务描述：

选择本小组一名成员为对象，对其进行必要的询问和检查，判断和评价该成员是否患有缺铁性贫血。

一、资讯

1. 维生素 B_1 缺乏的症状有哪些？

2. 维生素 A 缺乏的症状有哪些？

3. 锌缺乏的症状有哪些？主要需要进行哪些方面的实验室检查？

4. 维生素 C 缺乏的症状有哪些？主要需要进行哪些方面的实验检查？

5. 维生素 D 和钙缺乏的症状有哪些？

二、决策与计划

人员分配	
时间安排	
工具和材料	
工作步骤	

三、实施

1. 评判缺铁性贫血的方法与步骤

2. 判断结果

×××营养评价表

姓名_____ 年龄_____ 性别_____

营养评价	结果
个人史	
体检结果	
食物/营养史	
生化数据与临床检验	
评判结果	

检查者：_____ 日期：_____

3. 膳食建议

四、检查

根据体格测量的方法和步骤对工作过程和结果进行检查。

五、评估

考评项目/分数		自我评估	组内评估	教师评估	备注
素质考评/15 分	工作纪律/7 分				
	团队合作/8 分				
任务工单考评/30					
实操考评/55 分	工具使用/10 分				
	任务方案/10 分				
	实施过程/15 分				
	完成情况/15 分				
	其他/5 分				
合计/100 分					
综合评价/100 分					

组长签字：_____ 教师签字：_____

任务工单 11　　成人一日食物和营养素目标的设计

班级		小组号		组长	
成员姓名				学时	
实训场地		指导教师		日期	
任务目的					

任务描述：

请为本小组一名成员设计一天的营养素和食物目标（包括能量和主要营养素的供给量目标和食物种类）。

一、资讯

1. 一般人群的膳食指南包括哪些方面？

2. 中国居民膳食平衡宝塔主要包括哪些种类的食物，食物量分别是多少？

3. 营养膳食的必要构成是怎样的？

二、决策与计划

人员分配	
时间安排	
工具和材料	
工作步骤	

三、实施

1. 确定成年人营养和食物目标的方法与步骤

2. 结果

（1）营养目标

能量 (kcal)	蛋白质 (g/100g)	脂肪 (g/100g)	碳水化 合物 (g/100g)	视黄醇 当量 (μg/100g)	核黄素 (mg/100g)	钙 (mg/100g)	铁 (mg/100g)	锌 (mg/100g)

（2）食物目标

餐次	主食	副食
早餐		
午餐		
晚餐		

四、检查

根据成年人营养和食物目标确定的方法和步骤对工作过程和结果进行检查。

五、评估

考评项目		自我评估	组内评估	教师评估	备注
素质考评15	工作纪律7				
	团队合作8				
任务工单考评30					
实操考评55	工具使用10				
	任务方案10				
	实施过程15				
	完成情况15				
	其他5				
合计100					
综合评价100					

组长签字：_____　　　教师签字：_____

任务工单 12 学龄前儿童一日食物和营养素目标的设计

班级		小组号		组长	
成员姓名				学时	
实训场地		指导教师		日期	
任务目的					

任务描述：

请为一名 5 岁女童设计一天的营养素和食物目标（包括能量和主要营养素的供给量目标和食物种类）。

一、资讯

1. 孕妇不同时期的生理特点和营养需要是怎样的？

2. 老年人的生理特点和营养需要是怎样的？

3. 母乳喂养有哪些好处？

4. 特定人群的膳食指南包括哪些方面？

二、决策与计划

人员分配	
时间安排	
工具和材料	
工作步骤	

三、实施

1. 确定 5 岁女童的营养和食物目标的方法与步骤

2. 结果
（1）营养目标

能量 （kcal）	蛋白质 （g/100g）	脂肪 （g/100g）	碳水化合物 （g/100g）	视黄醇当量 （μg/100g）	核黄素 （mg/100g）	钙 （mg/100g）	铁 （mg/100g）	锌 （mg/100g）

（2）食物目标

餐次	主食	副食
早餐		
加餐		
午餐		
加点		
晚餐		

四、检查
根据成年人营养和食物目标确定的方法和步骤对工作过程和结果进行检查。

五、评估

	考评项目	自我评估	组内评估	教师评估	备注
素质考评15	工作纪律7				
	团队合作8				
任务工单考评30					
实操考评55	工具使用10				
	任务方案10				
	实施过程15				
	完成情况15				
	其他5				
合计100					
综合评价100					

组长签字：_____   教师签字：_____

任务工单 13　　成年人一日食谱的编制

班级		小组号		组长	
成员姓名				学时	
实训场地		指导教师		日期	
任务目的					

任务描述：
　　请根据任务工单 11 所选定的配餐对象及所确定的营养和食物目标，继续为其编制一日营养食谱。

一、资讯

1. 营养食谱的调配包括哪些方面？

2. 食谱编制的原则有哪些？

3. 食谱的评价应包括哪些方面？

二、决策与计划

人员分配	
时间安排	
工具和材料	
工作步骤	

三、实施

1. 编制成年人一日营养食谱的方法与步骤

2. 食谱评价与调整的方法与步骤

3. 为该成年人编制的营养食谱

餐次	食物名称	原料/用量
早餐		
午餐		
晚餐		

四、检查

根据成年人营养食谱编制的方法和步骤对工作过程和结果进行检查。

五、评估

考评项目		自我评估	组内评估	教师评估	备注
素质考评 15	工作纪律 7				
	团队合作 8				
任务工单考评 30					
实操考评 55	工具使用 10				
	任务方案 10				
	实施过程 15				
	完成情况 15				
	其他 5				
合计 100					
综合评价 100					

组长签字：＿＿＿＿　　　教师签字：＿＿＿＿

任务工单 14   学龄前儿童一周营养食谱的编制

班级		小组号		组长	
成员姓名				学时	
实训场地		指导教师		日期	
任务目的					

任务描述：

请根据任务工单 12 所确定的营养素和食物目标，继续为学龄前儿童编制一周营养食谱。

一、资讯

1. 怎样用食物交换份法编制食谱？

2. 为幼儿编制食谱需要注意哪些方面？

3. 为孕妇编制食谱需要注意哪些方面？

4. 为老年人编制食谱需要注意哪些方面？

二、决策与计划

人员分配	
时间安排	
工具和材料	
工作步骤	

三、实施

1. 为学龄前儿童编制一日营养食谱的方法与步骤

2. 食谱评价与调整的方法与步骤

3. 为学龄前儿童编制一周食谱的方法与步骤

4. 为学龄前儿童编制的一周营养食谱

星期	餐次	食物名称	原料/用量
一	早餐		
	加餐		
	午餐		
	加点		
	晚餐		
二	早餐		
	加餐		
	午餐		
	加点		
	晚餐		
三	早餐		
	加餐		
	午餐		
	加点		
	晚餐		
四	早餐		
	加餐		
	午餐		
	加点		
	晚餐		
五	早餐		
	加餐		
	午餐		
	加点		
	晚餐		

四、检查

根据学龄前儿童营养食谱编制的方法和步骤对工作过程和结果进行检查。

五、评估

考评项目		自我评估	组内评估	教师评估	备注
素质考评 15	工作纪律 7				
	团队合作 8				
任务工单考评 30					
实操考评 55	工具使用 10				
	任务方案 10				
	实施过程 15				
	完成情况 15				
	其他 5				
合计 100					
综合评价 100					

组长签字：_____ 教师签字：_____

任务工单 15　　　　膳食调查——称重法

班级		小组号		组长	
成员姓名				学时	
实训场地		指导教师		日期	
任务目的					

任务描述：
　　两人组成调查小组，采用称重法，对某校家属院一居民家庭进行连续三天的膳食调查。设计好称重调查记录表，将调查结果记入记录表中。

一、资讯

1. 称重法的原理是什么？

2. 称重法的特点（优点、缺点）有哪些？

3. 称重法的技术要点是什么？

4. 食部、废弃率、生熟比、食物实际消耗量的计算公式是什么？

5. 应用称重法进行膳食调查的注意事项有哪些？

二、决策与计划

人员分配	
时间安排	
工具和材料	
工作步骤	

三、实施

1. 称重法调查的方法和步骤

2. 调查结果（调查记录表）

四、检查

根据称重法调查的方法及步骤进行检查。

五、评价

考评项目		自我评估	组内评估	教师评估	备注
素质考评15	工作纪律7				
	团队合作8				
任务工单考评30					
实操考评55	工具使用10				
	任务方案10				
	实施过程15				
	完成情况15				
	其他5				
合计100					
综合评价100					

组长签字：_____　　教师签字：_____

任务工单 16　　膳食调查——24h 回顾法

班级		小组号		组长	
成员姓名				学时	
实训场地		指导教师		日期	
任务目的					

任务描述：

两人组成调查小组，采用 24h 膳食回顾法，选择一名在校学生对其进行连续三天的膳食调查，将调查结果记入膳食调查表中。

一、资讯

1. 24h 回顾法的原理是什么？

2. 24h 回顾法的特点（优点、缺点）有哪些？

3. 24h 回顾法的技术要点是什么？

4. 餐次比、人日数及其计算方法是什么？

5. 应用 24h 回顾法进行膳食调查的注意事项有哪些？

二、决策与计划

人员分配	
时间安排	
工具和材料	
工作步骤	

三、实施

1. 24h 膳食调查的方法和步骤

2. 调查结果

四、检查

根据 24h 膳食调查的方法及步骤进行检查。

五、评价

考评项目		自我评估	组内评估	教师评估	备注
素质考评 15	工作纪律 7				
	团队合作 8				
任务工单考评 30					
实操考评 55	工具使用 10				
	任务方案 10				
	实施过程 15				
	完成情况 15				
	其他 5				
合计 100					
综合评价 100					

组长签字：_____ 教师签字：_____

任务工单 17		膳食调查——记账法			🔍

班级		小组号		组长	
成员姓名				学时	
实训场地		指导教师		日期	
任务目的					

任务描述：

　　两人组成小组，选择当地一家幼儿园，采用记账法对该幼儿园前两个月份的膳食情况进行调查，将调查结果记入膳食调查表中。

一、资讯

1. 记账调查法的原理是什么？

2. 记账调查法的优缺点有哪些？

3. 记账调查法的基本方法（或要点）是什么？

4. 标准人的概念是什么？

5. 标准人系数、标准人日及其计算方法是什么？

二、决策与计划

人员分配	
时间安排	
工具和材料	
工作步骤	

三、实施

1. 采用记账法对某幼儿园前两个月份的膳食情况进行调查的方法和步骤

2. 调查结果

四、检查

根据记账法膳食调查的方法及步骤进行检查。

五、评价

考评项目		自我评估	组内评估	教师评估	备注
素质考评 15	工作纪律 7				
	团队合作 8				
任务工单考评 30					
实操考评 55	工具使用 10				
	任务方案 10				
	实施过程 15				
	完成情况 15				
	其他 5				
合计 100					
综合评价 100					

组长签字：_____   教师签字：_____

任务工单 18　　一日膳食能量和营养素的计算

班级		小组号		组长	
成员姓名				学时	
实训场地		指导教师		日期	
任务目的					

任务描述：
　　两人组成工作小组，根据 24h 膳食回顾法的调查结果，计算其能量和营养素的摄入量。

　一、资讯

1. 膳食结构及分类分别是什么？

2. 膳食结构评价的依据与方法是什么？

3. 产能营养素的概念及种类分别是什么？

4. 能量、蛋白质、脂肪食物来源分布的计算方法是什么？

5. 膳食中各类食物营养素摄入量的计算方法是什么？

　二、决策与计划

人员分配	
时间安排	
工具和材料	
工作步骤	

三、实施

利用 24h 膳食回顾法的调查结果,计算调查期间三大产能营养素和能量的摄入量,填入营养素摄入量计算表中。

四、检查

根据一日膳食营养素和能量摄入量的计算方法及步骤进行检查。

五、评价

考评项目		自我评估	组内评估	教师评估	备注
素质考评 15	工作纪律 7				
	团队合作 8				
任务工单考评 30					
实操考评 55	工具使用 10				
	任务方案 10				
	实施过程 15				
	完成情况 15				
	其他 5				
合计 100					
综合评价 100					

组长签字:_____   教师签字:_____

任务工单 19 　　一日膳食调查结果的分析与评价

班级		小组号		组长	
成员姓名				学时	
实训场地		指导教师		日期	
任务目的					

任务描述：
　　两人组成工作小组，根据任务工单 18 的计算结果的基础上继续完成 24h 膳食回顾法的调查结果的其他相关计算，并进行分析与评价。

一、资讯

1. 膳食调查结果的评价内容包括哪些方面？

2. 膳食调查结果的评价过程是什么？

3. 如何进行蛋白质来源的评价？

二、决策与计划

人员分配	
时间安排	
工具和材料	
工作步骤	

三、实施

1. 利用 24h 膳食回顾法的调查结果对膳食调查结果的各项评价项目进行计算和分析。

2. 根据以上分析结果对该膳食进行综合评价，并针对相应问题提出合理化建议。

四、检查
根据一日膳食营养素和能量摄入量的计算方法及步骤进行检查。

五、评价

考评项目		自我评估	组内评估	教师评估	备注
素质考评15	工作纪律7				
	团队合作8				
任务工单考评30					
实操考评55	工具使用10				
	任务方案10				
	实施过程15				
	完成情况15				
	其他5				
合计100					
综合评价100					

组长签字：_____　　教师签字：_____

任务工单 20   蔬菜的烹饪指导

班级		小组号		组长	
成员姓名				学时	
实训场地		指导教师		日期	
任务目的					

任务描述：
  刘老太从菜市场买了一捆芹菜，她这样烹调：菜板切好菜后，用热水烫了一下，然后泡在一大盆凉水中，半个小时后开始炒。刘老太将锅烧的冒烟，放进2大勺猪油，在炒菜过程中还加入了食用碱面，最后又向锅中加入一碗水，最后加入调味品。请指出刘老太对芹菜进行烹饪的误区。

一、资讯

1. 常用烹调方法对营养素的影响有哪些？

2. 减少烹调中营养素损失的措施有哪些？

3. 如何正确烹调绿叶蔬菜？

二、决策与计划

人员分配	
时间安排	
工具和材料	
工作步骤	

三、实施

四、检查

根据烹调营养咨询服务知识进行检查。

五、评估

考评项目		自我评估	组内评估	教师评估	备注
素质考评 15	工作纪律 7				
	团队合作 8				
任务工单考评 30					
实操考评 55	工具使用 10				
	任务方案 10				
	实施过程 15				
	完成情况 15				
	其他 5				
合计 100					
综合评价 100					

组长签字：_____　　教师签字：_____

任务工单 21　　中年人生活方式测定和评估

班级		小组号		组长	
成员姓名				学时	
实训场地		指导教师		日期	
任务目的					

任务描述：

王强，男，40岁，退休人员，身高175cm，体重85kg，患有Ⅰ型糖尿病。为王强设计健康生活方式调查表，针对不同部分评估的情况，给出合理化建议。

一、资讯

1. 什么是肥胖症，分为哪些种类，诊断的标准和膳食预防措施是什么？

2. 什么是糖尿病，分类和诊断标准是什么，膳食预防措施有哪些？

3. 什么是心血管疾病，膳食预防措施有哪些？

4. 肿瘤的膳食预防措施有哪些？

5. 痛风和骨质疏松症食物膳食预防措施有哪些？

二、决策与计划

人员分配	
时间安排	
工具和材料	
工作步骤	

三、实施

四、检查

五、评估

考评项目		自我评估	组内评估	教师评估	备注
素质考评 15	工作纪律 7				
	团队合作 8				
任务工单考评 30					
实操考评 55	工具使用 10				
	任务方案 10				
	实施过程 15				
	完成情况 15				
	其他 5				
合计 100					
综合评价 100					

组长签字：_____　　教师签字：_____

任务工单 22　　　　　**普通人运动方案设计**

班级		小组号		组长	
成员姓名				学时	
实训场地		指导教师		日期	
任务目的					

任务描述：
请为本小组一名成员设计运动方案并进行运动指导。

一、资讯

1. 运动的种类有哪些，分别对健康具有什么作用？

2. 身体活动的强度如何进行分级？用心率来判断运动强度时不同人群的目标心率如何确定？

3. 运动频率如何确定？

4. 如何判断体力活动水平？

二、决策与计划

人员分配	
时间安排	
工具和材料	
工作步骤	

三、实施

1. 设计运动方案的方法与步骤

2. 结果：该同学的运动方案

姓名：_____

性别：_____

年龄：_____岁

职业：_____

体育爱好：_____

健康状况：_____，体型：_____

运动项目：_____

运动频度：4~5次/周

自我监督——心率

运动项目	第1周	第2周	第3周	第4周	第5周	第6周

处方者：

年　月　日

四、检查

根据根据普通人运动方案设计和运动指导的方法和步骤对工作过程和结果进行检查。

五、评估

考评项目		自我评估	组内评估	教师评估	备注
素质考评15	工作纪律7				
	团队合作8				
任务工单考评30					
实操考评55	工具使用10				
	任务方案10				
	实施过程15				
	完成情况15				
	其他5				
合计100					
综合评价100					

组长签字：_____　　　教师签字：_____

食品营养与健康
任务工单

表 3-12　　等值肉蛋类交换表

每份肉蛋类提供蛋白质 9g，脂肪 6g，热能 90kcal

食物	质量/g	食物	质量/g
熟火腿、香肠	20	鸡蛋（一大个带壳）	60
半肥半瘦猪肉	25	鸭蛋、松花蛋（一大个带壳）	60
熟叉烧肉（无糖）、午餐肉	35	鹌鹑蛋（六个带壳）	60
瘦猪、牛、羊肉	50	鸡蛋清	150
带骨排骨	50	带鱼	80
鸭肉	50	草鱼、鲤鱼、甲鱼、比目鱼	80
鹅肉	50	大黄鱼、鳝鱼、黑鲢、鲫鱼	100
兔肉	100	虾、清虾、鲜贝	100
熟酱牛肉、熟酱鸭	35	蟹肉、水浸鱿鱼	100
鸡蛋粉	15	水浸海参	350

（6）乳和乳制品的等值交换关系（表 3-13）

表 3-13　　等值乳制品交换表

每份乳制品类提供蛋白质 5g，脂肪 5g，碳水化合物 6g，热能 90kcal

食物	质量/g	食物	质量/g
乳粉	20	牛乳	160
脱脂乳粉	25	羊乳	160
乳酪	25	无糖酸乳	130

（7）油脂类食物的等值交换关系（表 3-14）

表 3-14　　等值油脂交换表

每份油脂类提供脂肪 10g，热能 90kcal

食物	质量/g	食物	质量/g
花生油、香油	（1 汤勺）	猪油	10
玉米油、菜籽油	（1 汤勺）	牛油	10
豆油	（1 汤勺）	羊油	10
红花油	（1 汤勺）	黄油	10
核桃、杏仁、花生米	15	葵花籽（带壳）	25
西瓜子（带壳）	40		

4. 按照中国居民平衡膳食宝塔上标出的数量安排每日膳食

见表 3-15。

表 3-15　平衡膳食宝塔建议不同能量膳食的各类食物参考摄入量　　单位：g/d

食物	低能量约 1800kcal	中等能量约 2400kcal	高能量约 2800kcal
谷类	300	400	500
蔬菜	400	450	500
水果	100	150	200
肉、禽	50	75	100
蛋类	25	40	50
鱼虾	50	75	100
豆类及豆制品	50	50	50
乳类及乳制品	200	250	300
油脂	25	25	30

根据个人年龄、性别、身高、体重、劳动强度及季节等情况适当调整。从事轻体力劳动的成年男子如办公室职员等，可参照中等能量膳食来安排自己的进食量；从事中等以上强度的体力劳动者如一般农田劳动者，可参照高能量膳食进行安排；不参加劳动的老年人可参照低能量膳食来安排。女性一般比男性的食量小，因为女性体重较轻及身体构成与男性不同。女性需要的能量往往比从事同等劳动的男性低 200kcal 或更多些。一般说来，人们的进食量可自动调节，当一个人的食欲得到满足时，他对能量的需要也就会得到满足。

5. 食物交换份数的确定

根据不同能量的各种食物需要量，参考食物交换代量表，确定不同能量供给量的食物交换份数。

也可以根据不同能量膳食的各类食物交换份的分配直接查找不同能量相对应的交换份数。

如对于在办公室工作的男性职员，根据中等能量膳食各类食物的参考摄入量，需要摄入谷类 400g、蔬菜 450g、水果 150g、肉禽类 75g、蛋类 40g、鱼虾类 50g、豆类及豆制品 50g、乳类及乳制品 250g、油脂 25g，这相当于 8（400/50）份谷薯类食物交换份、1~2 份果蔬类交换份、4 份肉蛋乳等动物性食物交换份、2 份豆类食物交换份、5 份油脂类食物交换份。值得注意的是，食物交换代量表的交换单位不同，折合的食物交换份数也不同。这些食物分配到一日三餐中可以安排如下。

早餐：牛乳 250g、白糖 20g、面包 150g、大米粥 25g；

午餐：饺子 200g（瘦猪肉末 50g、白菜 300g）、小米粥 25g、炝芹菜 200g；

加餐：梨 200g；

晚餐：米饭 150g、鸡蛋 2 个、炒莴笋 150g（全日烹调用油 25g）。

还可以根据食物交换表，改变其中的食物种类，安排如下。

早餐：糖三角 150g、高粱米粥 25g、煎鸡蛋 2 个、咸花生米 15g；

午餐：米饭 200g、瘦猪肉丝 50g、炒菠菜 250g；

加餐：梨 200g；

晚餐：烙饼 100g、大米粥 25g、炖大白菜 250g、北豆腐 100g（全日烹调用油 20g）。

食物交换份法是一个比较粗略的方法，实际应用中，可将计算法与食物交换份法结合使用，首先用计算法确定食物的需要量，然后用食物交换份法确定食物种类及数量。通过食物的同类互换，可以以一日食谱为模本，设计出一周、一月食谱。

二、应用计算机技术进行食谱编制、评价和调整

随着计算机技术的发展，营养食谱的确定和评价也可以通过计算机实现。目前出现了许多膳食营养管理系统软件，使用者只要掌握基本的电脑技能，就可以方便快捷地确定营养食谱，并且得出营养素的营养成分。膳食营养管理系统软件有很多种，一般膳食营养管理系统软件都具有如下功能。

（1）提供自动挑选食物种类界面，和挑选出的食物自动编制出代量食谱，计算出各类食物的用量并自动将其合理地分配到一日三餐或三餐一点中。

（2）进行食谱营养成分的分析计算，并根据计算结果进行调整。

（3）分析膳食的食物结构和计算分析各种营养素的摄入量、能量和蛋白质的食物来源等。

许多软件采取开放的计算机管理方式，可随时扩充食物品种及营养成分。有的软件还可对个体和群体的膳食营养状况做出综合评价，针对儿童青少年还可实现生长发育状况的评价。另外，特殊营养配餐应用软件还有减肥配餐的设计功能及常见病病人膳食的设计功能。

三、不同人群食谱的编制原则

1. 幼儿的营养配餐原则

（1）选择营养丰富的食品，多吃时令蔬菜、水果。

（2）配餐要注意粗细粮搭配、主副食搭配、荤素搭配、干稀搭配、咸甜搭配，充分发挥各种食物营养价值上的特点及食物中营养素的互补作用，提高其营

养价值。

（3）少吃油炸、油煎或多油的食品，以及肥肉和刺激性强的酸辣食品等，不宜生冷寒凉及辛热苦辣。

（4）经常变换食物的种类，烹调方法多样化、艺术化，饭菜色彩协调，香气扑鼻，味道鲜美，可增进食欲，有利于消化吸收。

（5）宜少食多餐。

（6）多选用补气健脾和补肾养精的食品。

2. 老年人的营养配餐原则

（1）能量供给合理，体重控制在标准体重范围内。

（2）适当增加优质蛋白质的供应量。

（3）控制脂肪摄入量，全日不超过40g，食用动物油要适量。

（4）不要单一食用精米、精面，每天应食用适量粗粮。

（5）控制食盐摄入量，全日应控制在4~6g。

（6）补充钙、磷和维生素，进食宜少荤多素。

（7）增加膳食纤维的摄入量。

（8）注意一日三餐（或四餐）的能量分配，进食宜少食多餐。

（9）烹调宜煮不宜炸，饮食宜软不宜硬。

（10）调味宜清淡不宜过偏，食性宜少寒多温。

（11）老年宜用粥养。

3. 青少年的营养配餐原则

（1）合理分配能量。

（2）合理的膳食组成。

（3）保证含有钙、铁及维生素A、维生素B_2和维生素C的食物。

（4）膳食多样化，应做到粗细搭配，干稀适度。

4. 肥胖人群营养配餐原则

（1）控制摄入总能量。

（2）限制脂肪摄入量。

（3）碳水化合物的供应要适量。

（4）限制辛辣、刺激性食物及调味品。

（5）膳食中必须有足够量的新鲜蔬菜，尤其是绿叶蔬菜和水果。

（6）应注意烹调方法，多采用蒸、煮、炖、卤等方法，避免油煎、油炸和爆炒等方法养成良好的饮食习惯。

（7）一日三餐要定时定量，早餐一定要吃，晚餐一定要少。

5. 孕期营养配餐原则

（1）宜少食多餐。

（2）宜甘平不宜辛热。

(3) 宜补肾安胎、补脾宜胃、滋养阴血为主。
(4) 宜粗细粮搭配。
(5) 宜多饮水。
(6) 早期宜清淡、易消化饮食。
(7) 中期宜加强滋补。
(8) 晚期宜少盐。

6. 哺乳期营养配餐原则

(1) 补气养血，活血化淤。
(2) 宜温补不宜寒凉。
(3) 宜食汤羹粥类食物。

能力要求：特定人群食谱的编制

一、工作准备

(1) 食物成分表、计算器或营养配餐软件。
(2) 了解人群的人数、年龄、生理特点等。

二、工作程序

1. 确定该人群的膳食能量目标

要按该人群的年龄和生理特点确定，详见"特定人群营养和食物目标的设计"。

2. 确定每餐宏量营养素目标

不同的人群可能不都是按照一日三餐的膳食制度，但是配餐时仍按一日三餐制进行，其中早餐和早点占总能量的30%，午餐和午点占总能量的40%，晚餐和晚点占总能量的30%，计算每餐的宏量营养素的供给量。

3. 食物品种和数量的确定

由于不同的特定人群可能包含有加餐，因此在配餐时食物种类要考虑加餐的食物需要。哪些是作为正餐食物，哪些是作为加餐食物，加餐中包含有能提供能量的食物。就餐人数如果是多人时，要计算出人群的食物总量。

4. 设计出一日食谱

以程序计算的每日每餐的饭菜用量为基础，再根据核定的每日每餐饭菜用量以及就餐人数，可以计算出每日每餐或一餐食物用料的品种和数量，从而设计出每日或一餐食物用料计划。如幼儿园一日食谱（表3-16）。

表 3-16　　　　　　　　　　　　幼儿园一日食谱

餐次	食物名称	用量
早餐	金银卷	小米面 20g, 特一粉 30g
	茶蛋	鸡蛋 50g
	拌黄瓜丝	黄瓜 50g, 香油 3mL
加餐	牛乳	牛乳 200 mL
	饼干	饼干 10g
午餐	馒头	特一粉 60g
	番茄豆腐	番茄 50g, 豆腐 30g, 植物油 6mL
	肉片炒青椒胡萝卜	瘦猪肉 25g, 青椒 100g, 胡萝卜 25g, 植物油 6mL
加点	橘子	橘子 80g
	面包	面包 50g
晚餐	米饭	粳米 75g
	红烧带鱼	带鱼 40g
	香菇菜心	香菇 10g, 菜心 100g, 植物油 6mL
	炒豆角	豆角 50g, 植物油 6mL

又如初中生一日营养午餐食谱（表 3-17）。

表 3-17　　　　　　　　　　　　初中生营养午餐食谱

餐次	食物名称	可食部用量	市品
午餐	米饭	粳米 150g	粳米 152g
		海米 10g	海米 10g
	海米炖油菜豆腐	油菜 1400g	油菜 115g
		豆腐 50g	豆腐 50g
		瘦猪肉 50g	瘦猪肉 50g
	肉片炒青椒胡萝卜	青椒 150g	青椒 183g
		胡萝卜 25g	胡萝卜 26g
		植物油 15mL	植物油 15mL
	牛乳	牛乳 125mL	牛乳 125mL

5. 营养核算和调整

对该食谱进行营养核算和评价。如果能量和营养素在可允许范围之外，则要进行调整，形成最终食谱。

6. 根据食物交换份法编制一周食谱

如果需要编制一周食谱，可在一日食谱的基础上应用食物交换份法对食物品种和数量进行同类互换，可以设计出一周或更长时间的食谱。在以上例子中，可以初中生一日午餐食谱为基础，编制出一周食谱（表 3-18）。

表 3-18　　　　　　　　　　初中生一周午餐营养食谱

星期	主　食	副　食	
一	米饭 150g	土豆烧牛肉（土豆 150g，瘦牛肉 75g） 蒜蓉菠菜（菠菜 100g）	牛乳 125mL
二	油卷 150g	红烧鸡翅（鸡翅 100g） 西芹炒胡萝卜（西芹 150g，胡萝卜 50g）	酸乳 150mL
三	米饭 150g	香菇鸡片（香菇 10g，鸡脯肉 50g） 小白菜炖豆腐（小白菜 250g，豆腐 50g）	牛乳 125mL
四	馒头 150g	红烧鱼块（鱼肉 125g） 炒青椒（青椒 250g）	酸乳 150mL
五	米饭 150g	熘肝尖（猪肝 100g，竹笋 50g，木耳少许） 西红柿炒大头菜（西红柿 100g，大头菜 100g）	牛乳 125mL

交换法编制食谱完成后，应核查主要营养素的含量是否在预期变化范围之内。集体供餐时，应计算食物总量。

项目四　膳食调查和评价

任务1　膳食调查

学习目标

知识目标

1. 掌握不同膳食调查方法的概念、使用范围和优缺点。
2. 掌握称重法、24h回顾法和记账法的原理、特点及实施程序。
3. 掌握膳食调查结果的处理方法。
4. 熟悉标准人、标准人系数、混合系数的概念。

技能目标

1. 会使用《食物成分表》。
2. 会计算总人日数、总标准人日数、混合系数、每人（标准人）每日每种食物的消耗量、每人（标准人）每日每种营养素的摄入量。
3. 能够用称重法、24h回顾法和记账法开展膳食摄入量的调查。

膳食调查是进行营养状况评估的第一步，是公共营养师和营养配餐员常用的工作技能。只有先了解了膳食状况，才能对被评估者给出合适的营养状况判断。

1. 膳食调查的概念

膳食调查是通过不同方法了解一定时间内不同地区、不同生活条件下某人群或某个人的饮食习惯以及膳食存在的主要问题；调查群体或个体每人每日各种主副食摄入量，在此基础上（利用食物成分表）计算每人每日从膳食中所摄入的能量和各种营养素的数量与质量，借此来评定正常营养素需要得到满足的程度，这个过程称为膳食调查。其结果可以成为对被调查人群或个人进行营养改善、营养咨询、营养指导的工作依据。

2. 膳食调查的目的

20 世纪 50 年代初美国国防营养国际委员会（International Committee on Nutrition for National Defense，ICNND）提出一个营养调查方案，并据此在美国进行过全民抽样调查。此后，世界上大多数发达国家和若干发展中国家都在有计划地开展国民营养调查工作。我国在 1959 年、1982 年、1992 年分别进行了三次全国性的营养调查，2002 年开展的"中国居民营养与健康状况调查"，将第四次全国营养调查与肥胖、高血压、糖尿病等慢性病调查一起进行。通过开展全国性的膳食调查和评价，全面分析和了解了我国人群的膳食营养状况，发现了国民在膳食营养中存在的问题，通过纵向分析我国人群膳食结构的变化趋势，提出了相关的政策建议，为政府制定营养改善策略和行动计划提供依据，这些工作都是在膳食调查的基础上进行的。膳食调查的目的具体如下。

（1）了解不同地区、不同生活条件下某人群或某个人的饮食习惯、膳食构成的优缺点。

（2）了解饮食习惯中存在的主要问题，研究其对于人民健康的影响。

（3）根据调查群体或个体经常所吃的食物种类和数量，利用食物成分表计算出每人每日各种营养素的平均摄入量。结合目前营养学的知识和体格测量、临床体征检查和营养状况的实验室检验等结果，评定正常营养需要能够得到满足的程度，从而改善饮食的调配，并为国家食物的计划生产和改进人民营养状况提供科学依据。

3. 膳食调查的内容

（1）调查一定期间内每人每日所吃的食物品种、数量，这是膳食调查最基本的资料。

（2）了解烹调加工方法对维生素保存的影响等。

（3）注意饮食制度、餐次分配是否合理。

（4）过去的膳食情况、饮食习惯等。

（5）调查对象的生理状况，是否有慢性病影响等。

4. 膳食调查的方法

膳食调查通常采用的方法有称重法、记账法、24h 膳食回顾法、食物频率法（又称为食物频数法）、电话调查、化学分析法等。这些方法可单独进行，也可联合进行。可根据调查研究的目的、研究人群、对结果精确性的要求、经费以及研究时间的长短来确定适当的调查方法。为了解不同个体和人群的膳食习惯，包括摄入的食物品种及每日从食物中所能摄取各种营养素的量，营养工作者应该选择适当的膳食调查方法对有关人群进行膳食调查。表 4-1 列举了我国在进行全国膳食调查时采用的调查方法。

表 4-1　　　　　　　　我国全国膳食调查使用的方法

年代	调查名称	调查时间	膳食调查方法
1959 年	第一次全国营养调查	1 年 4 次，每季度 1 次	称重记账法（5~7 天）
1982 年	第二次全国营养调查	秋季	称重记账法（5 天）
1989—2006 年	中国居民健康与营养调查	秋季	全家称重记账法（3 天） 3 天连续个体 24h 回顾法
1992 年	全国第三次营养调查	秋季	全家称重记账法（3 天） 3 天连续个体 24h 回顾法
2002 年	全国第四次营养调查	秋季	全家称重记账法（3 天） （城市只称调味品） 3 天连续个体 24h 回顾法 食物频率法

学习单元 1　称重法膳食调查

称重法是对某一个伙食单位或个人一日各餐食物食用量进行称重，计算每人每日的营养素摄入量。它是一种常用的膳食调查方法，可以了解调查对象每人每日对各种主副食的摄入量，进而通过食物成分表计算摄取的能量和各种营养素的种类和数量。因此称重法准确性高，可作为膳食调查的"金标准"，用以衡量其他方法的准确性，是个体和家庭或团体膳食摄入调查的较理想方法，时间一般 3~7 天。但是称重法花费人力和时间较多，不适合大规模的营养调查。

一、食物质量的估计

1. 常用的食物量具和容量

容量指的是容器内所装的最大液体量。在膳食状况调查中最常用的称量器具有碗、盘、勺和杯具等。使用前应使用标准称量器具称量一些常见食物的质量，做到心中有数，以方便较为准确地估计食物的量。常用食物模型的量参见图 4-1。

2. 常见食物的份

食物的份是指单位食物或常用单位量具中食物的数量和份额。这个份额常根

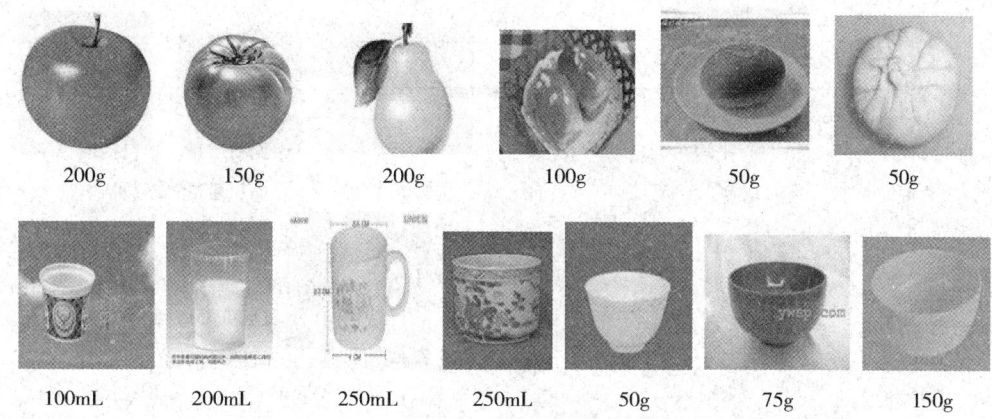

图4-1 常用食物模型（量具）的量

据大多数个体的食物量或自然分量而确定，包装食品则是根据出售的自然独立包装确定。例如，通常食用的吐司面包一片是20~30g；而一袋牛乳约为250mL。这里的"一片吐司面包"、"一袋牛乳"指的就是单位食物份的质量。

3. 常见量具和食物份的量

日常生活常见的量具中，汤勺的容量一般为10mL；中等常见盘的直径一般为21cm；中等常见碗的直径一般为13cm。常见食品份量见表4-2和表4-3。

表4-2　　　　　　　　　食物质量折算参照表A

食物名称	单位	质量（生重）		备注
		g	两	
大米饭	1 小标准碗	75	1.5	碗直径12cm
	1 大标准碗	150	3	碗直径16cm
大米粥	1 小标准碗	30	0.6	
	1 大标准碗	50	1	
馒头	1 个	100	2	自制品需看大小折算
面条（湿切面）	1 小标准碗	30	0.6	每斤湿面条折合面粉0.8斤
	1 大标准碗	50	1	
面条（干切面）	1 小标准碗	75	1.5	干面条按面粉质量计算
	1 大标准碗	100	2	

表 4-3　　　　　　　　　　食物质量折算参照表 B

食物名称	单位	质量（生重） g	两	备注
包子	1 个	50	1	小笼包：3~4 个/两
饺子	平均 6 个	50	1	面粉质量，不包括馅
馄饨	9~10 个	50	1	面粉质量，不包括馅
油条	1 根	50	1	
油饼	1 个	70~80	1.4~1.6	
炸糕	1 个	50	1	糯米粉 35g，红小豆 15g
豆包	1 个	50	1	面粉 35g，红小豆 15g
元宵	3 个	50	1	每个含糖 3g
烧饼	1 个	50	1	

二、食物成分表的应用

1. 认识食物成分表

食物成分表就是记录食物成分数据的表格。食物成分表是营养配餐工作必不可少的工具。要开展好营养配餐工作，必须会使用食物成分表，进而通过食物成分表了解和掌握食物的营养成分。

目前，广大营养工作者使用的有以下三种。

(1)《中国食物成分表 2002》　《中国食物成分表 2002》是以我国 1980 年和 1991 年出版的《食物成分表》中的数据，以及 2002 年中国疾病预防控制中心营养与食品安全所最新分析的食物成分数据为基础，同时借鉴了北京蔬菜研究所和国外的部分食物成分数据，经整理、修正、编辑而成。本书所列食物以原料为主，各项食物都列出了产地和食部，共包括 1506 条食物的 31 项营养成分（含胆固醇）数据。食物成分表所列食物品种是我国居民的主要食品，包括主食和副食。每种食物的营养素含量是具有全国代表性的数值，它不是含量最高的也不是含量最低的数值，而是一个适中的数值，也就是说全国各地的人都可以采用此数值，而不至于导致过高或过低的估计。

《中国食物成分表 2002》的基本内容包括：使用说明、食物成分表和附录。

①使用说明：食物的分类编码采用 6 位数字，前 2 位数字是食物的类别码，第 3 位数字是食物的亚类编码，最后 3 位数字是食物在亚类中的排列序号。

例如，编码为"04-5-401"的食物（竹笋），即第 04 类食物，第五亚类，第 401 条食物。

食物成分采用中文名称、英文名称或缩写两种方式来表达，各种食物成分数据均为每 100g 可食部分食物中的成分含量。

②食物成分表：食物成分表分为：食物一般营养成分表、食物氨基酸含量表、脂肪酸含量表。以食物原料为主，共包括：1056 条食物的 31 项营养成分数据、657 条食物的 18 种氨基酸数据、441 条食物的脂肪酸数据、171 条食物的叶酸数据、130 条食物的碘数据以及 114 条食物的大豆异黄酮数据。

③附录：附录收集了 208 条食物的血糖生成指数数据、中国膳食营养素参考摄入量以及相关营养法规。

(2)《中国食物成分表 2004》 《中国食物成分表 2004》在食物分类、编码和营养素数据表达方面基本与《中国食物成分表 2002》一致，在编排上也采用中英文对照的方式，并给出部分食物的图片，以供读者借鉴和参考。

《中国食物成分表 2004》的特点介绍如下。

①补充了新的食物：包装食品在我国居民日常生活的消费中已占到很大的比例。因此，《中国食物成分表 2004（第 2 册）》除部分原料性食物外，所包含的食物主要以包装食品为主，包括了 800 余种食品。这是《中国食物成分表 2004（第 2 册）》补充食物的主要特点。了解这部分食物的营养特点，更利于评价我国居民的营养状况。

②扩充了食物营养成分：《中国食物成分表 2004（第 2 册）》又增加了部分食物营养成分，如可溶性膳食纤维、不溶性膳食纤维、维生素 B_6、维生素 B_{12}、叶酸、胆碱、生物素、泛酸、维生素 K、维生素 D 及碘的数据。

③增加了食物描述：食物名称是关于食物的很重要的信息，但仅靠食物名称又很难全面地反映食物的全部特征。为了便于读者更全面地了解食物，《中国食物成分表 2004（第 2 册）》给出了每条食物的特征描述，如主要原料、商品名称、包装规格、采样日期、采样地点、产地、样品的前处理方法等，更有利于读者准确地把握食物。

(3)《食物营养成分速查表》 介绍了常见的 1000 余种食物 30 余类营养成分的数值。

2. 食物分类和食物营养素查询

根据食物类和亚类的双级分类，结合我国营养学界以往的食物分类方法和食品行业相关的分类标准，将所有食物分为 21 个食物类；对于一个食物类中的食物，根据其某一属性的不同，又分为不同的亚类，并将那些难以分配到某一具体亚类的食物，一律归入到相应食物类中名为"其他"的亚类中。

食物营养素查询的方法：首先确定食物，然后按照食品分类查找各种食物在食物成分表中的位置。如小麦，属于谷类，在食物成分表中找到"01—谷类及制品"，在这里可以找到亚类"小麦"，亚亚类第一个就是小麦这种食物的一般营养成分。

3. 食物营养成分的表达

(1) 度量单位的表达

①食物成分表中的营养素含量,最常用的标准是以每100g可食部食物计算的。

②食部:食部就是指可以吃的部分,不包括应该丢掉的和不可以吃的部分。例如,带骨头的肉,只能吃肉而要将骨头丢掉;橘子不能吃皮和核等。在表中标明"食部"为80的,就说明这种食物只有80%可食用,其余部分不可吃。本表中所列的"食部"只是按大多数人的食用习惯计算的,例如,有的人连皮吃苹果,只是不吃核,那么"食部"就可能是90;如果不吃皮也不吃核,那么"食部"就可能只有80。因此,"食部"的多少,也可以按每个人的食用习惯去改变它的比例。

列出食部的比例是为了便于计算每千克(或其他零售单位)市品的营养素含量。市品的食部不是固定不变的,它会因食物的运输、储藏和加工处理不同而有所改变。因此当认为食部的实际情况和表中食部栏内所列数字有较大出入时,可以自己实际测量食部的量。

(2) 营养成分的表达

①能量:"能量"不是直接测定的,而是由蛋白质、碳水化合物和脂肪的含量计算出来的。过去习惯地以"kcal"表示"能量"的计量单位,而现在国际通用的计量单位为"kJ",故本表中"能量"一栏列出两种计量单位,即"kcal"和"kJ"。

②蛋白质:表中"蛋白质"一栏是指粗蛋白,它除了蛋白质以外,还含有一点其他的含氮物质,故不是纯蛋白质。但各国食物成分表中均以"蛋白质"表示,而不用"粗蛋白"表示。人们在计算食物中蛋白质时可按表中所列数据值进行计算。

③脂肪和脂肪酸:动物性脂肪含饱和脂肪酸多,在常温下为固体;植物性脂肪含饱和脂肪酸少,而含不饱和脂肪酸较多,在常温下为液体。

④碳水化合物:这不是直接测定的值,而是计算出来的。成分表中均以100g可食部计算,因此100g食物中的碳水化合物的计算为:

$$碳水化合物(g) = 100(g) - (水分 + 蛋白质 + 脂肪 + 膳食纤维 + 灰分)(g)$$

具体在应用的时候,对于一个新来源的食物成分表,先要看碳水化合物的表达方式,如果是用上述公式计算出来的,则该成分表中的碳水化合物就包含了膳食纤维。

⑤胆固醇:胆固醇存在于动物性食物的脂肪中。

⑥膳食纤维:包括很多组分,如纤维素、半纤维素、木质素、角质等不可溶性纤维,另外还有果胶、树脂等可溶性纤维。本表中所列的数据为不可溶性纤维。

⑦维生素A、胡萝卜素和视黄醇当量:膳食中总视黄醇当量(μg RE) = 维生素A(μg) + β-胡萝卜素(μg)×1/6 + 其他维生素A原类胡萝卜素(μg)×

1/12。

⑧维生素 C：表中只列出食物中总抗坏血酸的含量，它包括氧化型的和还原型的维生素 C。

（3）数值的表达　《中国食物成分表2002》中所涉及的部分符号说明如下。

① "…" 表示 "未检出"，就是说这种营养素未能检测出来，但不表示这种食物中绝对没有这种营养素，而是含量太少了，测不出来。

② "---" 表示 "未测定"，即这种营养素未做检测，但不表示该食物中没有这种营养素。

③ "Tr" 表示微量，即测出的营养素含量太少，由于表格位置的限制无法将具体数值列入表中。

④ "0" 表示该食物中不含这种营养素。

⑤ "( )" 表示估计数值，即参照相同或相似食物的给出值，未实际检测。

三、食物可食部和废弃率的计算

1. 可食部和废弃率计算

"食部"栏中的系数表示某一食物中可食用部分占市品的百分比，用于计算食物可食部分的质量。

可食部(EP) = [食品质量(W) − 废弃部分的质量(W_1)] ÷ 食品质量(W) × 100%

例1，一条带鱼500g，去除内脏125g，食部 = (500 − 125) ÷ 500 = 75%。

例2，称量一捆芹菜质量2000g，食用其茎，把芹菜的其余部分去掉，称量其废弃部分为700g，则芹菜（茎）的可食部质量：

$$W_2 = W - W_1 = 2000 - 700 = 1300(g)$$
$$EP = (W_2 \div W) \times 100\% = (1300 \div 2000) \times 100\% = 65\%$$

废弃率 = 废弃部分质量 ÷ 食物总质量

芹菜(茎)的废弃率 = 700 ÷ 2000 × 100% = 35%，或废弃率 = 100% − 65% = 35%。

食物成分表中所列各种营养素的含量均以每100g食部中所含营养素的量来计算。因此当你买到2000g芹菜时只吃芹菜的茎，就只能用1300g来计算芹菜中各种营养素的含量。如果买的是100g大米，大米的食部为100%，那就用100g来计算大米中的各种营养素。

2. 市品中营养成分含量计算

计算市品中营养成分的含量，可用下面的公式：

$$X = B \times EP \times A \div 100$$

式中　X——市品中某营养素的含量；
　　　B——市品的质量；
　　　EP——食物成分表中可食部比例；
　　　A——食物成分表中每100g可食部食物中该种营养素的含量。

例1，计算500g芹菜中的蛋白质含量。

首先计算出食部为 65% 的芹菜，其可食部的质量为 325g，再算出食部为 325g 芹菜中的蛋白质含量。查表，每 100g 芹菜中蛋白质含量为 1.2g，那么 325g 的芹菜中应含蛋白质为 3.9g，即 500 × 65% × 1.2 ÷ 100 = 3.9（g）。食物中其他营养素和能量均以此算法计算。

例 2，请利用食物成分表计算 250g 花蛤市品所提供的能量和视黄醇当量。

（1）查食物成分表（表 4-4），得出 250g 花蛤的食部为 46%，每 100g 食部提供能量为 45kcal，每 100g 食部的花蛤所含的视黄醇当量为 23μg。

表 4-4　　　　　　　　　　　　　花蛤食物成分表

食物名称	食部/%	能量/kcal	水分/g	蛋白质/g	脂肪/g	膳食纤维/g	碳水化合物/g	灰分/g	胡萝卜素/μg	视黄醇当量/μg	……
花蛤	46	45	87.2	7.7	0.6	—	2.2	2.3	—	23	…

（2）计算花蛤提供的能量

　　　　250g 花蛤提供的能量 = 250 × 0.46 × 45 ÷ 100 = 51.75（kcal）

（3）计算其提供的视黄醇当量

　　　　250g 花蛤提供的视黄醇当量 = 250 × 0.46 × 23 ÷ 100 = 26.45（μg）

例 3，计算 250g 菠菜市品提供的视黄醇当量。

（1）查菠菜的食部 89%（表 4-5，菠菜食物成分表），则

每 100g 食部的菠菜所含总视黄醇当量 = β - 胡萝卜素（μg）× 1/6 = 2920 × 1/6 = 487（μg）

（2）计算 250g 菠菜提供的视黄醇当量

　　　　250g 菠菜提供的视黄醇当量 = 250 × 0.89 × 487 ÷ 100 = 1083.58（μg）

表 4-5　　　　　　　　　　　　　菠菜食物成分表

食物名称	食部/%	能量/kcal	水分/g	蛋白质/g	脂肪/g	膳食纤维/g	碳水化合物/g	灰分/g	胡萝卜素/μg	视黄醇当量/μg	……
菠菜	89	24	91.2	2.6	0.3	1.7	2.8	1.4	2920	487	…

四、食物生熟质量比值的换算

食物在烹调时要采用各种蒸、煮、炒等烹饪方法，因为脱水和吸水的原因，食物的质量、食物中的各种营养成分会发生变化和损失。

由于我国的食物成分表主要以食物原料为基础，但在实际调查中，有的食物只能得到熟质量，因此需要通过食物的生熟质量比值将熟质量换算成生质量，再进行进一步分析。

1. 烹调质量变化率

烹调质量变化率（WCF）也称为质量变化因子，反映了烹调过程中食物质

量的变化。其公式为：

$$烹调质量变化率(WCF) = (烹调后食物的质量 - 烹调前食物的质量) \div 烹调前食物的质量 \times 100\%$$

例，生猪肉重 100g，煮熟后为 125g，其烹调质量变化率为：

$$(125 - 100) \div 100 \times 100\% = 25\%$$

2. 食物的生熟质量比值与原料质量的换算方法

$$食物的生熟质量比值 = 生食物质量 \div 熟食物质量$$

例 1，生大米重 100g，煮好后的质量为 230g，则大米饭的生熟质量比值为 $100 \div 230 = 0.43$，即 43g 生大米煮熟后为 100g。

根据生熟质量比值可以算出生食进食量，即原料质量。常见食物生熟质量比值可在《食物营养成分速查表》中得到。计算公式如下：

$$原料质量 = 熟食物的质量 \times 生熟质量比值$$

例 2，假设马铃薯熟重 120g，生熟比 0.8，请计算此个马铃薯蛋白质的含量。

$$生马铃薯的质量 = 120 \times 0.8 = 96(g)$$

$$马铃薯的蛋白质含量 = 96 \times 94\% \times 2 \div 100 = 1.81$$

3. 注意事项

（1）研究人员应了解被调查地区的食物供应情况，了解市场主副食品种、供应情况及单位质量。

（2）食物的生重、熟重、体积等之间的关系，这三者之间的概念要明确。如 1 斤大米煮成多少米饭、生熟之间的比值等，要根据当地煮饭习惯做好调查。

（3）调查中使用的食物编码与记录食物量的食物名称要保持一致。如使用米饭的编码，记录的食物量应是熟米饭的量。换算比例搞清楚，才能对一定量的熟食（如一碗米饭、一个馒头）估计出其原料的生重。

（4）对于当地市售食品的单位质量（如一块饼干、一块蛋糕、一个面包的质量和街头食品、油饼、包子、面条等熟食）及所用原料质量均需了解清楚。

五、称重记录表的设计

称重法是运用日常的各种测量工具对食物量进行称重或估计，从而了解被调查家庭当前食物消耗的情况。通常由调查对象或看护者（如母亲为孩子做记录）在一定时间内完成。在进行称重食物记录时，研究者要指导被调查对象在每餐食用前及时对各种食物进行记录并称量，吃完后也要将剩余或废弃部分称重加以扣除，从而得出准确的个人每种食物摄入量。调查时还要注意三餐之外所摄入的水果、糖果和点心、花生、瓜子等零食的称重记录。

称重法得到的数据都记录在称重记录表中，通过称重记录表计算食物和营养素的摄入量。因此设计记录表是做好膳食调查的基础。

1. 称重记录表的设计原则

（1）餐次分开　称重记录表描述每种食物，包括调味品和三餐外零食的摄入量。记录时餐次需要分开。

（2）项目完整、清晰　记录的食物需要及时编码，与食物成分表中的营养素成分互相对应，从而可以计算食物和营养素的摄入量，这是开展称重法膳食调查的重要部分。

（3）足够的记录空间　设计的表格应便于调查时使用，便于计算机的录入和计算。

2. 称重记录表的设计方法

（1）确定调查对象　即确定要记录的是"谁"的信息，是针对个体还是群组，以及调查对象的基本情况。如果是收集群组的信息，通常还要计算人均食物消费量。所以除了要记录食物量外，还要记录实际消耗这些食物的人数，以及涉及人员的年龄、性别、体力活动强度等可能影响食物摄入量的因素。

（2）确定调查目的和内容　即确定要得到的是"什么"消息，是关于食物的还是关于营养素的。对于食物，一方面要考虑容易忽略的信息，如调味品；另一方面要根据研究目的，考虑记录的详细程度，如是否需要记录食物的商品名称、制作方法和食谱等。如果要计算营养素，还要记录各种食物所对应的食物编码。

（3）确定膳食记录的天数，即调查时间段　实际调查时记录膳食的天数，要根据研究目的与研究者关注的营养素摄入在个体与个体间的差异来决定。实际上很少调查能超过连续3~4天，因为调查时间过长，会使被调查对象厌倦而放弃参加调查。特别是在那些食物品种少、季节变化不明显的地区，甚至仅调查1天就可以说明问题。但当每日膳食食物不同，要获得可靠的食物消耗量，就要考虑增加调查天数，但通常每次调查不超过一周。不同地区不同季节的人群膳食营养状况往往有明显差异，为了使调查结果具有良好的代表性和真实性，最好在不同季节分次调查，这样准确性较高。一般每年应进行4次（每季一次），客观条件不允许的话，至少应在春冬和夏秋各进行一次。调查对象的选择和样本量的大小应有足够的代表性。

（4）确定调查的地点　即食物的消耗地，要称重的是在哪里消耗的食物，是在家里还是在食堂里。

（5）确定调查记录表的选用，有开放式和封闭式记录表可以选择　膳食摄入记录的表格常用记录册的形式，可以是非开放式的和开放式的。非开放式膳食记录表将所有通常食用的食物按照特定份额大小、单位与营养素成分，形成一系列事先进行编码的食物表。这种食物表考虑到快速编码，但是可能并不充分，因为它要求被调查对象按照已定义的单位来描述吃过的食物，而被调查对象对这种单位并不熟悉。开放式膳食记录表更为常用，可以提供一些食用频率不是很高的食物信息。膳食记录表应该在小范围研究中进行预调查试验。如表4-6所示。

表 4-6　　　　　　　　　　　　　家庭 3 日食物消耗量

住户编码：　　□□省/区（T1）　　□调查点（T2）　　□市县（T3）
　　　　　　　□□居委会村（T4）　　□□□户（T5）　　　　　单位：g

1 食物编码	2 食物名称	3 结存量	第一日		第二日		第三日		3 日合计		12 剩余总量	13 实际消耗量
			4 购进量或自产量	5 废弃量	6 购进量或自产量	7 废弃量	8 购进量或自产量	9 废弃量	10 3日购进量或自产量	11 3日废弃量		
	馒头	80	250	0	250	0	300	0			0	
	酱油	615	0	0	0	0	0	0			605	
	醋	355	0	0	0	0	0	0			255	
	盐	485	0	0	0	0	0	0			430	
	花生油	1800	0	0	0	0	0	0			1725	
	香油	440	0	0	0	0	0	0			420	
	面条	0	0	0	500	0	500	00			50	
	油菜	0	500	0	0	00	300	0			50	
	大米	5800	0	0	0	0	5000	0			7300	
	小米	145	0	0	0	0	0	0			70	
	鸡蛋	580	0	0	0	0	1500	0			1700	

注：1. 此表中应该包括油和调味品（盐、糖、酱油等）的消费量，并且请先记录油和调味品的消耗量。

2. 计算公式，3 日总购进量或自产量 = 第一天购进量或自产量 + 第二天购进量或自产量 + 第三天购进量或自产量

3 日总废弃量 = 第一天废弃量 + 第二天废弃量 + 第三天废弃量

实际消费量 = 结存量 + 总购进量或自产量 − 总废弃量 − 剩余总量

3. 称重记录表的使用方法

（1）每次称重时要准确记录在称重记录表上　如家庭称重记录表，将每种食物的结存量、购进量、废弃量和剩余量清楚、准确地填在表格相应的位置。

（2）根据记录量，按下列公式计算实际消耗量

$$实际消费量 = 结存量 + 购进量 - 废弃量 - 剩余量$$

式中　结存量——调查开始时家里现存的某种食物的量；
　　　购进量——每日购进某种食物的量；
　　　剩余量——该家庭中剩余某种食物的量。

例，某家庭大米原结存量 0.5kg，又购进 2kg，调查结束时剩余 0.7kg。

$$大米实际消费量 = 0.5 + 2 - 0.7 = 1.8(kg)$$

（3）根据记录数据计算食物营养素含量和营养素摄入量 称重结束后，对照食物成分表完成各种食物的食物编码，根据食物成分表中各种食物的营养素含量计算营养素摄入量。

4. 注意事项

（1）该部分主要介绍的是以家庭或集体为单位购进和剩余量来记录消费的一种形式，称重记录表还有多种形式，根据调查目的的不同而不同。

（2）目前由于我国的食物成分表以食物原料为基础，因而在称重记录时调查多数食物要利用生熟比值换算成原料量，以便计算各种营养素摄入量。但我国食物成分表（2002年版）也分析了一些熟食成品的食物成分含量，如馒头、面条、米饭、糕点及包装食品等，这类食物可直接利用熟食的质量进行调查和分析。

能力要求： 称重法膳食调查的方法和步骤

一、工作准备

（1）食物称量器具（电子秤或者台秤）。

（2）了解厨房、餐厅和相关工作人员 熟悉厨房和餐厅的房间布局、各种食物的摆放位置，并和相关工作人员进行沟通，了解食物加工和烹调的流程，加强对现场的了解，这对于后面的称重工作是非常重要的。

（3）称量各种盛装食品的容器 对于各种常用的盛装生食物和熟食物的容器，进行编号和称量。

（4）了解调查期间的食谱和各种食物原料 提前了解食谱和所需食物原料的特点可以避免食物称量时出现遗漏，比如制定的食谱主要针对什么样的人群，用到了哪些食物原料，它们的烹饪方法是怎样的等。这样不仅可以针对食物原料的特点采取适合的称量方式，而且可以对食物的废弃部分作出正确的判定。

（5）准备称重记录表、笔等。

二、工作程序

1. 入户

携带食物称量器具、笔、称重记录表等到调查户，说明调查的目的和意义，并征得户主的同意和合作。

2. 记录各种食物的质量

按照早、中、晚三餐的时间顺序，准确称取调查户每餐各种食物烹调前毛重和废弃部分的质量，并准确记录。

3. 记录调味品的名称

记录每餐各种食物的烹调方法、调味品的名称和使用量。

4. 称取摄入食品的质量

准确称取每餐各种食物烹调后的熟重以及吃剩饭菜的质量。

5. 核对各种数据

与调查户核对每餐的吃饭人数、食物名称和种类，以及各种食品的数量，并请调查户签名。

6. 计算生熟质量比值和每日实际消耗食物量

根据烹调前、后食物的质量变化，计算生熟比：

$$生熟比 = 生食物质量 / 熟食物质量$$
$$实际消耗食物生重 = 实际消耗食物熟重 \times 生熟比$$

7. 统计每餐就餐人数

如果调查单位进餐人员的组成在性别、年龄、劳动强度上差别不大，比如部队战士、幼托单位食堂，可不做个人进餐记录，只准确记录进餐人数，由食品总消耗量求出相当于每人每日各种食品的平均摄取量。如果年龄、劳动强度相差很大，则应该将各类别的总人数分别进行登记，不能以人数的平均值作为每人每日营养素的摄入水平，必须用混合系数（又称折合系数）的折算方法算出相应的"标准人"每人每日营养素摄取量（该计算方法在学习单元 2 和学习单元 3 中分别介绍）。

调查结果记录在食物消耗量登记表中，见表 4-7。

表 4-7　　　　　　　　　食物摄入量称重记录表

餐别	食物	原料生重/g	熟重/g	生熟比	熟食剩余量/g	实际摄入量/g		就餐人数
						熟重	生重	
早餐	米饭	114	309	0.37	57	252	93.2	1人
	豆芽炒肉	绿豆芽150	160	0.94	20	140	绿豆芽131.6	
		猪肉30.0		0.19			猪肉26.6	
午餐								
晚餐								

8. 计算每人每日平均摄入的生食物质量

将调查期间所消耗的食物按品种分类、综合，求得每人每日的实际消耗食物量：

$$平均摄入量 = 各种食物实际消耗量(生重) \div 总就餐人数$$

三、注意事项

（1）在开展膳食调查前，需要对各地方常见食物的科学名称和地方俗称进行了解，统一名称，避免发生误解而导致数据结果错误。建议以科学名称进行记录和计算。

（2）调查期间所有的主副食（包括零食）均要详细记录具体的食物品牌，必须注明等级，最好注明产地。

（3）在称重法中，剩余量应包括厨房里剩余的食物及所有用膳者进食后所剩余的食物。

（4）调味品及食用油不必每餐前后均称量，只要早餐前称一次即可，晚餐结束后再称一次，两者之差为全日食用量。

（5）实际调查时，还要注意三餐外摄入的水果、糖果和点心、花生、瓜子等零食的称重记录。

（6）称重时需要准确掌握两方面的资料：一是厨房中每餐所用各种食物的生重，即烹调前每种食物原料可食部的质量，和烹调后熟食的质量，得出各种食物的生熟比值；二是称量个人摄入熟食质量，然后按上述生熟比值算出所摄入各种食物原料的生重，再计算出每人每日对各种生食物的摄取量。

（7）因为食物成分表中的数据是每100g未经烹调的生食物可食用部分中的营养素含量，因此如果条件不允许，只能获得食物的最初熟重，应将就餐中实际消费的熟食的质量，通过查询食物成分表中该食物的生熟比值，计算出实际生重，再按食物成分表计算各种营养素的摄入量。

（8）个别调查对象会因为调查日常膳食而影响其日常的膳食习惯，如他（她）可能会限制能量摄入，而不能反映真实情况。因此在数据记录和膳食评价时也应考虑到这些因素。

学习单元2　24h回顾法膳食调查

24h回顾法是通过访谈的形式收集膳食信息的一种回顾性膳食调查方法，即通过询问被调查对象过去几个24h中实际的膳食情况，对其食物摄入量进行计算和评价。它是目前获得个人膳食摄入量资料最常用的一种调查方法。可以用来分析被调查对象的膳食摄入量及其与营养状况的关系。

一、24h回顾法

1. 24h回顾法的原理

通过询问的方法，使被调查对象回顾和描述在调查时刻以前24h内摄入的所有食物的数量和种类，可以借助食物模型、家用量具或食物图谱等对其食物的摄入量进行计算和评价。

2. 24h 回顾法的特点

24h 回顾法的主要优点是所用时间短、应答者不需要较高的文化，可以得到个体的膳食营养素摄入状况，便于与其他相关因素进行比较。这种调查结果对于人群营养状况的原因分析也是非常有价值的。

它的缺点是应答者的回顾依赖于短期记忆，不适合对老人和 7 岁以下的儿童进行调查。如果回顾膳食不全面，可能对结果有很大的影响，当样本较大，膳食相对单调时，误差将被分散；需要对调查者进行严格培训，不然调查者之间的差别很难标准化。

3. 24h 回顾法的技术要点

（1）24h 回顾法可用于家庭个体的食物消耗状况调查，也适合于描述不同人群个体的食物摄入情况，包括一些散居的特殊人群调查。

（2）在实际中一般选用 3 天 24h 连续调查方法。每次 15~40min，以面对面进行调查的应答率较高。

（3）询问方式较多，包括面对面询问、使用开放式表格或事先编码好调查表通过电话、录音机等进行询问。其中最典型的是使用开放式调查表进行面对面询问。询问时，调查员不但要专业技巧熟练，而且还要态度诚恳。

（4）对所摄取的食物可进行量化估计。一年中可以进行多次回顾，以提供个体日常食物消费情况。

（5）在调查时，对于回忆不清楚的老人和儿童，可以询问其看护人；家庭主妇和其他家庭成员可以帮助提供每个人摄入的食物种类和实际消费的数据。回顾后可用一个食物清单进行核对，因为一些食物或零食很容易被遗忘。

（6）24h 回顾法既可用以评价全体人群，也适合描述不同组个体的膳食平均摄入量。

（7）调查表的设计是关系到调查质量的关键因素。

4. 24h 膳食回顾调查的使用

在实际工作中一般与膳食史结合使用，或者采用 3 天 24h 连续调查的方法。

24h 膳食回顾调查要求每个调查对象回顾和描述 24h 内摄入的所有食物的种类和数量。

24h 一般是从最后一餐吃东西开始向前推 24h。食物量通常参照家用量具、食物模型或食物图谱进行估计。

二、24h 回顾法调查表的设计

调查表的设计首先要明确调查对象、时间、地区等基本信息（表 4 - 8）。24h 膳食回顾调查表主要包括以下六方面内容。

表 4-8　　　　　　　　　　24h 膳食回顾调查表

序号：　　　　　　　　　　　　　　　　　调查日期：

姓名：　　　　　性别：　　　　　住址：　　　　　电话：

餐次	食品名称	原料名称	原料编码	原料质量	备注	进餐地点
早						
中						
晚						

注：进餐地点选择：1. 在家，2. 单位/学校，3. 饭馆/摊点，4. 亲戚/朋友家，5. 幼儿园，6. 节日庆典。

1. 食物名称

食物名称是指调查对象在过去的 24h 内进食的所有食物名称，可以是主食，如米饭、馒头、面条、小米、玉米粥等；可以是菜名，如清蒸桂鱼、香菇青菜等；也可以是水果、小吃等名称。

2. 原料名称

原料名称是指前述食物名称中所列食物的各种原料名称。例如，馒头的原料是面粉，香菇青菜的原料是香菇和青菜。应当注意原料名称是计算各种营养素摄入量的依据，各种食物中所含的营养素可以通过查食物成分表获得。

3. 原料编码

原料编码是指食品成分表中各种原料的编码。每种食物原料应和唯一的编码一一对应。

4. 原料质量

原料质量指各种原料的实际摄入量（两或克）。由被调查对象回忆过去 24h 内进食各种食物的原料质量。

5. 进餐时间

进餐时间通常分为早、中、晚餐以及上午小吃、下午小吃和晚上小吃。

6. 进餐地点

进餐地点指进食每餐以及各种小吃的地点。如在家、单位/学校、饭馆/摊点等。

三、人日数的计算

1. 人日数的概念

人日数是代表被调查者用餐的天数。一个人吃早、中、晚 3 餐为 1 个人日。

在调查中，不一定能够收集到整个调查期间被调查者的全部进餐次数，应按照餐次比（早、中、晚三餐所摄入的食物量和能量占全天摄入量的百分比）来折算。常规餐次比为 0.2、0.4、0.4 或者 0.3、0.4、0.3，或按实际询问的记录（一般餐次比以主食计算）。一个人吃早、中、晚 3 餐就为 1 个人日。既可以计算家庭中某一个个体的调查期间就餐总人日数，也可以计算一个集体中成员的总人日数。

2. 个人人日数和总人日数的计算

在实际工作中，使用不同的膳食调查方法，个人人日数的计算有所不同：家庭食物称重法中在外就餐不计算在餐次总数中，则个人的人日数和全家总人日数计算公式：

$$个人人日数 = 早餐餐次总数 \times 早餐餐次比 + 中餐餐次总数 \times 中餐餐次比 + 晚餐餐次总数 \times 晚餐餐次比$$

$$全家总人日数 = 所有在家用餐个人的人日数之和$$

例 1，在某托儿所做集体膳食调查，早餐有 20 名儿童进餐、午餐有 30 名、晚餐有 25 名。人日数计算如下：

①确定餐次比：餐次比的确定一般为 30%、40%、30% 左右为宜，也可按照儿童的三餐能量比各占 1/3 计算。儿童餐次比例不是一成不变的数值。

②计算群体总人日数：若该托儿所三餐能量分配比例为早餐 20%、午餐 40%、晚餐 40%，则总人日数计算为 20×0.2 + 30×0.4 + 25×0.4 = 26（人日）。

例 2，某机关食堂，早餐有 30 人进餐，午餐有 50 人进餐，晚餐有 20 人进餐，三餐供能比为 30%、40%、30%，则总人日数计算为 30×30% + 50×40% + 20×30% = 35（人日）。

注意：如果没有直接告诉三餐的餐次比，要先通过计算得出餐次比，从而计算群体总人日数。

例 3，某食堂早餐用餐人数 100 人，午餐 120 人，晚餐 80 人，每餐能量分别为 600kcal、1000kcal、800kcal，先计算三餐热能比：

早餐 = 600÷（600 + 1000 + 800）= 25%，午餐 = 1000÷（600 + 1000 + 800）= 42%，晚餐 = 800÷（600 + 1000 + 800）= 33%。则总人日数计算为：100×25% + 120×42% + 80×33% = 101.8（人日）。

调查期间总人日数等于调查期间各天人日数总和。

四、24h 回顾法和膳食史法的结合应用

询问法是目前比较常用的膳食调查方法，是根据询问调查对象所提供的膳食情况，对其食物摄入量进行计算和评价的一种方法。此方法适合于个体调查及特种人群的调查。询问法包括 24h 膳食回顾法和膳食史回顾法，两种方法也可以结合使用。

膳食史法为 Bruke 创立，是通过询问过去一段时间的膳食摄入情况，从而得到被调查者通常的膳食模式和食物摄入情况的一种方法。这种方法以问卷形式进行膳食调查，调查个体经常性的食物摄入种类，根据每日、每周、每月甚至每年所食各种食物的次数或食物的种类来评价膳食营养状况。它的优点是可以进行具有代表性的膳食模式调查，而且样本量大，使用人力少，费用低，一般不影响被调查者的膳食习惯和进餐方式。缺点是膳食史法是一种抽象的方法，因此对于非营养人员进行这样的调查是十分困难的。另外对被调查者也提出了更高的要求。

膳食史法与 24h 膳食回顾法的不同之处在于不只是询问昨天或者前几天的食物消耗情况，而是询问过去一段时间一般的膳食模式，即长时期的膳食习惯。近年来膳食史法广泛用于营养流行病学调查研究，对于许多慢性疾病（如心血管疾病、糖尿病、肿瘤及慢性营养不良等）来说，研究过去的膳食比研究现在的更有意义。

两种调查方法都是开放式的调查，结合使用能较全面地反映出人群膳食调查的结果，发挥询问调查法的优势。

能力要求： 24h 回顾法膳食调查的方法和步骤

一、工作准备

（1）设计调查表 在调查前根据调查目的和调查对象设计好调查用的记录表。常用的调查表为开放式的表格。

（2）准备食物模型、图谱、各种标准容器 调查中引入食物模型、图谱和各种标准容器（如标准的碗、盘、杯子和瓶子等）以及各种食品大小的参考质量，从而对摄入食物进行数量估计。

（3）熟悉被调查者（或地区常用的）家中常用的容器和食物份量 如碗、盘、杯子和瓶子，或者馒头、苹果、梨等，熟悉其容量或质量大小，做到能估计常用食物的质量。

（4）食物成分表或营养计算器软件。

（5）培训和调查 调查员要掌握一定的调查技巧，如要了解市场上主副食供应的品种和价格，食物生熟比值和体积之间的关系，即按食物的体积能够准确估计其生重值；在家庭就餐时，要耐心询问每人摄入的比例，这样在掌握每盘菜所用原料的基础上，就能计算出每人的实际摄入量。

二、工作程序

1. 入户说明来意

调查员入户调查时，首先应该自我介绍，并说明来意，与被调查对象做简短

2. 说明调查内容

调查人员简要介绍调查内容，明确告诉被调查者回顾调查的时间周期。调查内容应该包括调查者的基本信息、就餐时间、食物名称、原料名称、原料质量及就餐地点等。

3. 调查和记录

调查员按照 24h 内进餐顺序分别询问吃的食物和数量。包括所摄入的所有食物（包括饮料，但不包括调味品）的种类和数量，及在外（餐馆、单位或学校食堂等）用餐的种类和数量以及零食，结果登记在 24h 膳食回顾调查样表中。对于每一餐次，调查人员可按照食物的几大类来帮助每个家庭成员完善回忆内容，避免遗漏。

4. 引导回顾记录要点

调查者应根据被调查者的回顾如实填写"24h 膳食回顾调查样表"，可以利用食物图谱或常用的容器等帮助其回顾。特别应该注意三餐之外的各种小杂粮和零食的回顾并记录摄入量。

5. 弥补调查不足

调查结束时，再称量各种调味品的消耗量，以求核实用。如果同时进行称重法调查，此步骤可省略。

6. 资料的核查

调查后要及时对调查表的内容进行检查与复核。调查资料可用营养计算器软件统一录入，每份数据录入 2 次，对数据库进行核实、查错及清理。

7. 个人人日数的计算

家庭成员每人每日用餐登记表（以下列张甲一家为例）见表 4-9。如果是针对个人进行 24h 回顾膳食调查，表格可以简化。

表 4-9　　　　　　　　家庭成员每人每日用餐登记表

家庭编号：　　　　户主姓名：　　　　住址：　　　　联系方式：

项目	张甲	张乙	张丙
序号	01	02	03
性别	男	女	女
年龄（岁）	67	29	22
职业	退休	司机	办公室职员
劳动强度	低	中等	低
生理状况	0	孕 5 个月	0

续表

项目	张甲			张乙			张丙		
时间	早	中	晚	早	中	晚	早	中	晚
10 日	1	1	1	0	1	0	0	0	1
11 日	1	1	1	1	1	1	0	1	1
12 日	1	1	1	1	1	0	1	1	1
13 日	1	1	1	0	0	1	1	0	1
用餐人次总数	4	4	4	2	3	2	2	2	4
餐次比	20%	40%	40%	20%	40%	40%	20%	40%	40%
折合人日数	4			2.4			2.8		
总人日数				9.2					

三、注意事项

（1）调查员一般从询问调查对象前一天所吃的或喝的第一种食物开始，按时间向后推进。这种按时间顺序调查某一天食物摄入量的方法是人们通常采用的方法。但是，如果被调查对象很难回忆起前一天吃的是什么，也可以从现在开始回忆，再往前回忆过去的 24h。

（2）用于估计食物量的工具要能够代表调查对象居住社区中通常使用的测量用具。

（3）由于调查主要依靠应答者的记忆能力来回忆、描述他们的膳食，因此不适合于年龄在 7 岁以下的儿童和年龄在 75 岁及以上的老人。

（4）传统的 24h 回顾法中包括调味品的摄入量统计。但由于对调味品的回顾误差较大，我国于 1992 年第三次全国营养调查对调味品的资料采用了称重法获得，即称重法修正的 24h 回顾法。

（5）3 天 24h 回顾法调查时间的选择。原则上 3 日调查从周一到周日，随机抽选 3 天。但是在实际生活中，工作日和休息日的膳食常有很大差异。因此，为了使调查结果能更好地反映被调查对象的一般膳食情况，3 天回顾法调查通常选择两个工作日和一个休息日进行。

（6）24h 回顾法多用于家庭中个体的食物消耗状况调查，对调查员的要求比较高，需要掌握一定的调查技巧，并具有诚恳的态度，才能获得准确的食物消耗资料。

（7）1 天的 24h 回顾结果，作为评价被调查者膳食营养状况的时候常变化较大。连续进行三天 24h 回顾调查是简便易行的，且可获得被调查者的饮食变化。

学习单元 3　记（查）账法膳食调查

记账法是根据账目的记录得到被调查对象的膳食情况来进行营养评价的一种

膳食调查方法，它是最早、最常用的膳食调查方法，是其他膳食调查方法的发展基础。常和称重法一起用。

一、记账法的原理和优缺点

1. 记账法的原理

记账调查法多用于建有伙食账目的集体食堂等单位，根据该单位每日购买食物的发票和账目、就餐人数的记录，得到在一定期限内各种食物消耗的总量和就餐者的人日数，从而计算出平均每人每日的食物消耗量，再按照食物成分表计算这些食物所供给的能量和营养素数量。

2. 记账法的优点

记账法的操作较简单，费用低，所需人力少，可适用于大样本膳食调查。在记录精确和每餐用餐人数统计确实的情况下，能够得到较准确的结果；此法较少依赖记账人员的记忆，食物遗漏少；伙食单位的工作人员经过短期培训可以掌握这种方法，能定期自行调查，可作为改进膳食质量的参考。该法适合于家庭调查，也适合于托幼机关、中小学校或部队的调查。

记账法可以调查较长时期的膳食，如1个月或更长。有些研究为了了解慢性病与饮食的关系，可采用长达一年的膳食记录方法，时间长短根据研究项目的需求而定。与其他方法相比较，不但可以调查长时期的膳食，而且适合于进行全年不同季节的调查。

3. 记账法的缺点

调查结果只能得到全家或集体中人均的膳食摄入量，难以分析个体膳食摄入情况，不适宜进行个人的膳食调查。

二、记账法调查的基本方法和要点

记账法的基础是膳食账目，所以要求被调查单位的伙食账目完善，数据可靠。

对于家庭一般没有食物消耗账目可查，如用记账法进行调查时，可在调查开始前登记其储存的所有食物，然后详细记录每日购入的各种食物和每日各种食物的废弃量，比如有多少食物喂给动物，多少因变质或其他原因被丢弃等。在调查周期结束后称量剩余的食物（包括库存、厨房及冰箱内的食物），然后计算出调查期间消费的食品总量。

为了记录的准确性，调查中应对食物的品牌及主要配料详细记录；记录液体、半固体及碎块状食物的容积，可用标准量杯和匙、盘、碗定量；糖或包装饮料可用食品标签上的质量或容积；对各种糕点可记录食物的质量。将每种食物的最初结存或库存量，加上每日购入量，减去每种食物的废弃量和最后剩余量，即为调查阶段该种食物的摄入量。

家庭调查要记录每日每餐进食人数，然后计算总人日数。由于家庭成员年龄、性别等相差较大，为了对调查对象所摄入的食物及营养素进行评价，还要了解进餐人的性别、年龄、劳动强度及生理状态，如孕妇、乳母等，因此人数也需要按混合系数计算其营养素摄入量。

三、调查结果的处理

1. 每日总人日数的计算

$$个人人日数 = 早餐餐次总数 \times 早餐餐次比 + 中餐餐次总数 \times 中餐餐次比 + 晚餐餐次总数 \times 晚餐餐次比$$

$$每日总人日数 = 每日个人人日数之和$$

$$调查期间总人日数 = 调查期间每天总人日数之和$$

早、中、晚餐次比一般为20%、40%、40%，也可以是30%、40%、30%。

2. 每种食物实际消耗量的计算

$$每种食物实际消耗量 = 结存量 + 购进总量 - 剩余数量 - 废弃数量$$

3. 每人每日各种食物的摄入量

$$每人每日各种食物的摄入量 = 每种食物实际消耗量 \div 调查期间总人日数$$

4. 每人每日各种营养素的摄入量

按以下步骤计算。

（1）某种食物中某营养素的含量 = 食物量 × 可食部分比例 × 每百克食物中的营养素含量 ÷ 100

（2）家庭某种营养素的摄入量 = 家庭摄入所有食物中该种营养素量的总和

（3）平均每人每日某种营养素的摄入量 = 家庭某种营养素的摄入量 ÷ 调查期间总人日数

5. 标准人每日每种食物摄入量的计算

（1）标准人及标准人系数的定义　以体重60kg从事轻体力劳动的成年男子为标准人，以其能量供给量10.03MJ（2400kcal）为1，其他各类人员按其能量推荐量与10.03MJ之比得出各类人的折合系数，即标准人系数。

（2）标准人日数的计算

$$标准人日数 = 标准人系数 \times 人日数$$

$$每日总标准人日数 = 每日每个人标准人日数之和$$

$$调查期间总标准人日数 = 调查期间每天总标准人日数之和$$

（3）混合系数的计算

$$混合系数 = 总标准人日数 \div 总人日数$$

（4）标准人每日每种食物的摄入量

$$标准人每日每种食物的摄入量 = 每种食物实际消耗量 \div 调查期间总标准人日数$$
$$= 平均每人每日各种食物摄入量 \div 混合系数$$

例，某家庭3天摄入1200g大米，该家庭成员为10岁女生（2000kcal），母亲为轻体力劳动者（2100kcal），父亲为中等体力劳动者（2700kcal）。孩子、母亲全天在家就餐，父亲早、晚就餐。三餐热量比3∶4∶3。求出该家庭大米的标准人摄入量。

①计算该家庭的标准人系数

孩子的标准人系数 = 2000/2400 = 0.83

母亲的标准人系数 = 2100/2400 = 0.88

父亲的标准人系数 = 2700/2400 = 1.13

家庭标准人 = 0.83 + 0.88 + 1.13 = 2.84

②计算混合系数

总人日数 = 3 + 3 + (3 × 0.3 + 3 × 0.3) = 7.8

该家庭总标准人日数 = 0.83 × 3 + 0.88 × 3 + 1.13 × (3 × 0.3 + 3 × 0.3) = 7.16

混合系数 = 7.16 ÷ 7.8 = 0.92

③计算该家庭大米的标准人摄入量

每人每日大米的摄入量 = 1200 ÷ 7.8 = 153.85

标准人的每日大米的摄入量 = 153.85 ÷ 0.92 = 167.22g

能力要求： 记账法膳食调查的方法和步骤

一、工作准备

（1）食物成分表、计算器或计算软件。

（2）相关的数据调查、计算表格。

（3）培训相关调查人员　对从事调查的人员进行统一培训，使其掌握调查的程序、方法和各种数据的计算步骤，明确营养评价的指标和标准。

（4）确定调查单位和时间　与被调查单位相关负责人取得联系，约定调查日期和接待人员，阐明调查的目的和意义，取得积极配合。

二、工作程序

1. 与膳食管理人员见面

调查现在到将来一段时间的膳食情况，可先向相关工作人员介绍调查的过程和膳食账目与进餐人员记录的要求，使其能够按照要求详细记录每日购入的食物种类、数量和进餐人数，同时也要登记调查开始时存余食物和调查结束时的剩余食物。

2. 了解食物结存

首先了解食物的结存情况，分类别称重，或询问估计所有剩余食物的量，填入表4-10。

表 4-10　　　　　　　　食物消耗量记录表　　　　　　单位：

食物名称	大米	玉米	猪肉	虾	鱼类	白菜	……
结存数量							
购入食物量							
××月××日							
××月××日							
剩余数量							
废弃数量							
实际总消耗量							
备注							

3. 了解进餐人数

对进餐人数应统计准确并要求按年龄、性别和工种、生理状态等分别登记，如果被调查对象个体之间差异不大，进餐人数登记表设计时可以进行简化，见表 4-11。

表 4-11　　　　　　　　某幼儿园用餐人数登记表

	年龄	3 岁~			4 岁~			5 岁~		
	餐次	早	中	晚	早	中	晚	早	中	晚
时间	××月××日									
	××月××日									
	××月××日									
用餐总人数										
总人日数										
标准人系数										
折合成年男子总人日数										

4. 了解食物购进数量

记录调查期间各种食物的购进量，填入表 4-10。

5. 记录和计算食物的消耗量情况

食物消耗量的统计需逐日分类准确记录，具体写出食物名称，见表 4-10 "食物消耗量记录表"。根据调查所得到的资料计算在调查期间伙食单位所消耗的各种食物的总量。

6. 计算总人日数

人日数是代表被调查者用餐的天数，一个人吃早、中、晚三餐为 1 人日。调查期间总人日数等于调查期间各天人日数总和。

如果被调查单位用餐人员在年龄、劳动强度等方面参差不齐，则应按照表 4-12 进行登记，然后折算标准人系数，计算不同就餐人员的标准人日，汇总后为调查期间总标准人日数。

表 4-12　　　　　　　　　调查期间总人日数登记表

项目	男			女			平均每日总人日数
	早	中	晚	早	中	晚	
成人							
PAL 轻							
中							
重							
60 岁~							
PAL 轻							
中							
重							

注：PAL 为体力活动水平。

7. 核对记录结果

核对编号、项目，检查无误后，填写记录人和核对人。

8. 编号与归档

按照序号整理调查表，用档案袋装好，写好题目号、单位、日期、保存人等，封存待用。

三、注意事项

（1）如果食物消耗量随季节变化较大，应在不同季节内开展多次短期调查，其结果比较可靠。

（2）如果被调查单位人员的劳动强度、性别、年龄等组成不同，不能以人数的平均值作为每人每日营养素摄入水平，必须用混合系数的折算方法算出相应"标准人"的每人每日营养素摄入量，再做比较与评价。

（3）在调查过程中，要注意自制的食品也要分别登记原料、产品及其食用数量。

（4）记账法中注意要称量各种食物可食部。如果调查的某种食物为市品重（毛重），计算食物营养成分应按市品计算。根据需要也可以按食物成分表中各种食物可食百分比转换成可食部数量。

（5）在调查期间，不要疏忽各种小杂粮和零食的登记，如绿豆、蛋类、糖果等，否则调查期间若摄入这类食物，即被漏掉。

（6）记账法一般不能调查调味品包括油、盐、味精等的摄入量，通常可结合食物频率法来调查这些调味品的消费种类和量。

任务2　膳食调查结果的计算与评价

学习目标

知识目标
1. 掌握各类食物摄入量的计算及膳食结构的分析与评价的方法与步骤。
2. 掌握各类食物、膳食能量及各种营养素的计算方法和程序。
3. 掌握膳食能量、营养素评价的基本方法。

技能目标
1. 能根据膳食能量营养素参考摄入量评价是否满足个体营养需要。
2. 能够针对膳食调查结果进行计算和分析并能够提出合理化的改进意见。

膳食调查的目的是通过各种不同的调查方法对居民的膳食摄入量进行评估，从而了解在一定时期内人群膳食摄入状况以及人们的膳食结构、饮食习惯，借此来评定正常营养需要得到满足的程度。因此，膳食调查后，在获得原始资料的基础上，结果的计算分析工作也是非常重要的。

营养工作者应该选择适当的膳食调查方法，得到准确的食物消费数据，并且在此基础上对膳食调查结果做出客观的评价。膳食调查结果的计算与评价包括膳食结构分析、营养素摄入量分析、能量和营养素来源分析等。

学习单元1　膳食调查结果的计算

一、膳食中各类食物摄入量的计算和评价

1. 膳食结构概述

（1）膳食结构的定义　膳食结构是指膳食中各类食物的数量及其在膳食中所占的比例。根据各类食物所能提供能量及各种营养素的数量和比例来衡量膳食

结构的组成是否合理。

（2）膳食结构的类型　依据膳食中动物性、植物性食物所占不同比例，以及能量、蛋白质、脂肪和碳水化合物的摄入量作为划分膳食结构的标准，可以将世界不同地区的膳食结构分为：动植物食物平衡的膳食结构、以植物性食物为主的膳食结构、以动物性食物为主的膳食结构和地中海膳食结构。

①西方型：动物性食品为主，高蛋白、高脂肪、高能量，低膳食纤维。肥胖、冠心病、糖尿病等慢性病发病率比较高。

②东方型：植物性食品为主，高碳水化合物、高膳食纤维，低的动物脂肪，蛋白质质量差。营养缺乏病多见。

③日本型：综合以上两型，动物性、植物性食物消费较均衡，脂类摄取不高，蛋白质质量较好，并有丰富的蔬菜、水果，也有较多的海产品，食物结构较合理。

④地中海模式：地中海国家有希腊、法国、葡萄牙、西班牙，其饮食特点如下：膳食富含植物性食品，包括水果、蔬菜、薯类、谷物、豆类、果仁；食物加工程度低，新鲜程度高；以当季、当地产的食物为主；橄榄油为主要食用油；每天食用少量、适量的乳酪和酸奶；每周食用少量、适量的鱼、禽、蛋；餐后吃新鲜水果，甜食每周食用几次；每月食用几次红肉；大部分成年人有饮用葡萄酒的习惯。

（3）我国的膳食结构　我国居民的传统膳食以植物性食物为主，谷类、薯类和蔬菜的摄入量较高，肉类的摄入量较低，豆类制品总量不高且随地区而不同，乳类消费在大多数地区不多。这种膳食的特点是高碳水化合物、高膳食纤维和低动物脂肪。随着生活水平的提高，肉类、乳类的摄入量也在逐步提高。

2. 膳食中各类食物摄入量的计算

膳食调查的目的就是为了了解膳食中各种食物摄入量和各种营养素的量。通过采用称重法或者24h回顾法对个体进行了1日的膳食调查之后，把这个人1日内所消费的食物进行归类，就可以通过合计计算得到各类食物的摄入量。通常把食物分为谷类、蔬菜类、水果类、肉禽类、蛋类、鱼虾类、豆类及豆制品、乳类及乳制品、油脂类九大类。也可以将食物分成11类：谷类、薯类、禽畜肉类、鱼类、豆类及其制品、乳类及其制品、蛋类、蔬菜类、水果类、纯热能食物、其他。各类食物摄入量的计算步骤如下。

①对某个体1日内所消耗的食物名称和质量做好记录。

②根据记录，对1日内消费的食物进行归类排序，并列出每种食物的消耗质量。

③把每一类中不同种食物的质量求作和计算，作为这一类食物的摄入量。

需要注意的是：在进行食物归类时，有些食物不能直接相加，需要进行折算后才能相加。例如，计算乳类摄入量时，不能将奶粉和鲜乳直接相加，应按照蛋白质的含量将奶粉量折算成鲜乳的量再相加。各种豆制品也应该按照蛋白质的含量折算成黄豆的量，然后才可以相加。折算公式如下：

豆制品折算成大豆的量 = 豆制品的摄入量 × 豆制品中的蛋白质含量 ÷ 35.1

乳制品折算成鲜乳的量 = 乳制品的摄入量 × 乳制品中的蛋白质含量 ÷ 3

式中 35.1——每 100g 黄豆中蛋白质的含量；

3——每 100g 鲜乳中蛋白质的含量。

例 1，某人早餐摄入乳酪 20g，喝 250g 鲜乳，则摄入的乳制品的量 = 20 × 25.7 ÷ 3 + 250 = 421.3（g）。

例 2，某人中餐摄入豆腐干 80g（蛋白质含量 16.2%），豆腐 100g（蛋白质含量 8.1%），则摄入的豆制品的量 = 80 × 16.2 ÷ 35.1 + 100 × 8.1 ÷ 35.1 = 60（g）。

3. 膳食结构的分析与评价

根据被调查者 24h 膳食调查结果，计算五类食物，即谷类，蔬菜和水果类，鱼、禽、肉、蛋类，乳类和豆类，油脂类食物的摄入量。然后和中国居民平衡膳食宝塔提出的理想膳食模式进行比较，对被调查者的膳食模式进行分析评价。

（1）膳食结构评价的依据　膳食模式的评价依据是中国居民平衡膳食宝塔。

（2）膳食结构的评价方法　根据 24h 膳食调查结果把食物按九类进行分类，统计各类食物的摄入总量，包括谷薯类、大豆类、蔬菜、水果、肉类、乳类、蛋类、水产类、烹调油。将被调查者的劳动强度按低、中、高的不同水平，对照中国居民平衡膳食宝塔（2016 年）建议的不同能量膳食的各类食物参考摄入量（表 3 - 15）进行比较，分析判断各类食物的摄入量是否满足人体需要。

例，分析评价表 4 - 13 中 10 岁男生的食物构成，并提出合理的膳食指导意见。

表 4 - 13　　　　　　　10 岁男生一日食物消耗登记表

餐别	食物名称	用量
早餐	面包	面粉 100g、火腿 25g
	牛乳	牛乳 250g
	鸡蛋	鸡蛋 80g
	凉拌黄瓜	黄瓜 100g
午餐	青椒肉片	青椒 50g、植物油 5g、瘦牛肉 35g
	熏干芹菜	熏干 30g、植物油 5g、芹菜 100g
	红烧黄花鱼	黄花鱼 50g
	青菜豆腐汤	青菜 125g、植物油 6g、南豆腐 30g
	二米饭	小米 50g、大米 75g
	香蕉	香蕉 80g

续表

餐别	食物名称	用量
晚餐	窝头	玉米面50g、荞麦面100g
	西蓝花炒鸡丝	西蓝花55g、植物油5g、鸡丝40g
	酸辣土豆丝	土豆丝80g
	苹果	苹果100 g

①对1日内消费的食物进行归类排序,并列出每种食物的消耗质量。

谷类:面粉100g,小米50g,大米75g,玉米面50g,荞麦面100g;

禽畜肉:火腿25g,瘦牛肉35g,鸡丝40g;

鱼类:黄花鱼50g;

豆类及其制品:熏干30g,南豆腐30g;

乳类:牛乳250g;

蛋类:鸡蛋80g;

蔬菜:青菜125g,青椒50g,芹菜100g,西蓝花55g,土豆丝80g;

水果:苹果100g,香蕉80g;

油脂:植物油21g。

②把每一类中不同种食物的质量作求和计算,特别注意豆制品和乳制品的计算,要折算成大豆的量和牛乳的量。将计算好的结果记录在表4-14中。

表4-14　　　　　　　各类食物的摄入量　　　　　　　单位:g

谷类	蔬菜	水果	禽畜肉	鱼虾类	蛋类	乳类	豆类及其制品	油脂
375	410	180	100	50	80	250	20.7	21

③分析和评价。

a. 此食谱包括谷类有375g,选择既有大米也有小麦类还包括杂粮类的小米、玉米、荞麦;动物性食物有150g肉类、80g鸡蛋和250g牛乳;豆类有熏干30g,南豆腐30g;蔬菜有410g,包括叶菜、茎菜、茄果、瓜菜、花菜、根类;水果有180g,两个品种;纯热能食物选择植物油21g。包含了九大类食物,与中国居民膳食宝塔相比较,畜禽肉和鸡蛋的摄入量较多,其他食物的摄入量适宜。

b. 烹饪方法选择多样,有炒、烧、熘、凉拌等,基本符合营养需要。

c. 口味多样不单一,酸、辣、甜、咸、鲜等。

(3) 注意事项

①在进行食物归类时应注意有些食物,如乳制品和豆制品需要进行折算才能相加。

②平衡膳食宝塔建议的各类食物摄入量是一个平均值和比例,日常生活无须

每天都样样照着宝塔推荐量吃，但是要经常遵循宝塔各层各类食物的大体比例。

③平衡膳食宝塔给出了一天中各类食物摄入量的建议，还要注意合理分配三餐食量。三餐食物量的分配及间隔时间应与作息时间和劳动状况相匹配。一般早、晚餐各占30%，午餐占40%为宜，特殊情况可以适当调整。

二、膳食中能量和营养素摄入量的计算

1. 一份菜肴营养素摄入量的计算

一份菜肴是一餐中较为复杂的部分，也是一日膳食调查的基本功。能够计算一份菜肴的能量和营养素，也就可以计算出一餐、一日膳食中的营养素和能量。

营养素可以分为六大类，即碳水化合物、脂肪、蛋白质、维生素和水，如果加上膳食纤维，则为七大类。其中碳水化合物、脂肪、蛋白质经体内代谢后可释放能量，故把三者统称为"产能营养素"。

一份菜肴营养素摄入量的计算步骤如下。

（1）记录菜肴的原料　询问或者记录菜肴的用料和用量，得到表4-15。

表4-15　一份菜肴的原料和用量记录表

菜名	原料	可食部质量/g
番茄炒鸡蛋	番茄	200
	鸡蛋	250
	花生油	15
	食盐	6

（2）在食物成分表中查询相关数据　结合《中国食物成分表2002》，从食物成分表中查询出来各种食物原料每100g食部的能量及营养素的含量，见表4-16。

表4-16　食物成分查询表

食物名称	食部/g	蛋白质/g	脂肪/g	抗坏血酸/mg	铁/mg
番茄	97	0.9	0.2	19	0.4
鸡蛋	88	12.8	11.1	—	2.3
花生油	100		99.9		2.9
食盐	100				1.0

（3）计算原料的营养素含量　分别计算出这一份菜肴中食用的不同食物所含的能量和营养素的量，填入表4-17中。

蛋白质含量 = 食物量 × 可食部百分数 × 蛋白质含量（食物成分表）

脂肪含量 = 食物量 × 可食部百分数 × 脂肪含量（食物成分表）

碳水化合物含量 = 食物量 × 可食部百分数 × 碳水化合物含量（食物成分表）

表 4-17　　　　　　　　　　　原料的营养素含量

食物名称	食部/g	蛋白质/g	脂肪/g	抗坏血酸/mg	铁/mg
番茄	194	1.75	0.39	36.86	0.78
鸡蛋	220	28.16	24.42	—	5.06
花生油	15	—	14.99	—	0.44
食盐	6	—	—	—	0.06
合计	435	29.91	39.80	36.86	6.34

（4）计算各营养素的总量　把所有食物提供的能量和营养素的含量累计相加，就可以得到一份菜肴摄入的总能量和营养素的总量，见表 4-17 中的"合计"栏。

一份菜肴中某营养素含量的计算公式如下：

一份菜肴中某营养素的含量（g）= Σ（每种原料的量 × EP × 该原料中某营养素的含量 ÷ 100）

2. 一日膳食中能量和主要营养素摄入量的计算

将一日膳食各种食物中的能量和主要营养素的量进行求和，可以分别得到一日膳食中总能量及营养素总量的摄入量。

能力要求：一日膳食能量和营养素的计算

一、工作准备

（1）《中国食物成分表》、计算器或计算软件、笔、纸等。

（2）一份个人 24h 膳食回顾调查表、计算表格（表 4-18）。

表 4-18　　　　　　　　　　周某 24h 膳食回顾调查表

早餐		午餐		晚餐	
食物名称	食物质量	食物名称	食物质量	食物名称	食物质量
米粥	大米 20g	米饭	大米 100g	米饭	籼米 100g
馒头	面粉 50g	馒头	面粉 50g		

续表

早餐		午餐		晚餐	
食物名称	食物质量	食物名称	食物质量	食物名称	食物质量
萝卜 牛乳	萝卜 25g 牛乳 200g	红烧肉 酱蛋 小白菜	猪肉 100g 鸡蛋 50g 小白菜 200g 油 10g，盐 5g 酱油 10g	红烧鱼 炒芹菜 豆腐干	鲫鱼 150g 芹菜 250g 豆腐干 20g 油 10g，盐 5g 酱油 10g

二、工作程序

1. 记录食物

将一日摄取食物的餐别、种类、数量（注意是市品还是食部的数量）记录在表 4-19 中，查看是否存在相同食物或者同原料的食物可以进行合并。

表 4-19　　　　　　　食物营养成分计算表

餐别	原料	质量	备注
早餐	大米	20g	
	面粉	50g	
	萝卜	25g	
	牛乳	200g	
午餐	大米	100g	
	面粉	50g	
	猪肉	100g	
	鸡蛋	50g	
	小白菜	200g	
	油	10g	
	盐	5g	
	酱油	10g	
晚餐	大米	100g	
	鲫鱼	150g	
	芹菜	250g	
	豆腐干	20g	
	油	10g	
	盐	5g	
	酱油	10g	

2. 合并同类食物，根据食物成分表进行相关计算

（1）将相同食物或者同原料的食物进行合并。比如早餐的馒头和午餐的馒头是一种原料，中餐的大米和晚餐的大米可以合并。

（2）查《中国食物成分表2004》，计算摄入各类食物的能量和营养素含量，将计算结果直接填入表4-20中。计算公式如下：

$$蛋白质含量 = 食物量 \times 可食部百分数 \times 蛋白质含量（食物成分表）$$
$$脂肪含量 = 食物量 \times 可食部百分数 \times 脂肪含量（食物成分表）$$
$$碳水化合物含量 = 食物量 \times 可食部百分数 \times 碳水化合物含量（食物成分表）$$

用同样的方法可以计算更多其他营养素的含量。

表4-20　　　　　　　　食物营养成分记录表

编码	食物名称	食部/g	能量/kcal	蛋白质/g	脂肪/g	抗坏血酸/mg
10-1-101	牛乳	200	108	6.0	6.4	0
01-2-001	大米	220	761.2	16.3	1.8	0
	面粉	100				
	萝卜	25g				
	猪肉	100g				
	鸡蛋	50g				
	小白菜	200g				
	鲫鱼	150g				
	芹菜	250g				
	豆腐干	20g				
	油	20g				
	盐	10g				
	酱油	20g				

3. 计算能量和主要营养素总量

将表4-21中各种食物中的能量和主要营养素的量进行求和，可以分别得到一日膳食中总能量及营养素总量的摄入量，将计算结果填入表4-23食物营养素计算表中。

表4-21　　　　　　　　食物营养素计算表中

餐次	食物名称	质量/g	能量/kcal	蛋白质/g	脂肪/g	碳水化合物/g	维生素A/μg	维生素D/mg	钙/mg	铁/mg
早餐										
小计										

续表

餐次	食物名称	质量/g	能量/kcal	蛋白质/g	脂肪/g	碳水化合物/g	维生素A/μg	维生素D/mg	钙/mg	铁/mg
午餐										
小计										
晚餐										
小计										
合计										

三、注意事项

（1）食物成分表中的能量和营养素的含量最常用的标准是以每100g可食部食物计算的，所以根据摄入量和可食部进行换算后，才可以查表进行能量和营养素摄入量的计算。

（2）能量的计算有两种方法：一种是按照供能营养素的能量折算系数进行计算；另一种也可以直接查食物成分表中能量的含量进行计算。

学习单元2　膳食调查计算结果的分析与评价

一、评价的主要项目和指标

膳食调查结果评价的主要项目、内容和指标见表4-22和表4-23。

表4-22　　　　评价的主要项目和内容

序号	项目	评价指标
1	膳食结构	食物种类 每种食物的摄入量
2	能量摄入量	能量的三大产热营养素来源 三餐能量分配 每天能量摄入总量占供给标准的百分比（用于评价个体）
3	营养素摄入量	蛋白质的食物来源和完全蛋白质占总蛋白质摄入量的百分比 脂肪的食物来源 铁的来源 各种营养素摄入量占供给标准的百分比（用于评价个体）

表 4-23　　　　　　　　　　　评价的主要项目和指标

项目		指标
	膳食结构	膳食宝塔 2016
能量摄入量	能量的三大产热营养素来源	人体能量来源于蛋白质、脂肪和碳水化合物，三大营养素占总能量的比例应当适宜，一般来讲蛋白质占 10%～15%，脂肪占 20%～30%，碳水化合物占 55%～65%
	三餐能量分配	一般能量的适宜分配比例为：早餐占 20%，午餐占 40%，晚餐占 40%；也可以按早餐占 30%，午餐占 40%，晚餐占 30% 分配
	每天能量摄入总量占供给标准的百分比（用于评价个体）	参照 DRIs 评价个体或群体膳食摄入状况，相差在 10% 上下，可以认为合乎要求
营养素摄入量	蛋白质的食物来源和完全蛋白质占总蛋白质摄入量的百分比	优质蛋白质包括动物性蛋白质和豆类蛋白质，所含有的必需氨基酸种类齐全、比例适当，人体利用率高，因此应该在膳食中保证一定量的动物性蛋白质和豆类蛋白质，成年人一般优质蛋白质需占总蛋白质 1/3 以上
	脂肪的食物来源	一般认为，脂肪提供的能量占总能量 30% 范围内，饱和脂肪酸提供的能量占总能量的 7%～10%，单不饱和脂肪酸提供的能量占总能量的 10% 左右，剩余的能量由多不饱和脂肪酸提供为宜
	铁的来源	食物中的铁有血红素铁和非血红素铁两类，非血红素铁的吸收利用率非常低，为了保证食物中铁的有效性，一般来源于动物性食物的血红素铁应不低于总铁量的 1/3
	各种营养素摄入量占供给标准的百分比（用于评价个体）	参照 DRIs 评价个体或群体膳食摄入状况，一般来讲产能营养素日摄入量相差在 10% 上下，可以认为合乎要求；其他营养素日摄入量不低于 RNI 或 AI 的 80%，周平均摄入量不低于 RNI 或 AI 的 90%

二、调查结果的分析与评价方法

（一）膳食调查结果的分析

膳食调查结果的分析包括膳食结构的分析、能量及营养素摄入量和来源的分析。

1. 膳食结构的分析

膳食结构的分析见"本项目任务 2——学习单元 1"。

2. 膳食能量的分析

（1）能量摄入量计算　能量摄入量的计算可采用两种方法：

①每人每天能量摄入总量 = Σ（每人每日各种食物平均摄入量 × 可食部百分比 × 能量含量百分比）；

②每人每天能量摄入总量 = 蛋白质总量 × 4 + 脂肪总量 × 9 + 碳水化合物总量 × 4。

（2）分析能量的食物来源　分析能量的食物来源可采用以下步骤。

①将食物分为谷类、豆类、薯类、动物性食物、纯热能食物和其他六大类，纯热能食物包括植物油、动物油、食用糖、淀粉和酒类。

②按照六类食物分别计算各类食物提供的能量摄入量及能量总和。

③计算各类食物提供的能量占总能量的百分比。即各类食物的能量分别除以总能量可以得到各类食物提供的能量占总能量的百分比。

（3）分析能量的三大产热营养素来源　计算方法如下。

①根据蛋白质、脂肪、碳水化合物的能量折算系数，分别计算出它们所提供的能量及总能量。

②分别用蛋白质、脂肪、碳水化合物的能量除以总能量即得到三大产能营养素占总能量的比例。即：

蛋白质供能比（%）= 蛋白质摄入量 × 4 ÷ 总能量摄入量 × 100

碳水化合物供能比（%）= 碳水化合物摄入量 × 4 ÷ 总能量摄入量 × 100

脂肪供能比（%）= 脂肪摄入量 × 9 ÷ 总能量摄入量 × 100

（4）分析三餐能量分配　分别把早、中、晚餐摄入的食物所提供的能量除以一天总摄入的能量再乘以100%，就可以得到三餐各提供能量的比例。

（5）分析每天能量摄入总量占供给标准的百分比（用于评价个体）　将能量摄入总量除以该个体的中国居民膳食能量参考摄入量，再乘以100%。

3. 膳食营养素的分析

根据被调查者24h膳食调查结果，计算各类食物的摄入量；再根据各类食物的摄入量计算出每类食物中各种营养素的含量；再将不同种类食物中各种营养素的含量相加，就得到了摄入的各类食物中各种营养素总的含量。

（1）营养素摄入量计算

每人每天某营养素摄入总量 = Σ（每人每日各种食物平均摄入量 × 可食部百分数 × 该营养素含量）

（2）分析蛋白质的食物来源和完全蛋白质占总蛋白质摄入量的百分比　计算方法如下。

①先将食物分为谷类、豆类、薯类、动物性食物和其他五大类。

②再按照五类食物分别计算各类食物提供的蛋白质摄入量及蛋白质总量。

③计算各类食物提供的蛋白质占总蛋白质的百分比。

④计算优质蛋白占总蛋白质的比例。

(3) 分析脂肪的食物来源 计算方法如下。

①先将食物分为动物性食物和植物性食物两大类。

②再分别计算动物性食物和植物性食物提供的脂肪摄入量和脂肪总量。

③计算各类食物提供的脂肪占总脂肪的百分比。

(4) 分析各种营养素摄入量占供给标准的百分比（用于评价个体） 将该营养素摄入总量除以该个体的中国居民膳食营养素参考摄入量，再乘以 100%。

(二) 膳食调查结果的评价

1. 膳食调查结果的评价过程

膳食调查结果的评价流程见图 4-2。

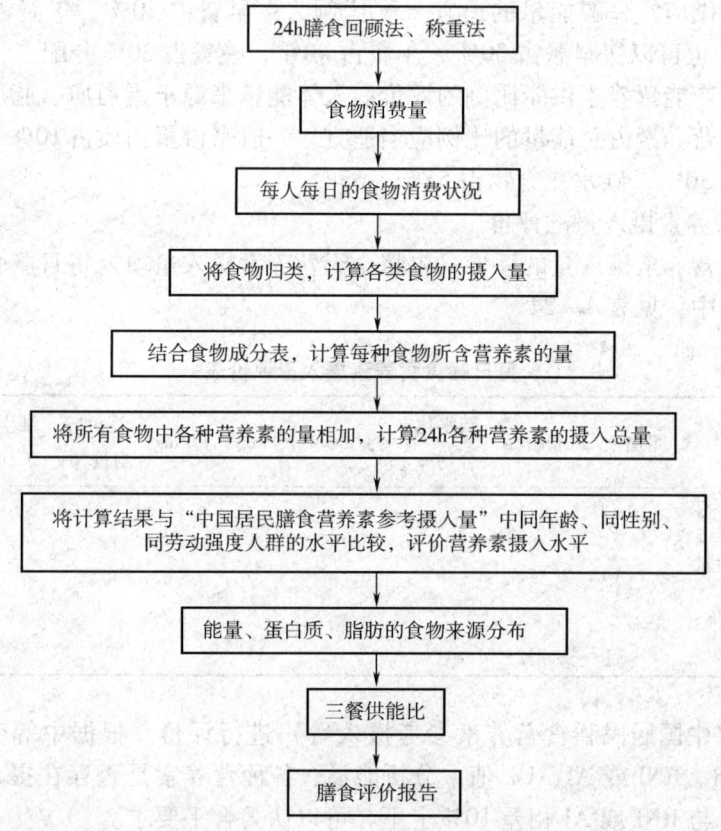

图 4-2 膳食调查结果的评价流程

2. 膳食调查结果的评价内容

(1) 膳食结构的评价 包括两个方面。

①食物的种类：即食谱中所含九大类食物是否齐全，是否做到了事物种类的

多样化。

②各类食物的摄入量：将被调查者的劳动强度按低、中、高的不同水平对照中国居民平衡膳食宝塔（2016年）建议的不同能量膳食的各类食物参考摄入量进行比较，分析判断各类食物摄入量是否满足人体需要。

（2）能量摄入量的评价　包括以下三个方面。

①全天能量摄入量的评价：个体的劳动强度、年龄、气候和体型都能影响到能量的需要量。

一般认为，能量可有±5%出入，其他营养素允许有±10%的出入，即摄入量占供给量的百分比在95%~105%范围内均正常；若低于80%，说明体内储存量降低，可能出现缺乏症状；若低于60%，说明严重不足，易引起缺乏症。

②三餐能量摄入量的评价：三餐能量摄入量是否适宜？早餐是否保证了能量和蛋白质的供应？一般能量的适宜分配比例为：早餐占20%，午餐占40%，晚餐占40%；也可以按早餐占30%，午餐占40%，晚餐占30%分配。

③三种产能营养素供能比例的评价：人体能量来源于蛋白质、脂肪和碳水化合物，三大营养素占总能量的比例应当适宜，一般来讲蛋白质占10%~15%，脂肪占20%~30%，碳水化合物占55%~65%。

（3）营养素摄入量的评价

①全天营养素摄入量的评价：先将全天营养素摄入量填入每日膳食营养素摄入量评价表中，见表4-24。

表4-24　　　　　　　　　每日膳食营养素摄入量评价表

营养素	蛋白质/g	脂肪/g	碳水化合物/g	钙/mg	铁/mg	锌/mg	视黄醇当量/μg	维生素C/mg	维生素E/mg
平均每日摄入量									
每日推荐供给量									
摄入量/供给量（×100%）									

参照《中国居民膳食营养素参考摄入量》进行评价。根据中等劳动强度成年男子EAR、RNI或AI、UL值，分析能量、各种营养素是否存在摄入不足或过剩的现象；与RNI或AI相差10%上下，可以认为合乎要求。

若低于EAR，认为该个体该种营养素处于缺乏状态，应该补充。

若达到或超过RNI，认为该个体该种营养素摄入量充足。

若介于EAR或RNI之间，为安全起见，建议进行补充。

另外，要注意超过UL的营养素。

一般认为，营养素允许有±10%的出入，即摄入量占供给量的百分比在

90%~110% 范围内均正常；若低于 80%，说明体内储存量降低，可能出现缺乏症状；若低于 60%，说明严重不足，易引起缺乏症。

②优质蛋白质占总蛋白质比例的评价：优质蛋白质包括动物性蛋白质和豆类蛋白质，所含有的必需氨基酸种类齐全、比例适当，人体利用率高，因此应该在膳食中保证一定量的动物性蛋白质和豆类蛋白质。一般优质蛋白质占总蛋白质的 1/3 以上。

③优质铁占总铁比例的评价：优质铁指的是来源于动物性食品的铁，它的人体利用率高，因此应该在膳食中保证一定量的动物性铁。一般优质铁占总铁的 1/3 以上。

（4）进行综合评价，提出改善食谱的意见　从以上三个方面综合评价调查期间食物摄取是否科学合理，存在哪些方面的问题，应该如何改进。如能量不足，可建议增加食物总热量；如餐次比不合理，可建议调整早中晚的食物结构与热量分配。

需要强调的是膳食调查结果的评价和建议主要是根据调查期间得到的一日食谱进行评价的，调查数据的代表性和正确性对调查结果影响很大。另外，调查结果的分析和评价主要是根据宏量营养素的状况来进行讨论。在实际工作中还必须对各种微量营养素的适宜性进行评价，而且需要检测就餐人群的体重变化及其他营养状况指标，从而对食谱进行调整。

能力要求：膳食调查结果的评价方法与步骤

一、工作准备

（1）《中国食物成分表 2004》、计算器或计算软件、笔、纸等。
（2）常用的食物分类表。
（3）能量及营养素参考摄入量相关表格。
（4）中国居民膳食指南与膳食宝塔（2016 年版）。
（5）一份 24h 膳食回顾调查表。

下面是 10 岁男学生 9 月 8 日进餐情况，见表 4-25。

表 4-25　　　　　　　　24h 膳食回顾调查情况

饮食时间	食物名称	原料名称	原料质量
早餐	面包	面粉	150g
	火腿	火腿	25g
	牛乳	牛乳	250g
	苹果	苹果	100g

续表

饮食时间	食物名称	原料名称	原料质量
午餐	青椒肉片	青椒	100g
		植物油	6g
		瘦猪肉	45g
	熏干芹菜	熏干	30g
		植物油	5g
		芹菜	100g
	馒头	面粉	150g
晚餐	西红柿炒鸡蛋	西红柿	125g
		鸡蛋	60g
		植物油	5g
	韭菜豆腐汤	韭菜	25g
		南豆腐	30g
		植物油	3g
	米饭	大米	125g

二、工作程序

1. 核对膳食摄入记录表

检查食物的餐次、名称及数量的正确性和合理性,看是否存在不合理、不正确的记录。

2. 计算食物摄入量

将食物归类合并,计算各类食物的实际摄入量,填入表 4-26。与 2016 膳食宝塔建议量进行比较。

表 4-26　　　　　　　　　　食物摄入量表

食物	实际摄入量/g	膳食宝塔参考摄入量/g
谷类	425	250~400
蔬菜	350	300~500
水果	100	200~350
肉、禽	70	40~75
蛋类	60	40~50
鱼虾	0	40~75
豆类及豆制品	19.2	25g 以上
乳类及乳制品	250	300
油脂	19	25~30

3. 计算各种营养素摄入量

按照食物实际名称查找食物成分表中的对应数值,计算能量和各营养素的摄入量,与推荐摄入量进行比较,填入表 4-27。

表 4-27　　　　　　　　　能量和各营养素的摄入量

营养素	摄入量	推荐摄入量	占推荐摄入量的百分比/%	最高摄入量 UL 值
能量/kcal	2163	2100	103	
蛋白质/g	77.5	70	111	
脂肪/g	57.4	20%~30%	范围内	
钙/mg	602.9	800	75.4	2000
铁/mg	20.0	12	167	50
维生素 A/μgRE	341.4	600	56.9	2000
维生素 B_1/mg	0.9	0.9	100	50
维生素 C/mg	70	80	87.5	900

4. 计算能量食物来源

将食物分为谷类、豆类、薯类、动物性食物、纯热能食物和其他六大类,纯热能食物包括植物油、动物油、食用糖、淀粉和酒类;按照六类食物分别计算各类食物提供的能量摄入量及能量总和;计算各类食物提供的能量占总能量的百分比,并将计算结果填入表 4-28 中。

表 4-28　　　　　　　　　能量食物来源

食物种类	摄入量	占总摄入量的百分比/%
谷类	1449.5	67.01
豆类	59	2.72
薯类	0	0
其他	119	5.50
动物性食物	364.5	16.86
纯热能食物	171	7.91

5. 计算三大营养素供能比

根据蛋白质、脂肪、碳水化合物的能量折算系数,分别计算出它们所提供的能量及总能量;再用蛋白质、脂肪、碳水化合物的能量除以总能量即得到三大产能营养素占总能量的比例。并将结果填入表4-29中。

表4-29　　　　　　　　　　　三大营养素供能比

项目	实际值	参考值
蛋白质	14.7%	10%~15%
脂肪	24.4%	20%~30%
碳水化合物	60.9%	55%~65%

6. 计算蛋白质的食物来源

将动物性食物及豆类食物的蛋白质累计相加，本例结果为35g，食谱中总蛋白质含量为77.5g，可以算得：

动物性及豆类蛋白质占总蛋白质比例 = 35÷77.5 = 45.2%

7. 计算脂肪食物来源

计算动物性脂肪和植物性脂肪的比例。本例中动物性脂肪51.2%，植物性脂肪48.8%。

8. 初步结果分析与记录

（1）薯类食物缺乏，鱼虾类食物缺乏，谷类、蔬菜食物适中，水果、豆类、油脂摄入略少，畜禽类、乳类摄入量与推荐量接近，蛋类食物偏多。

（2）总能量的摄入量适宜，维生素A严重不足，铁的摄入量较高。

（3）三餐供能比例为早餐:午餐:晚餐 = 33.7%:36.0%:30.3%。

（4）三大供能营养素供能比例为蛋白质:脂肪:碳水化合物 = 14.7%:24.4%:60.9%。

（5）优质蛋白质摄入比例为45.2%。

（6）总的看来，该食谱种类齐全，能量及大部分营养素数量充足，三种产能营养素比例适宜，考虑了优质蛋白质的供应，三餐能量分配合理，如能增加鱼虾类的供应则是设计比较科学合理的营养食谱。

9. 储存计算结果

创建一个文件名，一般以调查地点、调查时间等进行命名，可以方便记忆或者是看见文件名就可以知道是什么方面的文件。然后进行储存和备份，防止丢失。

三、注意事项

（1）在进行食物归类时应注意有些食物，如乳制品和豆制品需要进行折算才能相加。

（2）平衡膳食宝塔建议的各类食物摄入量是一个平均值和比例，日常生活无须每天都样样照着宝塔推荐量吃，但是要经常遵循宝塔各层各类食物的大体比例。

（3）平衡膳食宝塔给出了一天中各类食物摄入量的建议，还要注意合理分配三餐食量。三餐食物量的分配及间隔时间应与作息时间和劳动状况相匹配。一般早餐、晚餐各占30%，午餐占40%为宜，特殊情况可以适当调整。

项目五 营养咨询和教育

营养咨询和教育是通过营养信息的交流,帮助个体和群众获得食物与营养知识,培养健康生活方式的活动和过程。其目的是提高各类人群对营养与健康的认识,消除或减少不利于健康的膳食因素,改善营养膳,预防营养性疾病的发生,提高人们的健康水平和生活质量。

营养咨询和教育除了传播营养知识,还提供促使个体、群众和社会改变膳食行为所必需的营养知识、操作技能和服务能力。因此,对于营养咨询和营养教育的工作人员不仅要具备营养和食品卫生学的专业理论知识,了解经济、社会与文化因素对膳食营养状况的影响,还应具备传播营养知识的技能。

咨询常被认为是对个体的面对面的指导形式,是营养教育中一种常见形式,具有较强的针对性。营养教育也是健康教育的一个分支,是有计划、有组织、有系统和有评价的干预活动,其核心是提供人们膳食行为改变所必需的知识、技能和社会服务,教育人们树立食品与营养的健康意识,养成良好的膳食行为和生活方式,使人们在面临食品营养与食品卫生方面的健康问题时,有能力做出有益于健康的选择。

任务1 烹饪营养指导 🔍

学习目标

知识目标
1. 熟悉常用的烹调方法对营养素的影响以及保留措施。
2. 了解其他烹调方法对营养素的影响以及保留措施。
3. 掌握减少烹调中营养素的措施。

技能目标
1. 能根据不同的食物,合理选择烹调方法最大保留营养素。
2. 能进行烹饪方法的指导

科学烹饪是保证食物色、香、味和营养质量的重要环节。采用不同的烹饪方法，会使植物性原料的细胞壁破坏，有利于人体消化吸收；动物性原料中的蛋白质变性凝固，分解成氨基酸和多肽类，增进食品的色、香、味，使之容易消化吸收，提高食物所含营养素在人体内的利用率。但是，由于烹饪方法和加热时间的不同，菜肴中的营养素数量和种类发生一系列的变化，对烹饪的营养价值也造成一定的影响。所以，在加工过程中要尽量控制不利因素，减少营养素的损失，最大限度地保存食物中的营养素。

一、烹调方法对营养素的影响

合理烹调是合理营养的主要体现。在烹调食物时，应坚持平衡膳食和营养配餐的原则。通常任何一种食物所含的营养成分是不全面的，合理的营养配餐可以使其中的营养素达到互补，提高菜肴的营养价值，满足均衡膳食的需求。在选择烹饪原料、调配膳食、烹调加工时，首先需要考虑烹调原料的营养特点，其次考虑烹调方法的不同，食物中各种营养素的流失程度也不同。

（一）常用烹调方法对营养素的影响

1. 炒、煎、炸

炒的菜肴通常是以油作为传热媒介，对营养素的影响主要包括：基本对所有的营养素都有破坏；蛋白质因高温而严重变性；油脂热聚合物和过氧化脂质含量升高；产生丙烯醛。

（1）炒　用急火快炒，高温除了使维生素C损失较大外，其他营养素均损失不大。炒菜时不应过早放盐，宜用淀粉勾芡，使汤汁浓稠，并与菜肴沾在一起，因为淀粉对维生素C有很好的保护作用。

（2）煎炸　煎是用少量油快炸食品，如煎鸡蛋、煎虾饼等，因其时间短，营养素损失不大。炸是将食物放到大量的高温油中加热，时间长，所以一切营养均遭受重大损失，蛋白质也会因此变质而减少营养价值，脂肪也因此受到破坏失去其功能，甚至产生妨碍维生素A吸收的物质。为了不使原料的蛋白质、维生素减少，挂糊油炸常作为最佳补救措施。

（3）炸　炸适用于各种原料的加工，热能和脂肪含量高，饱腹作用强，能促进维生素A、维生素E吸收；由于温度高，易脱水，水溶性维生素破坏大，蛋白质过度变性，脂肪酸被破坏。在炸加工过程中，油温不宜过高，可采用拍粉、上浆、挂糊等方式处理，不宜将油脂反复多次使用。

2. 烤

烤包括熏烤和烧烤，是将加工处理或腌渍入味的原料置于器皿内部，用明火、暗火或烟气等产生的热辐射和热空气进行加热的总称。其可改善食物风味，使之色鲜、味浓、肉嫩，油而不腻，并能形成特殊的香味。烤对营养素的影响有：直接在明火上烤，或利用烤箱间接烘烤，均可使维生素A、维生素B、维生素 C 受到相当大的破坏；肉、鱼熏烤后，其中脂肪的不完全燃烧及淀粉受热后的不完全分解可产生致癌物质（苯并芘），所以一般不应用明火直接烤，并应缩短时间。熏烤可采用"液体烟熏法"；烧烤应防止外焦里生。

3. 蒸、煮

蒸、煮对营养素的影响包括：对碳水化合物及蛋白质起部分水解作用；使水溶性蛋白质及矿物质溶于水中。

（1）蒸　蒸是以水蒸气作为传热媒介，利用高热将原料蒸熟，温度在100℃以上。因原料与水汽处于基本密闭的锅中，成菜原汁原味、原形原样、柔软鲜嫩，对营养素的影响较少，营养素保存利用率较高，既能保持食品的外形，又不破坏食品的风味，但会使部分维生素 B 遭受破坏。

（2）煮　煮是将处理好的原料放入足量汤水中，用不同的时间加热到原料成熟出锅的方法。蔬菜与水一同加热后，蔬菜中的水溶性维生素、无机盐便会溶于水，对糖类及蛋白质起部分水解作用，对脂肪影响不大。所以吃菜最好是连汤一起食用，或以鲜汤作为一些菜肴的调配料。煮菜汤时应水沸下菜，时间要短；煮骨头时应加些醋，使钙溶于汤中有利于人体吸收。

4. 炖、焖

炖、焖、煨、卤通常以水作为传热媒介，选料较大，火力较小，加热时间很长，成菜具有熟软和酥烂的感觉。对营养素的影响包括：使水溶性的维生素和矿物质溶于汤中；部分维生素遭到破坏。

（1）炖　可使水溶性维生素和矿物质溶于汤内，只有一部分维生素受到破坏。

（2）焖　焖的时间长短同营养素损失的大小成正比，时间越长，B 族维生素和维生素 C 的损失越大，反之则小，但焖熟的菜肴易于消化。

5. 汆、涮

汆、涮是以水作为传热媒介，把植物原料为主，其次是羊肉、丸子等原料放入烧沸的汤水锅中，短时间加热的方法。由于原料在沸水中停留的时间较短，营养素破坏较少，但水溶性成分易流失，所以应减少水溶性的钙、铁、锌、硒、维生素 B_1、维生素 B_2 及蛋白质的流失，最大限度地保证原料的鲜嫩。此外，应严格控制加热时间并防止外熟里生。

（二）其他烹调方法对营养素的影响

其他烹调方法对营养素的影响见表5-1。

表5-1　　　　　其他烹调方法对营养素的影响

烹调方法	时间	选料特点	优点	缺点	措施
烧	中、长	大块原料	油脂乳化，部分蛋白质水解，有利于消化吸收	B 族维生素、维生素 C 损失较大	控制添加水量及加热时间

续表

烹调方法	时间	选料特点	优点	缺点	措施
熬、煨	中、长	大块动物原料为主	油脂乳化，部分蛋白质水解，有利于消化吸收	维生素损失较多	宜用胶原蛋白质和粗纤维含量丰富的原料，适当搭配植物原料
贴、塌	短、中	宜选用蛋白质含量丰富的原料	营养素流失较少	受热不均匀	防止外焦里生
爆、熘	短	原料切配后较细小，易熟	营养素流失少，B族维生素损失也少	维生素C损失较大	有些原料需经过上浆、挂糊等方式处理，成熟后内部温度不低于70℃

二、减少烹调中营养素损失的措施

1. 上浆挂糊

原料用淀粉和鸡蛋上浆挂糊，使原料中的水分和营养不致大量溢出，不会因高温使蛋白质破坏、维生素大量分解，减少损失。

2. 加醋

食物中的维生素怕碱不怕酸，烹调动物性食物时，醋还能使原料中的钙溶解得多些，促进吸收。

3. 先洗后切

蔬菜应先洗后切，可减少水溶性营养素的损失，而且应该现切现烹，能减少营养素的氧化损失。

4. 急炒

烹调的过程中最好采用旺火急炒的方法，可以缩短菜肴成熟时间，从而降低营养素损失。

5. 其他

勾芡，能使汤料混为一体，使浸出的一些成分连同菜肴一同摄入。此外，碱的使用需谨慎，因为碱会破坏蛋白质、维生素等多种营养素，食物（面食等）在烹调过程中最好避免用碱。

能力要求：蔬菜的烹饪

【案例】地点：咨询服务中心，有几个家庭主妇向营养师咨询如何最大限度地保留营养，合理烹饪。

一、工作准备

叶菜类（小白菜、生菜、菠菜、韭菜、油菜、包菜等）、根茎类（胡萝卜、土豆）、鲜豆类（四季豆）、瓜茄类（南瓜、黄瓜、冬瓜、西红柿、辣椒）等蔬菜。

二、工作程序

1. 讲解营养特点

了解叶菜类、根茎类、鲜豆类和瓜茄类等蔬菜的自然性状和营养特点。

2. 摘去不可食部分

选择新鲜、无腐烂变质的蔬菜，去掉烂叶、黄叶和不可食的部分，备用。

3. 讲解不同烹饪方法的营养素损失率

根据不同蔬菜的性状和营养特点，选择最适宜的烹饪方法，如急火快炒、炖、煮、凉拌等，尽量减少蔬菜中营养素的损失。

4. 介绍相关技巧

选择一种叶菜，采用流水冲洗后，用手撕或刀切碎，示范急火快炒的方法，也可以勾芡，以最大限度地保留蔬菜中的维生素和矿物质。告诉咨询者切记先切后洗或长时间在水中浸泡，更忌烫后切挤的加工方法；烹调时最好减少用水量，缩短加热时间等；烹调过程中可加入醋，可有效地保护维生素 C；不可以为了菜肴的好看在烹饪过程中加入碱，以破坏其中的维生素。

5. 示范和建议

讲解示范可以生吃的生菜、黄瓜、西红柿、辣椒等蔬菜的做法。

讲解淀粉含量高的南瓜和土豆的烹饪方法。南瓜的皮含有丰富的胡萝卜素和维生素，所以最好连皮一起食用，如果皮较硬，就用刀将硬的部分削去再食用；在烹调的时候，南瓜心含有相当于果肉 5 倍的胡萝卜素，所以尽量要全部加以利用，适用于蒸、煮等烹调方式。凡腐烂、霉烂或生芽较多的土豆，因含过量龙葵素，极易引起中毒，一律不能食用；土豆宜去皮吃，有芽眼的部分应挖去，以免中毒；适用于炒、炖、烧、炸等烹调方法；土豆切开后容易氧化变黑，属正常现象，不会造成危害；经常把切好的土豆片、土豆丝放入水中，去掉太多的淀粉以便烹调，但注意不要泡得太久而致使水溶性维生素等营养流失。

讲解鲜豆类——四季豆的烹饪方法，用炖或小火长时间烹调，要把全部四季豆煮熟焖透，煮熟后颜色由鲜绿变为暗绿，吃起来没有豆腥味；也可以先用水煮熟后再回锅油炒，以确保安全，防止其中的皂苷和植物血凝素引起食物中毒；此外，要注意不买和不吃老四季豆，烹调前要把四季豆的两头和豆荚择掉，因为毒素在豆荚的头尾部含量很高。

6. 询问理解程度

结合相关的知识内容，询问咨询者的理解程度，了解他们日常使用的其他烹饪措施，并给出评价。

三、注意事项

四季豆、发芽的土豆等含有对人体有毒、有害的物质，应特别注意去毒措施。

任务2　健康教育

学习目标

知识目标
1. 掌握健康生活方式的概念和分类。
2. 了解不健康生活方式。
3. 熟悉肥胖病、糖尿病、心血管疾病、肿瘤、痛风和骨质疏松的膳食营养预防。

技能目标
1. 能对生活方式进行测评和指导。
2. 能对各种慢性营养性疾病进行膳食指导。

随着近年来经济社会的迅猛发展，人们生活水平的不断提高，慢性非传染性疾病逐渐成为高发态势。慢性非传染性疾病主要指以心脑血管疾病（高血压、冠心病、脑卒中等）、糖尿病、恶性肿瘤、慢性阻塞性肺部疾病、脂肪肝和慢性肝脏疾病、肥胖症、精神异常和精神病等为代表的一组疾病，具有病程长、病因复杂、健康损害和社会危害严重等特点。慢性非传染性疾病的危害主要是造成脑、心、肝、肺、肾等重要脏器的损害，甚至造成伤残，影响劳动能力和生活质量，且医疗费用极其昂贵，给社会和家庭带来了沉重的经济负担和心理负担。开展以健康教育和健康促进为主要手段的慢性病防治工作，对保护人民身体健康，促进经济社会和谐发展至关重要。

一、健康生活方式和行为

（一）健康生活方式

1. 概念

（1）健康　WHO对健康的定义："健康是一种在身体上、精神上的完满状态，以及良好的适应能力，而不仅仅是没有疾病和衰弱状态"。健康需要规避不良嗜好，就必须和社会相适应，人也要和环境相和谐，要有健康的人生观与世界观，一分为二地看待世界上的事，摆正自己在社会生活中的位置，这是心理健康的基础。所以健康的全部含义是身体健康、心理健康和良好的社会适应能力。

世界卫生组织对影响健康的因素进行总结：健康＝60%生活方式＋15%遗传因素＋10%社会因素＋8%医疗因素＋7%气候因素。由此可见健康的生活方式管理是新兴起的个人健康管理中最重要的一个策略。

（2）生活方式　生活方式包括人们的衣、食、住、行、劳动工作、休息娱乐、社会交往、待人接物等物质生活和精神生活的价值观、道德观、审美观，以及与这些方式相关的方面。可以理解为就是在一定的历史时期与社会条件下，各个民族、阶级和社会群体的生活模式，即人们长期受到一定社会文化、经济、风俗、家庭影响而形成的一系列的生活习惯。

（3）健康生活方式　健康生活方式是指有益于健康的习惯化的行为方式。表现为生活有规律（劳逸结合、起居有常，一般成人每天保证7~8h睡眠），无不良嗜好，讲求个人卫生、环境卫生、饮食卫生，讲科学、不迷信，平时注意保健，生病及时就医，积极参加健康有益的文体活动和社会活动等。

2. 分类

健康生活方式是需要培养的，主要包括合理膳食、适量运动、戒烟限酒和心理平衡四方面，此外还包括充足的睡眠、纠正不良行为、远离毒品、讲究道德和随时纠正生活方式等。

（1）合理膳食　合理膳食指能提供全面、均衡营养的膳食（《中国居民膳食指南》可作为权威的指导）。食物多样，才能满足人体的各种营养需求，达到营养平衡、促进健康的目的。

合理膳食包括健康的饮食和良好的饮食习惯两大方面。健康的饮食是指膳食中应该富有人体必需的营养，同时还要避免或减少摄入不利于健康的成分。良好的饮食习惯包括按时进餐、坚持吃早餐、睡前不饱食、咀嚼充分、吃饭不分心、保持良好的进食心情和气氛等。

（2）适量运动　生命需要运动，过少和过量运动都不利于健康。个人可根据自己的年龄、身体状况和环境适量运动。适量运动指运动方式和运动量适合个人的身体状况。运动形式并不重要，重要的是量力而行，循序渐进，持之以恒。健康人运动时的心率一般应控制在每分钟150~170（次）减去年龄为宜，例如，一个 50 岁的人运动时能够使心率达到 120 次就比较合适。最好能够保持心率加快、身体发热这种状态 15min 以上。每周至少运动 3～5 次，每次运动 30min 以上。最简单的运动是快步走，每天快步走路 3km，或做其他运动如爬楼梯。

（3）戒烟限酒　吸烟有害健康，任何时候戒烟都不晚，对身体都有好处；饮酒不宜过量，严禁酗酒，建议成年男性一天饮用的酒精量不超过 25g，女性不超过 15g，尽可能喝低度酒。

（4）心理平衡　心理平衡指能恰当地评价自己、应对日常生活压力、有效率地工作和学习、对家庭和社会有所贡献的良好状态。每个人一生中都会遇到各种心理卫生问题，通过调节自身情绪和行为、主动寻求情感交流和心理援助或请心理（精神）科医生咨询和诊治等方法能获得解决。

（5）自觉保护环境　人类生存的环境对人的健康十分重要，每个人都要遵守保护环境的法律法规，遵守社会公德，在日常生活中注意自觉养成保护环境的良好习惯，如节约资源（水、电、煤、煤气和天然气、纸张、汽油、木料等）、不污染环境（不随地吐痰、不乱扔垃圾、分类回收垃圾、减少汽车尾气排放、慎用洗涤剂等）、为保护环境贡献力量（植树造林、保护绿地、保护野生动物等）。

（6）坚持学习健康知识　建立健康的生活方式需要懂得健康知识，知识是不断调整自己行为的指南针。在当今新知识层出不穷的时代，健康知识也在不断更新，只有注意不断学习新的健康知识，抵制迷信和各种错误信息的影响，才能使自己的生活方式更健康。

（二）不健康生活方式

不健康生活方式种类很多，主要有以下几种。

1. 膳食结构不合理，饮食习惯不良

膳食结构不合理主要表现在主食摄入量不足或过剩，动物性食物摄入过多，营养结构失衡，高脂肪、高钠盐、低膳食纤维饮食，喜欢熏烤、油炸食品和甜食，三餐分配不合理等。膳食结构不合理是导致亚营养和亚健康的主要原因。

2. 缺乏体育锻炼

极度缺乏体育锻炼极易造成疲劳、晕眩等现象，引发肥胖、心脑血管疾病、糖尿病和骨质疏松等。运动是健康生活方式的重要组成部分。

3. 吸烟、饮酒过量、酗酒

吸烟不仅影响环境，危害安全，而且与高血压、慢性支气管炎、冠心病、癌症等多种疾病有直接关系，严重危害健康。吸烟是人类严重的不健康行为。

长期大量饮酒会损害人体的肝脏、肾脏、神经和心血管系统，酒后驾驶是对自己和他人的生命不负责任的行为。酗酒或饮酒成瘾不仅危害自己的健康，还给家庭和社会带来不幸。

4. 不能保证睡眠时间

健康的体魄需要充足的睡眠。神经衰弱是办公室人群的通病，睡眠时间不能

保证是重要的诱因。造成睡眠时间不能保证的因素很多，工作应酬、朋友交际、酒吧等夜生活、工作压力等都影响着人们的睡眠。

5. 无规律的生活习惯

无规律的生活习惯会扰乱人体的生命节律，降低人体的免疫力，使疾病发生率增高，对健康极为不利。因此应该起居定时、按时作息，睡前不喝茶或咖啡，进食不过饱，心情平静，避免焦虑或激动，不做剧烈运动。

6. 其他

此外不健康生活方式还包括以下几种。

（1）有病不求医　现代人群工作节奏快，工作时间长，这一现状使得相当一部分人不得不忽略小病，一部分人自恃对医药略有所知，就自己充当医生开药。由于缺乏必要的专业医生诊治，一些疾病被拖延，错过了最佳治疗时间；一些疾病被药物表面的作用掩盖，酿成大病。

（2）缺乏主动体检　对体检的不重视由来已久，很多人没有认识到，症状的不显示或只有轻微显示并不意味着没有病，相当一部分疾病一旦有症状显示时已经病入膏肓。

（3）长时间处在空调环境中　空调的出现，使得办公条件大大改善，然而，在改善的背后，却隐藏着很大的健康隐患。大部分办公室白领过度依赖空调，自身的肌体调节能力和抗病能力下降，同时，空调中滋生的病菌也随着空调的老化在侵袭着他们的健康。

（4）坐不动，长坐　不利于血液循环，会引发很多新陈代谢和心血管方面的病症。坐姿长久固定，同时也是颈椎、腰椎疾病的重要诱发因素。

（5）面对电脑时间过久　现代办公室，电脑已经不仅仅是工具了，对很多人来说，它几乎成了一种生活方式。他们白天在办公室用电脑工作，晚上用电脑交际或游戏。由于过度使用和依赖电脑，目前已经出现了被称为"电脑综合征"的不健康症候群体，包括眼病、腰颈椎病、精神性疾病在这一群体非常普遍。

二、慢性营养性疾病及预防

慢性营养性疾病是指因营养素供给不足、过多或比例失调而引起的一系列疾病的总称，其具有明显的营养状况不正常的特征。常见的有肥胖病、糖尿病、心血管疾病、肿瘤、痛风等，这些疾病一直保持上升的势头，严重影响人类的健康水平。影响营养状况的因素主要包括：不平衡膳食、遗传、体质及其他疾病或代谢功能异常等。

（一）肥胖病的膳食营养及预防

1. 概念

肥胖是由于长期能量摄入过多，超过机体能量消耗，体内多余能量以脂肪的形式储存于体内，引起的营养代谢失衡性疾病。肥胖病和许多慢性疾病的发病率都呈现正相关，如高血压、高血糖、心脑血管疾病、糖尿病等。

2. 分类

肥胖可分为单纯性肥胖、继发性肥胖和药物性肥胖三种。

（1）单纯性肥胖　单纯性肥胖即非疾病引起的肥胖。各种肥胖以单纯性肥胖最为常见，约占肥胖人群的95%左右。这类病人全身脂肪分布比较均匀，没有内分泌紊乱现象，也无代谢障碍性疾病，其家族往往有肥胖病史。单纯性肥胖又分为体质性肥胖和过食性肥胖两种。

①体质性肥胖：主要是由于遗传和机体脂肪细胞数目增多而造成的，此外，还与25岁以前的营养过度有关系。这类人的物质代谢过程比较慢，比较低，合成代谢超过分解代谢。

②过食性肥胖：也称为获得性肥胖，是由于人成年后有意识或无意识地过度饮食，使摄入的热量大大超过身体生长和活动的需要，多余的热量转化为脂肪，大量堆积而导致肥胖。

（2）继发性肥胖　继发性肥胖是由于内分泌紊乱或代谢障碍引起的一类疾病，约占肥胖人群的2%~5%。除了具有体内脂肪沉积过多的特征，主要以原发性疾病的临床症状为主要表现，肥胖只是这类患者的重要症状之一。这类患者同时还会出现其他各种临床表现，如表现在甲状腺功能减退人群、性腺功能减退等多种疾病中。

（3）药物性肥胖　药物性肥胖是指某些药物在有效治疗某些疾病的同时，还有导致身体肥胖的副作用。这类肥胖患者约占肥胖病人群2%。常见的有应用肾上腺皮质激素类药物（如地塞米松等）治疗过敏性疾病、风湿病、类风湿病、哮喘病等；雌性激素以及含雌性激素的避孕药有时会使妇女发胖，或者说容易使妇女发胖。

3. 诊断标准

目前用于判断肥胖的方法包括体质指数（body mass index，BMI）、腰围、腰臀比、肥胖度等。其中BMI是目前应用最广泛的成人肥胖的诊断方法。

（1）体质指数（BMI）　BMI是WHO推荐的国际统一使用的判断标准方法，其计算公式如下：

$$体质指数（BMI） = 体重（kg） \div 身高^2 （m^2）$$

身高和体重是影响BMI的两个因素，不受性别的影响，简便实用。判断标准见表5-2。

表5-2　　　　　　　　　　成人BMI的判断标准

BMI	WHO	中国
消瘦	<18.5	<18.5
正常	18.5~24.9	18.5~23.9
超重	25~29.9	≥24
肥胖	>30	≥28

(2) 腰围（WC） 腰围用来测定腹部脂肪的分布，是腹内脂肪量和总体脂的一个近似指标。腹部脂肪过度积聚危害性最强，称作向心性肥胖。根据WHO建议标准，男性大于94cm或女性大于80cm可判断为肥胖。

(3) 腰臀比（WHR） 腰臀比是指腰围与臀围的比值。评价标准：男性大于0.9、女性大于0.8，可诊断为中心性肥胖。

(4) 身高标准体重和肥胖度 标准体重主要应用于成人的肥胖程度。国外常采用Broca，而国内采用Broca改良公式和平田公式。

①计算公式

Broca： 理想体重（kg）＝身高（cm）－100

Broca改良公式： 理想体重（kg）＝身高（cm）－105

平田公式： 理想体重（kg）＝［身高（cm）－100］×0.9

肥胖度＝［实测体重（kg）－理想体重（kg）］÷理想体重（kg）×100%

②肥胖的判定标准：体重超过理想体重10%为超重；超过20%为肥胖；超过20%~30%为轻度肥胖；超过30%~50%为中度肥胖；超过50%为重度肥胖；超过100%为病态肥胖。

4. 肥胖发生的原因

肥胖发生的原因大体上可分为内因（遗传因素）和外因（环境因素）引起的。

(1) 肥胖发生的内因 肥胖发生的内因即为遗传因素，相当多的肥胖者有一定的家族倾向，父母中有一人肥胖，则子女有40%肥胖的概率，如果父母双方皆肥胖，子女可能肥胖的概率升高至70%~80%。

(2) 肥胖发生的外因 外因在肥胖发生上也起到非常重要的作用，肥胖也是基因和环境因素相互作用的结果。据统计，肥胖的遗传因素约40%~70%，环境因素占30%~60%。肥胖发生的外因主要包括饮食因素、社会因素、行为心理因素等。

①饮食因素：饮食因素包括人们摄食过量、进食速度过快、饮食结构不合理、三餐饮食能量不合理和零食等。

a. 摄食过量：形成肥胖的主要原因是摄食过量，能量摄入大于消耗，多余能量转化为脂肪储存在脂肪细胞。肥胖者自幼形成的饱腹习惯，会导致下丘脑饱感中枢反应迟缓，并视进食品味佳肴的色、香、味为享受。另外，一些肥胖病人日常习惯性进食大量食物，并不是因为有饥饿感，而只是一种习惯。所以摄食过量是肥胖者普遍存在的问题。

b. 进食过快：进食过快在肥胖患者中也较常见，从开始进食到形成饱腹感是中枢神经系统接受胃神经末梢刺激形成的反射过程，一般饱食中枢需在进食后20min左右才会发出停止进食的信号；进食速度过快者，在饱腹中枢尚未兴奋时进食量已超过人体生长与消耗所需能量。进食速度越快达到同样饱腹感所需的食物就越多。

c. 饮食结构不合理：主要表现为高脂肪、高糖（碳水化合物）膳食，热量主要来自于碳水化合物、脂肪和蛋白质三大能源物质。

嗜好高脂食物：脂肪的产热量一般是同等质量蛋白质、碳水化合物的1倍多。肥胖患者多偏爱肥肉、动物内脏、油炸、乳类等高脂肪饮食，易使热量摄入增加。

嗜好高糖食物：三大营养素中，碳水化合物的饱腹感低，易吸收，可增加食欲，肥胖者较多喜食甜食和淀粉等碳水化合物。碳水化合物易被吸收进入血液，使血糖升高，刺激胰岛素分泌。而胰岛素的急剧大量分泌又使血糖下降，这时人又会出现饥饿感，又必须依靠进食来充饥，这样就形成了恶性循环。碳水化合物除了供给人能量消耗外，多余的合成为肝糖原、肌糖原或转化为脂肪储存。摄入能量过多，即使是糖类，也会日渐增重。

d. 三餐饮食能量不合理：一日三餐能量分配不合理也是原因之一。一些肥胖者早餐不吃，中餐多丰盛，晚餐过饱，而人的代谢以上午最旺盛，下午逐渐减慢，到晚上最低，特别是睡前加餐易使能量储存。有的人一日三餐不能按时进餐，甚至会把一日三餐集中在晚上，进食高脂肪、高蛋白且量又很大，吃饭后缺少运动，久之即易发胖。

e. 零食：除一日三餐外，零食使能量摄入又增加了相当部分，也是一种不好的饮食习惯。吃零食过多会造成营养过剩和营养不均衡。

②社会因素：在日常生活之中，随着交通工具的发达，工作的机械化，家务量减轻等，使得人们的劳动强度、参加运动和体力活动消耗热量的机会大大减少，另一方面因为摄取的能量并未减少，而形成肥胖。肥胖导致日常的活动越趋缓慢、慵懒，更再次减低了热量的消耗，导致恶性循环，助长肥胖的发生。

③行为心理因素：为了解除心情上的烦恼、情绪上的不稳定，不少人也是用吃来作发泄。这都是引起饮食过量而导致肥胖的原因。

5. 肥胖症与膳食营养的关系

（1）碳水化合物　膳食中含有一定数量的碳水化合物。所有身体不能立即使用的碳水化合物都会被以糖原的形式储存起来。身体有两个储存糖原的地方：肝脏和肌肉。储存在肌肉中的糖原不能被大脑利用，只有储存在肝脏中的糖原才会被分解，并遭回到血液中，为大脑的正常运转提供足够的血糖。一旦肝脏和肌肉中的碳水化合物达到饱和，过多的碳水化合物只有一种命运：转化成脂肪，并储存在脂肪组织中。即使碳水化合物是无脂的，过多的碳水化合物最终还是会转化成多余的脂肪。

（2）蛋白质　肥胖因摄入能量过多，过多能量无论来自何种能源物质，都可引起肥胖，食物蛋白当然也不例外。同时，蛋白质营养过度还会导致肝肾功能损害，故低能量饮食蛋白质供给不宜过高。

(3) 脂肪 脂肪是体内储存能量的仓库,主要提供热能;保护内脏,维持体温;协助脂溶性维生素的吸收;参与机体各方面的代谢活动等。尽管脂肪有多方面的功能和作用,但它在体内的含量是有一定限度的。脂肪含量的增高与肥胖程度成正比,过多的脂肪则会影响机体的代谢活动,诸如行动不便、怕热、影响体型、易产生疲劳、产生各种疾病等。所以要下决心,把那些多余的脂肪赶出体外。

(4) 维生素和矿物质 人们普遍认为,肥胖是营养过剩的结果。然而,研究结果却表明,某些单纯性肥胖者体内缺乏促进脂肪转化为热量的一些营养素,包括维生素 B_1、维生素 B_6、维生素 B_{12}、维生素 C、烟酸及锌、铁、镁等,这些物质的缺乏可导致脂肪分解受阻。当人们因偏食使上述营养物质摄入不足时,脂肪的氧化分解速度减慢。此外,微量元素锌、镁缺乏时,体内甘油三酯含量增加,脂肪生长因子活性增加。

6. 膳食营养预防

(1) 培养良好的饮食习惯 饮食习惯方式,在临床医学也称为饮食行为,从广义上讲,它也是预防治疗肥胖症的关键,它可以保证各种营养素的消化吸收,保证一日三餐的膳食平衡,保证能量及各种营养素的正常代谢。

①控制总能量摄入,平衡膳食营养:控制总能量摄入,最终达到总能量摄入与总能量消耗的平衡,是肥胖症治疗的关键。每天应摄入的总能量(kcal) = 理想体重(kg) × (20~25) (kcal/kg)。全天的能量分配:早餐30%、午餐40%、晚餐30%。

②适当的营养素分配比例:在控制总能量的前提下,应严格限制高脂、高糖的高能量食物的摄入,在一日的能量结构中,蛋白质应占10%~15%,脂肪应占20%~30%,碳水化合物应占55%~65%。

控制能量摄入必须在营养平衡的条件下进行,不能扩大对一切营养素的限制,尤其应保证维生素和无机盐的供给,注意合理的食物选择,以免低能量、低营养素膳食变为不利于健康的因素,采用营养不平衡膳食或低营养膳食是不可取的措施。此外应食用富含膳食纤维的食物,摄入量约为30g,相当于500~750g绿叶蔬菜和100g粗杂粮所含的膳食纤维。

蛋白质应该选用适量的低脂、优质蛋白质食物,如禽、兔、鱼、虾肉、禽蛋,低脂、脱脂、低乳糖、无蔗糖乳制品,大豆制品。

脂类:最大限度地减少烹饪用油,不吃或少吃油炸、油煎食品,能生吃的蔬菜则生吃。

蔬菜水果:采用新鲜,富含维生素、矿物质、纤维素的蔬菜品种,水果选用新鲜、低糖品种。

③三餐要合理:通常三餐中能量的分配比例是早餐占30%,午餐占40%,晚餐占30%,即3∶4∶3比例,对于肥胖者特别是中度肥胖者建议将其比例调整

为 4:4:2 或 4:5:1。晚餐完全可以采用半饥饿疗法，其能量摄入大体在 150～250kcal。

④建立良好的进食方式：细嚼慢咽，减慢进食速度。增加咀嚼次数能有效地减少摄食量。因为咀嚼能使食物与唾液充分混匀而使其体积增大，从而增加了饱腹感。另外，咀嚼运动本身也使饱腹感增加。每口食物应咀嚼 30 次，一餐需 20～30min，能有效限制进食量，达到控制总能量摄入的目的。

⑤戒烟酒，少吃或不吃甜食、零食。

⑥选择合适的烹调方式：应选择合适的烹调方式，如拌、炖、蒸煮、焖的方法。

（2）增加运动和体力活动，保持良好的心态　平时要增加运动和体力活动，以增加热量的消耗，并与节制饮食相配合，是防治肥胖的最好方法。可以经常参加慢跑、爬山、打拳等户外活动，既能增强体质，使体形健美，又能预防肥胖的发生。此外，良好的情绪能使体内各系统的生理功能保持正常运行，对预防肥胖能起到一定作用。

（二）糖尿病的膳食营养预防

1. 概念

糖尿病是一组遗传因素和环境因素等相互作用的代谢性疾病。特点是高血糖，伴随胰岛功能减退、胰岛素抵抗等而引发的糖、蛋白质、脂肪、水和电解质等一系列代谢紊乱综合征。典型病例可出现多尿、多饮、多食、消瘦等表现，即"三多一少"症状。

2. 分类

糖尿病临床通常分为Ⅰ型（胰岛素依赖型）糖尿病和Ⅱ型（非胰岛素依赖型）糖尿病两种。

（1）Ⅰ型糖尿病　Ⅰ型糖尿病是指胰岛素依赖型糖尿病（IDDM），约占糖尿病患者的 5%。可发生在任何年龄，发病年龄轻，有遗传倾向，常见于儿童和青少年，起病急，"三多一少"（多饮多尿多食消瘦）症状明显，血糖水平高，不少患者以酮症酸中毒为首发症状。单用口服药无效，需用胰岛素治疗维持生命。

（2）Ⅱ型糖尿病　Ⅱ型糖尿病是指非胰岛素依赖型糖尿病（NIDDM），约占糖尿病患者的 90%～95%。常见于中老年人，肥胖者发病率高，常可伴有高血压、血脂异常、动脉硬化等疾病。起病缓慢且不典型，早期无任何症状，或仅有轻度乏力、口渴，血糖增高不明显者需做糖耐量试验才能确诊。

（3）妊娠期糖尿病　妊娠期糖尿病（GDM）是指妊娠前糖代谢正常或有潜在糖耐量减退，妊娠期才出现或确诊的糖尿病。常发生于妊娠后期，约占妊娠女性的 2%～3%，近年有明显增高的趋势。GDM 患者糖代谢多数于产后能恢复正常，但将来患Ⅱ型糖尿病的机会增加。糖尿病孕妇的临床经过复杂，母子都有风险，应该给予重视。

(4) 其他型糖尿病　其他型糖尿病是指内分泌疾病、药物和化学制剂、感染及其他少见的遗传、免疫综合征所致的糖尿病。

3. 诊断标准

对糖尿病的诊断 WHO 制定了统一的标准，具体见表 5 – 3。

表 5 – 3　　　　　　　　　　糖尿病的诊断标准

项目	静脉血糖/（mmol/L）	
	空腹	餐后 2h
正常人	<6.1	<7.8
糖尿病人	≥7.0	≥11.1
糖耐量减退（IGT）	<7.0	7.8~11.1
空腹血糖调节受损（IFG）	6.1~7.0	<7.8

注：餐后 2h 口服葡萄糖 75g。

4. 发病原因

（1）遗传因素　与 I 型糖尿病一样，Ⅱ 型糖尿病也有较为明显的家族史。父母患糖尿病，其子女发病率是一般人群的 4~9 倍。我国人群属于 Ⅱ 型糖尿病，某些致病的基因已被确定，有些尚处于研究阶段。

（2）社会环境因素　生活压力大、节奏快等也成为糖尿病的危险因素。

（3）年龄因素　大多数 Ⅱ 型糖尿病于 30 岁以后发病。在半数新诊断的 Ⅱ 型糖尿病患者中，发病时年龄为 55 岁以上。

（4）膳食结构不合理　摄入高热量及结构不合理（高脂肪、高蛋白、低碳水化合物）膳食会导致肥胖、高血压、血脂异常，随着体重的增加及缺乏体育运动，胰岛素抵抗会进行性加重，进而导致胰岛素分泌缺陷和 Ⅱ 型糖尿病的发生。

5. 糖尿病与膳食营养的关系

（1）碳水化合物　人体能量的主要来源是碳水化合物。不同种类的碳水化合物对胰岛素分泌及糖代谢有不同的影响，餐后对血糖升高的速度和幅度也不同，一般采用血糖生成指数（GI）来衡量。低 GI 食物对血糖升高的应答反应小，有利于血糖浓度保持稳定。

（2）膳食纤维　膳食纤维是一种不能被人体消化吸收的碳水化合物。经研究证明，膳食纤维可有效控制餐后血糖上升幅度及改善葡萄糖耐量，并可控制脂类代谢紊乱，其中可溶性膳食纤维效果优于不溶性膳食纤维。

膳食纤维在蔬菜水果、粗粮杂粮、豆类及菌藻类食物中含量丰富。对于糖尿病患者来说，平时可以选择吃一些五谷杂粮和一些含糖量不是很高的水果（如柚子、柠檬、桃子等），这样营养均衡也能补充膳食纤维等营养物质。

(3) 脂类　高脂膳食与糖尿病的发病率高有关。大量流行病学研究证实，总脂肪及饱和脂肪酸的摄入量与患糖尿病的危险呈正相关，所以糖尿病患者需要减少对脂肪尤其是饱和脂肪酸的摄入。此外，有研究报道单不饱和脂肪酸与空腹胰岛素水平呈负相关，以单不饱和脂肪酸替代部分饱和脂肪酸有利于改善血糖和血脂的代谢。

(4) 蛋白质　在胚胎发育期，蛋白质参与组织器官的形成，低蛋白膳食将影响婴儿出生后组织器官的功能，增加了成年后发生Ⅱ型糖尿病的危险，表明蛋白质的缺乏与Ⅱ型糖尿病的发病存在着一定的相关性。

研究发现，胚胎期母体摄入的蛋白质不足，会出现胰岛发育不良，B细胞减少并可出现其功能减弱，甚至造成B细胞不可修复的损伤，增加成年后出现糖尿病的危险性。另一方面，由于糖尿病患者需要减少糖类和脂肪的摄入量，所以可能导致能量摄入不够，这时就需要补充优质蛋白质（蛋白质的优劣标准可用氨基酸价来显示，必需氨基酸呈理想平衡状态，氨基酸价则为100满分）。糖尿病患者饮食应注意适当增加优质蛋白质的比例，应至少占1/3（当然也不能摄入过剩）。蛋白质的摄入量可占总能量的20%~25%（蛋白质正常摄入量占总能量的10%~15%）。有的患者怕多吃蛋白质增加肾脏的负担，当肾功能正常时，糖尿病的膳食蛋白质应与正常人近似。

(5) 维生素和矿物质　研究表明维生素可促进新陈代谢，对糖和脂肪的代谢有着积极作用。与糖尿病相关的维生素有B族维生素、维生素C、维生素D和维生素E。

矿物质对糖尿病有一定影响，对胰岛素的合成、分泌、储存、活性以及能量底物代谢起着重要作用，而胰岛素分泌的绝对或相对不足也影响微量元素的体内平衡。影响胰岛素活性和糖代谢的微量元素主要有锌、铬、铁、硒、锰、铜、钠、硼等。各元素的主要作用见表5-4。

表5-4　　　　　　　　　与胰岛素活性相关的微量元素

元素	作用
锌（Zn）	参与胰岛素的合成，稳定胰岛素的结构，对糖代谢有直接作用
铬（Cr）	葡萄糖耐量因子的组成成分，增强胰岛素活性，预防和延缓糖尿病的发生
铁（Fe）	参与三羧酸循环，影响糖、脂肪和蛋白质代谢
硒（Se）	类胰岛素样作用，抗氧化
锰（Mn）	影响糖代谢
铜（Cu）	对胰岛素和血糖起平衡作用
钠（Na）	低钠有利于控制及预防并发症

6. 膳食营养预防

（1）控制能量的摄入量，防止肥胖　合理控制总能量摄入是糖尿病营养治疗的首要原则。体重是评价能量摄入量是否合适的基础指标，最好定期测量（每周一次），并根据体重的变化及时调整能量供给量。总能量应根据患者的标准体重、生理条件、劳动强度和工作性质等确定。

全天适宜能量计算公式：总能量＝标准能量供给×理想体重。不同劳动强度能量供给量参考标准见表3-1。

（2）合理分配、安排膳食中的三大供能营养素

①碳水化合物：碳水化合物应占总热能的55%~60%。糖尿病患者应摄入适量的碳水化合物，一般碳水化合物每日进食量可在250~300g，肥胖者应在150~200g，膳食纤维的摄入量不得少于30g，建议多以粗粮代替精细粮。此外，在计算碳水化合物的摄入量和在食物中的供能比例时，还应考虑食物的血糖指数，尽量选用血糖指数较低的食物。

②脂类：脂肪应占总热能的20%~25%，不宜高于30%。膳食脂肪摄入量应适当限制，尤其是饱和脂肪酸不宜过多，一般成人患者每日摄入脂肪量为45~55g。胆固醇摄入量每日低于300mg，同时患高脂血症者每日低于200mg。一般建议饱和脂肪酸、单不饱和脂肪酸和多不饱和脂肪酸之间的比例为1:1:1。植物油如豆油、花生油、菜籽油等含有的饱和脂肪酸较少，不饱和脂肪酸较多，而牛油、羊油、猪油、奶油等动物性脂肪则相反，所以生活中糖尿病患者不妨多使用植物油，而应该限制动物性脂肪和避免进富含胆固醇的食物，如动物脑和肝、肾、肠等动物内脏，还有如鱼籽、虾籽、蛋黄等。另外，豆浆相较于牛乳含有更多的不饱和脂肪酸，且几乎不含胆固醇，是糖尿病患者的良好选择。

③蛋白质：蛋白质应占总能量的15%，其中优质蛋白应至少占1/3，如瘦肉、鱼、乳、蛋、豆制品等。

（3）控制维生素和矿物质的摄入量　糖尿病患者因主食和水果摄入量的限制，较易发生维生素和矿物质的缺乏。因此，应供给足量维生素和矿物质，但应限制钠的摄入，以防止和减轻高血压、高血脂、动脉硬化和肾功能不全等并发症。增加富含维生素C、维生素E、维生素B_1、维生素A和钙的食物，必要时服用制剂。

（4）养成良好的饮食习惯

①饮酒要节制：糖尿病患者建议禁酒。有些患者一时难以戒酒，应避免空腹进酒，饮酒时伴随进食。若患者伴有胰腺炎、高血脂、神经疾病和肾病时绝对禁酒。

②三餐要合理：根据患者的饮食习惯分配餐次，至少一日三餐，定时、定量。一日三餐的分配以早餐占全日总能量的30%、午餐40%、晚餐30%较为适宜。在总能量范围内适当增加餐次有利于改善糖耐量，并可预防低血糖的

发生。

③选择合理的烹调方式：少吃油煎、炸、油酥及猪皮、鸡皮、鸭皮等含油脂高的食物。采用清蒸、水煮、凉拌、涮、烤、烧、炖、卤等方式。

④运动治疗：运动疗法能促进糖的氧化利用，增加胰岛素的敏感性，加速脂肪组织的分解，从而达到降低血糖的目的。患者在进行运动时，应在医生指导下进行科学、合理的锻炼，在选择运动方式及运动量时，以不感到疲劳为宜。进行运动时应避免空腹，以餐后 0.5~1h 开始运动为宜。患者应避开药物作用高峰期，运动方式以有氧运动（如走路、骑车、慢跑等）、医疗体操为主。运动每周 3~4 次，每次 30~40min 为宜。

(三) 心脑血管疾病的膳食营养预防

心脑血管疾病是心脏血管和脑血管严重危害人类健康的疾病。与膳食密切相关的心脑血管疾病主要有：高血压、动脉粥样硬化、高血脂、脑卒中等多种老年性疾病。当前该组疾病中以动脉粥样硬化和高血压对人类健康的危害最为严重。这些疾病可以在很大程度上通过膳食营养得到预防。

1. 高血压

血压是血液在血管内流动时冲击血管壁所引起的压力。当心脏收缩送出血液，血管所承受最大的压力，称为"收缩压"，俗称"高压"；当心脏放松时，血液因血管本身具有的弹性仍可继续向前流动，此时血管所承受最低的压力，称为"舒张压"，俗称"低压"。

（1）概念　高血压是人体收缩压和舒张压升高而导致的对健康发生影响或发生疾病的一种症状。高血压不仅仅单指血压的升高，还指由其引起的人体心、脑、肾脏等重要器官的损害。

（2）分类　高血压可以分为两大类，即原发性高血压与继发性高血压。

①原发性高血压：是一种以血压升高为主要临床表现而病因尚未明确的独立疾病。人们通常讲的高血压病是指原发性高血压。原发性高血压虽然找不到特定原因，但仍有许多因素可能与其有关，如遗传、体重过重、高脂血症、摄食过多钠盐、饮酒过度、抽烟、压力、运动量不足等。

②继发性高血压：又称为症状性高血压，在这类疾病中病因明确，高血压仅是该种疾病的临床表现之一，血压可暂时性或持久性升高。继发性高血压的患者较少。

（3）诊断标准　当收缩压大于等于 140mmHg（1mmHg = 133.322Pa）和（或）舒张压大于等于 90mmHg，即可诊断为高血压。根据中国防治指南修订委员会的分类标准（2004），我国成年人血压分级、标准及其随访建议见表 5-5。

表 5-5　　　　　　　　　　成年人血压分级、标准及其随访建议

血压分级	收缩压/mmHg	舒张压/mmHg	社区随访建议
理想血压	<120	<80	
正常高值	120~139	80~89	
高血压	≥140	≥90	1~2月接受复查、接受指导
轻度高血压	140~159	90~99	1~2月内复查、接受指导
中度高血压	160~179	100~109	1月内多次复查、接受治疗
重度高血压	≥180	≥110	立即修正治疗方案、密切观察
单纯收缩高血压	≥140	<90	1~2月接受复查、接受指导

(4) 高血压与膳食营养的关系

①能量：能量过剩会导致肥胖或超重。大量研究证明，肥胖或超重是血压升高的重要危险因素。随着 BMI 值的增加，血压水平也相应增加；当体重增加标准体重的 10%，血压会升高 6.6mmHg。

②碳水化合物：不同的碳水化合物对血压的影响尚无定论，但是经过动物实验证明，单糖（如葡萄糖和果糖）和双糖（蔗糖）可升高血压；而膳食纤维有间接辅助降压的作用。

③脂类

a. 总脂肪与饱和脂肪酸：总脂肪与饱和脂肪酸摄入量和血压呈正相关。膳食中总脂肪摄入过多，会引起肥胖和超重，导致高血压发生。此外，饱和脂肪酸摄入量与血压呈现正相关。经过研究证明，将总脂肪酸摄入量从总能量的 38%~40% 降至 20%~25%，将多不饱和脂肪酸与饱和脂肪酸的比值从 0.2 增加到 1.0，能降低血压。

b. 多不饱和脂肪酸：$n-3$ 和 $n-6$ 的多不饱和脂肪酸有调节血压的作用。

c. 单不饱和脂肪酸：单不饱和脂肪酸（MUFA）高的膳食可降低血压。

d. 胆固醇：膳食胆固醇与血压有显著的正相关。

④蛋白质：膳食蛋白质可以影响血压的根本机制尚不清楚。但部分资料报道了某些氨基酸与血压的关系，如牛磺酸、色氨酸和酪氨酸。

⑤矿物质：膳食中的钠、钾、钙、镁等矿物质对人体血压有一定影响，各类矿物质对血压的影响见表 5-6。

⑥维生素：B 族维生素和维生素 C 能改善脂质代谢，防止血管受损，有一定的降压作用。

⑦酒类：过量饮酒与血压升高和较高的高血压流行程度相关联。

表5-6　　　　　　　　　　各类矿物质对血压的影响

矿物质	对血压的影响
钠	钠的摄入量与高血压患病率呈现正相关
钾	钾能缓冲钠的升高对血管的伤害，具有一定的降压作用
钙	高钙膳食有利于降低血压
镁	含镁高的膳食可降低血压

（5）膳食营养预防

①限制能量，控制体重：高血压患者应节制饮食，避免进餐过饱，减少甜食，控制体重在正常范围。俗话说，饮食常留三分饥，老年高血压患者，应根据本人工作和生活情况按标准算出应摄入的热能，再减少15%~20%。

②改善膳食结构

a. 降低摄盐量：每日的摄盐量应限制在4g左右，除了食盐外，还要考虑其他钠的来源，如盐腌食品及其食物本身所含的钠盐。

b. 增加膳食中钾、钙、镁的摄入量：高钾的食物对高血压都有较好的防治作用。高钙饮食是控制高血压的有效措施之一。钙有"除钠"作用，可使血压保持稳定。此外，高血压患者应多摄入含镁的食物，如新鲜的果蔬、豆类、乳类和根茎类食物。

c. 限制饱和脂肪酸和胆固醇的摄入：脂肪的摄入量占总能量的25%以下，其中饱和脂肪酸:单不饱和脂肪酸:多不饱和脂肪酸=1:1:1。此外，胆固醇的摄入量不得超过300mg。餐饮中的食用油宜选择植物油，如豆油、菜籽油、玉米油等。这些植物油对预防高血压及脑血管的硬化及破裂有一定好处。

d. 足量的维生素：多吃新鲜蔬菜水果，以补充各种维生素。每天食用不得少于500g蔬菜和200g水果。

③限制饮酒：高血压患者平时要严格控制饮酒，其饮酒量每日必须限制在50mL以内，切忌一次饮完，并绝对禁止酗酒。

④增加体力活动。

2. 冠心病

（1）概念　冠心病是冠状动脉性心脏病的简称，是指冠状动脉血管发生动脉粥样硬化病变而引起冠状动脉血流减慢、血管腔狭窄或阻塞，造成心肌缺血、缺氧或坏死而导致的心脏病，亦称为缺血性心脏病。冠心病由于发病率高，死亡率高，严重危害着人类的身体健康，从而被称作是"人类的第一杀手"。

（2）分类　世界卫生组织将冠心病分为5大类：无症状心肌缺血（隐匿性冠心病）、心绞痛、心肌梗死、缺血性心力衰竭（缺血性心脏病）和猝死。临床中常分为稳定性冠心病和急性冠状动脉综合征。

①心肌缺血：因为冠状动脉粥样硬化斑块很小，没有堵塞血管，所以患者无临床症状。但是，斑块会突然破裂，会在局部形成血小板、红细胞组成的很大血栓，同时冠状动脉痉挛缩窄，出现严重缺血。

②心绞痛：是冠状动脉供血不足、心肌急剧的暂时缺血与缺氧所引起的临床综合征。临床症状表现为胸骨后的压榨感、闷胀感，伴随明显的焦虑，持续3～5min，常发散到左侧臂部、肩部、下颌、咽喉部、背部，也可放射到右臂。根据发作的频率和严重程度分为稳定型和不稳定型心绞痛。稳定型心绞痛指的是发作一月以上的劳力性心绞痛（用力、情绪激动、受寒、饱餐等增加心肌耗氧情况下发作的称为劳力性心绞痛），其发作部位、频率、严重程度、持续时间、诱使发作的劳力大小、能缓解疼痛的硝酸甘油用量基本稳定。不稳定型心绞痛指的是原来的稳定型心绞痛发作频率、持续时间、严重程度增加，或者新发作的劳力性心绞痛（发生1个月以内），或静息时发作的心绞痛。

③心肌梗死：心肌梗死病情危重，为冠状动脉阻塞、心肌急性缺血性坏死所引起。梗死时表现为持续性剧烈压迫感、闷塞感，甚至刀割样疼痛，位于胸骨后，常波及整个前胸，以左侧为重。同时伴有低热，烦躁不安，多汗和冷汗，恶心、呕吐、心悸、头晕、极度乏力、呼吸困难、濒死感，持续30min以上，常达数小时。

④缺血性心力衰竭：部分患者原有心绞痛发作，以后由于病变广泛，心肌广泛纤维化，心绞痛逐渐减少到消失，却出现心力衰竭的表现，如气紧、水肿、乏力等，还有各种心律失常，表现为心悸。

⑤猝死：指由于冠心病引起的不可预测的突然死亡，在急性症状出现以后6h内发生心脏骤停所致。主要是由于缺血造成心肌细胞的生理活动异常，而发生严重的心律失常导致。

（3）发病原因　冠心病是一个多因致病的疾患，影响冠心病发病的因素主要包括：年龄与性别、高脂血症、高血压、吸烟、糖尿病、肥胖症、久坐生活方式以及遗传、饮酒、环境因素等。除遗传外，以上危险因素可以通过膳食因素、环境因素来控制和改善。

①遗传因素：研究已经证实，冠心病的发生似有家族性，即在家庭成员或有血缘关系的亲戚中，若有在60岁以前发生了心肌梗死，则家庭成员就有易患心脏病的倾向。

②年龄与性别：冠心病多见于40岁以上的中老年人，49岁以后进展较快，心肌梗死与冠心病的猝死发病与年龄成正比。女性绝经期前发病率低于男性；绝经期后与男性相等，甚至大于男性。老年人心脏病发作的可能性较高。

③高脂血症：除年龄外，脂质代谢紊乱是冠心病最重要的预测因素。总胆固醇（TC）和低密度脂蛋白胆固醇（LDLC）水平和冠心病事件的危险性之间存在着密切的关系。LDLC水平每升高1%，则患冠心病的危险性增加2%～3%；

甘油三酯（TG）是冠心病的独立预测因子，往往伴有低高密度脂蛋白胆固醇（HDLC）和糖耐量异常，后两者也是冠心病的危险因素。

④高血压：高血压与冠状动脉粥样硬化的形成和发展关系密切。冠心病发病率随着血压的升高而升高。

⑤肥胖症：超重和肥胖是引起冠心病的首要危险因素，可增加冠心病的死亡率。

⑥糖尿病：冠心病是未成年糖尿病患者首要的死因。

⑦吸烟：吸烟对机体有许多副作用，这些副作用是由于烟雾中所含的烟碱、尼古丁、一氧化碳而引起的。吸烟是冠心病的重要危险因素，是唯一最可避免的死亡原因。冠心病与吸烟之间存在着明显的用量－反应关系。

⑧久坐生活方式：不爱运动的人冠心病的发生和死亡危险性将翻一倍。

（4）冠心病与膳食营养的关系

①脂类：

a. 脂肪的含量：膳食中脂肪的质与量对血脂水平影响很大，膳食中脂肪摄入总量与冠心病发病率和病死率呈明显正相关。膳食中脂肪总量是影响血中胆固醇浓度的主要因素。

b. 脂肪的质量：膳食中脂肪的质量对冠心病发病率的影响更加重要。必需脂肪酸（如亚油酸）可降低血清胆固醇浓度和抑制血凝，防止动脉粥样硬化形成。

c. 脂肪酸的比例：膳食中应增加多不饱和脂肪酸，即亚油酸、亚麻酸和花生四烯酸的含量，同时减少饱和脂肪酸的供给，血清总胆固醇会有中等程度下降，并降低血液的凝固性。但多不饱和脂肪酸（P）与饱和脂肪酸（S）之比，即 P/S 值更为重要；当前推荐 P/S 值范围是从 $1:1 \sim 2:1$。

d. 胆固醇：膳食中的胆固醇摄入与冠心病发病率呈正相关，膳食胆固醇过高可引起高胆固醇血症和动脉粥样硬化。

②碳水化合物：高碳水化合物膳食，特别是摄入过多的单糖和蔗糖，可引起血清甘油三酯增高；膳食纤维对血脂具有调节作用，可降低血清胆固醇和低密度脂蛋白胆固醇；低聚糖能促进调节血脂和脂蛋白。

③蛋白质：供给动物蛋白质越多，动脉粥样硬化形成所需要的时间越短，且病变越严重。动物蛋白升高血清胆固醇的作用比植物蛋白质明显。植物蛋白，尤其是大豆蛋白有降低血清胆固醇和预防动脉粥样硬化的作用，用大豆蛋白替代动物蛋白，可使血清胆固醇下降19%左右。

④水：冠心病患者日常需要注意避免过量饮水。

⑤维生素：有利于维护心血管的正常功能和结构的维生素包括：维生素 C、维生素 B_1、烟酸、维生素 B_6 和维生素 E。

⑥矿物质：矿物质及微量元素对高脂血症及冠心病的发生有一定影响。钙、

镁、铜、铁、铬、钾、碘、氟等可防治心血管疾病，缺乏时可使心脏功能和心肌代谢异常。

(5) 膳食营养预防

①控制总能量的摄入：总能量限制在标准量以内，使体重维持在标准水平，防止超重和肥胖。三大供能营养素的比例应控制在：碳水化合物为60%~65%，蛋白质为12%~15%，脂类为20%~25%。

②合理安排膳食中的三大供能营养素：脂类：控制膳食中总脂肪的摄入，摄入量不得超过30%，其中脂肪酸的比例，饱和脂肪酸：单不饱和脂肪酸：多不饱和脂肪酸=1:1:1。此外，应限制胆固醇的摄入，胆固醇的摄入量不应超过300mg/d。

碳水化合物：食用复合碳水化合物，少吃或不吃蔗糖或葡萄糖等简单的碳水化合物。膳食纤维摄入量为25~30g/d。

蛋白质：动植物蛋白摄入比例应适宜，在每日膳食中，植物蛋白应占2/3，动物蛋白应占1/3。这样，既可增强机体抵抗力，又可发挥积极的抗血脂和降低胆固醇的作用。

③低盐：食盐与高血压有密切关系，而高血压是冠心病的致病因素，所以，冠心病人每日用盐4~5g为宜。

④增加蔬菜水果的摄入量，供给充足的维生素和矿物质：增加蔬菜水果的摄入量，补充维生素；注意微量元素的摄入，碘、锌、锰、铜、铬、硒、镁都有利于脂质代谢，并有降低胆固醇和保护心肌的作用，海带、大白菜、木耳、蘑菇、茄子、果仁等都含以上几种微量元素。

⑤养成良好的生活习惯：

a. 严禁暴饮暴食，应少食多餐、细嚼慢咽，防止心脏负担。

b. 应戒烟，防止心绞痛的发生；同时注意少饮酒，特被禁止空腹饮酒。

c. 保持良好的心态，防止情绪波动。

(四) 肿瘤的膳食营养预防

1. 概念

肿瘤（tumor）是机体在各种致癌因素作用下，导致其基因水平的突变和功能调控异常，从而促使细胞持续过度增殖并导致发生转化而形成的新生物。肿瘤是基因疾病，其生物学基础是基因的异常。它与正常的组织和细胞不同，不能按正常细胞的新陈代谢规律生长，而变得不受约束和控制，不会正常死亡，导致了细胞呈现异常的形态、功能和代谢，以至于破坏了正常组织器官的结构并影响其功能。

2. 分类

肿瘤按生长特性可分为良性肿瘤和恶性肿瘤。

(1) 良性肿瘤（benign tumor） 良性肿瘤是生长能力有一定限度的肿瘤，

通常有包膜或边界清楚，细胞呈局部膨胀性生长，生长速度缓慢，细胞分化成熟；一般不侵袭、破坏临近组织，也不向远处转移，对机体危害较小。

(2) 恶性肿瘤（malignant tumor） 恶性肿瘤通常无包膜，边界不清，并有向周围组织浸润的侵袭性和迁徙到远处组织生长的转移性，且瘤细胞分化不成熟，有不同程度的异型性，对机体危害大，如未经有效治疗，通常可妨碍重要器官的功能或因其无限制地生长，造成机体衰竭，而致患者死亡。

(3) 良性肿瘤与恶性肿瘤的区别 良性肿瘤和恶性肿瘤在生物学特点上是明显不同的。可以从组织生长方式、生长速度、边界、包膜、继发改变、转移和复发几方面加以区别。具体见表5-7。

表5-7　　　　　　　　　良性肿瘤与恶性肿瘤的区别

生物特性	良性肿瘤	恶性肿瘤
生长方式	膨胀性或外生性	侵袭性
生长速度	缓慢	迅速
边界、包膜	清楚，有包膜	不清楚，无包膜
侵袭性	无，少数局部浸润	侵袭、蔓延
转移	不转移	转移
复发	完整切除不复发	易复发

3. 肿瘤与膳食营养的关系

(1) 能量　能量过剩会导超重和肥胖，比体重正常人易患癌症，死亡率也高。

(2) 脂类　流行病学调查研究表明，高脂膳食与女性的乳腺癌和男性的前列腺癌关系最密切，此外与结肠癌、直肠癌、睾丸癌、卵巢癌也有关。高胆固醇膳食与肺癌和胰腺癌有关。

(3) 蛋白质　流行病学调查和动物实验结果表明，饮食中蛋白质含量较低或过高，可促进肿瘤的发生。如实验证明给大鼠饲以高色氨酸饲料时，可抑制膀胱癌的发生。

(4) 碳水化合物　高碳水化合物膳食是胃癌的重要病因。某些动物试验证明，高糖类或高血糖浓度有抑制化学致癌物对动物致癌的作用。此外，提高食物纤维的摄入量可降低结肠癌和直肠癌的发病率。

(5) 维生素　研究结果大多表明维生素中的维生素A或β-胡萝卜素、维生素C、叶酸、维生素B_{12}、视黄醇和维生素E具有降低一些部位肿瘤危险性的作用。维生素A或β-胡萝卜素能抑制肺癌、胃癌、食管癌、膀胱癌、结肠癌及喉癌等的发生；维生素C在体内外均能阻断N-亚硝基化合物合成，从而可预防食道癌、喉癌和宫颈癌等发生；维生素E也能阻断N-亚硝基化合物合成，故也可预防肺癌、结肠癌和直肠癌等发生。

(6) 矿物质 硒（Se）是防止癌症潜力很大的元素，高硒摄取可使许多化学致癌物诱发的肝癌、皮肤癌和淋巴肉瘤受到抑制。硒缺乏易导致结肠癌、直肠癌、胰腺癌、乳腺癌、卵巢癌、前列腺癌、胆囊癌等。锌缺乏可能与食管癌有关（患者血锌低）。低碘膳食会促发与激素有关的癌，如乳腺癌、子宫内膜癌、卵巢癌等。

4. 食物中的抗肿瘤非营养成分和加工中的致癌成分

（1）食物中的抗肿瘤非营养成分　食物中的抗肿瘤非营养成分见表5-8。

表5-8　食物中的抗肿瘤非营养成分

非营养成分	主要存在的食品	非营养成分	主要存在的食品
类黄酮	蔬菜、水果、坚果、大豆	有机硫化物	葱蒜类食物
多酚类	蔬菜、水果	茶多酚	茶叶
皂苷类	大豆		

（2）食物加工中的致癌成分　食物加工中的致癌成分见表5-9。

表5-9　食物加工中的致癌成分

致癌成分	癌症种类	存在的食品
糖精	膀胱癌	食品中的甜味剂，主要存在于休闲食品中
聚氯乙烯	胃、中枢神经系统和腺体癌	包装材料
黄曲霉毒素	食道、肝脏癌症	霉变的谷类、花生、玉米和牛乳中
亚硝胺	消化道癌症	储存过久和腐烂的蔬菜、腌制食品中
丁烷基茴香醚	消化道癌症	油脂和饼干加工使用的保护剂
多环芳烃	多部位的癌症	熏烤食品中

5. 膳食营养预防

（1）能量平衡，保持适宜体重　保持能量平衡，保持适宜体重，避免体重过低或超重。成人期平均体质指数（BMI）在21~23，个体的体质指数应保持在18.5~25。

（2）控制脂肪的摄入　控制脂肪摄入量，不超过总能量的25%，合理选用植物油，尽量不食用动物油。

（3）合理选择蛋白质类食物　蛋白质摄入量占膳食总能量的15%。限制畜肉（红肉，即牛肉、羊肉、猪肉及其制品）的摄入的量，应少于80g；经常适量食用鱼虾和禽类。

（4）减少精致谷类，增加杂粮摄入　减少摄入精制谷类和糖类食物，使其能量在总摄入量的10%以下，增加粗加工米、面及杂粮的摄入量。碳水化合物占摄入总能量的适宜比例为45%~60%。

(5) 增加蔬菜和水 多吃蔬菜水果,每天摄入量不少于500g,它们提供的能量占一天总能量的7%~14%。

(6) 减少食盐的用量 每天用盐不超过6g。

(7) 限制饮酒量 建议不要饮酒,尤其是反对过度饮酒,孕妇、儿童、青少年不应饮酒。如要饮酒,尽量减少用量。男性每天饮酒不要超过一天总摄入能量的5%(即啤酒400mL、果酒200mL,或烈性白酒50mL),女性不要超过2.5%(即啤酒200mL、果酒100mL,或烈性白酒25mL)。

(8) 合理烹调食物和合理储藏食物 合理烹调食物,加工烹调鱼、肉的温度不要太高,不吃烧焦的食物,避免肉质烧焦,尽量少吃烤肉、熏烤食物、腌腊食物。合理储藏食物,注意易腐烂和易受到霉菌污染的食物,不吃有霉变的食物,未吃完的易腐食物应保存在冰箱或冷柜里,不宜吃含亚硝胺的食物。

(9) 坚持体育运动 终身坚持体力活动,如果工作时体力活动较少,每天应额外进行1h,或进行相类似的活动量。每周还应适当安排较剧烈的活动至少1h。

(五) 痛风的膳食营养预防

1. 概念

痛风是与遗传有关的嘌呤代谢异常使尿酸合成增加而引起组织损伤的代谢性疾病。临床主要表现为:高尿酸血症、急慢性痛风性关节炎、痛风石、肾尿酸结石、痛风性肾实质病变等。痛风在男性中较为多见,急性痛风发作时表现为受累关节严重疼痛、肿胀、红斑、僵硬、发热,且症状发生突然。

2. 发病的原因

痛风分为原发性和继发性两大类。原发性痛风少数由遗传导致,大部分病因未明,并常伴有肥胖、高血压、高脂血症、冠心病、动脉硬化、糖尿病等;继发性主要因肾脏疾病、血液病等疾病或药物、高嘌呤膳食、酗酒、激烈运动、体重减轻过快等引起。

3. 痛风与膳食营养的关系

(1) 能量摄入过多,嘌呤代谢加速导致血尿酸浓度升高。

(2) 碳水化合物为痛风病人的主要能量来源,能量不足可导致脂肪分解,产生酮体等酸性代谢产物,抑制尿酸排泄,诱发痛风发作。

(3) 高脂肪膳食可减少尿酸排泄,升高血尿酸。

(4) 蛋白质的摄入应以植物蛋白为主,有肾脏病变者应采用低蛋白饮食。动物蛋白可选用不含核蛋白的牛乳、乳酪、脱脂乳粉、蛋类的蛋白部分。

(5) 钠盐有促使尿酸沉淀的作用;钾可促进肾脏排出尿酸,减少尿酸盐沉积。

(6) 高嘌呤膳食可增加外源性嘌呤,升高血尿酸。

(7) 饮酒可抑制肾脏排泄尿酸。

(8) 饮水不足不利于尿酸排泄。

(9) 药物，如利尿剂、小剂量水杨酸、滥用泻药等会造成尿酸在肾脏沉积。

4. 膳食营养预防

(1) 控制能量和体重　肥胖是痛风病的危险因素之一，而肥胖的主要原因是能量摄入过多，因此，控制能量的摄入，保持理想的体重是预防痛风发生的重要措施之一。总能量一般按照 20~25kcal/（kg·d）。限制能量摄入应循序渐进，以免体内脂肪分解过度，引起或加重痛风症的急性发作。

(2) 多吃蔬菜水果　蔬菜水果多属于碱性食物，可以增加体内碱的储存量，使体液 pH 升高；防止尿酸结晶形成并促使其溶解，增加尿酸的排出量，防止形成结石并使已形成的结石溶解。新鲜蔬菜和水果的摄入与高尿酸血症呈现负相关，是高尿酸血症的保护因素。常见的果蔬有鲜果汁、马铃薯、甘薯、海藻、紫菜、海带等。

(3) 合理膳食结构　在总能量限制的前提下，蛋白质的供热比为 10%~15%；脂肪供热比为小于 25%，总量 50g/d（包括食物中的脂肪及烹调油用量），其中饱和脂肪酸：单不饱和脂肪酸：多不饱和脂肪酸约为 1:1:1。碳水化合物供热比为 55%~65%。

(4) 补充充足的水分　每日饮水应在 2000mL 以上（约 8~10 杯），有利于尿酸排泄，防止尿酸在肾脏沉积。

(5) 禁用刺激性食物　禁止使用刺激性食物，如酒和刺激性调味品等。刺激性食物对尿酸的排泄有抑制作用，易引发痛风。

(6) 养成良好的饮食习惯　养成良好的饮食习惯，进餐定时定量、少食多餐，避免暴饮暴食。

(7) 选择低嘌呤食物　由于嘌呤是合成尿酸的原料，痛风病人应长期控制嘌呤的摄入，禁用含嘌呤高的食物，如沙丁鱼、动物内脏、浓肉汤等。一般人群膳食摄入嘌呤为 600~1000mg/d；在痛风急性期，嘌呤摄入量应控制在 150mg/d 以内。各类食物嘌呤的含量见表 5-10。

表 5-10　　各类食物嘌呤的含量

嘌呤的含量	食物的种类
嘌呤含量很少或不含嘌呤（<25mg/100g）	①谷类：精白米、富强粉、玉米、精白面包、馒头、面条、通心粉、苏打饼干； ②蔬菜类：卷心菜、胡萝卜、芹菜、黄瓜、茄子、苣荬菜球、甘蓝、莴苣、刀豆、南瓜、倭瓜、西葫芦、番茄、萝卜、厚皮菜、芜青甘蓝、山芋、土豆、泡菜、咸菜、甘蓝菜、龙眼、卷心菜； ③蛋类、乳类：各种鲜乳、炼乳、乳酪、酸奶、麦乳精； ④各种水果及干果类、糖及糖果；各种饮料，包括茶、巧克力、咖啡、可可等； ⑤各类油脂*，其他如花生酱*、洋菜冻、果酱等

续表

嘌呤的含量	食物的种类
嘌呤含量较少 （25~75mg/100g）	芦笋、菜花、四季豆、青豆、豌豆、菜豆、菠菜、蘑菇、麦片、青鱼、鲱鱼、鲑鱼、金枪鱼、龙虾蟹、牡蛎、鸡、火腿、羊肉、牛肉汤、麦麸、面包等
嘌呤含量较高 （75~150mg/100g）	扁豆、鲤鱼、鳕鱼、大比目鱼、鲈鱼、梭鱼、鲭鱼、贝壳类水产、熏火腿、猪肉、牛肉、牛舌、小牛肉、鸡汤、鸭、鹅、鸽子、鹌鹑、野鸡、兔肉、羊肉、鹿肉、肉汤、肝、火鸡、鳗及鳝鱼
嘌呤含量高 （150~1000mg/100g）	胰脏、凤尾鱼、沙丁鱼、牛肝、牛肾、脑、肉汁

注：*脂肪含量高的食品，应控制食用。

（六）骨质疏松的膳食营养预防

1. 概念

骨质疏松是一种以骨量低下，骨微结构破坏，导致骨脆性增加和骨折危险度升高的一种全身骨代谢障碍性疾病。女性发病率高于男性，常见于绝经后妇女和老年人，发病与年龄有很密切的关系，已成为目前危害这一人群的主要健康问题。

2. 临床主要表现

（1）腰腿酸痛　中老年人常出现小腿抽筋、全身乏力、疼痛，疼痛时轻时重，劳累后疼痛明显加重。

（2）身高降低　老年人患骨质疏松症后易产生"驼背"，身体不能直立，身高相对降低。

（3）易发骨折　骨质疏松患者如摔倒、扭伤，甚至起床时不慎都可造成骨折，严重者可发生自发性骨折。

3. 发病原因

造成骨质疏松的主要原因是钙的摄入量普遍偏低，此外，膳食中存在着妨碍钙吸收和利用的多种因素，如磷、钙比例不当，植酸、草酸等干扰钙吸收的物质摄入量过多。

4. 骨质疏松与膳食营养的关系

均衡合理的营养是人体正常发育的基础。骨质疏松与膳食营养的发病密切相关。和骨质疏松相关的营养素主要有钙、磷、镁、维生素、微量元素等，具体见表5-11。

表 5-11　　　　　　　　　　骨骼与营养素的关系

因素	营养素	与骨骼关系
有利因素	钙	骨骼是钙的主要储存场所，体内 90% 的钙分布在骨骼内
	磷	促进骨基质的合成和骨矿沉积，钙磷比例适宜是维持骨骼坚固的必备条件
	镁	对骨的生长是必需的，它能影响骨的代谢
	锌	参与形成和骨重建
	维生素 D	重要骨代谢调节激素之一，可调节骨钙的内环境稳定
	维生素 K	参与合成骨基质蛋白质，减少尿钠排出
	维生素 A	参与合成骨基质蛋白质，保证骨正常生长和重建
	维生素 C	促进钙吸收
不利因素	钠	高盐膳食增加尿钠排出，影响骨骼正常代谢
	膳食纤维	过多摄入可增加钙丢失

5. 膳食营养预防

（1）合理膳食营养，保持膳食平衡　全面均衡的营养素供应，对于机体的各种功能有保护作用。此外，骨骼的健全不仅需要钙、适量的蛋白质，还需要维生素和无机盐，如维生素 D、维生素 A、维生素 C，以及镁、锌、磷等。

（2）适量蛋白质　蛋白质供给不得过高或不足，一般应占总能量的 15%，成人每天摄入 1.0~1.2g/kg 体重的蛋白质比较合适。动物性蛋白质与植物性蛋白质合理搭配，动物蛋白不宜摄入过多，因为高动物蛋白质饮食很容易引起钙缺乏症。

（3）加强钙营养，科学补钙　按年龄阶段摄入充足的钙，多选择富含钙的食物，满足钙的摄入量，每天至少饮用 250mL 牛乳。适宜摄入量按中国营养学会推荐量。高磷膳食可刺激甲状旁腺激素分泌，有促进骨质丢失的可能，故要注意饮食中钙、磷的比例，以钙与磷比例为 1:1.5 较为适宜。应注意避免食物成分的相互作用和影响，如植物中的植酸盐和草酸盐会与钙结合成不溶性的植酸钙和草酸钙，降低钙的生物利用度。当膳食中的钙含量不能满足人体需要时，可在医师指导下选用钙制剂。

（4）适当补充维生素　由于维生素 D 可促进机体钙的吸收，故应加强户外活动，多晒太阳，必要时服用维生素 D 制剂或选用维生素 D 的强化食品。维生素 A 和维生素 C 参与骨质中胶原蛋白的多糖的合成，也利于骨钙化。乳类、蛋类、鱼卵和动物肝脏富含维生素 A，新鲜的蔬菜和水果富含维生素 C；深色的蔬菜水果和薯类富含胡萝卜素，可以在人体内转化成维生素 A。因此应适当补充多种维生素和矿物质，以达到均衡的营养，有助于防止骨质疏松。

（5）养成良好的饮食习惯

①食物多样化：不挑食偏食，可搭配食用粗粮、坚果类的食物，补充微量元素。

②低盐饮食：每天食盐摄入量不超过6g，含钠多的食物，如食盐、酱油、面酱、味精、腌制食品、火腿、腐乳、挂面等宜少食或限量食用。

（6）合理烹调　采用合理的烹调方法。如谷类中的植酸、蔬菜中的草酸、过高的膳食纤维等都能影响钙及其他微量元素的吸收，因此，谷类用发酵的方法，可减少植酸含量；菠菜含草酸较高，可以先在沸水中烫一下，除去部分草酸等。

（7）纠正不良生活习惯　嗜烟、酗酒和咖啡因摄入过多是诱发骨质疏松症的危险因素。

①咖啡与茶：过量摄取咖啡和茶可导致骨质疏松症，因为咖啡和茶都有利尿作用，使钙的排泄明显增加，其髋部骨折的发病率也增加。另外，含磷的可乐饮料也属此类，应尽量避免过量摄取。

②饮酒：研究发现过量饮酒在男性可明显地引起骨质疏松症。这可能是因为乙醇抑制骨形成，同时过量乙醇抑制了肠道对蛋白的摄入，使雄性激素的分泌减少，而男性雄性激素水平低下可以引起骨质疏松。

③吸烟：吸烟可以引起骨质疏松症。吸烟主要会影响到骨骼的外层也就是皮质骨的密度，而受影响最大的就是髋骨，吸烟者的髋骨密度普遍比不吸烟者低5%以上。需要强调的是，女性吸二手烟同样易患骨质疏松。

④过量食用巧克力：出现这种原因可能是因为巧克力含有草酸酯和糖。草酸酯会减少钙的吸纳量，糖则与钙的代谢有关，而钙又会对维持健康的骨质起到重要作用。

（8）加强体育锻炼　体育锻炼可以促进骨质代谢。

能力要求：健康生活方式测定和评估

一、工作准备

（1）调查问卷见表5-12。可以根据目的，或简或繁，以时间不长且能达到目的为宜。

（2）仔细阅读调查问卷，熟悉调查问卷的内容及注意事项。

表 5-12　　健康生活方式调查表（综合问卷）

姓名：_____　　性别：□男　□女　　年龄：_____岁
身高：_____m　　体重：_____kg　　职业：_____
填表日期：_____年_____月_____日
对于每一个问题，请选择最符合你的情况的答案，并在表中相应的"□"内打"√"。

	经常	有时	从不
一、营养状况			
1. 食物多样化，包括500g或更多的蔬菜和水果	□	□	□
2. 有规律地摄入三餐，避免漏餐	□	□	□
3. 限制食物中的脂肪量	□	□	□
4. 减少盐和糖的用量	□	□	□
5. 根据食物营养金字塔结构的科学要求选择食物	□	□	□
6. 注重饮食健康	□	□	□
7. 选择饭菜的原则是营养均衡	□	□	□
得分：			
二、身体运动			
1. 每周中几乎每天都进行累加约30min的中度身体运动，如快步走、爬楼梯和家务劳动。	□	□	□
2. 至少2次/周肌肉力量和耐力运动	□	□	□
3. 参加个人、家庭或集体活动，如散步、打羽毛球、乒乓球等	□	□	□
4. 保持健康的体重	□	□	□
得分：			
三、避免破坏健康行为			
1. 不吸烟或使用其他烟草产品	□	□	□
2. 吸烟支数1~5支/d	□	□	□
3. 吸入吸烟者呼出的烟雾超过15min/d	□	□	□
4. 每天喝酒不超过1~2次，或者不喝酒	□	□	□
5. 不酗酒	□	□	□
6. 吃药的时候很注意避免酒精	□	□	□
7. 不滥用药品（处方药或毒品），保守地用药，并且只根据说明使用	□	□	□
得分：			
四、个人健康习惯			
1. 每天刷2次牙，用牙线刮一次牙，吃完食物漱口	□	□	□
2. 每天有足够的睡眠（8h）	□	□	□
得分：			

续表

	经常	有时	从不
五、控制压力			
1. 有工作，有自己喜欢做的其他工作	☐	☐	☐
2. 能够发现和确认日常生活中造成压力的情况	☐	☐	☐
3. 每天抽出时间放松和缓解日常的紧张情绪和压力	☐	☐	☐
4. 很容易自由地表达感情	☐	☐	☐
5. 能够找出与家人、朋友共处和做自己喜欢做的事情的时间	☐	☐	☐
6. 有可以探讨私人问题的好朋友，能在需要的时候得到帮助	☐	☐	☐
7. 能系统地进行减轻压力和紧张的练习	☐	☐	☐

得分：

	经常	有时	从不
六、自我安全保护习惯			
1. 在驾车时使用安全带并且不超速，遵守交通规则	☐	☐	☐
2. 酒后不驾车	☐	☐	☐
3. 不在床上抽烟	☐	☐	☐

得分：

	经常	有时	从不
七、疾病的预防			
1. 定期进行自我体检和医务监督，在症状出现时征求医生的建议	☐	☐	☐
2. 在获得医生的建议后认真执行和按医生处方用药	☐	☐	☐
3. 知道慢性营养性疾病出现的危险信号	☐	☐	☐
4. 进行过心脏复苏术的训练，能够应对紧急状况	☐	☐	☐
5. 能够在紧急情况下有效地进行急救操作	☐	☐	☐
6. 避免在阳光下暴晒	☐	☐	☐
7. 没有不良性行为，或将性生活行为仅局限在一个安全的伴侣，采用安全措施避免性传染病	☐	☐	☐

得分：

	经常	有时	从不
八、做知情的消费者			
1. 在购买加工食品前阅读营养成分表和生产日期	☐	☐	☐
2. 在购买产品前阅读标签并且调查它们的效果	☐	☐	☐
3. 不使用没有被研究证明是有效的产品	☐	☐	☐

得分：

续表

	经常	有时	从不
九、保护环境			
1. 帮助回收利用纸张、玻璃或铝制品	□	□	□
2. 参与保护环境的活动	□	□	□
得分：			

注明：以上问题可以划分为经常（2分）、有时（1分）、从不（0分）。

二、工作程序

1. 选择或设计调查问卷

对生活方式的测评包括综合性的和其中一部分。

2. 询问和填写调查问卷

询问和填写的方式包括：问答式和自填式。问答式是指一对一，面对面，由测试者边问边答；自填式是指受试者自己填写。要注意填写前先给受试者讲解清楚选项的意思。

3. 整理、分析调查问卷

填写结果完毕后，计算每个项目的实际得分。

4. 评估

根据每一部分得分，按照下列标准评分。每个项目9~10分，非常好，不会出现这部分健康的危险，继续保持，就不会出现这部分的健康危险；6~8分，好，说明你在这方面有良好的健康习惯，但还有需要改进的地方；3~5分，不好，可能有中度健康危险；0~2分，非常不好，可能有严重的健康危险。

5. 针对不同部分评估的情况，给出合理化建议

（1）避免高盐、高脂、高糖膳食，严格控制食用油的摄入量［25g/（人·d）］和盐的摄入量［6g/（人·d）］。

（2）经常抽烟者，建议逐渐减少；经常饮酒者，建议严格控制饮酒量。

（3）运动不足者，建议增加日常体力运动。

三、注意事项

（1）工作人员询问时，应注意避免诱导性提问。

（2）受试者自己填写时，应注意给出一定时间，不要让受试者长时间考虑，需要实事求是。

任务3　运动方案设计和运动消耗能量指导

学习目标

知识目标
1. 了解身体活动及相关的理论。
2. 掌握运动处方的设计步骤。

技能目标
1. 能对身体活动进行指导。
2. 能为普通人制订运动处方。

生命在于运动,坚持体育运动不仅可以增进健康,而且可以预防疾病。但是运动方式不当也可产生不良效果。因此制定一个适合自己的运动方案才能有益健康。

运动方案即运动处方,是指导人们有目的、有计划和科学地锻炼的一种方法。运动处方是指针对个人的身体状况,采用处方的形式规定健身者锻炼内容和运动量的方法。其特点是因人而异,对"症"下药。

运动处方的内容应包括运动种类、运动强度、运动时间、运动频率、运动进度及注意事项等。

一、运动种类及其定义

运动种类可分为三类,有氧(耐力)运动、力量性运动及伸展运动和健身操。

(一)有氧(耐力)运动

有氧运动即为有节奏的动力运动,主要由重复的低阻力运动组成,又称耐力运动,是运动处方最主要和最基本的运动手段。在治疗性运动处方和预防性运动处方中,主要用于心血管、呼吸、内分泌等系统的慢性疾病的康复和预防,以改善和提高心血管、呼吸、内分泌等系统的功能。适合中老年人、Ⅱ型糖尿病、肥胖症、脂肪肝、高血压、冠心病等。在健身、健美运动处方中,有氧(耐力)运动是保持全面身心健康、保持理想体重的有效运动方式。

有氧运动的项目有：步行、慢跑、走跑交替、上下楼梯、游泳、自行车、步行车、跑台、跳绳、划船、滑水、滑雪、球类运动等。

（二）力量性运动

力量性运动又称无氧运动或阻力运动，是指高强度、大运动量、短时间内的运动项目，当运动强度较大时，氧的供给相对不足，机体则可利用糖原的酵解，生成乳酸来获得能量。如百米短跑、百米快速游泳、跳高、跳远、举重、俯卧撑、快速仰卧起坐、单杠和双杠运动等。

在运动处方中，主要用于运动系统、神经系统等肌肉、神经麻痹或关节功能障碍的患者，以恢复肌肉力量和肢体活动功能为主。在矫正畸形和预防肌力平衡被破坏所致的慢性疾患的康复中，通过有选择地增强肌肉力量，调整肌力平衡，从而改善躯干和肢体的形态和功能。主要锻炼骨骼、肌肉、关节和韧带，可预防颈椎病、椎间盘突出症、骨质疏松等。

（三）伸展运动和健身操

伸展运动及健身操较广泛地应用在治疗、预防和健身、健美各类运动处方中，主要的作用有放松精神、消除疲劳，改善体型，防治高血压、神经衰弱等疾病。

伸展运动及健身操的项目主要有：太极拳、保健气功、五禽戏、广播体操、医疗体操、矫正体操等。

二、运动强度

运动强度是运动处方的核心及设计运动处方时最困难的部分，需要有适当的监测来确定运动强度是否适宜。运动强度是指单位时间内的运动量，即：运动强度＝运动量/运动时间。而运动量是运动强度和运动时间的乘积，即：运动量＝运动强度×运动时间。运动强度可根据最大吸氧量的百分数、代谢当量、心率、自觉疲劳程度等来确定。

1. 最大吸氧量的百分数

在运动处方中常用最大吸氧量的百分数来表示运动强度，50%～70%最大吸氧量的运动是有危险的。

2. 代谢当量

代谢当量是指运动时代谢率对安静时代谢率的倍数。每千克体重，从事1min活动消耗3.5mL的氧，其活动强度称为1MET［1MET＝3.5mL/（kg·min）］。1MET的活动强度相当于健康成人坐位安静代谢的水平。任何人从事任何强度的活动时，都可测出其吸氧量，从而计算出MET数，用于表示其运动强度。在制定运动处方时，如已测出某人的适宜运动强度相当于多少MET，即可找出相同MET的活动项目，写入运动处方。

3. 心率

除去环境、心理刺激、疾病等因素，心率与运动强度之间存在着线性关系。在运动处方实践中，一般来说达最大运动强度时的心率称为最大心率，达最大功能的60%~70%时的心率称为"靶心率"，或称为"运动中的适宜心率"，日本称为"目标心率"，是指能获得最佳效果并能确保安全的运动心率。为精确地确定各个病人的适宜心率，须做运动负荷试验，测定运动中可以达到的最大心率，或做症状限制性运动试验，以确定最大心率，该心率的70%~85%为运动的适宜心率。用靶心率控制运动强度是最简便的做法，具体推算的方法如下。

（1）公式推算法　以最大心率的65%~85%为靶心率，即：靶心率＝（220－年龄）×65%（或85%）。年龄在50岁以上，有慢性病史的，可用：靶心率＝170－年龄；经常参加体育锻炼的人可用：靶心率＝180－年龄。

例如，年龄为40岁的健康人，其最大运动心率为：220－40＝180（次/min），适宜运动心率为：下限，180×65%＝117（次/min），上限，180×85%＝153（次/min），即锻炼时心率在117~153次/min，表明运动强度适宜。体弱者的目标心率在开始时不宜高，常采用更低的最大心率百分值。最大心率和运动的目标心率见表5－13。

表5－13　最大心率和运动的目标心率

项目	42岁	53岁	56岁
最大心率	178	167	164
80%最大心率	142	134	131
70%最大心率	125	117	115
60%最大心率	107	100	98
50%最大心率	89	84	82

（2）耗氧量推算法　人体运动时的耗氧量、运动强度及心率有着密切的关系，可用耗氧量推算靶心率，以控制运动强度。大强度运动时相当于最大吸氧量的70%~80%（即70%~80% $V_{O_2,max}$），运动时的心率约为125~165次/min；中等强度运动相当于最大吸氧量的50%~60%（即50%~60% $V_{O_2,max}$），运动时的心率约为110~135次/min；小强度运动相当于最大吸氧量的40%以下（即小于40% $V_{O_2,max}$），运动时的心率约为100~110次/min。在实践中可采用按年龄预计的适宜心率，结合锻炼者的实际情况来规定适宜的运动强度。

4. 自感用力度

自感用力度是Borg根据运动者自我感觉疲劳程度来衡量相对运动强度的指标，是持续强度运动中体力水平可靠的指标，可用来评定运动强度；在修订运动处方时，可用来调节运动强度。自感用力度分级运动反应与心肺代谢的指标密切相关，如吸氧量、心率、通气量、血乳酸等。

5. 身体活动强度分级

（1）基础代谢

（2）静态状态　耗能0.01kcal/（kg·m）状态，如读、写、吃、看。

（3）轻度活动　耗能0.02kcal/（kg·m）状态，如家务、沐浴、行速50步/min。

（4）中度活动　耗能0.03kcal/（kg·m）状态，如铺床、拖地、行速100步/min。

（5）较高强度活动　耗能0.06kcal/（kg·m）状态，如慢跑、篮球。

（6）高强度活动　耗能0.1kcal/（kg·m）。

运动的强度分级标准见表5-14。

表5-14　运动的强度分级标准

强度分级	定义	举例	能量/[kcal/（kg·min）]
基础代谢	是维持基本生命活动所消耗的能量	睡觉、躺着不动	—
静态状态	指很少量或没有躯干运动的坐着	阅读、书写、吃东西、看电视、驾驶	0.01
轻度活动	坐着或站着，伴随上肢和其他肢体的一些运动	洗碗、沐浴、3km/h的行走	0.02
中度活动	坐着伴随胳膊有力的运动，或者站着伴随相当大量的运动	铺床、擦地板、6km/h的行走、打保龄球	0.03
较高强度活动	快速地运动身体	打网球、慢跑、举重、棒球、篮球、足球	0.06
高强度活动	用最大能力或接近最大能力运动	游泳比赛、跑步、跳绳	≥0.1

三、运动的持续时间

1. 有氧（耐力）运动的运动时间

运动处方中的运动时间是指每次持续运动的时间。每次运动的持续时间为15~60min，一般须持续20~40min，其中达到适宜心率的时间须在15min以上。在计算间歇性运动的持续时间时，应扣除间歇时间。间歇运动的运动密度应视体力而定，体力差者运动密度应低；体力好者运动密度可较高。

运动量由运动强度和运动时间共同决定（运动量=运动强度×运动时间），在总运动量确定时，运动强度较小则运动时间较长。前者适宜于年轻及体力较好者，后者适宜于老年及体力较弱者。年轻及体力较好者可由较高的运动强度开始锻炼，老年及体力较弱者由低的运动强度开始锻炼。运动量由小到大，增加运动量时，先延长运动时间，再提高运动强度。

2. 力量性运动的运动时间

力量性运动的运动时间主要是指每个练习动作的持续时间。

3. 伸展运动和健身操的运动时间

成套的伸展运动和健身操的运动时间一般较固定，而不成套的伸展运动和健身操的运动时间有较大并异。例如，24式太极拳的运动时间约为4min；42式太极拳的运动时间约为6min；伸展运动或健身操的总运动时间由一套或一段伸展运动或健身操的运动时间、伸展运动或健身操的套数或节数来决定。

四、运动处方的运动频率

1. 耐力性（有氧）运动的运动频率

在运动处方中，运动频率常用每周的锻炼次数来表示。运动频率取决于运动强度和每次运动持续的时间。一般认为：每周锻炼3~4次，即隔一天锻炼一次，这种锻炼的效率最高。最低的运动频率为每周锻炼2次。运动频率更高时，锻炼的效率增加并不多，而有增加运动损伤的倾向。

小运动量的耐力运动可每天进行。

2. 力量性运动的运动频率

力量练习的频率一般为：每日或隔日练习1次。

3. 伸展运动和健身操的运动频率

伸展运动和健身操的运动频率一般为每日1次或每日2次。

五、体力活动水平的判断标准

适量运动可产生有益的影响，不适当的运动会造成运动性疾病，甚至意外伤害。因此体力活动水平和健康有直接的关系。

1. 以每天平均步行的步数判断

（1）静态　每天步行少于5000步。

（2）低　每天步行5000~7490步。

（3）中（较活跃）　每天步行7500~9999步。

（4）较高（活跃）　每天步行10000~12500步。

（5）高（高度活跃）　每天步行高于12500步。

2. 以每天平均步行的时间和强度判断

（1）低　少于30min 中等强度身体活动。

（2）中　30~60min 中等强度身体活动。

（3）高　大于60min 中等强度或大于30min 高强度身体活动。

3. 以每周平均运动量和运动频率判断

（1）低强度　不符合下列任何一条。

（2）中等强度　达到下列任何一条。

①20min/天高强度运动或重体力活动，每周多于3天。

②步行多于30min/天，每周多于5天。

③步行多于30min/天，7天/周。

④步行或重高强度活动多于5天/周，运动量大于6000MET-min/周。

代谢当量 1MET=1kcal/（h·kg）。

（3）高强度　达到以下任何一种状态。

①高强度运动/体力活动每周多于3天，总运动量高于1500MET-min/周。

②每天步行或中等强度或高强度运动，总运动量高于3000MET-min/周。

六、运动处方的制定步骤

1. 一般调查

了解锻炼者的一般身体发育、伤病的情况和健康状况，以确定是否是健身运动的适应者，有无禁忌症。

2. 运动负荷测定

检测和评定锻炼者对运动负荷的承受能力。以心肺功能为主，进行安静和运动状态下的生理功能检测，主要有心率、血压、肺活量等指标。

3. 体能测定

进行力量、耐力、速度和灵敏的身体素质检测，从中判定锻炼者的运动能力和生理机能的状况。

4. 制定运动处方

（1）运动目的　通过有目的的锻炼达到预期的效果。由于各人的情况千差万别，运动处方的目的有健身的、娱乐的、减肥的、治疗的等多种类型。

（2）估计能量需要和运动水平

（3）确定运动能量消耗量

常见身体活动和运动的能量消耗见表5-15。

表5-15　　　　　常见身体活动和运动的能量消耗

运动项目	消耗能量/[kcal/(kg·min)]	运动项目	消耗能量/[kcal/(kg·min)]	运动项目	消耗能量/[kcal/(kg·min)]
盥洗、穿衣	0.045	中等强度跳舞	0.061	羽毛球	0.083
办公室工作	0.045	剧烈跳舞	0.083	台球	0.042

续表

运动项目	消耗能量/ [kcal/ (kg·min)]	运动项目	消耗能量/ [kcal/ (kg·min)]	运动项目	消耗能量/ [kcal/ (kg·min)]
烹调、扫地	0.048	体操	0.0595	乒乓球	0.068
铺床、清扫	0.056	太极拳	0.104	排球	0.064
购物、擦地	0.062	太极剑	0.086	篮球	0.118
熨衣服	0.062	少林拳	0.121	网球	0.109
缓慢步行	0.048	跑步	0.098	足球	0.132
50~55m/min 步行	0.052	慢跑	0.115	滑冰	0.0995
100m/min 步行	0.067	爬山	0.121	滑旱冰	0.115
110~120 步/min 步行	0.076	划船	0.060	滑雪	0.158
上下楼	0.057	高尔夫球	0.058	骑自行车（慢）	0.0795
跳绳	0.130	骑马	0.097	骑自行车（快）	0.1215
10m/min 游泳	0.050	20m/min 游泳	0.070	30m/min 游泳	0.170

（4）选择运动项目　在运动处方中，为锻炼者提供最合适的运动项目关系到锻炼的有效性和持久性。选择运动项目，要考虑运动的目的，是健身的还是治疗的；要考虑运动条件，如场地器材、余暇时间、气候等；还要结合体育兴趣爱好等。

（5）确定运动强度　运动强度即运动时的剧烈程度，是衡量运动量的重要指标之一，可用每分钟的心率次数来表示。一般认为学生心率：120 次/min 以下为小强度，120~150 次/min 为中强度，150~180 次/min 或 180 次/min 以上为大强度。测量运动强度的简单办法是：测量运动后 10s 脉搏乘以 6，就是 1min 的运动强度。

①适宜运动强度范围可用靶心率来控制，以本人最高心率 70%~85% 的强度作为标准。

$$靶心率 = (220 - 年龄) \times (70\% \sim 85\%)$$

如 20 岁的靶心率是 140~170 次/min。

②最适宜运动心率，计算公式：

$$最大心率 = 220 - 年龄$$

$$心率储备 = 最大心率 - 安静心率$$

$$最适宜运动心率 = 心率储备 \times 75\% + 安静心率$$

如某大学生 20 岁，安静心率 70 次/min，他的最大心率为 220 - 20 = 200（次/min），心率储备为 200 - 70 = 130（次/min），最适宜运动心率为 130 × 75% +

70 = 167.5（次/min）。

(6) 计算运动时间 指一次锻炼的持续时间。它与运动强度紧密相关，强度大，时间应稍短，强度小，时间应稍长。有氧锻炼一般在 30min 左右就可以达到较好的效果。

(7) 确定运动频度 指每周的锻炼次数。

关于运动频度，日本的池上晴夫研究表明，1 周运动 1 次，肌肉酸痛和疲劳每次发生，运动后 1~3 天身体不适，效果不蓄积；1 周运动 2 次，酸痛和疲劳减轻，效果有点蓄积，不明显；1 周运动 3 次，无酸痛和疲劳，效果蓄积明显；1 周运动 4~5 次，效果更加明显。可见，1 周运动 3 次以上，效果才明显。

5. 效果检查

由于个人情况千差万别，在实行运动处方的过程中，可能会有不合适的地方，应在实践中及时检查和修正，以保证锻炼的效果。

能力要求：运动方案的设计和运动能量消耗指导

一、工作准备

(1)一般情况调查表。
(2)身体活动水平和运动情况调查表。
(3)《中国居民膳食能量摄入量》表。

二、工作程序

1. 一般情况调查

了解来访者的工作性质及身体状态，填写一般情况调查表（表 5-16）。

表 5-16　　　　　　　　一般情况调查表

姓名：	性别：□男 □女	年龄（岁）：	职业：
身高（cm）：	体重（kg）：		BMI：
工作情况：			
工作性质：□体力为主	□脑力为主		□脑体结合
工作姿态：□坐位为主	□立体为主		□经常走动或外出
工作时间：□40h 以下/周	□40~50h/周		□50h 以上/周
□8h 以下/日	□8~10h/日		□10h 以上/日
工作节奏：□紧张	□轻松		□一般
出差情况：□经常	□偶尔		□否

2. 运动习惯调查

了解目前的运动状况和运动水平,特别是习惯,对指导有用。

例如,在过去的一段时间内(如一周或一个月或半年)平均每周有_____天进行了运动,具体运动情况如何?可利用表 5 – 17 相应的 "□" 内填上实际数字了解。

表 5 – 17　　　　　　　　　运动习惯调查表

运动方式	运动时间/(min/日)				运动频率/(天/周)		
	0	<30	≥30	≥60	<3	3~5	>5
1. 散步(慢走)	□	□	□	□	□	□	□
2. 快走	□	□	□	□	□	□	□
3. 跑步	□	□	□	□	□	□	□
4. 上下楼梯	□	□	□	□	□	□	□
5. 骑自行车	□	□	□	□	□	□	□
6. 游泳	□	□	□	□	□	□	□
7. 爬山	□	□	□	□	□	□	□
8. 跳绳	□	□	□	□	□	□	□
跳舞	□	□	□	□	□	□	□
9. 健美(身)操	□	□	□	□	□	□	□
10. 乒乓球	□	□	□	□	□	□	□
11. 羽毛球	□	□	□	□	□	□	□
12. 网球	□	□	□	□	□	□	□
13. 篮球	□	□	□	□	□	□	□
14. 足球	□	□	□	□	□	□	□
15. 排球	□	□	□	□	□	□	□
16. 高尔夫球	□	□	□	□	□	□	□
17. 保龄球	□	□	□	□	□	□	□
18. 划船	□	□	□	□	□	□	□
19. 太极拳	□	□	□	□	□	□	□
20. 太极剑	□	□	□	□	□	□	□
21. 家务劳动	□	□	□	□	□	□	□
22. 其他_____(请注明)	□	□	□	□	□	□	□
23. 最喜欢的运动项目是:	□	□	□	□	□	□	□

3. 估计能量需要和运动水平

根据一般情况、工作性质和目前运动水平，参考推荐的日膳食能量摄入量标准，确定每日膳食能量需要量。

（1）判断体型　根据 BMI，判断体重是否正常（18.5≤BMI≤23.9）、超重（24≤BMI≤27.9）、肥胖（BMI≥28）。如果是超重和肥胖，应按能量负平衡原则和减肥运动处方原则设计。

注：能量负平衡的原则即是加大运动量，支出大于摄入的原则。

（2）计算平均每天运动时间　所有运动项目（不包括家务劳动）每周运动时间加起来除以7，得出平均每天运动时间。

$$每项运动每周运动时间 = 每项运动的运动时间 \times 运动频率$$

根据平均每天运动时间判断目前运动水平：少于30min，低；30~60min，中；多于60min，高。

（3）确定每日膳食能量需要量　根据工作性质和运动水平，参考推荐的日膳食能量摄入量标准，确定每日膳食能量需要量。

如40岁男性，脑力工作为主，运动水平是低，其日膳食能量摄入量应为2400kcal；如是女性，则为2100kcal。

4. 确定运动能量消耗量

按上述确定的每日膳食能量摄入量的10%~20%计算。如每日膳食能量需要量为2400kcal，那么运动消耗量应为240~480kcal。

注：运动处方应因人而异，因地制宜，关键要根据人体的承受能力采用循序渐进的方法，而不要盲目冒进。

5. 制定运动处方

（1）确定运动目标　运动目标即上一步确定的每天运动能量消耗量。

（2）选择运动方式　原则是自己喜欢又能终生坚持下去的运动。以有氧耐力运动为主，力量运动为辅。

（3）确定运动强度　一般为中小强度，根据目前的运动水平，从小到大，逐渐增加。

（4）确定运动时间　一般为每天30~60min，根据自己的具体情况，可以分2~3次完成，也可以一次完成。

（5）确定运动频率　一般为每周3~7天，最好每天都适量运动。

例如，40岁，男性，体重70kg，工作繁忙，无暇运动。运动目标为每天运动能量消耗240kcal，建议运动处方如下：

①充分利用上下班和工作间歇时间，增加日常身体活动（目的是培养活跃的生活方式）。

②快走（100m/min），30min/日，可以分2~3次完成，6日/周。

③周末休闲运动1次，游泳70min。

平均每天运动消耗量 = [30min/日 × 70kg × 0.067kcal/(kg·min) × 6日/周 + 70min/日 × 70kg × 0.17kcal/(kg·min) × 1日/周]/7 = 239.6kcal

6. 运动指导

根据运动目标，以及目前的运动水平，遵循循序渐进的原则，逐渐增加运动量至推荐量，一般以每周10%~20%的速度递增。

例如，上述例子的运动目标为平均每天能量消耗240kcal，每周运动消耗总量为1680kcal。建议运动方案见表5-19。

表5-19　　　　　　　　　　　建议运动方案

运动项目	第1周	第2周	第3周	第4周	第5周	第6周
快走	20min/日 × 3日	20min/日 × 4日	20min/日 × 5日	20min/日 × 6日	25min/日 × 6日	30min/日 × 6日
游泳	20min/日 × 1日	30min/日 × 1日	40min/日 × 1日	50min/日 × 1日	60min/日 × 1日	70min/日 × 1日

注：结合能量消耗，可计算出20min的消耗量。

三、注意事项

（1）运动能量消耗即运动目标的制定一定考虑性别差异、体重差异、个人身体活动水平差异。

（2）运动方案制定特别要考虑其可行性。运动开始立足于个人目前的活动水平和能力，因此最好要进行运动负荷测定和体能测定。运动负荷测定是对运动负荷的承受能力，以心肺功能为主，进行安静和运动状态下的生理功能检测，主要有心率、血压、肺活量等指标。体能测定主要进行力量、耐力、速度和灵敏的身体素质检测，从中判定锻炼者的运动能力和生理机能的状况。

（3）重视运动前的准备活动和运动后的恢复活动。

（4）缺乏日常锻炼的人，运动时应从小到大，循序渐进，逐渐增加运动量。

（5）对于患有可能影响运动能力疾病的人，应在医生指导下进行运动，或通过运动实验对身体的各项能力进行评价后，确定适宜的身体活动量。

（6）注意穿着合适的衣服和鞋袜，预防运动损伤，避免过量运动。

（7）运动调节能量平衡，必须同时对饮食进行调整。

如有以下症状之一者，立即停止运动：

①不正常的心跳，如不规则心跳和过快的心跳、心悸、扑动、快脉搏突然变慢。

②运动中或运动后即刻出现胸部、上臂或咽喉部疼痛或沉重感觉。

③特别眩晕或轻度头痛，意识紊乱、出冷汗、晕厥。

④严重气短。

⑤身体任何一部分突然疼痛或麻木。
⑥上腹部疼痛或"烧心"。
注:运动处方和运动方案的制定一定要根据个人情况个体化。

四、大学生运动处方示例: 减肥的运动处方

姓名:A

性别:女

年龄:20 岁

职业:学生

体育爱好:羽毛球

健康检查:良好,身高 1.55m,体重 60kg,体脂中度超重

病史——无

运动负荷测定:台阶实验,安静脉搏 79 次/min,血压 75/115mmHg,肺活量 2800mL

体能测定:力量——仰卧起坐 25 个/min,耐力——800m 跑 405

体质评定:健康状况,良;体重过重,心肺功能稍差

运动目的:减肥和健身

运动项目:羽毛球、健身跑、健美操、篮球等

运动强度:由小逐渐加大,心率在靶心率范围,即 140~170 次/min

运动时间:12 周(减少体重 3~5kg),每次 30~60min

运动频度:4~5 次/周

注意事项:适当控制饮食,减少糖、油脂的摄入,可吃一定的蔬菜、水果,有病发烧停止运动

自我监督——心率

处方者:

年　月　日

附　录

附录 I　中国居民膳食营养素参考摄入量（2013）

附表 1-1　中国居民膳食能量需要量（EER）

人群	能量/（MJ/d)						能量/（kcal/d)					
	身体活动水平（轻）		身体活动水平（中）		身体活动水平（重）		身体活动水平（轻）		身体活动水平（中）		身体活动水平（重）	
	男	女	男	女	男	女	男	女	男	女	男	女
0 岁	-	-	0.38MJ/(kg·d)	0.38MJ/(kg·d)	-	-	-	-	90kcal/(kg·d)	90kcal/(kg·d)	-	-
0.5 岁	-	-	0.33MJ/(kg·d)	0.33MJ/(kg·d)	-	-	-	-	80kcal/(kg·d)	80kcal/(kg·d)	-	-
1 岁	-	-	3.77	3035	-	-	-	-	900	800	-	-
2 岁	-	-	4.60	4.18	-	-	-	-	1100	1000	-	-
3 岁	-	-	5.23	5.02	-	-	-	-	1250	1200	-	-
4 岁	-	-	5.44	5.23	-	-	-	-	1300	1250	-	-
5 岁	-	-	5.86	5.44	-	-	-	-	1400	1300	-	-
6 岁	5.86	5.23	6.96	6.07	7.53	6.90	1400	1250	1600	1450	1800	1650
7 岁	6.28	5.65	7.11	6.49	7.95	7.32	1500	1350	1700	1550	1900	1750
8 岁	6.90	6.07	7.74	7.11	8.79	7.95	1650	1450	1850	1700	2100	1900
9 岁	7.32	6.46	8.37	7.53	9.41	8.37	1750	1550	2000	1800	2250	2000
10 岁	7.53	6.90	8.58	7.95	9.62	9.00	1800	1650	2050	1900	2300	2150
11 岁	8.58	7.53	9.83	8.58	10.88	9.62	2050	1800	2350	2050	2600	2300
14 岁	10.46	8.37	11.92	9.62	13.39	10.67	2500	2000	2850	2300	3200	2550

续表

人群	能量/（MJ/d）						能量/（kcal/d）					
	身体活动水平（轻）		身体活动水平（中）		身体活动水平（重）		身体活动水平（轻）		身体活动水平（中）		身体活动水平（重）	
	男	女	男	女	男	女	男	女	男	女	男	女
18 岁	9.41	7.53	10.88	8.79	12.55	10.04	2250	1800	2600	2100	3000	2400
50 岁	8.79	7.32	10.25	8.58	11.72	9.83	2100	1750	2450	2050	2800	2350
65 岁	8.58	7.11	9.83	8.16	-	-	2050	1700	2350	1950	-	-
80 岁	7.95	6.28	9.20	7.32	-	-	1900	1500	2200	1750	-	-
孕妇（早）	-	+0	-	+0	-	+0	-	+0	-	+0	-	+0
孕妇（中）	-	+1.26	-	+1.26	-	+1.26	-	+300	-	+300	-	+300
孕妇（晚）	-	+1.88	-	+1.88	-	+1.88	-	+450	-	+450	-	+450
乳母	-	+2.09	-	+2.09	-	+2.09	-	+500	-	+500	-	+500

注：1. 未制定参考值者用"-"。
2. "+"表示在同龄人群参考值的基础上额外增加的量。

附表 1-2　　中国居民膳食蛋白质参考摄入量（DRIs）

人群	EAR/（g/d）		RNI（g/d）	
	男	女	男	女
0 岁	-	-	9（AI）	9（AI）
0.5 岁	15	15	20	20
1 岁	20	20	25	25
2 岁	20	20	25	25
3 岁	25	25	30	30
4 岁	25	25	30	30
5 岁	25	25	30	30
6 岁	25	25	35	35
7 岁	30	30	40	40
8 岁	30	30	40	40
9 岁	40	40	45	45
10 岁	40	40	50	50

续表

人群	EAR/（g/d）		RNI（g/d）	
	男	女	男	女
11 岁	50	45	60	55
14 岁	60	50	75	60
18 岁	60	50	65	55
50 岁	60	50	65	55
65 岁	60	50	65	55
80 岁	60	50	65	55
孕妇（早）	-	+0	-	+0
孕妇（中)	-	+10	-	+15
孕妇（晚）	-	+25	-	+30
乳母	-	+20	-	+25

注：1. 未制定参考值者用"-"。
2. "+"表示在同龄人群参考值的基础上额外增加的量。

附表 1-3　中国居民膳食碳水化合物、脂肪酸参考摄入量（DRIs）

人群	总碳水化合物/（g/d） EAR	亚油酸/（%E[2]） AI	α-亚麻酸/（%E） AI	EPA+DHA/（g/d） AI
0 岁	60（AI）	7.3（0.15g[3]）	0.87	0.10[4]
0.5 岁	85（AI）	6.0	0.66	0.10[4]
1 岁	120	4.0	0.60	0.10[4]
4 岁	120	4.0	0.60	-
7 岁	120	4.0	0.60	-
11 岁	150	4.0	0.60	-
14 岁	150	4.0	0.60	-
18 岁	120	4.0	0.60	-
50 岁	120	4.0	0.60	-
65 岁	-[1]	4.0	0.60	-
80 岁	-	4.0	0.60	-
孕妇（早）	130	4.0	0.60	0.25（0.20[4]）
孕妇（中）	130	4.0	0.60	0.25（0.20[4]）
孕妇（晚）	130	4.0	0.60	0.25（0.20[4]）
乳母	160	4.0	0.60	0.25（0.20[4]）

①未制定参考值者用"-"。
②%E 为占能量的百分比。
③为花生四烯酸。
④DHA。
注：我国2岁以上儿童及成人膳食中来源于食品工业加工产生的反式脂肪酸的 UL 应小于1%E。

附表 1-4　中国居民膳食矿物质推荐摄入量/适宜摄入量（RNI/AI）

人群	钙/(mg/d) RNI	磷/(mg/d) RNI	钾/(mg/d) AI	钠/(mg/d) AI	镁/(mg/d) RNI	氯/(mg/d) AI	铁/(mg/d) RNI 男	铁/(mg/d) RNI 女	碘/(μg/d) RNI	锌/(mg/d) RNI 男	锌/(mg/d) RNI 女	硒/(μg/d) RNI	铜/(mg/d) RNI	氟/(mg/d) AI	铬/(μg/d) AI	锰/(mg/d) AI	钼/(μg/d) RNI
0 岁	200(AI)	100(AI)	350	170	20(AI)	260	0.3(AI)		85(AI)	2.0(AI)		15(AI)	0.3(AI)	0.01	0.2	0.01	2(AI)
0.5 岁	250(AI)	180(AI)	550	350	65(AI)	550	10		115(AI)	3.5		20(AI)	0.3(AI)	0.23	4.0	0.7	15(AI)
1 岁	600	300	900	700	140	1100	9		90	4.0		25	0.3	0.6	15	1.5	40
4 岁	800	350	1200	900	160	1400	10		90	5.5		30	0.4	0.7	20	2.0	50
7 岁	1000	470	1500	1200	220	1900	13		90	7.0		40	0.5	1.0	25	3.0	65
11 岁	1200	640	1900	1400	300	2200	15	18	110	10.0	9.0	55	0.7	1.3	30	4.0	90
14 岁	1000	710	2200	1600	320	2500	16	18	120	11.5	8.5	60	0.8	1.5	35	4.5	100
18 岁	800	720	2000	1500	330	2300	12	20	120	12.5	7.5	60	0.8	1.5	30	4.5	100
50 岁	1000	720	2000	1400	330	2200	12		120	12.5	7.5	60	0.8	1.5	30	4.5	100
65 岁	1000	700	2000	1400	320	2200	12		120	12.5	7.5	60	0.8	1.5	30	4.5	100
80 岁	1000	670	2000	1300	310	2000	12		120	12.5	7.5	60	0.8	1.5	30	4.5	100
孕妇(早)	+0	+0	+0	+0	+40	+0	—	+0	+110	—	+2.0	+5	+0.1	+0	+1.0	+0.4	+10
孕妇(中)	+200	+0	+0	+0	+40	+0	—	+4	+110	—	+2.0	+5	+0.1	+0	+4.0	+0.4	+10
孕妇(晚)	+200	+0	+0	+0	+40	+0	—	+9	+110	—	+2.0	+5	+0.1	+0	+6.0	+0.4	+10
乳母	+200	+0	+400	+0	+40	+0	—	+4	+110	—	+2.0	+5	+0.1	+0	+7.0	+0.3	+3

注：1. 未制定参考值者用"—"。
2. "+"表示在同龄人群参考值的基础上额外增加的量。

附表 1-5　中国居民膳食维生素推荐摄入量/适宜摄入量（RNI/AI）

人群	维生素A/(μgRAE/d) RNI 男	维生素A/(μgRAE/d) RNI 女	维生素D/(μg/d) RNI	维生素E/(mgα-TE/d) AI	维生素K/(μg/d) AI	维生素B₁/(mg/d) RNI 男	维生素B₁/(mg/d) RNI 女	维生素B₂/(mg/d) RNI 男	维生素B₂/(mg/d) RNI 女	维生素B₆/(mg/d) RNI	维生素B₁₂/(μg/d) RNI	泛酸/(mg/d) AI	叶酸/(μgDFE/d) RNI	烟酸/(mgNE/d) RNI 男	烟酸/(mgNE/d) RNI 女	胆碱/(mg/d) AI 男	胆碱/(mg/d) AI 女	生物素/(μg/d) AI	维生素C/(mg/d) RNI
0岁	300(AI)	300(AI)	10(AI)	3	2	0.1(AI)	0.1(AI)	0.4(AI)	0.4(AI)	0.2(AI)	0.3(AI)	1.7	65(AI)	2(AI)	2(AI)	120	120	5	40(AI)
0.5岁	350(AI)	350(AI)	10(AI)	4	10	0.3(AI)	0.3(AI)	0.5(AI)	0.5(AI)	0.4(AI)	0.6(AI)	1.9	100(AI)	3(AI)	3(AI)	150	150	9	40(AI)
1岁	310	310	10	6	30	0.6	0.6	0.6	0.6	0.6	1.0	2.1	160	6	6	200	200	17	40
4岁	360	360	10	7	40	0.8	0.8	0.7	0.7	0.7	1.2	2.5	190	8	8	250	250	20	50
7岁	500	500	10	9	50	1.0	1.0	1.0	1.0	1.0	1.6	3.5	250	11	10	300	300	25	65
11岁	670	630	10	13	70	1.3	1.1	1.3	1.1	1.3	2.1	4.5	350	14	12	400	400	35	90
14岁	820	630	10	14	75	1.6	1.3	1.5	1.2	1.4	2.4	5.0	400	16	13	500	400	40	100
18岁	800	700	10	14	80	1.4	1.2	1.4	1.2	1.4	2.4	5.0	400	15	12	500	400	40	100
50岁	800	700	10	14	80	1.4	1.2	1.4	1.2	1.6	2.4	5.0	400	14	12	500	400	40	100
65岁	800	700	15	14	80	1.4	1.2	1.4	1.2	1.6	2.4	5.0	400	14	11	500	400	40	100
80岁	800	700	15	14	80	1.4	1.2	1.4	1.2	1.6	2.4	5.0	400	13	10	500	400	40	100
孕妇(早)	—	+0	+0	+0	+0	—	+0	—	+0	+0.8	+0.5	+1.0	+200	—	+0	—	+20	+0	+0
孕妇(中)	—	+70	+0	+0	+0	—	+0.2	—	+0.2	+0.8	+0.5	+1.0	+200	—	+0	—	+20	+0	+15
孕妇(晚)	—	+70	+0	+0	+0	—	+0.3	—	+0.3	+0.8	+0.5	+1.0	+200	—	+0	—	+20	+0	+15
乳母	—	+600	+0	+3	+5	—	+0.3	—	+0.3	+0.3	+0.8	+2.0	+150	—	+3	—	+120	+10	+50

注：1. 未制定参考值者用"—"。
2. "+"表示在同龄人群参考值的基础上额外增加的量。
3. 视黄醇活性当量（RAE, μg）= 膳食或补充剂来源的全反式视黄醇(μg) + 1/2 补充剂纯品全反式β-胡萝卜素(μg) + 1/12 膳食全反式β-胡萝卜素(μg) + 1/24 其他膳食维生素A原类胡萝卜素(μg)。
4. α-生育酚当量（α-TE, mg），膳食中总α-TE当量（mg）= 1 × α-生育酚(mg) + 0.5 × β-生育酚(mg) + 0.1 × γ-生育酚(mg) + 0.02 × δ-生育酚(mg) + 0.3 × α-三烯生育酚(mg)。
5. 膳食叶酸当量（DFE, μg）= 天然食物来源叶酸(μg) + 1.7 × 合成叶酸(μg)。
6. 烟酸当量（NE, mg）= 烟酸(mg) + 1/60 色氨酸(mg)。

附表 1-6　中国居民膳食微量营养素可耐受最高摄入量（UL）

人群	钙/(mg/d)	磷/(mg/d)	铁/(mg/d)	碘/(μg/d)	锌/(mg/d)	硒/(μg/d)	铜/(mg/d)	氟/(mg/d)	锰/(mg/d)	钼/(μg/d)	维生素A[2]/(μgRAE/d)	维生素D/(μg/d)	维生素E/(mgα-TE/d)	维生素B$_6$/(mg/d)	叶酸[1]/(μg/d)	烟酸/(mgNE/d)	烟酰胺/(mg/d)	胆碱/(mg/d)	维生素C/(mg/d)
0岁	1000	-	-	-	-	55	-	-	-	-	600	20	-	-	-	-	-	-	-
0.5岁	1500	-	-	-	-	80	-	-	-	-	600	20	-	-	-	-	-	-	-
1岁	1500	-	25	-	8	100	2	0.8	-	200	700	20	150	-	300	10	100	1000	100
4岁	2000	-	30	200	12	150	3	1.1	3.5	300	900	30	200	25	400	15	130	1000	600
7岁	2000	-	35	300	19	200	4	1.7	5.0	450	1500	45	350	35	600	20	180	1500	1000
11岁	2000	-	40	400	28	300	6	2.5	8.0	650	2100	50	500	45	800	25	240	2000	1400
14岁	2000	-	40	500	35	350	7	3.1	10	800	2700	50	600	55	900	30	280	2500	1800
18岁	2000	3500	42	600	40	400	8	3.5	11	900	3000	50	700	60	1000	35	310	3000	2000
50岁	2000	3500	42	600	40	400	8	3.5	11	900	3000	50	700	60	1000	35	310	3000	2000
65岁	2000	3500	42	600	40	400	8	3.5	11	900	3000	50	700	60	1000	35	300	3000	2000
80岁	2000	3500	42	600	40	400	8	3.5	11	900	3000	50	700	60	1000	30	280	3000	2000
孕妇(早)	2000	3500	42	600	40	400	8	3.5	11	900	3000	50	700	60	1000	35	310	3000	2000
孕妇(中)	2000	3500	42	600	40	400	8	3.5	11	900	3000	50	700	60	1000	35	310	3000	2000
孕妇(晚)	2000	3500	42	600	40	400	8	3.5	11	900	3000	50	700	60	1000	35	310	3000	2000
乳母	2000	3500	42	600	40	400	8	3.5	11	900	3000	50	700	60	1000	35	310	3000	2000

①指合成叶酸摄入量上限，不包括天然食物来源的叶酸量。
②不包括来自膳食维生素 A 原类胡萝卜素的 RAE。

注：1. 未制定 UL 值者用"-"表示。这些营养素未制定可耐受最高摄入量，主要是因为研究资料不充分，并不表示过量摄入没有健康风险。
2. 视黄醇活性当量 (RAE, μg) = 膳食或补充来源的全反式视黄醇 (μg) + 1/2 补充剂纯品全反式 β-胡萝卜素 (μg) + 1/12 膳食全反式 β-胡萝卜素 (μg) + 1/24 其他膳食维生素 A 原类胡萝卜素 (μg)。
3. α-生育酚当量(α-TE, mg), α-TE 当量 (mg) = 1×α-生育酚 (mg) + 0.5×β-生育酚 (mg) + 0.1×γ-生育酚 (mg) + 0.02×δ-生育酚 (mg) + 0.3×α-三烯生育酚 (mg)。
4. 烟酸当量 (NE, mg) = 烟酸 (mg) + 1/60 色氨酸 (mg)。

附表 1-7　　中国居民宏量营养素可接受范围（AMDR）

人群	总碳水化合物/（%E）	添加糖/（%E）	总脂肪/（%E）	饱和脂肪酸 U-AMDRU/（%E）	n-6 多不饱和脂肪酸/（%E）	n-3 多不饱和脂肪酸/（%E）	EPA+DHA/（g/d）
0 岁	—	—	48（AI）	—	—	—	—
0.5 岁	—	—	40（AI）	—	—	—	—
1 岁	50~65	—	35（AI）	—	—	—	—
4 岁	50~65	<10	20~30	<8	—	—	—
7 岁	50~65	<10	20~30	<8	—	—	—
11 岁	50~65	<10	20~30	<8	—	—	—
14 岁	50~65	<10	20~30	<8	—	—	—
18 岁	50~65	<10	20~30	<10	2.5~9.0	0.5~2.0	0.25~2.0
50 岁	50~65	<10	20~30	<10	2.5~9.0	0.5~2.0	0.25~2.0
65 岁	50~65	<10	20~30	<10	2.5~9.0	0.5~2.0	0.25~2.0
80 岁	50~65	<10	20~30	<10	2.5~9.0	0.5~2.0	0.25~2.0
孕妇（早）	50~65	<10	20~30	<10	2.5~9.0	0.5~2.0	—
孕妇（中）	50~65	<10	20~30	<10	2.5~9.0	0.5~2.0	—
孕妇（晚）	50~65	<10	20~30	<10	2.5~9.0	0.5~2.0	—
乳母	50~65	<10	20~30	<10	2.5~9.0	0.5~2.0	—

注：1. %E 为占能量的百分比。
2. 未制定参考值者用"—"表示。

附表 1-8　　中国居民膳食营养素建议摄入量（PI）

人群	钾/（mg/d）	钠/（mg/d）	维生素 C/（mg/d）
0 岁	—	—	—
0.5 岁	—	—	—
1 岁	—	—	—
4 岁	2100	1200	—
7 岁	2800	1500	—
11 岁	3400	1900	—

续表

人群	钾/（mg/d）	钠/（mg/d）	维生素C/（mg/d）
14岁	3900	2200	—
18岁	3600	2000	200
50岁	3600	1900	200
65岁	3600	1800	200
80岁	3600	1700	200
孕妇（早）	3600	2000	200
孕妇（中）	3600	2000	200
孕妇（晚）	3600	2000	200
乳母	3600	2000	200

注：未制定参考值者用"—"表示。

附表1-9 中国成人其他膳食成分特定建议值（SPL）和可耐受最高摄入量（UL）

其他膳食成分	SPL	UL
膳食纤维/（mg/d）	25（AI）	—
植物甾醇/（mg/d）	0.9	2.4
植物甾醇酯/（mg/d）	1.5	3.9
番茄红素/（mg/d）	18	70
叶黄素/（mg/d）	10	40
原花青素/（mg/d）	—	800
大豆异黄酮[①]/（mg/d）	55	1200
花色苷/（mg/d）	50	—
氨基葡萄糖/（mg/d）	1000	
硫酸或盐酸氨基葡萄糖/（mg/d）	1500	
姜黄素/（mg/d）	—	720

①指绝经后妇女。
注：未制定参考值者用"—"表示。

附录 Ⅱ 中国普通食物成分表

序号	名称	可食部分	能量/kcal	蛋白质/g	脂肪/g	膳食纤维/g	碳水化合物/g	维生素A/μg	维生素B_1/mg	维生素B_2/mg	烟酸/mg	维生素E/mg	钠/g	钙/mg	铁/mg	类别	维生素C/mg	胆固醇/mg
1	大黄米(黍)	100	349	13.6	2.7	3.5	67.6	0	0.3	0.09	1.4	1.79	1.7	30	5.7	11	0	0
3	稻谷(早籼)	64	359	9.9	2.2	1.4	74.8	0	0.14	0.05	5	0.25	1.6	13	5.1	11	0	0
4	稻米(大米)	100	346	7.4	0.8	0.7	77.2	0	0.11	0.05	1.9	0.46	3.8	13	2.3	11	0	0
21	方便面	100	472	9.5	21.1	0.7	60.9	0	0.12	0.06	0.9	2.28	1144	25	4.1	11	0	0
23	高粱米	100	351	10.4	3.1	4.3	70.4	0	0.29	0.1	1.6	1.88	6.3	22	6.3	11	0	0
25	挂面(标准粉)	100	344	10.1	0.7	1.6	74.4	0	0.19	0.04	2.5	1.11	15	14	3.5	11	0	0
27	谷子(龙谷)	100	383	10.9	0	3.1	84.8	0	0.42	0.17	0.6	3.3	0	0	0	11	0	0
28	黑米[稻米(紫)]	100	333	9.4	2.5	3.9	68.3	0	0.33	0.13	7.9	0.22	7.1	12	1.6	11	0	0
29	花卷	100	217	6.4	1	0	45.6	0	0.02	0.02	1.1	0	95	19	0.4	11	0	0
31	煎饼	100	333	7.6	0.7	9.1	74.7	0	0.1	0.04	0.2	0	85.5	9	7	11	0	0
34	烙饼(标准粉)	100	255	7.5	2.3	1.9	51	0	0.02	0.04	0	1.03	149.3	20	2.4	11	0	0
35	馒头(蒸,标准粉)	100	233	7.8	1	1.5	48.3	0	0.05	0.07	2.2	0.86	165.2	18	1.9	11	0	0
36	馒头(蒸,富强粉)	100	208	6.2	1.2	1	43.2	0	0.02	0.02	2.2	0.09	165	58	1.7	11	0	0
39	面条(富强粉)(切面)	100	285	9.3	1.1	0.4	59.5	0	0.18	0.04	2.2	0	1.5	24	2	11	0	0
40	面条(干)	100	355	11	0.1	0.2	77.5	0	0.28	0.05	2.7	0	60.9	8	9.6	11	0	0
44	米饭(蒸,籼米)	100	114	2.5	0.2	0.4	25.6	0	0.02	0.03	1.7	0	1.7	6	0.3	11	0	0
45	米饭(蒸,粳米)	100	117	2.6	0.3	0.2	26	0	0	0.03	2	0	3.3	7	2.2	11	0	0

续表

序号	名称	可食部分	能量/kcal	蛋白质/g	脂肪/g	膳食纤维/g	碳水化物/g	维生素A/μg	维生素B_1/mg	维生素B_2/mg	烟酸/mg	维生素E/mg	钠/g	钙/mg	铁/mg	类别	维生素C/mg	胆固醇/mg
46	米粉(干,细)	100	346	8	0.1	0.1	78.2	0	0.03	0	0.2	0	5.9	0	1.4	11	0	0
48	米粥(粳米)	100	46	1.1	0.3	0.1	9.8	0	0	0.03	0.2	0	2.8	7	0.1	11	0	0
49	糜子(带皮)	100	348	10.6	0.6	0	75.1	0	0.45	0.18	1.2	3.5	9.6	99	5	11	0	0
53	糯米(江米)	100	348	7.3	1	0.8	77.5	0	0.11	0.04	2.3	1.29	1.5	26	1.4	11	0	0
63	小麦	100	352	12	0	10.2	76.1	0	0.48	0.14	2	1.91	107.4	0	5.9	11	0	0
64	小麦粉(特二粉)	100	349	10.4	1.1	1.6	74.3	0	0.15	0.11	2	1.25	1.5	30	3	11	0	0
65	小麦粉(标准粉)	100	344	11.2	1.5	2.1	71.5	0	0.28	0.08	2	1.8	3.1	31	3.5	11	0	0
66	小麦粉(特一、精粉)	100	350	10.3	1.1	0.6	74.6	0	0.17	0.06	1.5	0.73	2.7	27	2.7	11	0	0
68	小米	100	358	9	3.1	1.6	73.5	17	0.33	0.1	1.5	3.63	4.3	41	5.1	11	0	0
69	小米粥	100	46	1.4	0.7	0	8.4	0	0.02	0.07	0.9	0.26	4.1	10	1	11	0	0
70	燕麦片	100	367	15	6.7	5.3	61.6	0	0.3	0.13	1.2	3.07	3.7	186	7	11	0	0
71	薏米(薏苡回回米)	100	357	12.8	3.3	2	69.1	0	0.22	0.15	2	2.08	3.6	42	3.6	11	0	0
72	油饼	100	399	7.9	22.9	2	40.4	0	0.11	0.05	0.7	0	572.5	46	2.3	11	0	0
74	油条	100	386	6.9	17.6	0.9	50.1	0	0.01	0.07	0.7	3.19	585.2	6	1	11	0	0
75	玉米(白,包谷)	100	336	8.8	3.8	8	66.7	0	0.27	0.07	2.3	8.23	2.5	10	2.2	11	0	0
76	玉米粉(黄,包谷)	100	335	8.7	3.8	6.4	66.6	17	0.21	0.13	2.5	3.89	3.3	14	2.4	11	0	0
77	玉米(鲜,包谷)	46	106	4	1.2	2.9	19.9	0	0.16	0.11	1.8	0.46	1.1	0	1.1	11	0	0
79	玉米面(白)	100	340	8	4.5	6.2	66.9	0	0.34	0.06	3	6.89	0.5	12	1.3	11	0	0

80	玉米面(黄)	100	340	8.1	3.3	5.6	69.6	7	0.26	0.09	2.3	3.8	2.3	22	3.2	11	0	0
85	扁豆	100	326	25.3	0.4	6.5	55.4	5	0.26	0.45	2.6	1.86	2.3	137	19.2	21	0	0
88	蚕豆(带皮)	93	342	25.4	1.6	2.5	56.4	50	0.2	0.2	2.5	6.68	2.2	54	2.5	21	0	0
91	豆腐	100	81	8.1	3.7	0.4	3.8	0	0.04	0.03	0.2	2.71	7.2	164	1.9	21	0	0
93	豆腐(南豆腐)	100	57	6.2	2.5	0.2	2.4	0	0.02	0.04	1	3.62	3.1	116	1.5	21	0	0
94	豆腐(北)	100	98	12.2	4.8	0.5	1.5	5	0.05	0.03	0.3	6.7	7.3	138	2.5	21	0	0
95	豆腐干	100	140	16.2	3.6	0.8	10.7	0	0.03	0.07	0.3	0	76.5	308	4.9	21	0	0
101	豆腐花	100	401	10	2.6	0	84.3	42	0.02	0.03	0.4	5	0	175	3.3	21	0	0
104	豆腐脑(老豆腐)	100	10	1.9	0.8	0	0	6	0.04	0.02	0.4	10.46	2.8	18	0.9	21	0	0
121	腐竹	100	459	44.6	21.7	1	21.3	0	0.13	0.07	0.8	27.84	26.5	77	16.5	21	0	0
124	黑豆(黑大豆)	100	381	36.1	15.9	10.2	23.3	5	0.2	0.33	2	17.36	3	224	7	21	0	0
128	黄豆(大豆)	100	359	35.1	16	15.5	18.6	37	0.41	0.2	2.1	18.9	2.2	191	8.2	21	0	0
131	豇豆	100	322	19.3	1.2	7.1	58.5	10	0.16	0.08	1.9	8.61	6.8	40	7.1	21	0	0
132	绿豆	100	316	21.6	0.8	6.4	55.6	22	0.25	0.11	2	10.95	3.2	81	6.5	21	0	0
136	眉豆(饭豇豆)	100	320	18.6	1.1	6.6	59	0	0.15	0.18	2.1	12.29	86.5	60	5.5	21	0	0
140	千张(百页)	100	260	24.5	16	1	4.5	5	0.04	0.05	0.2	23.38	20.6	313	6.4	21	0	0
141	青豆(青大豆)	100	373	34.6	16	12.6	22.7	132	0.41	0.18	3	10.09	1.8	200	8.4	21	0	0
145	素鸡	100	192	16.5	12.5	0.9	3.3	10	0.02	0.03	0.4	17.8	373.8	319	5.3	21	0	0
150	豌豆	100	313	20.3	1.1	10.4	55.4	42	0.49	0.14	2.4	8.47	9.7	97	4.9	21	0	0
152	小豆(红,红小豆)	100	309	20.2	0.6	7.7	55.7	13	0.16	0.11	2	14.36	2.2	74	7.4	21	0	0

续表

序号	名称	可食部分	能量/kcal	蛋白质/g	脂肪/g	膳食纤维/g	碳水化合物/g	维生素A/μg	维生素B_1/mg	维生素B_2/mg	烟酸/mg	维生素E/mg	钠/g	钙/mg	铁/mg	类别	维生素C/mg	胆固醇/mg
162	扁豆（鲜）	91	37	2.7	0.2	2.1	6.1	25	0.04	0.07	0.9	0.24	3.8	38	1.9	22	13	0
165	豆角	96	30	2.5	0.2	2.1	4.6	33	0.05	0.07	0.9	2.24	3.4	29	1.5	22	18	0
169	黄豆芽	100	44	4.5	1.6	1.5	3	5	0.04	0.07	0.6	0.8	7.2	21	0.9	22	8	0
172	绿豆芽	100	18	2.1	0.1	0.8	2.1	3	0.05	0.06	0.5	0.19	4.4	9	0.6	22	6	0
174	龙豆	98	32	3.7	0.5	1.9	3.1	87	0.04	0.06	1	0.77	4.1	147	1.3	22	11	0
177	四季豆（菜豆）	96	28	2	0.4	1.5	4.2	35	0.04	0.07	0.4	1.24	8.6	42	1.5	22	6	0
178	豌豆（鲜）	42	105	7.4	0.3	3	18.2	37	0.43	0.09	2.3	1.21	1.2	21	1.7	22	14	0
179	豌豆苗	98	29	3.1	0.6	0	2.8	0	0	0	0	0	26.3	59	1.8	22	0	0
187	甘薯（红心，山芋红薯）	90	99	1.1	0.2	1.6	23.1	125	0.04	0.04	0.6	0.28	28.5	23	0.5	33	26	0
188	甘薯（白心，红皮山芋）	86	104	1.4	0.2	1	24.2	37	0.07	0.04	0.6	0.43	58.2	24	0.8	33	24	0
191	胡萝卜（红）	96	37	1	0.2	1.1	7.7	688	0.04	0.03	0.6	0.41	71.4	32	1	33	13	0
192	胡萝卜（黄）	97	43	1.4	0.2	1.3	8.9	668	0.04	0.04	0.2	0	25.1	32	0.5	33	16	0
201	芋头（芋艿，毛芋）	84	79	2.2	0.2	1	17.1	27	0.06	0.05	0.7	0.45	33.1	36	1	33	6	0
202	竹笋	63	19	2.6	0.2	1.8	1.8	0	0.08	0.08	0.6	0.05	0.4	9	0.5	33	5	0
209	白菜（大白菜）	92	21	1.7	0.2	0.6	3.1	42	0.06	0.07	0.8	0.92	89.3	69	0.5	31	47	0
211	菠菜（赤根菜）	89	24	2.6	0.3	1.7	2.8	487	0.04	0.11	0.6	1.74	85.2	66	2.9	31	32	0
213	菜花（花椰菜）	82	24	2.1	0.2	1.2	3.4	5	0.03	0.08	0.6	0.43	31.6	23	1.1	31	61	0
218	葱头（洋葱）	90	39	1.1	0.2	0.9	8.1	3	0.03	0.03	0.3	0.14	4.4	24	0.6	31	8	0

序号	名称																	
223	草菇(大黑头细花草)	100	23	2.7	0.2	1.6	2.7	0	0.08	0.34	8	0.4	73	17	1.3	34	0	0
226	冬菇(干,毛柄金线菌)	86	212	17.8	1.3	32.3	32.3	5	0.17	1.4	24.4	3.47	20.4	55	10.5	34	5	0
227	发菜	100	246	22.8	0.8	21.9	36.8	0	0.23	0	0	21.7	103.3	875	99.3	34	0	0
229	海带(鲜,江白菜,昆布)	100	17	1.2	0.1	0.5	1.6	0	0.02	0.15	1.3	1.85	8.6	46	0.9	34	0	0
233	金针菇(智力菇)	100	26	2.4	0.4	2.7	3.3	5	0.15	0.19	4.1	1.14	4.3	0	1.4	34	2	0
237	蘑菇(鲜,鲜蘑)	99	20	2.7	0.1	2.1	2	2	0.08	0.35	4	0.56	8.3	6	1.2	34	2	0
238	木耳(黑木耳,云耳)	100	205	12.1	1.5	29.9	35.7	17	0.17	0.44	2.5	11.34	48.5	247	97.4	34	0	0
239	木耳(水发,黑木耳,云耳)	100	21	1.5	0.2	2.6	3.4	3	0.01	0.05	0.2	7.51	8.5	34	5.5	34	1	0
240	平菇(鲜,糙皮)	93	20	1.9	0.3	2.3	2.3	2	0.06	0.16	3.1	0.79	3.8	5	1	34	4	0
247	香菇(干,香蕈,冬菇)	95	211	20	1.2	31.6	30.1	3	0.19	1.26	20.5	0.66	11.2	83	10.5	34	5	0
248	香菇(鲜,香蕈,冬菇)	100	19	2.2	0.3	3.3	1.9	0	0	0.08	2	0	1.4	2	0.3	34	1	0
254	紫菜	100	207	26.7	1.1	21.6	22.5	228	0.27	1.02	7.3	1.82	710.5	264	54.9	34	2	0
255	芭蕉(甘蕉,板蕉,牙蕉)	68	109	1.2	0.1	3.1	25.8	33	0.02	0.02	0.6	0	1.3	6	0.3	41	0	0
256	菠萝(凤梨,地菠萝)	68	41	0.5	0.1	1.3	9.5	0	0.04	0.02	0.2	0	0.8	12	0.6	41	18	0
257	菠萝蜜肉	43	103	0.2	0.3	0.8	24.9	0	0.06	0.05	0.7	0.52	11.4	9	0.5	41	9	0
259	草莓	97	30	1	0.2	1.1	6	5	0.02	0.03	0.3	0.71	4.2	18	1.8	41	47	0
261	橙	74	47	0.8	0.2	0.6	10.5	27	0.05	0.04	0.3	0.56	1.2	20	0.4	41	33	0

续表

序号	名称	可食部分	能量/kcal	蛋白质/g	脂肪/g	膳食纤维/g	碳水化合物/g	维生素A/μg	维生素B_1/mg	维生素B_2/mg	烟酸/mg	维生素E/mg	钠/g	钙/mg	铁/mg	类别	维生素C/mg	胆固醇/mg
267	桂圆(鲜)	50	70	1.2	0.1	0.4	16.2	3	0.01	0.14	1.3	0	3.9	6	0.2	41	43	0
268	桂圆(干,龙眼,圆眼)	37	273	5	0.2	2	62.8	0	0	0.39	1.3	0	3.3	38	0.7	41	12	0
282	橘(福橘)	67	45	1	0.2	0.4	9.9	100	0.05	0.02	0.3	0	0.5	27	0.8	41	11	0
283	桔(芦柑)	77	43	0.6	0.2	0.6	9.7	87	0.02	0.03	0.2	0.74	1.3	45	1.4	41	19	0
290	李(玉皇李)	91	36	0.7	0.2	0.9	7.8	25	0.03	0.02	0.4	0	3.8	8	0.6	41	5	0
291	梨	75	32	0.4	0.1	2	7.3	0	0.01	0.04	0.1	0	3.9	11	0	41	1	0
319	芒果(抹猛果,望果)	60	32	0.6	0.2	1.3	7	1342	0.01	0.04	0.3	1.21	2.8	0	0.2	41	23	0
322	柠檬	66	35	1.1	1.2	1.3	4.9	0	0.05	0.02	0.6	1.14	1.1	101	0.8	41	22	0
324	枇杷	62	39	0.8	0.2	0.8	8.5	117	0.01	0.03	0.2	0.24	4	17	1.1	41	8	0
325	苹果	76	52	0.2	0.2	1.2	12.3	3	0.06	0.02	0.2	2.12	1.6	4	0.6	41	4	0
346	葡萄	86	43	0.5	0.2	0.4	9.9	8	0.04	0.02	0.2	0.7	1.3	5	0.4	41	25	0
352	葡萄干	100	341	2.5	0.4	1.6	81.8	0	0.09	0	0.3	0	19.1	52	9.1	41	5	0
354	人参果	88	80	0.6	0.7	3.5	17.7	8	0	0.25	0.3	0	7.1	13	0.2	41	12	0
355	桑果	100	49	1.7	0.4	4.1	9.7	5	0.02	0.06	0.3	9.87	2	37	0.4	41	0	0
357	柿	87	71	0.4	0.1	1.4	17.1	20	0.02	0.02	0.3	1.12	0.8	9	0.2	41	30	0
361	石榴(红粉皮石榴)	57	64	1.3	0.1	4.9	14.5	3	0.05	0.03	0	3.72	0.8	16	0.8	41	13	0
366	桃	86	48	0.9	0.1	1.3	10.9	3	0.01	0.03	0.7	1.54	5.7	6	0.1	41	7	0
382	无花果	100	59	1.5	0.1	3	13	5	0.03	0.02	0.1	1.82	5.5	67	0.1	41	2	0

383	香蕉	59	91	1.4	0.2	1.2	20.8	10	0.02	0.04	0.7	0.24	0.8	7	0.4	41	8	0
385	杏	91	36	0.9	0.1	1.3	7.8	75	0.02	0.03	0.6	0.95	2.3	14	0.6	41	4	0
386	杏(李子杏)	92	35	1	0.1	1.1	7.5	13	0.03	0.01	0.5	0	1.5	3	0.2	41	16	0
392	杨梅(树梅,山杨梅)	82	28	0.8	0.2	1	5.7	7	0.01	0.05	0.3	0.81	0.7	14	1	41	9	0
394	椰子	33	231	4	12.1	4.7	26.6	0	0.01	0.01	0.5	0	55.6	2	1.8	41	6	0
396	樱桃	80	46	1.1	0.2	0.3	9.9	35	0.02	0.02	0.6	2.22	8	11	0.4	41	10	0
397	柚(文旦)	69	41	0.8	0.2	0.4	9.1	2	0	0.03	0.3	0	3	4	0.3	41	23	0
399	枣(鲜)	87	122	1.1	0.3	1.9	28.6	40	0.06	0.09	0.9	0.78	1.2	22	1.2	41	243	0
400	枣(干)	80	264	3.2	0.5	6.2	61.6	2	0.04	0.16	0.9	3.04	6.2	64	2.3	41	14	0
409	猕猴桃(中华猕猴桃,羊桃)	83	56	0.8	0.6	2.6	11.9	22	0.05	0.02	0.3	2.43	10	27	1.2	41	62	0
410	白果	100	355	13.2	1.3	0	72.6	0	0	0	0	0.73	17.5	54	0.2	42	0	0
411	白果(干,银杏)	67	355	13.2	1.3	0	72.6	0	0	0.1	0	24.7	17.5	54	0.2	42	0	0
412	核桃(干,胡桃)	43	627	14.9	58.8	9.5	9.6	5	0.15	0.14	0.9	43.21	6.4	56	2.7	42	1	0
414	花生(生,落花生,长生果)	53	298	12.1	25.4	7.7	5.2	2	0	0.04	14.1	2.93	3.7	8	3.4	42	14	0
424	肠(火腿肠)	100	212	14	10.4	0	15.6	5	0.26	0.43	2.3	0.71	771.2	9	4.5	51	0	57
425	肠(腊肠)	100	584	22	48.3	0	15.3	0	0.04	0.12	3.8	0	1420	24	3.2	51	0	88
427	肠(蒜肠)	100	297	7.5	25.4	0	9.5	5	0.06	0.15	1	0.27	561.5	13	1.9	51	0	51
428	肠(午餐肠)	100	261	2.9	16.6	0	24.9	65	0.1	0.71	0.4	0.18	552.8	2	4.7	51	0	47

续表

序号	名称	可食部分	能量/kcal	蛋白质/g	脂肪/g	膳食纤维/g	碳水化合物/g	维生素A/μg	维生素B_1/mg	维生素B_2/mg	烟酸/mg	维生素E/mg	钠/g	钙/mg	铁/mg	类别	维生素C/mg	胆固醇/mg
430	肠(小红肠)	100	280	11.8	23.2	0	6	158	0.27	0.14	2.6	0.17	682.2	10	2.2	51	0	72
433	叉烧肉	100	279	23.8	16.9	0	7.9	16	0.66	0.23	7	0.68	818.8	8	2.6	51	0	68
434	方腿	100	117	16.2	5	0	1.9	0	0.5	0.2	17.4	0.15	424.5	1	3	51	0	45
436	狗肉	80	116	16.8	4.6	0	1.8	157	0.34	0.2	3.5	1.4	47.4	52	2.9	51	0	62
438	火腿(金华火腿)	100	318	16.4	28	0	0	20	0.51	0.18	4.8	0.18	233.4	9	2.1	51	0	98
440	酱驴肉	100	246	31.4	11.9	0	3.2	11	0.05	0.22	4.4	1.25	869.2	20	4	51	0	116
441	酱牛肉	100	246	31.4	11.9	0	3.2	11	0.05	0.22	4.4	1.25	869.2	20	4	51	0	76
442	酱羊肉	100	272	25.4	13.7	0	11.8	0	0.07	0.06	8.3	1.28	937.8	43	4.1	51	0	92
443	酱汁肉	96	549	15.5	50.4	0	8.4	4	0.07	0.14	2.5	0.49	257.4	9	1.5	51	0	92
444	腊肉(培根)	100	181	22.3	9	0	2.6	0	0.9	0.11	4.5	0.11	51.2	2	2.4	51	0	46
452	驴肉(瘦)	100	116	21.5	3.2	0	0.4	72	0.03	0.16	2.5	2.76	46.9	2	4.3	51	0	74
455	马肉	100	122	20.1	4.6	0	0.1	28	0.06	0.25	2.2	1.42	115.8	5	5.1	51	0	84
456	马心	100	104	18.9	2.7	0	1	32	0.22	0.29	2.9	1.99	66.2	25	11.9	51	0	119
458	牛肚	100	72	14.5	1.6	0	0	2	0.03	0.13	2.5	0.51	60.6	40	1.8	51	0	104
460	牛肝	100	139	19.8	3.9	0	6.2	20220	0.16	1.3	11.9	0.13	45	4	6.6	51	0	297
461	牛脑	100	149	12.5	11	0	0.1	0	0.15	0.25	4	0	185.6	583	4.7	51	0	2447
462	牛肉(肥瘦)	100	190	18.1	13.4	0	0	9	0.03	0.11	7.4	0.22	57.4	8	3.2	51	0	84
463	牛肉(五花,肋条)	100	123	18.6	5.4	0	0	7	0.06	0.13	3.1	0.37	66.6	19	2.7	51	0	84

468	牛肉(瘦)	100	106	20.2	2.3	0	1.2	6	0.07	0.13	6.3	0.35	53.6	9	2.8	51	0	58
469	牛肉干	100	550	45.6	40	0	1.9	0	0.06	0.26	15.2	0	412.4	43	15.6	51	0	120
470	牛肉松	100	445	8.2	15.7	0	67.7	90	0.04	0.11	0.9	18.24	1946	76	4.6	51	0	169
471	牛舌	100	196	17	13.3	0	2	8	0.1	0.16	3.6	0.55	58.4	6	3.1	51	0	92
472	牛肾	89	94	15.6	2.4	0	2.6	88	0.24	0.85	7.7	0.19	180.8	8	9.4	51	0	295
473	牛蹄筋	100	151	38.4	0.5	0	0	0	0.07	0.13	0.7	0	153.6	5	3.2	51	0	0
475	牛心	100	106	15.4	3.5	0	3.1	17	0.26	0.39	6.8	0.19	47.9	4	5.9	51	0	115
476	牛血	100	52	12.6	0	0	0.5	0	0	0	0	0	0	0	0	51	0	71
477	兔肉	100	102	19.7	2.2	0	0.9	212	0.11	-0.1	5.8	0.42	45.1	12	2	51	0	59
484	羊大肠	100	70	13.4	2.4	0	0	0	0	0.14	1.8	0	79	25	1.9	51	0	150
485	羊肚	100	87	12.2	3.4	0	1.8	23	0.03	0.17	1.8	0.33	66	38	1.4	51	0	124
486	羊肺	100	96	16.2	2.4	0	2.5	0	0.05	0.14	1.1	1.43	146.2	12	7.8	51	0	319
487	羊肝	100	134	17.9	3.6	0	7.4	20972	0.21	1.75	22.1	29.93	123	8	7.5	51	0	349
489	羊脑	100	142	11.3	10.7	0	0.1	0	0.17	0.27	3.5	0	151.8	61	0	51	0	2004
490	羊肉(肥,瘦)	90	198	19	14.1	0	0	22	0.05	0.14	4.5	0.26	80.6	6	2.3	51	0	92
491	羊肉(瘦)	90	118	20.5	3.9	0	0.2	11	0.15	0.16	5.2	0.31	69.4	9	3.9	51	0	60
504	羊舌	100	225	19.4	14.2	0	4.8	0	0	0.23	3	0	0	0	0	51	0	148
505	羊肾	100	90	16.7	2.5	0	0.1	152	0.3	1.78	8.8	0	195.2	9	5.2	51	0	289
507	羊蹄筋(生)	100	177	38.8	2.4	0	0	0	0	0.1	1.2	0	149.7	16	3.1	51	0	58
508	羊心	100	113	13.8	5.5	0	2	16	0.28	0.4	5.6	1.75	100.8	10	4	51	0	104

续表

序号	名称	可食部分	能量/kcal	蛋白质/g	脂肪/g	膳食纤维/g	碳水化合物/g	维生素A/μg	维生素B_1/mg	维生素B_2/mg	烟酸/mg	维生素E/mg	钠/g	钙/mg	铁/mg	类别	维生素C/mg	胆固醇/mg
510	羊血	100	57	6.8	0.2	0	6.9	0	0.04	0.09	0.2	0	0	0	0	51	0	92
513	猪大肠	100	191	6.9	18.7	0	0	7	0.06	0.11	1.9	0.5	116.3	10	1	51	0	137
514	猪胆肝	100	336	44.2	6.4	0	25.3	3582	0.41	2.5	11	0	3625	12	181.3	51	0	1017
515	猪大排	68	264	18.3	20.4	0	1.7	12	0.8	0.15	5.3	0.11	44.5	8	0.8	51	0	165
516	猪肚	96	110	15.2	5.1	0	0.7	3	0.07	0.16	3.7	0.32	75.1	11	2.4	51	0	165
517	猪耳	100	190	22.5	11.1	0	0	0	0.05	0.12	3.5	0.85	68.2	6	1.3	51	0	92
518	猪肺	97	84	12.2	3.9	0	0.1	10	0.04	0.18	1.8	0.45	81.4	6	5.3	51	0	290
519	猪肝	99	129	19.3	3.5	0	5	4972	0.21	2.08	15	0.86	68.6	6	22.6	51	0	288
521	猪脑	100	131	10.8	9.8	0	0	0	0.11	0.19	2.8	0.96	130.7	30	1.9	51	0	2571
524	猪肉(肥)	100	816	2.4	90.4	0	0	29	0.08	0.05	0.9	0.24	19.5	3	1	51	0	109
525	猪肉(肥,瘦)	100	395	13.2	37	0	2.4	0	0.22	0.16	3.5	0.49	59.4	6	1.6	51	0	80
535	猪肉(瘦)	100	143	20.3	6.2	0	1.5	44	0.54	0.1	5.3	0.34	57.5	6	3	51	0	81
536	猪肉松	100	396	23.4	11.5	0	49.7	44	0.04	0.13	3.3	10.02	469	41	6.4	51	0	111
537	猪肉松(福建式肉松)	100	493	25.1	26	0	39.7	15	0.03	0.19	2.7	0.78	1420	3	7.7	51	0	111
540	猪舌(口条)	94	233	15.7	18.1	0	1.7	15	0.13	0.3	4.6	0.73	79.4	13	2.8	51	0	158
541	猪肾(猪腰子)	93	96	15.4	3.2	0	1.4	41	0.31	1.14	8	0.34	134.2	12	6.1	51	0	354
542	猪蹄(爪尖)	60	266	22.6	20	0	3	0.05	0.1	1.5	0.01	101	33	1.1	7	51	0	192
547	猪小肠	100	65	10	2	0	1.7	6	0.12	0.11	3.1	0.13	204.8	7	2	51	0	183

548	猪小排(排骨)	72	278	16.7	23.1	0	0.7	5	0.3	0.16	4.5	0.11	62.6	14	1.4	51	0	146
549	猪心	97	119	16.6	5.3	0	1.1	13	0.19	0.48	6.8	0.74	71.2	12	4.3	51	0	151
550	猪血	100	55	12.2	0.3	0	0.9	0	0.03	0.04	0.3	0.2	56	4	8.7	51	0	51
553	鹌鹑	58	110	20.2	3.1	0	0.2	40	0.04	0.32	6.3	0.44	48.4	48	2.3	52	0	157
557	鹅	63	245	17.9	19.9	0	0	42	0.07	0.23	4.9	0.22	58.8	4	3.8	52	0	74
558	鹅肝	100	129	15.2	3.4	0	9.3	6100	0.27	0.25	0	5.29	70.2	2	7.8	52	0	285
559	鹅胗	100	100	19.6	1.9	0	1.1	51	0.05	0.06	0	0	58.2	2	4.7	52	0	153
560	鸽	42	201	16.5	14.2	0	1.7	53	0.06	0.2	6.9	0.99	63.6	30	3.8	52	0	99
565	鸡	66	167	19.3	9.4	0	1.3	48	0.05	0.09	5.6	0.67	63.3	9	1.4	52	0	106
572	鸡翅	69	194	17.4	11.8	0	4.6	68	0.01	0.11	5.3	0.25	50.8	8	1.3	52	0	113
573	鸡肝	100	121	16.6	4.8	0	2.8	10414	0.33	1.1	11.9	1.88	92	7	12	52	0	356
577	鸡腿	69	181	16.4	13	0	0	44	0.02	0.14	6	0.03	64.4	6	1.5	52	0	162
578	鸡心	100	172	15.9	11.8	0	0.6	910	0.46	0.26	11.5	0	108.4	54	4.7	52	0	194
579	鸡胸脯肉	100	133	19.4	5	0	2.5	16	0.07	0.13	10.8	0.22	34.4	3	0.6	52	0	82
590	鸭	68	240	15.5	19.7	0	0.2	52	0.08	0.22	4.2	0.27	69	6	2.2	52	0	94
594	鸭肠	53	129	14.2	7.8	0	0.4	0	0.02	0.22	3.1	0	32	31	2.3	52	0	187
595	鸭翅	67	146	16.5	6.1	0	6.3	52	0.02	0.16	2.4	0	53.6	20	2.1	52	0	49
596	鸭肝	100	128	14.5	7.5	0	0.5	1040	0.26	1.05	6.9	1.41	87.2	18	23.1	52	0	341
601	鸭肉(胸脯肉)	100	90	15	1.5	0	4	0	0.01	0.07	4.2	1.98	60.2	6	4.1	52	0	0
602	鸭舌(鸭条)	61	245	16.6	19.7	0	0.4	35	0.01	0.21	1.6	0.23	81.5	13	2.2	52	0	118

续表

序号	名称	可食部分	能量/kcal	蛋白质/g	脂肪/g	膳食纤维/g	碳水化合物/g	维生素A/μg	维生素B_1/mg	维生素B_2/mg	烟酸/mg	维生素E/mg	钠/g	钙/mg	铁/mg	类别	维生素C/mg	胆固醇/mg
603	鸭肫	93	92	17.9	1.3	0	2.1	6	0.04	0.15	4.4	0.21	69.2	12	4.3	52	0	153
606	鸭心	100	143	12.8	8.9	0	2.9	24	0.14	0.87	8	0.81	86.2	20	5	52	0	120
607	鸭血（白鸭）	100	58	13.6	0.4	0	0	0	0.06	0.06	0	0.34	173.6	5	30.5	52	0	95
622	奶酪（干酪）	100	328	25.7	23.5	0	3.5	152	0.06	0.91	0.6	0.6	584.6	799	2.4	53	0	11
623	奶片	100	472	13.3	20.2	0	59.3	75	0.05	0.2	1.6	0.05	179.7	269	1.6	53	0	65
624	奶皮子	100	460	12.2	42.9	0	6.3	0	0.02	0.23	0.2	0	2.3	818	1.3	53	0	78
625	奶油	100	720	2.5	78.6	0	0.7	1042	0	0.05	0.1	66.01	29.6	1	0.7	53	0	168
629	牛乳	100	54	3	3.2	0	3.4	24	0.03	0.14	0.1	0.21	37.2	104	0.3	53	0	15
640	酸奶	100	72	2.5	2.7	0	9.3	26	0.03	0.15	0.2	0.12	39.8	118	0.4	53	0	15
646	羊乳（鲜）	100	59	1.5	3.5	0	5.4	84	0.04	0.12	2.1	0.19	20.6	82	0.5	53	0	31
647	羊乳粉（全脂）	100	498	18.8	25.2	0	49	0	0.06	1.6	0.9	0.2	0	0	0	53	0	75
648	鹌鹑蛋	86	160	12.8	11.1	0	2.1	337	0.11	0.49	0.1	3.08	106.6	47	3.2	54	0	515
650	鹅蛋	87	196	11.1	15.6	0	2.8	192	0.08	0.3	0.4	4.5	90.6	34	4.1	54	0	704
653	鸡蛋（白皮）	87	138	12.7	9	0	1.5	310	0.09	0.31	0.2	1.23	94.7	48	2	54	0	585
654	鸡蛋（红皮）	88	156	12.8	11.1	0	1.3	194	0.13	0.32	0.2	2.29	125.7	44	2.3	54	0	585
662	松花蛋（鸡）	83	178	14.8	10.6	0	5.8	310	0.02	0.13	0.2	1.06	0	26	3.9	54	0	595
664	鸭蛋	87	180	12.6	13	0	3.1	261	0.17	0.35	0.2	4.98	106	62	2.9	54	0	565
665	鲍鱼（杂色鲍）	65	84	12.6	0.8	0	6.6	24	0.01	0.16	0.2	2.2	2012	266	22.6	62	0	242

编号	名称																	
668	蛏子	57	40	7.3	0.3	0	2.1	59	0.02	0.12	1.2	0.59	175.9	134	33.6	62	0	131
669	淡菜(干)	100	355	47.8	9.3	0	20.1	36	0.04	0.32	4.3	7.35	779	157	12.5	62	0	493
670	淡菜(鲜)	49	80	11.4	1.7	0	4.7	73	0.12	0.22	1.8	14.02	451.4	63	6.7	62	0	123
671	干贝	100	264	55.6	2.4	0	5.1	11	0	0.21	2.5	1.53	306.4	77	5.6	62	0	348
672	海蛎肉	100	66	8.4	2.3	0	2.9	0	0.03	0.07	1.7	7.66	194	167	5.4	62	0	0
673	海参	93	262	50.2	4.8	0	4.5	39	0.04	0.13	1.3	0	4968	0	9	62	0	62
678	蛤蜊	45	31	5.8	0.4	0	1.1	19	0.01	0.1	0.5	0.86	317.3	138	2.9	62	0	156
685	河蚌	23	36	6.8	0.6	0	0.8	202	0.01	0.13	1	1.36	28.7	306	3.1	62	0	57
689	螺蛳	37	59	7.5	0.6	0	6	0	0	0.28	2	0.43	252.6	156	1.4	62	0	86
693	墨鱼	69	82	15.2	0.9	0	3.4	0	0.02	0.04	1.8	1.49	165.5	15	1	62	0	226
695	牡蛎	100	73	5.3	2.1	0	8.2	27	0.01	0.13	1.4	0.81	462.1	131	7.1	62	0	100
696	泥蚶(珠蚶,血蚶)	30	71	10	0.8	0	6	6	0.01	0.07	1.1	0.28	354.9	59	11.4	62	0	124
697	生蚝	100	57	10.9	1.5	0	0	0	0.04	0.13	1.5	0.13	270	35	5.5	62	0	94
700	鲜贝	100	77	15.7	0.5	0	0	0	0	0.21	2.5	1.46	120	28	0.7	62	0	116
701	鲜赤贝	34	61	13.9	0.6	0	2.5	16	0	0.1	0.2	13.22	266.1	35	4.8	62	0	0
702	鲜蛎贝	35	60	11.1	0.6	0	2.6	0	0	0.1	0.2	11.85	339	142	7.2	62	0	0
703	鱿鱼(干,台湾枪乌贼)	98	313	60	4.6	0	7.8	0	0.02	0.13	4.9	9.72	965.3	87	4.1	62	0	871
704	鱿鱼(水浸)	98	75	18.3	0.8	0	0	86	0	0.03	0	0.94	134.7	43	0.5	62	0	0
713	海虾	51	79	16.8	0.6	0	1.5	0	0.01	0.05	1.9	2.79	302.2	146	3	63	0	117
723	蛋糕	100	347	8.6	5.1	0.4	66.7	86	0.09	0.09	0.8	2.8	67.8	39	2.5	71	0	0

续表

序号	名称	可食部分	能量/kcal	蛋白质/g	脂肪/g	膳食纤维/g	碳水化合物/g	维生素A/μg	维生素B_1/mg	维生素B_2/mg	烟酸/mg	维生素E/mg	钠/g	钙/mg	铁/mg	类别	维生素C/mg	胆固醇/mg
783	桃酥	100	481	7.1	21.8	1.1	64	0	0.02	0.05	2.3	14.14	7.73	33.9	48	71	0	0
791	油茶	100	94	2.4	0.9	0.9	19.1	0	0.01	0.06	0.4	0.06	19.6	22	1.1	71	0	0
792	月饼(百寿宴点)	100	428	5.1	22.1	3	52.3	85	0.13	0.04	2.8	0.79	11.1	31	2.1	71	0	0
805	冰淇淋	100	126	2.4	5.3	0	17.3	48	0.01	0.03	0.2	0.24	54.2	126	0.5	85	0	51
815	萝卜	94	20	0.8	0.1	0.6	4	3	0.03	0.06	0.6	1	60	56	0.3	33	18	0
823	马铃薯(土豆洋芋)	94	76	2	0.2	0.7	16.5	5	0.08	0.04	1.1	0.34	2.7	8	0.8	33	27	0
824	马铃薯粉(土豆粉)	100	337	7.2	0.5	1.4	76	20	0.08	0.06	5.1	0.28	4.7	171	10.7	33	0	0
830	藕(莲藕)	88	70	1.9	0.2	1.2	15.2	3	0.09	0.03	0.3	0.73	44.2	39	1.4	33	44	0
834	山药(薯蓣)	83	56	1.9	0.2	0.8	11.6	7	0.05	0.02	0.3	0.24	18.6	16	0.3	33	5	0
839	大葱(鲜)	82	30	1.7	0.3	1.3	5.2	10	0.03	0.05	0.5	0.3	4.8	29	0.7	31	17	0
840	大蒜(蒜头)	85	126	4.5	0.2	1.1	26.5	5	0.04	0.06	0.6	1.07	19.6	39	1.2	31	7	0
849	茴香菜(小茴香)	86	24	2.5	0.4	1.6	2.6	402	0.06	0.09	0.8	0.94	186.3	154	1.2	31	26	0
850	茭白(茭笋茭耙)	74	23	1.2	0.2	1.9	4	5	0.02	0.03	0.5	0.99	5.8	4	0.4	31	5	0
851	芥菜(大叶芥菜)	71	14	1.8	0.4	1.2	0.8	283	0.02	0.11	0.5	0.64	29	28	1	31	72	0
852	芥蓝(甘蓝)	78	19	2.8	0.4	1.6	1	575	0.02	0.09	1	0.96	50.5	128	2	31	51	0
855	金针菜(黄花菜)	98	199	19.4	1.4	7.7	27.2	307	0.05	0.21	3.1	4.92	59.2	301	8.1	31	10	0
856	韭菜	90	26	2.4	0.4	1.4	3.2	235	0.02	0.09	0.8	0.96	8.1	42	1.6	31	24	0
865	芦笋(石叼柏龙须菜)	90	18	1.4	0.1	1.9	3	17	0.04	0.05	0.7	0	3.1	10	1.4	31	45	0

编号	名称																
867	苜蓿(草头,金花菜)	100	60	3.9	1	2.1	8.8	440	0.1	0.73	2.2	0	5.8	713	9.7	31	118	0
868	牛俐生菜(油麦菜)	81	15	1.4	0.4	0.6	1.5	60	0	0.1	0.2	0	80	70	1.2	31	20	0
871	苘菜(蓟菜)	88	27	2.9	0.4	1.7	3	432	0.04	0.15	0.6	1.01	31.6	294	5.4	31	43	0
873	芹菜(茎)	67	20	1.2	0.2	1.2	3.3	57	0.02	0.06	0.4	1.32	159	80	1.2	31	8	0
874	芹菜(水芹菜)	60	13	1.4	0.2	0.9	1.3	63	0.01	0.19	1	0.32	40.9	38	6.9	31	5	0
875	芹菜(叶)	100	31	2.6	0.6	2.2	3.7	488	0.08	0.15	0.9	2.5	83	40	0.6	31	22	0
876	青蒜	84	30	2.4	0.3	1.7	4.5	98	0.06	0.04	0.6	0.8	9.3	24	0.8	31	16	0
877	生菜	94	13	1.3	0.3	0.7	1.3	298	0.03	0.06	0.4	1.02	32.8	34	0.9	31	13	0
880	蒜苗,蒜薹	82	37	2.1	0.4	1.8	6.2	47	0.11	0.08	0.5	0.81	5.1	29	1.4	31	35	0
882	茼蒿(蓬蒿菜,艾菜)	82	21	1.9	0.3	1.2	2.7	252	0.04	0.09	0.6	0.92	161.3	73	2.5	31	18	0
883	蕹菜(空心菜)	76	20	2.2	0.3	1.4	2.2	253	0.03	0.08	0.8	1.09	94.3	99	2.3	31	25	0
887	苋菜(青,绿苋菜)	74	25	2.8	0.3	2.2	2.8	352	0.03	0.12	0.8	0.36	32.4	187	5.4	31	47	0
888	苋菜(紫,紫苋菜红苋)	73	31	2.8	0.4	1.8	4.1	248	0.03	0.1	0.6	1.54	42.3	178	2.9	31	30	0
889	香椿(香椿头)	76	47	1.7	0.4	1.8	9.1	117	0.07	0.12	0.9	0.99	4.6	96	3.9	31	40	0
890	小白菜(青菜,白菜)	81	15	1.5	0.3	1.1	1.6	280	0.02	0.09	0.7	0.7	73.5	90	1.9	31	28	0
891	小葱	73	24	1.6	0.4	1.4	3.5	140	0.05	0.06	0.4	0.59	10.4	72	1.3	31	21	0
892	西蓝花(绿菜花)	83	33	4.1	0.6	1.6	2.7	1202	0.09	0.13	0.9	0.91	18.8	67	1	31	51	0
894	雪里蕻(雪菜,雪里红)	94	24	2	0.4	1.6	3.1	52	0.03	0.11	0.5	0.74	30.5	230	3.2	31	31	0
895	油菜	87	23	1.8	0.5	1.1	2.7	103	0.04	0.11	0.7	0.88	55.8	108	1.2	31	36	0
898	圆白菜(甘蓝,卷心菜)	86	22	1.5	0.2	1	3.6	12	0.03	0.03	0.4	0.5	27.2	49	0.6	31	40	0

续表

序号	名称	可食部分	能量/kcal	蛋白质/g	脂肪/g	膳食纤维/g	碳水化物/g	维生素A/μg	维生素B₁/mg	维生素B₂/mg	烟酸/mg	维生素E/mg	钠/g	钙/mg	铁/mg	类别	维生素C/mg	胆固醇/mg
899	芫荽（香菜，香荽）	81	31	1.8	0.4	1.2	5	193	0.04	0.14	2.2	0.8	48.5	101	2.9	31	48	0
906	冬瓜	80	11	0.4	0.2	0.7	1.9	13	0.01	0.01	0.3	0.08	1.8	19	0.2	32	18	0
909	哈密瓜	71	34	0.5	0.1	0.2	7.7	153	0	0.01	0	0	26.7	4	0	32	12	0
910	黄瓜（胡瓜）	92	15	0.8	0.2	0.5	2.4	15	0.02	0.03	0.2	0.46	4.9	24	0.5	32	9	0
918	苦瓜（凉瓜，癞葡萄）	81	19	1	0.1	1.4	3.5	17	0.03	0.03	0.4	0.85	2.5	14	0.7	32	56	0
923	南瓜（饭瓜番瓜，倭瓜）	85	22	0.7	0.1	0.8	4.5	148	0.03	0.04	0.4	0.36	0.8	16	0.4	32	8	0
925	丝瓜	83	20	1	0.2	0.6	3.6	15	0.02	0.04	0.4	0.22	2.6	14	0.4	32	5	0
926	笋瓜（生瓜）	91	12	0.5	0	0.7	2.4	17	0.04	0.02	0	0.29	0	14	0.6	32	5	0
927	甜瓜（香瓜）	78	26	0.4	0.1	0.4	5.8	5	0.02	0.03	0.3	0.47	8.8	14	0.7	32	15	0
929	西瓜（寒瓜）	56	25	0.6	0.1	0.3	5.5	75	0.02	0.03	0.2	0.1	3.2	8	0.3	32	6	0
933	西葫芦	73	18	0.8	0.2	0.6	3.2	5	0.01	0.03	0.2	0.34	5	15	0.3	32	6	0
935	茄子（长）	96	19	1	0.1	1.9	3.5	30	0.03	0.03	0.6	0.2	6.4	55	0.4	31	7	0
936	青椒（灯笼椒、柿子椒，大椒）	82	22	1	0.2	1.4	4	57	0.03	0.03	0.9	0.59	3.3	14	0.8	31	72	0
937	番茄（西红柿，番柿）	97	19	0.9	0.2	0.5	3.5	92	0.03	0.03	0.6	0.57	5	10	0.4	31	19	0
942	辣椒（红小）	80	32	1.3	0.4	3.2	5.7	232	0.03	0.06	0.8	0.44	2.6	37	1.4	31	144	0
943	辣椒（尖，青）	84	23	1.4	0.3	2.1	3.7	57	0.03	0.04	0.5	0.88	2.2	15	0.7	31	62	0
945	茄子	93	21	1.1	0.2	1.3	3.6	8	0.02	0.04	0.6	1.13	5.4	24	0.5	31	5	0

编号	名称																		
1016	草鱼(白鲩,草包鱼)	58	112	16.6	5.2	0	0	11	0.04	0.11	2.8	2.03	46	38	0.8	61	0	86
1017	鲳鱼(平鱼,银鲳,刺鲳)	70	142	18.5	7.8	0	0	24	0.04	0.07	2.1	1.26	62.5	46	1.1	61	0	77
1019	大黄鱼(大黄花鱼)	66	96	17.7	2.5	0	0.8	10	0.03	0.1	1.9	1.13	120.3	53	0.7	61	0	86
1020	带鱼(白带鱼,刀鱼)	76	127	17.7	4.9	0	3.1	29	0.02	0.06	2.8	0.82	150.1	28	1.2	61	0	76
1021	大麻哈鱼(大马哈鱼)	72	143	17.2	8.6	0	0	45	0.07	0.18	4.4	0.78	0	13	0.3	61	0	101
1028	鳜鱼(桂鱼)	61	117	19.9	4.2	0	0	12	0.02	0.07	5.9	0.87	68.6	63	1	61	0	124
1034	黄鳝	67	89	18	1.4	0	1.2	50	0.06	0.98	3.7	1.34	70.2	42	2.5	61	0	126
1036	胡子鲇(塘虱鱼)	50	146	15.4	8	0	0	8	0.05	0.11	4.3	0.09	45.5	18	0.6	61	0	53
1043	鲫鱼(喜头鱼,海鲫鱼)	54	108	17.1	2.7	0	3.1	17	0.04	0.09	2.5	0.68	41.2	79	1.3	61	0	130
1046	鲢鱼(白鲢,胖子,连子鱼)	61	102	17.8	3.6	0	3.8	20	0.03	0.07	2.5	1.23	57.5	53	1.4	61	0	99
1052	鲈鱼(鲈花)	58	100	18.6	3.4	0	0	19	0.03	0.17	3.1	0.75	144.1	138	2	61	0	86
1057	泥鳅	60	96	17.9	2	0	1.7	14	0.1	0.33	6.2	0.79	74.8	299	2.9	61	0	136
1067	小黄鱼(小黄花鱼)	63	99	17.9	3	0	0.1	0	0.04	0.04	2.3	1.19	103	78	0.9	61	0	74
1068	鳕鱼(鳕狭,明太鱼)	45	88	20.4	0.5	0	0.5	14	0.04	0.13	2.7	0	130.3	42	0.5	61	0	114
1070	银鱼(面条鱼)	100	119	17.2	5.6	0	0	0	0.03	0.05	0.2	1.86	8.6	46	0.9	61	0	361
1071	鳙鱼(胖头鱼,摆佳鱼,花鲢鱼)	61	100	15.3	2.2	0	4.7	34	0.04	0.11	2.8	2.65	60.6	82	0.8	61	0	112
1077	河虾	86	84	16.4	2.4	0	0	48	0.04	0.03	0	5.33	138.8	325	4	63	0	240

附录 305

续表

序号	名称	可食部分	能量/kcal	蛋白质/g	脂肪/g	膳食纤维/g	碳水化合物/g	维生素A/μg	维生素B$_1$/mg	维生素B$_2$/mg	烟酸/mg	维生素E/mg	钠/mg	钙/mg	铁/mg	类别	维生素C/mg	胆固醇/mg
1078	江虾(沼虾)	100	87	10.3	0.9	0	9.3	102	0.04	0.12	2.2	11.3	0	78	8.8	63	0	116
1084	虾米(海米)	100	195	43.7	2.6	0	0	21	0.01	0.12	5	1.46	4892	555	11	63	0	525
1086	虾皮	100	153	30.7	2.2	0	2.5	19	0.02	0.14	3.1	0.92	5058	991	6.7	63	0	428
1087	蟹(海蟹)	55	95	13.8	2.3	0	4.7	30	0.01	0.1	2.5	2.99	260	208	1.6	63	0	125
1088	蟹(河蟹)	42	103	17.5	2.6	0	2.3	389	0.06	0.28	1.7	6.09	193.5	126	2.9	63	0	267
1118	饼干	100	433	9	12.7	1.1	70.6	37	0.08	0.04	4.7	4.57	204.1	73	1.9	71	0	81
1130	可可粉	100	320	24.6	8.4	14.3	36.5	22	0.05	0.16	1.4	6.33	23	74	1	85	3	0
1154	蜂蜜	100	321	0.4	1.9	0	75.6	0	0	0.05	0.1	0	0.3	4	1	83	0	0
1163	巧克力	100	586	4.3	40.1	1.5	51.9	0	0.06	0.08	1.4	1.62	111.8	111	1.7	83	0	0
1176	粉皮	100	64	0.2	0.3	0	15	0	0.03	0.01	0	0	3.9	5	0.5	11	0	0
1177	粉丝	100	335	0.8	0.2	1.1	82.6	0	0.03	0.02	0.4	0	9.3	31	6.4	11	0	0
1178	粉条	100	337	0.5	0.1	0.6	83.6	0	0.01	0	0.1	0	9.6	35	5.2	11	0	0
1179	凉粉	100	37	0.2	0.3	0.6	8.3	0	0.02	0.01	0.2	0	2.8	9	1.3	71	0	0
1209	芝麻酱	100	618	19.2	52.7	5.9	16.8	17	0.16	0.22	5.8	35.09	0	1170	9.8	82	0	0
1221	芝麻(白)	100	517	18.4	39.6	9.8	21.7	0	0.36	0.26	3.8	38.28	32.2	620	14.1	82	0	0
1222	芝麻(黑)	100	531	19.1	46.1	14	10	0	0.66	0.25	5.9	50.4	8.3	780	22.7	82	0	0

参考文献

1. 中国营养学会．中国居民膳食指南（2022）．北京：人民卫生出版社，2022．
2. 中国营养学会．中国居民膳食营养素参考摄入量（2013版）．北京：科学出版社，2014．
3. 孙长颢．营养与食品卫生．北京：人民卫生出版社，2012．
4. 李苹苹．公共营养学实物．北京：化学工业出版社，2012．
5. 石瑞食品营养．北京：化学工业出版社，2012．
6. 石汉平等．肿瘤营养．北京：人民卫生出版社，2012．
7. 中国就业培训技术指导中心组织编．公共营养师．第二版．北京：中国劳动社会保障出版社，2012．
8. 王尔茂．食品营养与卫生．北京：科学出版社，2010．
9. 王丽琼．食品营养与卫生．北京：化学工业出版社，2008．
10. 荫士安等主译．现代营养．北京：人民卫生出版社，2008．
11. 葛可佑．中国营养师培训教材．北京：人民卫生出版社，2007．
12. 王宇鸿．食品营养与保健．北京：化学工业出版社，2008．
13. 周才琼．食品营养学．北京：高等教育出版社，2011．
14. 鲍曼 B A，拉塞尔 R M．现代营养学．北京：化学工业出版社，2004．